实用文体写作教程

（第二版）

任 鹰 主编

国家开放大学出版社·北京

图书在版编目（CIP）数据

实用文体写作教程/任鹰主编. —2版. —北京：
国家开放大学出版社，2020.1（2023.1重印）
ISBN 978 - 7 - 304 - 10128 - 2

Ⅰ.①实…　Ⅱ.①任…　Ⅲ.①汉语 - 应用文 - 写作 -
开放教育 - 教材　Ⅳ.①H152.3

中国版本图书馆 CIP 数据核字（2019）第 279081 号

实用文体写作教程（第二版）
SHIYONG WENTI XIEZUO JIAOCHENG
任 鹰 主编

出版·发行：国家开放大学出版社
电话：营销中心 010 - 68180820　　　总编室 010 - 68182524
网址：http://www.crtvup.com.cn
地址：北京市海淀区西四环中路 45 号　邮编：100039
经销：新华书店北京发行所

策划编辑：陈 蕊　　　　　　版式设计：李 响
责任编辑：秦 潇　　　　　　责任校对：刘 鹤
责任印制：武 鹏 马 严

印刷：河北华商印刷有限公司
版本：2020 年 1 月第 2 版　　　2023 年 1 月第 8 次印刷
开本：787 mm × 1092 mm　1/16　插页：12　印张：17.5　字数：388 千字

书号：ISBN 978 - 7 - 304 - 10128 - 2
定价：41.00 元

（如有缺页或倒装，本社负责退换）
意见及建议：OUCP_KFJY@ouchn.edu.cn

第二版前言 ‖ Preface

　　《实用文体写作教程》第一版作为国家开放大学（原中央广播电视大学）的通识课教材，自出版以来，便以其突出的实用性和可读性等特点，受到广大学习者及各界读者的欢迎，为培养应用型、技能型人才发挥着应有的作用。

　　我们正处于一个日新月异的时代和快速发展的社会，时代的进步和社会的发展必然会对人们的交往、交际与交流提出新的要求，而作为直接服务于社会，同社会生活紧密联系在一起的实用文体也必然会随着社会的发展有所变化。"写作本身在变，写作知识不可能也不应当墨守成规、一成不变。"（引自第一版前言）为此，本书就有了修订的必要。

　　充分适应社会和学习者的需要，确保内容的准确、新颖，是我们在修订本书时所依循的基本原则。具体地说，修订内容主要集中在两个方面：第一，凡是关乎国家法律、法规和规定的文种的写作知识，均按最新颁行的文本进行修订。例如，"行政公文"部分的修订，主要是以现行的《党政机关公文处理工作条例》（自 2012 年 7 月 1 日起施行）和《党政机关公文格式》（GB/T 9704—2012）为依据。同时，考虑军队官兵学习者的工作需求，我们将《军队机关公文处理工作条例》（自 2017 年 10 月 1 日起施行）收入"附录"部分，以供查阅、参考。又如，对"民事诉讼文书""刑事诉讼文书""行政诉讼文书"几个部分，分别对照新版《中华人民共和国民事诉讼法》《中华人民共和国刑事诉讼法》《中华人民共和国行政诉讼法》相关条款，做了调整与修改。第二，替换了部分内容略显陈旧的例文。阅读是写作的先导和基础，多读例文，是学习者获取写作技巧，提高写作水平的途径之一。对于体式规范甚至具有一定"程式化"特征的实用型文章的写作来说，例文的阅读尤显重要。因此，在实用文体写作教材的编写中，例文的选用就成为很重要的一个环节。在考虑写作样式的典型与规范的前提下，也兼顾内容的新鲜、生动，尽量选用既有示范价值，又有现实性、时代感，其内容贴近人们生活实际的用例，是我们选用例文的标准。当然，写作教材中的例文毕竟应以"示范"为主，应为值得借鉴的范文，在两者不能兼顾的情况下，我们首先考虑的还是其示范价值。也正因为如此，修订本中也保留了一些写法规范的"旧作"，其中，有些是堪称文体典范的"传世"佳作。

　　总之，与时俱进，改善不足，以更好地在应用型、技能型人才的培养中发挥作用，是我们对本书进行修订的动因和目的。不过，受资料条件、时间条件及编者能力所限，书中依然会有疏误与缺憾之处，再次恳请各位老师、同学及各界读者不吝赐教！

在本书的修订中，我们得到了课程主持教师胡正伟先生及策划编辑陈蕊女士、责任编辑秦潇女士的大力支持和帮助。他们为出版本书并确保本书的质量，做了很多细致的工作。在此，谨表最诚挚的谢意！

编者

2019 年 10 月

第一版前言 ‖ Preface

　　社会的协调发展要以人与人之间的充分沟通为前提，人类进行沟通的主要工具就是语言，通过语言表情达意，如同穿衣吃饭一样，是人的日常行为，也是人的基本需求。语言表达的方式主要有两种，一是口头表达，二是书面表达。口头表达具有即时性和交互性，是最常用也最便捷的表达方式，可是，口头表达有时也有诸多不便和局限，譬如，口头表达会有时间和空间的限制。书面表达则可以突破时空界限，可以弥补口头表达的某些不便和局限，因而也是一种不可或缺的表达形式。书面表达也就是各种类型的"写作"，应当说，写作在一个人的工作与生活中是一项非常重要的活动。

　　当今社会是一个信息社会，当今时代是知识经济的时代，而信息的传递、知识的传播，是离不开写作的。写作能力应当是现代从业人员必须具备的一种能力，写作素养是现代人应当具备的一种职业素养。当然，人的能力和素养是多层面、多角度的，而写作能力和素养往往是一个人各方面能力和素养的综合体现。也正因为如此，人们常以写作水平的高低来衡量一个人的知识水平、思维水平乃至工作水平的高低。从某种意义上甚至可以说，写作是一个人走向成功的"阶梯"，是一个人实现自我发展的凭借。

　　能力的提高和素养的形成是一个复杂的过程，但也并非没有捷径可走。学习科学的写作知识，掌握正确的写作方法，就是迅速提高写作能力的途径之一。与欣赏型文章（主要是指文学作品）相比，实用型文章的规范化和程式化特点是非常突出的，因而通过知识的学习来把握这类文章的写作要领，对于实际写作的意义会更大一些、作用会更直接一些。

　　为了能给人们的写作活动提供切实、有效的帮助，本书的编写所强调的主要就是"实"与"新"二字。

　　所谓的"实"是指实用和实效。注重实用，讲求实效，是本书编写所依循的首要原则。能够学以致用，或者说，读了便能学会，学会便能用上，则是我们希望本书所能达到的效果。

　　具体地说，"实"的特点主要体现在两个方面：一是在文体和文种的选择上，充分考虑了社会各行业特别是基层单位从业人员的实际需求。实用文体包含各类实用型文章，而实用型文章是为解决实际问题而撰写的文章，是在社会生活中具有特定用途的文章。社会行业复杂多样，社会部门错综复杂，不同的社会行业和部门对实用文体具有不同的需求，因此，实用文体的种类极为繁多，甚至无法将其一一列举出来。本书所讲述的各类文体，就是其中应用范围较广、使用频率较高的文体。具体地说，第一大类文体为"行政文体"，行政文体又称"通用文体"，包括行政机关公文和事务文书。在社会各行业和部门中，行政公文和事务文书都是人们处理工作的重要工具，其通用性是不言而喻的。此外，"公关文书""财经文书""法律文书"和"生活文书"，也都具有一定的通用性，是社会适用面较为宽泛的文书，其中所涉及的文种更是比较常见的。二是在内容的编排和表述上，不追求知识体系的完备和专业理论的深度，而努力突出知识的可读性、可用性和可操作性。少谈理论，多讲技巧，把重心放在写作要领的讲解方面，并尽可能把写作要领讲得浅显易懂，是编者所采取的一种写作策略。另外，书中所提供的例文，也为学习者的模仿与借鉴提供了便利条件。本书除了作为学习写作知识的读本之外，也可以随用随查，作为一本带有工具书性质的读物使用。

所谓的"新"是指时代感和新鲜感。实用型文章与社会现实密切相关，并具有鲜明的时代特色。社会的发展、时代的进步，会对实用型文章的写作产生影响，会映射到写作中去。从文种的更替到写法的变异，实用型文章可谓与时俱进。写作本身在变，写作知识不可能也不应当墨守成规、一成不变。贴近写作实际，准确地表述新的知识，也是我们所依循的编写原则之一。

本书的"新"同样体现在两个方面：一是在内容的选择上，注意收录新文种，反映新规定。比如，行政公文的讲述，是以 2001 年 1 月 1 日施行的《国家行政机关公文处理办法》和新的国家标准《国家行政机关公文格式》为依据的；合同及法律文书的讲述，更是完全依照现行的法律或法规。另外，近几年开始广泛使用的一些新文种，如述职报告、行政诉讼文书等，书中都有涉及。二是在例文的选用上，在考虑写作样式的典型与规范的前提下，也兼顾内容的新鲜、生动，尽量选用既有示范性、指导性，又有时代感、新鲜感的文章。

总之，能够为人们的写作活动提供切实、有效的帮助，能够使人们快速掌握实用型文章的写作要领，是我们编写本书的初衷，也是本书所应起到的作用。当然，由于编者水平有限，加之时间仓促，书中可能会有一些不妥、疏漏之处，会有一些缺憾和不足，恳请老师、同学及各界读者不吝赐教！

参加本书编写的几位作者是：任鹰，中央广播电视大学教授、博士，北京市写作学会副会长；姜丽萍，北京语言大学副教授；龚宏，哈尔滨学院副教授；张文彦，哈尔滨学院副教授；张平，中国海事大学副教授。全书由主编统一修改、定稿。

特别值得提及的是下面几位大纲和书稿的审定专家：霍唤民，中央财经大学教授，中国写作学会副会长；王强，中央财经大学教授，北京写作学会常务副会长；任文贵，中国青年政治学院教授；张伟，中国青年政治学院教授。以上几位老师曾对编写大纲和书稿提出了很有价值的修改和完善意见，付出了心血和劳动。在此，谨表诚挚的敬意与谢忱！

中央广播电视大学继续教育学院、文法部领导及有关人员对本书的编写所给予的关心和支持，令我们感动，也令我们难以忘怀！在本书的编写中，曾参考过其他著述并引用多篇例文，未能一一注明出处，深表歉意和谢意！

编者

2007 年 2 月

目　录 ‖ Contents

绪　　论

着重掌握实用型文章的基本特征；了解提高实用文体写作水平的途径。

学习这一部分，主要是为了形成对实用型文章的总体认识，把握科学的学习方法。

一、实用型文章的含义和特征

实用文体是各类实用型文章的总称，而实用型文章是与欣赏型文章相对而言的，是指为解决实际问题而撰写的文章，是在社会生活中具有特定用途的文章。社会生活丰富多彩，社会需求多种多样，实用型文章在不同的社会领域往往具有不同的面貌和特点，或者说，不同的社会领域往往对之有着不同的需求。也正因为如此，实用型文章的种类极为繁多，甚至无法一一列举。实用型文章也被称为应用文，本书所介绍的各类实用型文章，就是其中适用范围较广、使用频率较广的常见应用文文种。

文章是内容和形式的统一，归结起来，实用型文章的内容和形式主要表现出两大特征：一是从内容方面来看，实用型文章是为解决某个实际问题或处理某项具体工作而撰写的文种，其内容与现实生活密切相关，是现实生活内容的反映；二是从形式方面来看，实用型文章大都有固定的体式，带有突出的规范化或者说一定的程式化特点。

具体地说，主旨、材料、结构、语言是一切文章的构成要素，实用型文章在这四个方面均有自己的一些特点。

（一）主旨单一、集中、明确

主旨是文章的中心意思，是作者的意图、主张或看法在文章中的体现。单一、集中、明确是应用文主旨的特点，同时，也可以说是对主旨的要求。在很多文章中，主旨也被称为观点。

所谓的单一，是说一篇文章一般只能有一个中心，只能围绕着一个主题去写，而不能把与主题关系不大甚至毫不相关的问题都写到一篇文章中去，使文章产生多个中心、多个主题。主旨的单一在机关行政公文中体现得最为突出，"一文一事"是撰写公文所必须依循的原则，也是公文生效的保证。其他各类应用文，无论其篇幅长短及内容复杂与否，也都应有一个中心。

　　集中是与单一相联系的一个特点。一篇应用文的中心应是全文的统帅，应对文章内容起制约作用，全文要不枝不蔓，紧扣中心。如果在文章中东拉西扯，写入一些与主旨无关的语句，就会使文章内容芜杂，头绪纷繁，主旨就会被淹没或得不到充分表述。

　　所谓的明确，是说文章的中心意思、作者的意图和主张是什么，要使读者一看便知，而不能像文艺作品那样讲求曲折与含蓄，需要读者自己去揣摩观点，归纳中心。为使主旨明确，有两种写作方式值得提倡。一是采用"片言居要"的方式，直截了当地把主旨告诉读者。标题、开头、结尾等引人注目的部分，通常是适于标明主旨的位置。当然，篇幅短小、内容简单的事务性文章，把事项交代清楚即可，可以不用这种写法。二是采用组织规范段的方式，写出段中主句，揭示段旨，表明段落的中心所在。规范段是指段意明确、统一、完整的段落，段中主句则是在规范段中出现的概括段落中心意思的语句。段是文章的构成单位，段旨是文章主旨的构成要素，如果每一个段落的意思都写得明明白白，都能为读者所理解，文章的主旨也就一目了然了。

（二）材料多样、真实、有力

　　材料是构成文章内容，形成、支撑并表达主旨的各种事实与理论。善于从材料出发，注意用材料说话，才能言之有据，言之有物，写出的文章才会内容充实、丰富，有较强的说服力。

　　从材料本身的形态来看，材料可分为事实和理论两大类。如果再做进一步划分，事实则有事件与情况、实物与现象等许多种，理论则有方针、政策、规定及概念、原理、学说等。从材料的来源来看，有第一手材料和第二手材料之分。不同类型的材料，往往有不同的获取途径。观察、实验和调查是在实践中获取事实材料的主要途径，是得到宝贵的第一手材料的重要渠道；查阅文献则能够集中获取理论材料，查阅文献或调查是获得第二手材料的主要途径。应当说，撰写实用型文章所用的材料是多种多样的，不同类型的材料获取途径又有所不同。当然，材料多样是就应用文材料的总体而言的，而并不是说每一篇文章都必须用到所有类型的材料。

　　真实是实用型文章的生命，材料真实是文章具有真实性的首要条件。实用型文章的真实不同于艺术的真实，是指所用材料要与客观情况相符合，而不能随意编造，不能有任何虚构和夸张。选用第一手材料，要求严格考查它与现实的一致性，而不能按照个人意愿，歪曲事实真相，也不能以偏概全，孤立、片面地看待个别事实，把不具有整体或本质真实的事例、细节作为材料使用。选用第二手材料，一方面要确保其来源的可靠，另一方面要在正确、全面理解材料内容的基础上，按其本身的意义去使用。以讹传讹、断章取义，无疑会使第二手材料失去真实性。

　　有力是实用型文章的材料所应具备的另一个特点。有力首先是说材料要能为主旨所统帅，而不是游离于主旨之外，或与主旨相悖；其次要求所用材料为主旨的表达所必需，而不能可有可无，同主旨之间缺乏必然的内在联系；最后是说所用的材料要典型。典型的材料能够集中、深刻地表明事物的本质及共性，同时又带有鲜明的个性色彩，是能够由个别见一般、由局部见整体，并具有较强说服力和表现力的材料。使用典型的材料，可以"以一当十"，增强文章的力度，提高文章的质量。

（三）结构合理、谨严、固定

文章要有主旨和材料，但不是主旨和材料的罗列或堆砌。写文章在明确主旨、选定材料之后，还要设置一个能把主旨和材料有机地结合在一起、能把材料有序地排列起来的框架，这个框架就是文章的结构。简单地说，结构是文章的内部构造，合理安排结构，就是根据表达的需要，合理地组织材料。

文章的结构脉络是作者思路的外化形式，而客观事物的构成和发展规律又是思路展开的内在依据，从根本上说，结构合理就是指结构的安排符合客观事物的构成和发展规律。例如，文章段落的划分要同事物的发展规律或事物的组合层次相一致，而不能不顾写作对象本身的阶段性，随意分段。同时，结构合理也是指结构的安排服从主旨表述的需要，从材料的取舍到排列次序都以有利于说明主旨、有助于读者理解文章内容为原则。

归结起来，实用型文章的结构形式主要有三种：一是纵式结构，即按照事物发展的先后顺序安排材料，确定表达的次序。采用这种结构形式，可以体现事物的阶段性特点，脉络比较清楚。二是横式结构，即按照事物的性质和特征对材料加以归类，从不同的角度反映问题。采用这种结构形式，可以较好地体现事物的逻辑关系，条理性较强。三是混合式结构。所谓混合式结构也就是纵横式混用结构，即以一种结构形式为主，兼用另一种结构形式，既考虑事物的发展脉络，又兼顾事物的分类特征，以不同的结构形式安排不同的材料。

实用型文章应当是一种逻辑构成，而逻辑构成则要讲求谨严性，不能流于松散无序。前后矛盾，次序混乱，应有过渡或照应的地方没有任何过渡或照应形式，前后相接的部分之间缺少应有的意义联系，"当止处不止，不当止处却止"等，都是文章结构不够谨严的表现。而首尾圆合，衔接紧密，层次清楚，段落分明，则是文章结构谨严最起码的条件，也是对应用文结构最基本的要求。

固定是实用型文章结构的一个重要的特点。在长期的写作实践中，各类实用型文章大都形成了统一的构成格式，一篇文章应当包括哪几个部分、各个部分应当如何排列，都已有固定的"模式"。遵照固定的"模式"写作，能够保证文章的规范性，使文章便于阅读，易于发挥实际效用。

实用型文章的写作"模式"有的是约定俗成、自然而然地确定下来的。一般是在一个新文种出现时，便有自身的构成格式，这种"模式"开始只是为少数人所用，但它由于符合文种本身的规律，能够适应社会的需要，在使用中显示出种种优势，便逐渐推广开来，以至于被作为写作知识加以总结、介绍。另一种情况则是通过对文种全面、深入的研究，国家有关机构专门颁发文件，对某一个文种的构成格式做出规定。例如，国家质量技术监督局发布的中华人民共和国国家标准《党政机关公文格式》（GB/T 9704—2012）、国务院办公厅发布的《党政机关公文处理工作条例》等，都对法定公文的构成格式有详尽的说明。另外，在一些专业领域，也常常可以见到以各种形式对专业文书的构成格式做出的规定，例如，《中华人民共和国合同法》（以下简称《合同法》）以法规的形式明确了合同的主要条款，依循这些条款拟定合同，是合同合法、生效的前提之一。以行业规定的形式明确专业文书的构成格式，在许多社会行业中都更为常见。

程式化是文艺创作所应避免的倾向，却是实用型文章写作不能背离的规律。结构固定、格式规范，是各类实用型文章非常重要的一个特征。

（四）语言准确、简明、平易、庄重

语言是信息的载体，也是思维的凭借。离开了语言，不仅无形的构思无法变成有形的文章，甚至就是思维也无法进行。可以说，语言运用得如何，直接关系到文章质量的高低。

语言准确是对所有文章的要求，只是在不同类型的文章中，其内涵可能会有所不同。实用型文章的语言准确除了指措辞造句恰当、贴切、得体之外，还有一些特殊的含义。首先，专业术语和行业用语的大量使用，会增强应用文语言的准确性，或者说是其语言具有准确性的体现。专业术语和行业用语，是指在特定的学科、专业领域或社会行业中使用的意义确定的专门性词语。单义性、概括性、客观性是专业术语和行业用语的主要特点。其次，合理地使用一些经核查无误的数据，可以精确地描述各种数量关系，能使表意更加准确，使文章更有说服力。人们常把数字看作精确度的标志，而从总体上看，经常使用数字，善于用数字说话，常常是实用型文章与非实用型文章的一个明显的不同。最后，与各类欣赏型文章相比，实用型文章中长句、复句较多。长句是与短句相对而言的，其特点是附加成分多，表意严密周详；复句是与单句相对而言的，其特点是语义丰富，逻辑性强，能够细致地表述一个繁复的意思。为使语句之间的逻辑关系能够得到直接体现，实用型文章中的复句多用关联词语。

任何文章的语言，也都应当具有简明性。而在以高效、快速地传递信息为任务，以解决实际问题为目的的应用文写作中，语言的简明性显得格外重要。语言简明是指能用尽可能少的语言材料，把尽可能多的信息明明白白地传递给读者。精心锤炼词语，做到用词精当，语句凝练，是使文章语言简明的首要条件；摒弃一切不必要的重复，剔除一切与主旨无关或关系不大的语句，杜绝一切空话、套话等，也都是使文章语言简明的必要条件。另外，适当地使用一些成语、文言词语，能够收到言简意赅的表达效果，也有助于增强语言的简明性。

平易即平实自然、晓畅易懂。文章语言的平易首先表现在用语的直白上。文艺创作应当避免平铺直叙，而应用文写作则要直陈其事、直截了当、明明白白地把事情告诉别人。委婉、模糊的语言形式通常是不适用于应用文的；语言平易的另一层意思是用语朴实。在实用型文章中，要用实实在在、朴实无华的语言，深入浅出地阐明事理，而不可堆砌华丽辞藻或故意使用生僻词语。

应用文特别是用于工作的应用文大都应当具有一种庄重的风格，而语言庄重正是形成文

章庄重风格的重要因素之一。语言的庄重感可以通过语言运用的很多环节体现出来。从造句的角度来说，多用严整的句子形式，有助于增加语言的庄重感。从措辞的角度来说，严格把握用词的分寸和界限，会为语言增添庄重感。从消极的方面来说，有些词语在实用型文章中是不宜使用或需要慎重使用的，例如，对粗俗词要坚决予以弃除；对方言土语、儿化语之类的口语色彩过于浓烈的词语，应当不用或少用；对叹词、象声词和部分感情色彩过于浓烈的形容词、副词，应当控制使用；对简称之类特殊的词语形式，应当慎重使用。

总之，主旨单一、集中、明确，材料多样、真实、有力，结构合理、谨严、固定，语言准确、简明、平易、庄重，是应用文应当具备的基本特征，也是对应用文写作的基本要求。

二、提高实用型文章写作水平的主要途径

写作是一项复杂的综合性精神劳动，写作水平的提高需要在多方面做出努力，以下所谈到的是提高实用型文章写作水平的主要途径。

（一）要研究问题，把握情况

文章是内容和形式的统一，内容是起主导与决定作用的因素，在文章写作中，内容的形成是第一位的。前面曾经提到过，应用文大都是针对某些实际情况、为解决某个具体问题而撰写的，其内容是实际情况和具体问题的反映，对问题缺乏研究，对情况了解得不深、不透，内容的形成和文章的完成就成了一句空话。即便是勉强成文，写出的文章也不会言之有物，甚至不会有任何实际用途。实用型文章的价值就在于"实用"二字，缺乏实际用途的应用文，也就从根本上失去了写作的意义和存在的必要。可以说，研究问题，把握情况，是写好应用文并使其发挥应有功用的前提。

"无本不立，无文不行"，研究问题，把握情况，正是从根本上提高实用型文章写作水平的途径。

（二）要领会政策，熟悉规定

为指导工作及推动工作的顺利进行，党和国家要经常制定并发布一些方针、政策及规定。正确的方针、政策是对事物规律深刻认识的产物，代表着广大人民群众的愿望和需要，预示着社会生活发展的方向，社会各行业或部门都应当把有关的方针、政策作为在一定时期内做好各项工作的指针。各项规定更是规范人们的行为、维护正常的工作和生活秩序的重要凭借，对任何与党和国家有关规定相背离的行为都应当予以杜绝。为此，应用文特别是用于处理具体工作的应用文要有效地服务于社会，就必须符合党和国家的方针、政策及规定，有利于方针、政策的贯彻和落实，有利于各项规定的顺利施行，否则，就会适得其反，引起种种不良后果。也正因为如此，领会政策精神，熟悉有关规定，对于应用文的写作来说，就成了一项不容忽视的准备工作。

（三）要锤炼思维能力，加强语言修养

文章是客观实际的反映，但不是消极、被动、机械的反映，而是人脑对客观实际进行深入思考的结果，是作者的思维与外界事物相互作用的产物。人是写作的主体，人的主体作用又恰恰集中体现在思维的作用上。主体思维在写作的任何一个阶段都是至关重要的，从资料的收集到选取，从观点的形成到表达，每一个环节都离不开作者的思维活动。假如作者的思维水平低下，即便有再好的条件、下再多的功夫，也是很难写出一篇出色的文章的。曾有很多专家学者提到，写作问题归根结底是思维问题，提高写作水平，最终应当着眼于思维水平的提高。

语言修养是一种较高的利用语言材料表情达意的能力，是一种为思想内容谋求精美的语言表达形式的功夫。唐代文学家韩愈曾经说过："辞不足，不可以为成文"（《答尉迟生书》），这是对语言的作用的最好说明。显而易见，没有足够的语言储存，或者缺乏得心应手地驾驭语言的能力，就无法写出高质量的文章。

写作能力是由多方面、多层次的要素构成的，思维能力和语言能力是其中最为重要的两个要素。同时，思维与语言又是交织在一起、密不可分的，它们的相互作用贯穿于整个写作过程之中。对于一个人来说，思维能力和语言能力并不是一成不变的，只要有意识地以正确的方法多加训练，这两个方面的能力就能得到发展。

（四）要学习知识，掌握规律

"思无定契，理有恒存"，文思没有一定之规，规律却是永远存在的。探寻写作规律，是写作理论研究的内容，有关应用文写作的理论知识，是对应用文写作规律的总结。与欣赏型文章相比，实用型文章大都带有明显的"程式化"特点。要写好应用文，或者说，要把应用文写得规范，首先从理论上认识规律，了解各类文种的特点和写法，掌握各类文种的写作体式是非常必要的。可以说，这是确保文章质量、提高写作效率的捷径。

（五）要善于借鉴，勤于实践

"熟读唐诗三百首，不会作诗也会吟"，是前人的写作经验之谈。这里说的是写诗，却道出了写作的普遍规律，各类写作莫不如此。通过范文的阅读，写作者可以潜移默化地把他人的经验变成自己的体会，使之在自己的写作活动中产生作用。学习写作，却不读文章，不熟悉文章实际，就无法形成对一种文体最基本、最全面的认识，这样即便学习了写作知识，也难以在写作中加以灵活运用，难以使之成为"活"的知识。阅读是写作的先导和基础，多读范文，多接触文章实际，是获得对文章的感性认识并有所借鉴、有所提高的重要途径。

勤写多练，在写作实践中把握写作技巧，自古至今一直是备受推崇的学习写作的方法。宋代文学家欧阳修在被问到怎样才能写好文章时回答："无它术，唯勤读书而多为之，自工。"（《东坡志林》）"勤读书"指多读书，"多为之"则指多写多练，整句话的意思是说只

要多读多练，文章自然就能工巧。教育家叶圣陶先生在谈到如何才能打好读与写这些语文基本功时说："一定要把知识跟实践结合起来。""不断学，不断练，才能养成好习惯，才能真正学到本领。"（《认真学习语文》）在同一篇文章中，他还很形象地说："凡是习惯都不是几天功夫能够养成的。比方说学游泳。先看看讲游泳的书，什么蛙式、自由式，都知道了。可是光看书不下水不行，得下水。初下水的时候很勉强，一次勉强，二次勉强，勉强浮起来了，一个不小心又沉下去了。要到勉强阶段过去了，不用再想手该怎么样，脚该怎么样，自然而然能浮在水面上，能往前游了，这才叫养成了游泳的习惯。学语文也是这样，也要养成习惯才行。"

　　写作是一种能力，而能力的获得仅靠知识的学习还是不够的，知识向能力的转化必须凭借实践的环节。只有通过写作实践，人们才能把自己所掌握的写作知识演化为写作能力，形成良好的写作习惯和熟练的写作技巧。人们常说的"熟能生巧"，就是这个道理。

第一章 行 政 公 文

📖 学习目标与要点提示

　　行政公文又称"法定公文"，而之所以称之为法定公文，主要是因为对其种类、用途、格式及处理办法等，有关机构或部门有专门规定。2012年4月6日中共中央办公厅、国务院办公厅联合印发的《党政机关公文处理工作条例》以及国家标准《党政机关公文格式》就是现行的最为重要的规定，对此，我们应当有所了解和把握。需要注意的是，《党政机关公文处理工作条例》是首次统一党政机关公文处理规范的文件，为此，严格地说，人们通常所说的行政公文应为党政机关公文。

　　在本章中，应当着重掌握：公文及行政公文的概念、特点、分类、构成要素和写作要求，以及各类公文的主要用途。对一些使用频率较高、应用范围较广的文种，如通知、通报、报告、请示、函、纪要等，要结合例文领会其一般写法，要做到能写会用。

一、概述

（一）行政公文的含义

　　"行政公文"即公务文书，对人们通常所说的公务文书这个概念，有广义和狭义两种理解。广义的公务文书是指党政机关、企事业单位及社会团体在公务活动中所用的各类文字材料。概括地说，主要包括以下几大类公务文书：第一类为党政机关公文，即有关机构与部门正式规定的公文文种。由于对其种类、用途、格式及处理办法等，有关机构或部门均有专门规定，所以这类公务文书又称法定公文。第二类为事务文书，即机关、单位、团体为处理工作而普遍使用的法定公文之外的文书，此类文书又称常用文书。这两类公务文书均有较强的通用性，适用于不同的社会行业或领域，所以合称通用文书。第三类为专用文书，即在不同的社会行业、专业领域或特定的场合专门应用的文书。专用文书是与通用文书相对而言的。

　　本书所介绍的公务文书是指狭义的公务文书。狭义的公务文书俗称法定公文，简称"公文"，是指党和国家有关机构或部门对其种类、用途及格式等专门做出规定的公务文书。长期以来，对党政机关的公文处理有各自的规范或规定。国务院2000年8月24日发布的

《国家行政机关公文处理办法》曾列出 13 类公文：命令（令）、决定、公告、通告、通知、通报、议案、报告、请示、批复、意见、函、会议纪要。这是行政机关在行政管理过程中所形成的具有法定效力和规范体式的文书，是依法行政和进行公务活动的重要工具。中共中央办公厅 1996 年 5 月 3 日发布的《中国共产党机关公文处理条例》则列出 14 类正式文件：决议、决定、指示、意见、通知、通报、公报、报告、请示、批复、条例、规定、函、会议纪要。这是党的机关实施领导、处理公务的具有特定效力和规范格式的文书，是传达贯彻党的路线、方针、政策，指导、布置和商洽工作，请示和答复问题，报告和交流情况的工具。

为了适应中国共产党机关和国家行政机关（简称党政机关）的工作需要，推进党政机关公文处理工作科学化、制度化、规范化，2012 年 4 月 16 日中共中央办公厅、国务院办公厅联合印发《党政机关公文处理工作条例》（自 2012 年 7 月 1 日起执行）。该条例规定："党政机关公文是党政机关实施领导、履行职能、处理公务的具有特定效力和规范体式的文书，是传达贯彻党和国家的方针政策，公布法规和规章，指导、布置和商洽工作，请示和答复问题，报告、通报和交流情况等的重要工具。"这是对党政机关公文这一概念的阐释，同时也是对其基本功用的说明。

（二）行政公文的特点

概括地说，公文从内容到形式至少应当具备两大特征：一是从内容方面来看，公文的内容必须是公务活动内容的反映。写作是一项目的性极强的活动，为达到不同的目的而撰写的文种必定有着不同的用途和内容。公文就是特定的作者为处理公务活动中的问题而撰写的具有特定效力的公务文书。二是从形式方面来看，公文有着固定的体式。对一份公文包括哪些要素以及这些要素怎样排列，都有一些规定或要求。就形式而言，应当说，在各类文章中，公文是一类程式化程度最高的文种。

具体地说，公文主要具有以下特点：

1. 法定性

公文是由法定机关或组织制发的，代表着法定机关或组织的意图，在法定机关或组织的权限范围内具有法定的权威性和约束力。所谓的法定机关或组织，主要是指根据《中华人民共和国宪法》和《中华人民共和国地方各级人民代表大会和地方各级人民政府组织法》等有关法律规定而设立的各级机关、团体和机构以及各企事业单位，只有这些机关或组织才有权制发文件，也只有这些机关或组织制发的文件，才能发挥相应的效力。另外，有些公文需以特定机关或组织领导人的名义行文，这是领导人法定职权的体现，公文所反映的同样也是领导人所在机关或组织的集体意图。

2. 政策性

公文是处理公务问题的工具，其内容必须完全符合党和国家的各项方针、政策，也唯有如此，才能借助于公文这一有力的工具，把党和国家的方针、政策精神切实贯彻、落实到具体工作中去。相反，如果公文内容同党和国家的方针、政策精神有相违背之处，那么，公文不仅无法发挥应有的作用，还会给公务活动造成混乱，使工作产生失误，使国家或集体蒙受损失。党和国家的方针、政策是各项工作的指针，是各级机关开展工作的基本依据，而公文作为人们在工作中所使用的一种行政工具，必须与其保持高度一致。

3. 实用性

公文是为完成某项工作，或者针对公务活动中的某个问题而制发的，制发公文的目的就是解决实际问题，推动工作的顺利进行，每一份公文都有其具体的制发目的和公务职能。公文的针对性越强，内容越是明确、具体，就越能得到受文机关的重视，实际作用也就越大。

4. 时效性

时效性是与实用性联系在一起的。制发公文是为了处理公务活动中的实际问题，而公务问题的处理必须迅速、及时，所以，对公文的制发和实施通常有着严格的时间要求，公文的效用也常常有时间的限制。当然，由于各类公文的内容和用途不同，其时效性的表现形式也就不尽相同。

5. 规范性

公文不是可以任意撰写的文种。为维护公文的权威性和严肃性，从文种名称到行文关系，从制发程序到构成体式，国家有关部门都做过严格规定。公文的拟稿人不得随心所欲地使用文种名称、设置行文关系或更改其固定的制发程序和构成体式。公文不规范，不仅会影响组织的正常运转及公文效用的切实发挥，也会给文书工作带来许多麻烦。

总之，法定性、政策性、实用性、时效性及规范性是公文的主要特点，也是一份合格的公文所必须具备的条件。

（三）行政公文的基本功用

1. 颁布法规、传达指示

为使国家机器正常运转，为维护社会生活的正常秩序，党和国家各级机关经常需要颁布某些法律、法令及规定，有些公文就是为此而制发的，如为颁布《中华人民共和国未成年人保护法》而制发的《中华人民共和国主席令》（2006 年 12 月 29 日）等。这类法规性公文一经发布，便具有法律效力，相关组织和个人必须遵照执行，不得违反。也有一些公文的内容本身就是对有关事项做出的带有强制作用的规定，如《国务院关于加强食品安全工作的决定》（国发〔2012〕20 号）等，就是就某一事项做出规定的公文，这些规定在公文生效的范围内，要求人们必须严格遵守。

在国家行政系统中，上级机关同下级机关有领导与被领导的关系，上级机关有对下级机关的工作发出指令或提出指导性意见的权力和责任，上下级机关之间领导与被领导的关系及上级机关对下级机关的指挥、指导作用，通常就是凭借公文的制发、运转形成和实现的。

2. 反映情况、请示工作

在工作中，下级机关经常会遇到一些问题、情况或产生一些意见、要求，需要上级机关了解或给予具体批示；上级机关为了能够根据实际情况制定正确的工作方针，做出合理的工作部署，也需要经常了解基层单位的情况。情况的反映、工作的请示，通常都要借助于公文。《党政机关公文处理工作条例》中所列的第 10 类公文"报告"和第 11 类公文"请示"就是专门用来反映情况、请示工作的文种。除此之外，函、纪要等有时也能起到向有关机关或部门通报情况、传递信息的作用。

3. 联系工作、商洽公务

有些工作需要几个平行机关合作完成，有些公务问题需要几个部门协同处理，合作完成工作或协同处理问题，相关机关或部门就必然要取得联系或进行商洽，而联系工作、商洽公务，是离不开公文的制发的。起联系工作、商洽公务作用的公文，主要有函等。

4. 宣传教育

党和国家的方针政策，只有为广大人民群众所了解、所领会，才会被贯彻、落实到各行各业的工作中去，才会对国家的政治生活、经济生活及文化生活等各个领域产生重要影响。许多文件的制发、传达，就是为了明确和宣传党和国家的方针、政策；一些政策性文件和反映政治教育内容、奖惩内容文件的宣传教育作用更为直接，如《中共中央国务院关于反腐败斗争近期抓好几项工作的决定》《国务院办公厅关于表彰奖励中国女子足球队的通报》等文件，在公布有关事项的同时，也会起到宣传教育广大干部、群众的作用。

5. 依据凭证

公文是有关公务活动开展的依据，也是公务活动的真实记录和凭证。公文的内容是发文机关意图的体现，受文机关可以据此安排工作，制定措施，根据已存档的公文，了解以往的公务活动情况。有了公文这种书面材料，各项工作的进行才能做到有据可查、有案可考，才能避免采用不讲政策、不讲根据的非正规化工作方式，也才能防止在工作中犯错误、走弯路。

总之，颁布法规、传达指示，反映情况、请示工作，联系工作、商洽公务，以及宣传教育、依据凭证是公文的几项主要功用。有的公文可能只具备其中某一项功用，是单一功能的公文；也有的公文兼有几种功用，是多功能的公文。多功能的公文最为常见，适用范围及影响范围也较为宽泛。

（四）行政公文的分类

从不同的角度，依照不同的标准，可以对公文进行不同的分类，比较常见的分类方法主要有以下几种。

1. 按照行文关系和行文方向分类

按照行文关系和行文方向的不同，可将行政公文分为上行文、平行文和下行文三种。上行文是指下级机关向所属上级机关呈送的公文，主要有报告、请示等。平行文是指向同级机关或不相隶属的机关送交的公文，主要有函等。下行文是指上级机关向下级机关发送的公文，主要有命令（令）、决定、通报、通知、批复、意见等。

有些公文的行文方向并不十分固定，在不同的情况下有不同的归属，如通知、函。

2. 按照紧急程度分类

按照紧急程度不同，可将公文分为紧急公文和普通公文。紧急公文还分"特急"和"加急"两类。

3. 按照有无保密要求及涉密程度分类

按照有无保密要求的不同，可将公文分为无保密要求的普通文件和有保密要求的涉密文件两类。按照涉密程度不同，还可将有保密要求的文件分为绝密文件、机密文件和秘密文件三种。绝密文件是秘密等级最高的文件，所反映的通常是党和国家的核心秘密。其内容一旦泄露，便会给党和国家的事业造成非常严重的损失。机密文件是秘密等级较高的文件，包含着党和国家的重要秘密。其内容一旦泄露，会使党和国家的事业蒙受重大损失。秘密文件是秘密等级较低的文件，所反映的是党和国家的一般秘密。其内容也是不能随意泄露的，否则，也会给党和国家的事业或某项具体的工作带来一定程度的损失。

二、行政公文的构成要素

《党政机关公文处理工作条例》规定："公文一般由份号、密级和保密期限、紧急程度、发文机关标志、发文字号、签发人、标题、主送机关、正文、附件说明、发文机关署名、成文日期、印章、附注、附件、抄送机关、印发机关和印发日期、页码等组成。"同时规定："公文的版式按照《党政机关公文格式》国家标准执行。"《党政机关公文格式》首先"将版心内的公文格式各要素划分为版头、主体、版记三部分。公文首页红色分隔线以上的部分称为版头；公文首页红色分隔线（不含）以下、公文末页首条分隔线（不含）以上的部分称为主体；公文末页首条分隔线以下、末条分隔线以上的部分称为版记"。《党政机关公文格式》还对各要素的编排规则进行详细说明。下面就按上述两份文件的规定，依次介绍公文的各构成要素。

（一）版头部分

版头部分又称文头部分，通常是由份号、密级和保密期限、紧急程度、发文机关标识、发文字号、签发人等诸要素构成的。

1. 份号

份号又称印制编号，是将同一文稿印制若干份时，每份公文的顺序编号。涉密文件应当标注份号。

公文如需标注份号，一般用 6 位 3 号阿拉伯数字，顶格编排在版心左上角第一行。

2. 密级和保密期限

涉密文件要注明密级，密级标识有"绝密""机密""秘密"三种。不涉及保密内容的普通文件，则没有这个项目。

公文如需标注密级和保密期限，一般用 3 号黑体字，顶格编排在版心左上角第二行；保密期限中的数字用阿拉伯数字标注。

3. 紧急程度

紧急程度是对公文送达和办理的时限要求。在紧急公文的文头部分要根据紧急程度分别标注"特急"或"加急"的字样；紧急电报应当分别标明"特提""特急""加急""平急"。对有紧急程度标识的公文，要做紧急处理；对没有紧急程度标志的公文，则可按一般程序和方式处理。

公文如需标注紧急程度，一般用 3 号黑体字，顶格编排在版心左上角；如需同时标注份号、密级和保密期限、紧急程度，按照份号、密级和保密期限、紧急程度的顺序自上而下分行排列。

4. 发文机关标识

发文机关标识也常被称为"文头"，由发文机关全称或规范化简称后加"文件"组成，如"国务院文件""××市人民政府文件""××部办公厅文件""××大学文件"等；也可以使用发文机关全称或者规范化简称。

发文机关标识一般要用红色字体标识，人们常把法定公文称为"红头文件"，就是由此而来的。

发文机关标识居中排布，上边缘至版心上边缘为 35mm，推荐使用小标宋体字，颜色为红色，以醒目、美观、庄重为原则。

联合行文时，发文机关标识可以并用联署发文机关名称，也可以单独使用主办机关名称。如需同时标注联署发文机关名称，一般应当将主办机关名称排列在前；如有"文件"二字，应当置于发文机关名称右侧，以联署发文机关名称为准上下居中排布。如果联合行文机关过多，则要注意公文首页显示正文的问题。

5. 发文字号

发文字号简称文号，又称公文编号，是发文机关按照发文顺序编排的顺序号，由发文机关代字、发文年份和文件序号组成。例如，国务院文件中的"国发〔2016〕2 号"，"国发"是发文机关代字，"2016"是发文年份，"2 号"为文件序号，表明这份文件是国务院在2016 年度制发的第 2 号文件。

发文字号置于发文机关标识下空二行位置，居中排布。年份、发文顺序号用阿拉伯数字标注；年份应标全称，用六角括号"〔〕"括入；发文顺序号不加"第"字，不编虚位（即1不编为01），在阿拉伯数字后加"号"字。

上行文的发文字号居左空一字编排，与最后一个签发人姓名处在同一行。

6. 签发人

在上行文也就是报送上级机关的公文中，要标识批准签发的领导人姓名。该要素由"签发人"三字加全角冒号和签发人姓名组成，应居右空一字，编排在发文机关标志下空二行位置。"签发人"三字用3号仿宋体字，签发人姓名用3号楷体字。

如有多个签发人，签发人姓名按照发文机关的排列顺序从左到右、自上而下依次均匀编排，一般每行排两个姓名，回行时与上一行第一个签发人姓名对齐。

7. 分隔线

发文字号之下4 mm处居中印一条与版心等宽的红色分隔线。

（二）主体部分

主体部分又称行文部分，这一部分通常是由标题、主送机关、正文、附件说明、发文机关署名、成文日期、印章、附注、附件等要素构成的。

1. 标题

公文的标题应准确、简要地揭示公文的主要内容，并能让受文者透视文种。发文机关名称、发文事由和文种是构成公文标题的三个基本要素，例如《国务院关于解决当前供销合作社几个突出问题的通知》，"国务院"是发文机关；"解决当前供销合作社几个突出问题"是发文事由，是对公文内容的高度概括，发文事由一项常常加有介词"关于"；"通知"是文种。公文的标题要能够非常清楚地说明这是哪个机关为什么事由而制发的哪类公文。

公文的标题应在红色分隔线下空二行位置，用2号小标宋体字，成一行或分多行居中排布；回行时，要做到词意完整，排列对称，间距恰当。标题排列应呈梯形或菱形。

除法规、规章等名称可加书名号外，公文的标题一般不用标点符号。

有些法规性公文在标题之下还有题注一项，用以说明某项法令、规定等通过或批准的时间、程序或开始生效的时间。题注一项的内容要写在括号内。

2. 主送机关

主送机关是负有公文办理或答复责任的受文机关，是公文的主要受理机关，应当使用机关全称、规范化简称或者同类型机关统称。

上行文一般只写一个主送机关，如果还有其他机关需要掌握有关情况，应以抄报的形式发送公文。下行文有专发性公文和普发性公文两种，专发性公文是专门向某一个机关下发的公文，这种公文的主送机关只能有一个；普发性公文是指内容的涉及面较广，因而需向多个机关下发的公文，这种公文的主送机关不止一个，在排列主送机关名称时，要确定一个合理的顺序。有时，一份公文有多个主送机关，为使行文简洁，可用统称统指受文机关，甚至可以不写主送机关，公开发布的普发性公文通常不写主送机关。

主送机关应编排于标题下空一行位置，居左顶格，回行时仍顶格，最后一个机关名称后标全角冒号。如主送机关名称过多导致公文首页不能显示正文时，应当将主送机关名称移至版记部分。

3. 正文

正文是一份公文的核心部分。公文质量的高低，公文能否产生应有的功用，主要取决于这一部分写得如何，拟稿人的工作能力和文字水平主要在这一部分的撰写中体现。

在一份内容比较丰富、写法比较复杂的公文中，正文一般包括开头、主体、结尾三个部分。

（1）开头

公文的开头方式有许多种，常见的有目的式、根据式和缘由式开头等。

① 目的式开头。在写明具体事项之前，先写明发文目的，以引起受文者的重视，这是一种最为常见的开头方式，其他开头方式也常常同目的式开头混合使用。例如，《国家卫生计生委办公厅 民政部办公厅关于遴选国家级医养结合试点单位的通知》（国卫办家庭发〔2016〕511号）的开头部分如下。

为贯彻落实《国务院关于加快发展养老服务业的若干意见》（国发〔2013〕35号）、《国务院办公厅转发卫生计生委等部门关于推进医疗卫生与养老服务相结合指导意见的通知》（国办发〔2015〕84号，以下简称《指导意见》）精神，进一步推动医养结合工作，营造良好的政策环境，完善体制机制，创新发展模式，决定遴选一批国家级医养结合试点单位。有关事项通知如下：

目的式开头，常用表示目的的介词"为""为了"等领起下文。

② 根据式开头。在公文正文的开头，写明作为行文依据的方针、政策、法规、规定及上级指示精神或其他事项，以增强公文的权威性、严肃性和说服力。例如，《农业部关于推荐第二届中华农业英才奖候选人的通知》（农人发〔2007〕4号）的开头部分如下。

根据《中华农业英才奖暂行办法》的有关规定，我部定于2007年下半年组织开展第二届中华农业英才奖评选工作。现将候选人推荐工作的有关事项通知如下：

根据式开头，常用介词"根据""遵照""按照""依照"等领起下文。

在实际写作中，根据式开头同目的式开头混合使用的公文开头方式较为常见，例如，《中国人民银行 民政部关于规范全国性社会组织开立临时存款账户有关事项的通知》（银发〔2016〕99号）的开头部分：

为规范全国性社会团体、基金会和民办非企业单位（以下统称全国性社会组织）登记验资工作，根据《人民币银行结算账户管理办法》（中国人民银行令〔2003〕第5号发布）、《社会团体登记管理条例》（中华人民共和国国务院令第250号）、《基金会管理条例》（中华人民共和国国务院令第400号）和《民办非企业单位登记管理暂行条例》（中华人民共和国国务院令第251号）的规定，现就有关事项通知如下：

先写明发文目的，再说明发文根据，然后以过渡性语句引出下文，简洁明了。

③ 缘由式开头。缘由式开头也叫原因式开头，即通过情况的介绍、问题的提出或意义的明确，使受文者了解行文的缘由，从而引起受文者对文件内容的重视。例如《国家能源局关于海上风电项目进展有关情况的通报》（国能新能〔2015〕343号）的开头部分如下。

国家能源局下发《关于印发海上风电开发建设方案（2014—2016）的通知》（国能新能〔2014〕530号）以来，相关省（区、市）发展改革委（能源局）按照通知要求，积极开展前期工作，项目建设进度明显加快。但受多种因素影响，海上风电建设总体进展较为缓慢。根据海上风电产业监测体系，到2015年7月底，纳入海上风电开发建设方案的项目已建成投产2个、装机容量6.1万千瓦，核准在建9个、装机容量170.2万千瓦，核准待建6个，装机容量154万千瓦，其余项目正在开展前期工作（具体进展情况见附件）。为进一步做好海上风电开发建设工作，加快推动海上风电发展，现提出如下建议和要求：

这段话主要用以介绍情况，指明问题，从而使人们对制发公文的背景、原因有所了解。在写完发文缘由之后，还对发文目的加以说明，所以例文其实应当算是缘由式开头和目的式开头混合使用的开头方式。

同其他类型的文章一样，公文的开头也并无一个固定的写作模式，上面所列举的开头方式只是几种比较常见的形式。究竟怎样撰写公文的开头，最终还要根据实际需要确定。而无论哪种形式的公文开头，都必须符合开门见山、简明扼要的原则。

（2）主体

正文的主体部分可以说是核心中的核心，因为公文的主要事项要写入这一部分，或者说公文的基本内容要在这一部分中表述。内容充实、中心突出、表意明确、条理清楚，是对所有公文的主体部分的写作要求。这一部分的写法多种多样，后面将结合具体文例加以介绍。

（3）结尾

结尾部分又称结束语，公文结尾的写法也不尽相同，其中以下几种结尾方式较为常见。

① 说明式结尾。在公文正文的结尾处，对与正文内容有关的事项做一个交代，如"以上事项，应公告全体公民周知、遵守""本通告自公布之日起生效""凡与本意见的规定内容不一致的，今后以意见内容为准""本通知精神适用于县以下的企事业单位和城市街道的党组织的整顿。军队团以下党组织的整党工作，由中央军委负责部署"之类的结尾语句，都是对有关事项的说明。

② 期望式结尾。期望式结尾是指在正文的结尾处提出要求和希望，以敦促受文者采取相应行动的结尾方式，这是下行文特别是各种公开发布的下行文常用的结尾方式。"以上各点，望遵照办理""以上规定，望遵照执行"之类的语句是期望式结尾惯用的语句。有的公文结尾不用此类惯用的概括性语句，而是提出具体的希望、要求。

③ 祈请式结尾。祈请式结尾是上行文常用的结尾方式。在报告、请示等上行文中，常用"妥否，请审查批示""以上意见，如无不妥，请批转各地执行"等带有祈请意思的语句，作为正文的结束语。

　　此外，公文还有一些比较常用的结尾方式。例如，在结束正文时，进一步指明发文的意义，或者重申发文机关对有关事项的看法、意见，以起到明确和强调某些内容的作用，这种结尾方式可被称为申明式结尾；在写明主要事项之后，对全文的内容做一个简单的总结，以加深读者对公文内容的印象，这种结尾方式可被称为归结式结尾，其多见于篇幅较长的公文。

　　许多公文不设结尾部分，而是把可写入结尾部分的事项作为一个条目放在主体部分的最后。目前这种写法用得越来越多，这也是简化行文、缩短篇幅的一种需要。也有许多公文写完主体部分之后，便自然而然地结束全文，没有任何需要附带交代的事项。

　　行文简洁，收束有力，是对所有公文正文结尾的要求。

　　按照《党政机关公文格式》的规定，公文首页必须显示正文。正文一般用3号仿宋体字，编排于主送机关名称下一行，每个自然段左空二字，回行顶格。文中结构层次序数依次可以用"一、""（一）""1.""（1）"标注；一般第一层用黑体字、第二层用楷体字、第三层和第四层用仿宋体字标注。

　　4. 附件说明

　　附件说明是指公文附件的顺序号和名称，是附件这一要素的标识。

　　公文如有附件，要在正文下空一行左空二字编排"附件"二字，后标全角冒号和附件名称。如有多个附件，使用阿拉伯数字标注附件顺序号（如"附件：1.×××××"）；附件名称后不加标点符号。附件名称较长需回行时，应当与上一行附件名称的首字对齐。

　　5. 发文机关署名、成文日期和印章

　　发文机关署名是公文新增加的构成要素。《党政机关公文处理工作条例》规定，公文应当签署发文机关全称或者规范化简称。

　　公文上标注的成文日期也就是公文生效的时间，应以会议通过或者机关负责人签发的日期为准；联合行文，以最后签发机关负责人的签发日期为准。要用阿拉伯数字将年、月、日标全，年份应标全称，月、日不用虚位（即1不编为01）。

　　公文中有发文机关署名的，应当加盖发文机关印章，并与署名机关相符。有特定发文机关标识的普发性公文和电报可以不加盖印章。

　　需要加盖印章的公文，成文日期一般右空四字编排。单一机关行文时，一般在成文日期之上、以成文日期为准居中编排发文机关署名，印章端正、居中下压发文机关署名和成文日期，使发文机关署名和成文日期居印章中心偏下位置，印章顶端应当上距正文（或附件说明）一行之内。联合行文时，一般将各发文机关署名按照发文机关顺序整齐排列在相应位置，并将印章一一对应、端正、居中下压发文机关署名，最后一个印章端正、居中下压发文机关署名和成文日期，印章之间排列整齐、互不相交或相切，每排印章两端不得超出版心，首排印章顶端应当上距正文（或附件说明）一行之内。印章用红色，不得出现空白印章。

　　不加盖印章的公文，如为单一机关行文，在正文（或附件说明）下空一行右空二字编排发文机关署名，在发文机关署名下一行编排成文日期，首字比发文机关署名首字右移二字，如成文日期长于发文机关署名，应当使成文日期右空二字编排，并相应增加发文机关署名右空字数；如为联合行文，应当先编排主办机关署名，其余发文机关署名依次向下编排。

单一机关制发的需加盖签发人签名章的公文，要在正文（或附件说明）下空二行右空四字加盖签发人签名章，签名章左空二字标注签发人职务，以签名章为准上下居中排布。在签发人签名章下空一行右空四字编排成文日期。联合行文时，应当先编排主办机关签发人职务、签名章，其余机关签发人职务、签名章依次向下编排，与主办机关签发人职务、签名章上下对齐；每行只编排一个机关的签发人职务、签名章；签发人职务应当标注全称。签名章一般用红色。

6. 附注

附注是说明在公文的其他部分不便说明的各种事项的项目，一般是对公文的印发传达范围及有关联系人等事项的说明。例如，有的公文要标明发至哪一级，有的公文需标明可否张贴或登报，这些都可在附注一项中写明。

如有附注，应居左空二字加圆括号编排在成文日期下一行。

7. 附件

附件是公文正文的说明、补充或者参考资料，主要包括随文转发、报送的文件，随文颁发的规章、制度，以及文件中的报表、统计数字、人员名单等。有些公文的附件甚至可以说是反映公文主要内容的部分，而主件只起发布或转发附件的作用。

附件应当另面编排，并在版记之前，与公文正文一起装订。"附件"二字及附件顺序号用 3 号黑体字顶格编排在版心左上角第一行。附件标题居中编排在版心第三行。附件顺序号和附件标题应当与附件说明的表述一致。附件格式要求同正文。如附件与正文不能一起装订，应当在附件左上角第一行顶格编排公文的发文字号并在其后标注"附件"二字及附件顺序号。

（三）版记部分

版记部分又称文尾部分，通常包括分隔线、抄送机关、印发机关和印发日期等项目。

1. 分隔线

版记中的分隔线与版心等宽，首条分隔线和末条分隔线用粗线（推荐高度为 0.35 mm），中间的分隔线用细线（推荐高度为 0.25 mm）。首条分隔线位于版记中第一个要素之上，末条分隔线与公文最后一面的版心下边缘重合。

2. 抄送机关

抄送机关是指主送机关之外需要执行或知晓公文内容的其他机关。确定公文的抄送机关，要从实际工作需要出发，而不能乱抄乱送，免得给自己和对方增加不必要的工作负担。

如有抄送机关，一般用 4 号仿宋体字，在印发机关和印发日期之上一行、左右各空一字编排。"抄送"二字后加全角冒号和抄送机关名称，回行时与冒号后的首字对齐，最后一个抄送机关名称后标句号。

如需把主送机关移至版记，除将"抄送"二字改为"主送"外，编排方法同抄送机关。既有主送机关又有抄送机关时，应当将主送机关置于抄送机关之上一行，之间不加分隔线。

3. 印发机关和印发日期

印发机关是印制公文的主管部门，公文的印制工作一般由发文机关的具体办公部门承担。

印发日期不同于成文日期，是指公文付印的具体时间。

印发机关和印发日期一般用 4 号仿宋体字，编排在末条分隔线之上，印发机关左空一字，印发日期右空一字，用阿拉伯数字将年、月、日标全，年份应标全称，月、日不编虚位（即 1 不编为 01），后加"印发"二字。

版记中如有其他要素，应当将其与印发机关和印发日期用一条细分隔线隔开。

除以上要素，公文还应标注页码。页码一般用 4 号半角宋体阿拉伯数字，编排在公文版心下边缘之下，数字左右各放一条一字线；一字线上距版心下边缘 7 mm。单页码居右空一字，双页码居左空一字。公文的版记页前有空白页的，空白页和版记页均不编排页码。公文的附件与正文一起装订时，页码应当连续编排。

以上所列的份号、密级和保密期限、紧急程度、发文机关标识、发文字号、签发人、标题、主送机关、正文、附件说明、发文机关署名、成文日期、印章、附注、附件、分隔线、抄送机关、印发机关和印发日期及页码，是《党政机关公文处理工作条例》及《党政机关公文格式》所列出的现行公文的全部构成要素。其中有些要素是所有公文的必备要素，有些则是可以根据实际需要进行选择的要素，后者如份号、密级和保密期限、紧急程度、签发人、附件说明、附注、附件等要素。

三、行政公文写作的基本要求

要想写出一份合格的公文，在公文的撰写过程中必须依循以下各项要求。

（一）要熟悉党和国家的方针政策及有关法规、规定

前面说过，政策性是公文的特点之一。要想保证公文具有较强的政策性，公文内容同党和国家的方针政策及有关法规、规定的精神相一致，公文的撰写者就必须熟悉党和国家的方针政策及有关法规、规定的内容。这里所说的"熟悉"，并不仅限于熟记其中的各项条款，而是要吃透精神，领会实质，在问题的提出、分析与解决过程中，切实贯彻、落实其内容。

（二）要了解实际情况

制发公文是为了反映并解决实际工作中出现的问题，为确保公文内容的客观性和处理意见的正确性，撰写者就必须深入实际，调查研究，全面了解情况，实事求是地分析问题，在此基础上才能写出内容真实可靠、意见切实可行的公文。人们常说，撰写公文要"吃透两

头"，所谓"吃透两头"，就是指"上头"要领会上级指示精神，"下头"要了解实际情况，只有把"上下两头"结合起来，才能避免盲目行文，错误决策，才能使公文的效用得以充分发挥。

（三）要考虑行文的必要性和实效性

如前所述，实用性是公文的重要特点之一，每一份公文都应有其具体的制发目的，都应在实际工作中发挥特有的效用。为切实提高公务活动的效率，杜绝"文山会海"现象，《党政机关公文处理工作条例》在"行文规则"部分首先就指明："行文应当确有必要，讲求实效，注重针对性和可操作性。"

（四）要遵循各项行文规则

由于对公文的规范化要求极高，在公文的撰写过程中，撰写者必须严格遵循各项行文规则。其中，有些规则是国家有关部门以规定的形式正式颁行的，有些则是在公文的长期应用中约定俗成的。

1. 文种的选用要正确

不同种类的公文有着不同的功能特点和适用范围，在撰写公文时，撰写者首先就要对每一种公文名称的含义和每一种公文的具体功用有所了解，以便根据行文的需要，正确选用文种。

文种的选用，主要应当考虑两个因素：一是行文关系，二是发文目的和公文内容。按照行文制度，公文的行文关系有上行、下行和平行三种，公文也相应地分为上行文、下行文和平行文三类。如果向下级机关发文，就应该考虑选用下行文范围内的公文文种；如果向平行机关或没有隶属关系的机关发文，就应该考虑选用一种平行文；如果向上级机关发文，则应考虑选用属于上行文的公文文种。上行文、平行文、下行文都不止一种，甚至有些文种的性质十分相近，这就要求公文的撰写者认真了解各类公文的用途，并根据发文目的和公文内容，选用一种功能特点、适用范围同发文目的、公文内容相切合的文种。

公文文种的界限非常明确，文种的选用也是非常严格的，误用、混用文种，会使公文的质量和效用受到严重影响。

2. 行文关系的确定要妥当

妥善处理行文关系，保证其准确妥当，主要应当注意以下几点。

第一，行文关系要根据隶属关系和职权范围确定。一般不得越级行文，特殊情况需要越级行文的，应当同时抄送被越过的机关。

第二，向上级机关行文，原则上主送一个上级机关，根据需要同时抄送相关上级机关和同级机关，不得抄送下级机关。党委、政府的部门向上级主管部门请示、报告重大事项，应当经本级党委、政府同意或者授权；属于部门职权范围内的事项应当直接报送上级主管部门。下级机关的请示事项如需以本机关名义向上级机关请示，应当提出倾向性意见后上报，不得原文转报上级机关。请示应当一文一事。不得在报告等非请示性公文中夹带请示事项。除上级机关负责人直接交办事项外，不得以本机关名义向上级机关负责人报送公文，也不得以本机关负责人名义向上级机关报送公文。受双重领导的机关向一个上级机关行文，必要时抄送另一个上级机关。

第三，向下级机关行文，主送受理机关，根据需要抄送相关机关。重要行文应当同时抄送发文机关的直接上级机关。党委、政府的办公厅（室）根据本级党委、政府授权，可以向下级党委、政府行文，其他部门和单位不得向下级党委、政府发布指令性公文或者在公文中向下级党委、政府提出指令性要求。需经政府审批的具体事项，经政府同意后可以由政府职能部门行文，文中须注明已经政府同意。党委、政府的部门在各自职权范围内可以向下级党委、政府的相关部门行文。涉及多个部门职权范围内的事务，部门之间未协商一致的，不得向下行文；擅自行文的，上级机关应当责令其纠正或者撤销。上级机关向受双重领导的下级机关行文，必要时抄送该下级机关的另一个上级机关。

第四，同级的党政机关、党政机关与其他同级机关必要时可以联合行文。属于党委、政府各自职权范围内的工作，不得联合行文。党委、政府的部门依据职权可以相互行文。部门内设机构除办公厅（室）外不得对外正式行文。

行文关系是否确定妥当，直接关系到文中所反映的公务问题能否得到顺利解决，发文目的能否得以实现。行文关系混乱，会影响工作效率，甚至会贻误工作。

3. 制发程序的安排要合理

公文的制发即发文办理，是指以本机关名义制发公文的过程，主要包括公文的起草、审核、签发等拟制环节，以及复核、登记、印制、核发等狭义的发文办理环节。

（1）起草

起草又称拟稿，是指公文文稿的草拟。

《党政机关公文处理工作条例》就公文的起草提出如下要求：一是符合党的理论路线、方针政策和国家法律法规，完整准确体现发文机关意图，并同现行有关公文相衔接；二是一切从实际出发，分析问题实事求是，所提政策措施和办法切实可行；三是内容简洁、主题突出、观点鲜明、结构严谨、表述准确、文字精练；四是文种正确、格式规范；五是深入调查研究，充分进行论证，广泛听取意见；六是公文涉及其他地区或者部门职权范围内的事项，起草单位必须征求相关地区或者部门意见，力求达成一致；七是机关负责人应当主持、指导重要公文起草工作。

《党政机关公文格式》就公文的书写格式有如下规定：从左至右横排、横写。结构层次序数标识第一层为"一、"，第二层为"（一）"，第三层为"1."，第四层为"（1）"。

同其他文章的写作一样，公文的拟稿也要经过起草前的准备、起草、修改等几个阶段。

（2）审核

公文文稿在送交负责人签发之前，应当由发文机关办公厅（室）进行审核。公文从内容到形式，所有的构成要素都在审核的范围之内，其中，审核的重点包括行文理由是否充分，行文依据是否准确；内容是否符合国家法律法规和党的路线方针政策，是否完整准确地体现发文机关意图，是否同现行有关公文相衔接，所提政策措施和办法是否切实可行；涉及有关地区或者部门职权范围内的事项是否经过充分协商并达成一致意见；文种是否正确，格式是否规范，人名、地名、时间、数字、段落顺序、引文等是否准确，文字、数字、计量单位和标点符号等用法是否规范；其他内容是否符合公文起草的有关要求等。

需要发文机关审议的重要公文文稿，审议前由发文机关办公厅（室）进行初核。经审核不宜发文的公文文稿，应当退回起草单位并说明理由；符合发文条件但内容需做进一步研究和修改的，由起草单位修改后重新报送。

（3）签发

签发是发文机关负责人在同意发出的文稿上签字的步骤。

公文应当经本机关负责人审批签发。重要公文和上行文由机关主要负责人签发，党委、政府的办公厅（室）根据党委、政府授权制发的公文，由受权机关主要负责人签发或者按照有关规定签发。联合发文由所有联署机关的负责人会签。以本机关名义制发的上行文，由主要负责人或者主持工作的负责人签发；以本机关名义制发的下行文或平行文，由主要负责人或者由主要负责授权的其他负责人签发。签发人签发公文，应当签署意见、姓名和完整日期，圈阅或者签名的，视为同意。

（4）复核

发文机关负责人已经签批的公文正式印制前，应由文秘部门对公文的审批手续、内容、文种、格式等进行复核；需做实质性修改的，应报原签批人复审。

（5）登记

对复核后的公文，应当确定发文字号、分送范围和印制份数并详细记载。

（6）印制

公文印制必须确保质量和时效。涉密公文应当在符合保密要求的场所印制。

（7）核发

公文印制完毕，应当对公文的文字、格式和印刷质量进行检查后再进行分发。

四、行政公文写法示例

《党政机关公文处理工作条例》共列出决议、决定、命令（令）、公报、公告、通告、意见、通知、通报、报告、请示、批复、议案、函、纪要15个公文文种，对其用途和写法，大家都应当有所了解。其中，有些文种基层单位很少用到，有些文种则经常会有使用的机会。下面就结合对具体文例的分析，着重介绍常用公文的写法。需要说明的是，有的例文篇幅较长，在不影响其全貌的前提下，进行了略微删节或加以摘要。另外，所引例文大都保留标题、正文、落款等同公文的撰写直接相关的部分。

（一）决定

1. 决定的用途

《党政机关公文处理工作条例》规定，决定适用于对重要事项做出决策和部署、奖惩有关单位和人员、变更或者撤销下级机关不适当的决定事项。

决定是一种重要的指挥性和约束性公文。党政机关、社会团体或企事业单位对某些重要事项或重大行动做出安排，都可以用决定，决定的用途比较广泛。决定可用以安排重要会议的召开，如《全国人民代表大会常务委员会关于召开第六届全国人民代表大会第一次会议的决定》；决定可以在设立行政区划或设置重要机构时使用，如《全国人民代表大会关于成立中华人民共和国澳门特别行政区基本法起草委员会的决定》；决定也可以在表彰先进时使用，如《国务院关于授予赵春娥、罗键夫、蒋筑英全国劳动模范称号的决定》；决定还可以在处理特大事故时使用，如《国务院关于大兴安岭特大森林火灾事故的处理决定》等。

2. 决定的写法

按其具体用途和内容不同，可将决定大致划分为两类：一类是对重要事项做出安排的决定。决定所反映的事项多样，常用的对重要事项做出安排的决定主要有表彰决定、惩处决定、机构设置决定、人事安排决定、授权决定及发布法规性事项等各种决定。另一类是对重大行动做出安排或者对重要工作进行部署的决定。这类决定的指挥性和指示性极强。

先看一份对重要事项做出安排的决定：

国务院关于取消和下放一批行政审批项目的决定

国发〔2013〕44号

各省、自治区、直辖市人民政府，国务院各部委、各直属机构：

经研究论证，国务院决定，再取消和下放68项行政审批项目（其中有2项属于保密项目，按规定另行通知）。另建议取消和下放7项依据有关法律设立的行政审批项目，国务院将依照法定程序提请全国人民代表大会常务委员会修订相关法律规定。《国务院关于取消和下放一批行政审批项目等事项的决定》（国发〔2013〕19号）中提出的涉及法律的16项行政审批项目，国务院已按照法定程序提请全国人民代表大会常务委员会修改了相关法律，现一并予以公布。

各地区、各部门要抓紧做好取消和下放管理层级行政审批项目的落实和衔接工作，加快配套改革和相关制度建设，在有序推进"放"的同时，加强后续监管，切实做到放、管结合。要按照深化行政体制改革、加快转变政府职能的要求，继续坚定不移推进行政审批制度改革，清理行政审批项目，加大简政放权力度。要健全监督制约机制，加强对行政审批权运行的监督，依法及时公开项目核准和行政审批信息，努力营造公平竞争、打破分割、优胜劣汰的市场环境，不断提高政府管理科学化、规范化水平。

附件：国务院决定取消和下放管理层级的行政审批项目目录（共计82项）

国务院
2013 年 11 月 8 日（此件公开发布）

例文是一份篇幅较短、内容相对简单的决定，正文部分主要包括两个方面的内容，第一个部分写明决定事项，简洁明了；第二个部分提出工作要求及目标。

用于奖惩有关单位或人员的表彰决定及惩处决定，也是比较常见的对重要事项做出安排的决定。下面请再看一份表彰决定：

国务院关于表彰全国"两基"工作先进单位和先进个人的决定

国发〔2012〕46 号

各省、自治区、直辖市人民政府，国务院各部委、各直属机构：

1986 年义务教育法和 1988 年《扫除文盲工作条例》施行以来，在党中央、国务院正确领导下，各地区、各部门高度重视、真抓实干，社会各界积极参与、齐心协力，我国"两基"（基本普及九年义务教育、基本扫除青壮年文盲）工作取得重大成就，2011 年全面实现九年义务教育，青壮年文盲率下降到 1.08%，改变了中国教育的基本面貌，实现了教育发展的历史性跨越。在实施"两基"巩固提高和"两基"攻坚过程中，涌现出一大批先进单位和个人。为表彰先进，激励和动员全社会进一步重视、关心、支持教育事业，推动教育改革发展，国务院决定，授予北京市朝阳区教育委员会等 300 个单位"全国'两基'工作先进单位"称号，授予徐万厚等 500 人"全国'两基'工作先进个人"称号。

希望受到表彰的先进单位和先进个人珍惜荣誉，再接再厉，为义务教育工作再上新台阶作出新的更大贡献。各地区、各部门以及关心支持教育事业的社会各界要向受到表彰的先进单位和先进个人学习，深入贯彻落实《国家中长期教育改革和发展规划纲要（2010—2020年)》，坚持把教育摆在优先发展位置，巩固义务教育普及成果，促进义务教育均衡发展，推动教育事业在新的历史起点上科学发展，为建设教育强国和人力资源强国、实现中华民族伟大复兴而努力奋斗。

附件：1. 全国"两基"工作先进单位名单
　　　2. 全国"两基"工作先进个人名单

国务院
2012 年 9 月 5 日

例文的标题由发文机关名称、事由和文种三个要素构成，事由部分标明了决定事项。正文的第一个部分首先概述情况，指明成绩，然后在写明做出表彰决定的目的基础上，简明扼要地宣布表彰决定。第二个部分主要包含两项内容，一是向表彰对象提出希望，二是向各地区、各部门及有关人员发出号召，提出工作要求。

再看一份对重要工作进行部署的决定：

国务院关于加强食品安全工作的决定

国发〔2012〕20 号

各省、自治区、直辖市人民政府，国务院各部委、各直属机构：

食品安全是重大的民生问题，关系人民群众身体健康和生命安全，关系社会和谐稳定。党中央、国务院对此高度重视，近年来制定实施了一系列政策措施。各地区、各部门认真抓好贯彻落实，不断加大工作力度，食品安全形势总体上是稳定的。但当前我国食品安全的基础仍然薄弱，违法违规行为时有发生，制约食品安全的深层次问题尚未得到根本解决。随着生活水平的不断提高，人民群众对食品安全更为关注，食以安为先的要求更为迫切，全面提高食品安全保障水平，已成为我国经济社会发展中一项重大而紧迫的任务。为进一步加强食品安全工作，现做出如下决定。

一、明确加强食品安全工作的指导思想、总体要求和工作目标

（一）指导思想。以邓小平理论和"三个代表"重要思想为指导，深入贯彻落实科学发展观，从维护人民群众根本利益出发，进一步加强对食品安全工作的组织领导，完善食品安全监管体制机制，健全政策法规体系，强化监管手段，提高执法能力，落实企业主体责任，提升诚信守法水平，动员社会各界积极参与，促进我国食品安全形势持续稳定好转。

（二）总体要求。坚持统一协调与分工负责相结合，严格落实监管责任，强化协作配合，形成全程监管合力。坚持集中治理整顿与严格日常监管相结合，严厉惩处食品安全违法犯罪行为，规范食品生产经营秩序，强化执法力量和技术支撑，切实提高食品安全监管水平。坚持加强政府监管与落实企业主体责任相结合，强化激励约束，治理道德失范，培育诚信守法环境，提升企业管理水平，夯实食品安全基础。坚持执法监督与社会监督相结合，加强宣传教育培训，积极引导社会力量参与，充分发挥群众监督与舆论监督的作用，营造良好社会氛围。

（三）工作目标。通过不懈努力，用3年左右的时间，使我国食品安全治理整顿工作取得明显成效，违法犯罪行为得到有效遏制，突出问题得到有效解决；用5年左右的时间，使我国食品安全监管体制机制、食品安全法律法规和标准体系、检验检测和风险监测等技术支撑体系更加科学完善，生产经营者的食品安全管理水平和诚信意识普遍增强，社会各方广泛参与的食品安全工作格局基本形成，食品安全总体水平得到较大幅度提高。

二、进一步健全食品安全监管体系

（四）完善食品安全监管体制。进一步健全科学合理、职能清晰、权责一致的食品安全部门监管分工，加强综合协调，完善监管制度，优化监管方式，强化生产经营各环节监管，形成相互衔接、运转高效的食品安全监管格局。按照统筹规划、科学规范的原则，加快完善食品安全标准、风险监测评估、检验检测等的管理体制。县级以上地方政府统一负责本地区食品安全工作，要加快建立健全食品安全综合协调机构，强化食品安全保障措施，完善地方食品安全监管工作体系。结合本地区实际，细化部门职责分工，发挥监管合力，堵塞监管漏洞，着力解决监管空白、边界不清等问题。及时总结实践经验，逐步完善符合我国国情的食

品安全监管体制。

（五）健全食品安全工作机制。建立健全跨部门、跨地区食品安全信息通报、联合执法、隐患排查、事故处置等协调联动机制，有效整合各类资源，提高监管效能。加强食品生产经营各环节监管执法的密切协作，发现问题迅速调查处理，及时通知上游环节查明原因、下游环节控制危害。推动食品安全全程追溯、检验检测互认和监管执法等方面的区域合作，强化风险防范和控制的支持配合。健全行政执法与刑事司法衔接机制，依法从严惩治食品安全违法犯罪行为。规范食品安全信息报告和信息公布程序，重视舆情反映，增强分析处置能力，及时回应社会关切。加大对食品安全的督促检查和考核评价力度，完善食品安全工作奖惩约束机制。

（六）强化基层食品安全管理工作体系。推进食品安全工作重心下移、力量配置下移，强化基层食品安全管理责任。乡（镇）政府和街道办事处要将食品安全工作列为重要职责内容，主要负责人要切实负起责任，并明确专门人员具体负责，做好食品安全隐患排查、信息报告、协助执法和宣传教育等工作。乡（镇）政府、街道办事处要与各行政管理派出机构密切协作，形成分区划片、包干负责的食品安全工作责任网。在城市社区和农村建立食品安全信息员、协管员等队伍，充分发挥群众监督作用。基层政府及有关部门要加强对社区和乡村食品安全专、兼职队伍的培训和指导。

三、加大食品安全监管力度

（七）深入开展食品安全治理整顿。深化食用农产品和食品生产经营各环节的整治，重点排查和治理带有行业共性的隐患和"潜规则"问题，坚决查处食品非法添加等各类违法违规行为，防范系统性风险；进一步规范生产经营秩序，清理整顿不符合食品安全条件的生产经营单位。以日常消费的大宗食品和婴幼儿食品、保健食品等为重点，深入开展食品安全综合治理，强化全链条安全保障措施，切实解决人民群众反映强烈的突出问题。加大对食品集中交易市场、城乡接合部、中小学校园及周边等重点区域和场所的整治力度，组织经常性检查，及时发现、坚决取缔制售有毒有害食品的"黑工厂""黑作坊"和"黑窝点"，依法查处非法食品经营单位。

（八）严厉打击食品安全违法犯罪行为。各级监管部门要切实履行法定职责，进一步改进执法手段、提高执法效率，大力排查食品安全隐患，依法从严处罚违法违规企业及有关人员。对涉嫌犯罪案件，要及时移送立案，并积极主动配合司法机关调查取证，严禁罚过放行、以罚代刑，确保对犯罪分子的刑事责任追究到位。加强案件查处监督，对食品安全违法犯罪案件未及时查处、重大案件久拖不结的，上级政府和有关部门要组织力量直接查办。各级公安机关要明确机构和人员负责打击食品安全违法犯罪，对隐蔽性强、危害大、涉嫌犯罪的案件，根据需要提前介入，依法采取相应措施。公安机关在案件查处中需要技术鉴定的，监管部门要给予支持。坚持重典治乱，始终保持严厉打击食品安全违法犯罪的高压态势，使严惩重处成为食品安全治理常态。

（九）加强食用农产品监管。完善农产品质量安全监管体系，加快推进乡镇农产品质量安全监管公共服务机构建设，开展农产品质量安全监管示范县创建，着力提高县级农产品质量安全监管执法能力。严格农业投入品生产经营管理，加强对食用农产品种植养殖活动的规范指导，督促农产品标准化生产示范园（区、场）、农民专业合作经济组织、食用农产品生产企业落实投入品使用记录制度。扩大对食用农产品的例行监测、监督抽查范围，严防不合格产品流入市场和生产加工环节。加强对农产品批发商、经纪人的管理，强化农产品运输、仓储等过程的质量安全监管。加大农产品质量安全培训和先进适用技术推广力度，建立健全农产品产地准出、市场准入制度和农产品质量安全追溯体系，强化农产品包装标识管理。健全畜禽疫病防控体系，规范畜禽屠宰管理，完善畜禽产品检验检疫制度和无害化处理补贴政策，严防病死病害畜禽进入屠宰和肉制品加工环节。加强农产品产地环境监管，加大对农产品产地环境污染治理和污染区域种植结构调整的力度。

（十）加强食品生产经营监管。严格实施食品生产经营许可制度，对食品生产经营新业态要依法及时纳入许可管理。不能持续达到食品安全条件、整改后仍不符合要求的生产经营单位，依法撤销其相关许可。强化新资源食品、食品添加剂、食品相关产品新品种的安全性评估审查。加强监督抽检、执法检查和日常巡查，完善现场检查制度，加大对食品生产经营单位的监管力度。建立健全食品退市、召回和销毁管理制度，防止过期食品等不合格食品回流食品生产经营环节。依法查处食品和保健食品虚假宣传以及在商标、包装和标签标识等方面的违法行为。严格进口食品检验检疫准入管理，加强对进出口食品生产企业、进口商、代理商的注册、备案和监管。加强食品认证机构资质管理，严厉查处伪造冒用认证证书和标志等违法行为。加快推进餐饮服务单位量化分级管理和监督检查结果公示制度，建立与餐饮服务业相适应的监督抽检快速检测筛查模式。切实加强对食品生产加工小作坊、食品摊贩、小餐饮单位、小集贸市场及农村食品加工场所等的监管。

四、落实食品生产经营单位的主体责任（略）

五、加强食品安全监管能力和技术支撑体系建设（略）

六、完善相关保障措施（略）

七、动员全社会广泛参与（略）

八、加强食品安全工作的组织领导（略）

国务院
二○一二年六月二十三日[①]

例文是一份对专项工作进行安排、部署的决定。正文由开头和主体两个部分构成，开头部分首先说明情况，指明问题，这是对发文缘由的明确，然后概述发文目的即点明该决定的核心事项，并以"现做出如下决定"提起下文。主体部分分条列项写明各项工作安排，从

[①] 2012年7月1日起施行的《党政机关公文格式》规定公文成文日期使用阿拉伯数字标注，此前使用汉字形式标注。为呈现例文原貌，此处未做更改。后面个别例文也有类似情况，在此一并说明。

指导思想、总体要求和工作目标到具体步骤、措施及工作原则，条分缕析，各项内容都表述得非常清楚。值得提及的是，主体部分各段首句均为段中主句，分别用以概括各段内容要点，简洁明了，这也是实用型文章常见的写法。

3. 决定的写作注意事项

撰写决定必须注意以下两点：

第一，要注重调查研究。在起草决定之前，要就决定所涉及的问题，认真查找有关法律条款和政策规定，并广泛听取各方面意见。在此基础上深思熟虑，充分考虑做出的决定是否切合实际情况，能否妥善地解决实际问题。

第二，要做到事项明确。决定做出之后，要求下级机关正确执行，不得有误，因此，决定中所提出的看法必须十分明确，这样才便于下级机关理解和执行。语言的运用也要注意不能含糊其词，更不能使用有歧义和有可能引起别人误解的语句。

（二）公告

1. 公告的用途

《党政机关公文处理工作条例》规定，公告适用于向国内外宣布重要事项或者法定事项。

公告通常在以国家的名义，向国内外宣布重大事件、重要事项或法定事项时使用。某些部门经授权，也可以代表国家对内或对外发表公告。一些地方的权力机构公布非常重要的事项或法定事项，如省人民代表大会公布选举结果，也往往使用公告。《中华人民共和国全国人民代表大会公告》宣布第十三届全国人民代表大会第一次会议于 2018 年 3 月 18 日选举周强为中华人民共和国最高人民法院院长，这是发布选举结果的公告；《中共中央、全国人大常委会、国务院关于宋庆龄副委员长病情的公告》，是告知国内外公众普遍关心的情况的公告；《中华人民共和国海关关于简化进出境旅客通关手续的公告》，是海关总署向国内外有关人士宣布重大事宜的公告。

2. 公告的写法

公告标题的写法主要有两种。第一种是发文机关名称加上文种，如《中华人民共和国全国人民代表大会公告》《国务院公告》等；第二种是发文机关名称、事由再加上文种，如《中华人民共和国海关关于简化进出境旅客通关手续的公告》，"中华人民共和国海关"是发文机关，"关于简化进出境旅客通关手续"是事由，"公告"是文种。

公告正文的内容一般比较单一，篇幅比较简短，大都只限于公布具体事项的内容。也有的公告正文相对复杂一些，即包括发文缘由或根据、公布的事项和结语三项内容。还有的公告的正文省去结语，只有发文缘由或根据及公布的事项两个部分。例如：

2017 年中央机关公开遴选和公开选调公务员公告

为全面贯彻党的十八大和十八届三中、四中、五中、六中全会精神，按照公务员法、《公务员调任规定（试行）》和《公务员公开遴选办法（试行）》有关规定，中央组织部、人力资源社会保障部、国家公务员局决定开展 2017 年中央机关公开遴选和公开选调公务员工作。现将有关事项公告如下：

一、职位

公开遴选职位包括副处长、调研员、副调研员和主任科员及以下。公开遴选职位分为两类，一是面向所有符合条件的公务员，二是专门面向符合条件的选调生。

公开选调职位为副调研员。

二、报名范围和条件

（一）公开遴选

1. 报名范围：

（1）省级以下机关中已进行公务员登记备案且在编在岗的公务员。

（2）省级以下参照公务员法管理机关（单位）中已进行参照登记备案且在编在岗的工作人员。

中央机关设在地方的单位（包括垂直管理单位、派出单位等）符合上述条件的也可报名。

2. 报名人员应当具备下列资格条件：

（1）具有良好的政治、业务素质，品行端正，实绩突出，群众公认。

（2）具有 2 年以上基层工作经历和 2 年以上公务员或参照公务员法管理机关（单位）工作人员工作经历。

除选调生外，应符合在本级机关工作的最低年限；没有规定的，须在本机关工作 2 年以上。

计算工作经历年限的截止时间为 2017 年 8 月。

上述基层工作经历是指在市（地、州、盟）、县（市、区、旗）、乡镇（街道）党政机关、行政村（城市社区）以及企业、事业单位（中央级事业单位，中央和国家机关部委或省区市直属事业单位、参照公务员法管理的事业单位，中央管理的金融企业、企业总部机关，不在此列）工作过。军队转业干部在军队团和相当团以下单位工作过，可视为基层工作经历。

（3）公务员年度考核均为称职以上等次。

（4）具有公开遴选职位要求的工作能力和任职条件。报考副处长职位，须现任县处级副职职务或具有 3 年以上乡镇（街道）党政正职工作经历的乡科级正职领导职务；报考处级以下非领导职务职位，须现任相同职务层次的职务。计算任职经历年限的截止时间为 2017 年 8 月。

除公开遴选职位对年龄有特殊要求外，报考正处级职位，年龄在 43 周岁以下（1973 年 5 月 10 日以后出生）；报考副处级职位，年龄在 40 周岁以下（1976 年 5 月 10 日以后出生）；报考主任科员以下职位，年龄在 35 周岁以下（1981 年 5 月 10 日以后出生），其中，报考专门面向选调生职位，乡科级副职年龄在 32 周岁以下（1984 年 5 月 10 日以后出生），科员年龄在 29 周岁以下 (1987 年 5 月 10 日以后出生)。

(5) 具有公开遴选职位要求的相关工作经历。

(6) 所在机关层级符合公开遴选职位要求。

(7) 大学本科以上文化程度。

(8) 身体健康。

(9) 符合公开遴选职位要求的其他资格条件。

(10) 法律、法规规定的其他条件。

3. 具有下列情形之一的,不得参加公开遴选:

(1) 涉嫌违纪违法正在接受有关的专门机关审查尚未做出结论的。

(2) 受处分期间或者未满影响期限的。

(3) 按照国家有关规定,到定向单位工作未满服务年限或对转任有其他限制性规定的。

(4) 尚在新录用公务员试用期的。

(5) 法律、法规规定的其他情形。

(二) 公开选调 (略)

三、报名程序

(一) 职位查询

各部门的公开遴选和公开选调职位、职位资格条件等情况,详见《2017 年中央机关公开遴选公务员职位表》和《2017 年中央机关公开选调公务员职位表》(以下统称《职位表》),《职位表》可通过人力资源社会保障部网站 http://www.mohrss.gov.cn 和国家公务员局网站 http://www.scs.gov.cn 查询。报名人员如需咨询《职位表》中的有关事项,可按《职位表》公布的电话直接与各部门联系。

(二) 报名

本次公开遴选和公开选调报名采取报名人员个人意愿与组织推荐相结合的方式。报名时间为:2017 年 5 月 11 日 8:00 至 5 月 22 日 18:00。报名步骤如下:

1. 报名人员登录本次公开遴选和公开选调公务员报名专用网址 (http://www.scs.gov.cn/gklx2017),或登录国家公务员局网站 (http://www.scs.gov.cn),点击"2017 年中央机关公开遴选和公开选调公务员专题"进入报名系统,进行网上注册,设置个人密码,填写详细信息,并选择参加笔试地点 (城市)。用户名和个人密码是查询资格审查结果、下载打印准考证等事项的依据,请报名人员务必牢记。

2. 报名人员通过报名系统上传近期 2 寸免冠正面证件照 (照片文件应为 jpg 格式,30 kB 以下)。

3. 报名人员填报职位后,下载打印自动生成的《2017 年中央机关公开遴选公务员报名推荐表》或《2017 年中央机关公开选调公务员报名推荐表》(以下统称《报名推荐表》),并不得进行改动。如需对《报名推荐表》的有关内容进行修改,须通过报名系统进行,且须重新下载打印。

4. 报名人员按照干部管理权限将《报名推荐表》报任免机关（单位）组织人事部门审核盖章。

5. 报名人员将审核盖章后的《报名推荐表》制作成电子文档（扫描或拍摄，电子文档须处理为 jpg 格式，大小控制在 200 kB 以内），并通过报名系统上传。改报职位或退订职位后报考新职位，需重新下载报名推荐表，审核盖章并再次上传。

专门面向选调生的遴选职位，由省（区、市）党委组织部统一组织推荐报名，不接受个人报名。

报名人员在报名及资格审查阶段可自主选择或修改参加笔试地点（城市），未选择的报名人员将统一安排在北京参加笔试；未能在规定时间内完成以上报名步骤的，视为放弃报名资格；每名报名人员限报 1 个面向所有符合条件公务员的遴选职位或选调职位，多报无效；凡弄虚作假者，将取消遴选或选调资格。本次公开遴选和公开选调不收取报名费。

（三）查询资格审查结果

各部门收到报名人员上传的《报名推荐表》后，进行资格审查，并通过报名系统反馈资格审查结果。报名人员可于 2017 年 5 月 13 日 8：00 至 5 月 24 日 18：00 期间登录报名系统查看资格审查结果。对面向所有符合条件公务员的遴选职位或选调职位，报名人员只进行网上填报、未在规定时间内上传《报名推荐表》的，各部门将不予进行资格审查。

报名期间，资格审查结果为"不合格"的考生，可改报其他职位；资格审查结果为"退回补充资料"的考生，应根据报考部门要求补充完善相关资料，并重新选择原职位报名。

（四）打印准考证

2017 年 6 月 21 日 8：00 至 6 月 24 日 18：00 期间，通过资格审查的报名人员可登录国家公务员局网站，自行下载打印准考证（A4 纸）。

四、考试

考试分为笔试和面试。笔试成绩、面试成绩按各占 50% 确定考试综合成绩，折合总分为 100 分。各职位的报名人数与拟遴选或选调人数的比例一般不低于 5：1。低于 5：1 的，经中央公务员主管部门同意可予以取消，允许该职位报名人员改报其他职位。面试人选与遴选或选调职位的比例一般为 5：1。达不到规定比例的，各部门经与中央公务员主管部门协商，可降低比例，但一般不低于 3：1。

（一）笔试

1. 笔试科目与内容。笔试由中央组织部、人力资源社会保障部、国家公务员局统一组织，主要测试政策理论水平、分析和解决实际问题的能力、文字表达能力等综合素质。处级公开遴选职位和公开选调职位考案例分析与对策性论文一科（A 类），主任科员以下公开遴选职位考案例分析一科（B 类），满分均为 100 分。

2. 时间和地点。笔试时间为 2017 年 6 月 25 日（星期日）9：00—12：00。考试地点设在北京、呼和浩特、长春、上海、福州、南昌、济南、郑州、武汉、广州、南宁、成都、昆明、拉萨、西安、兰州、乌鲁木齐等 17 个城市（考生可自主选择），考场地点详见准考证。

报名人员需持本人身份证和准考证参加笔试。

3. 成绩查询。报名人员可于 2017 年 7 月 14 日 8∶00 以后登录国家公务员局网站,查看笔试成绩。

(二)面试

1. 面试公告。报名人员可于 2017 年 7 月 14 日 8∶00 以后登录国家公务员局网站,查看面试公告。

2. 资格复审。面试前,各部门将对面试人选进行资格复审。复审材料包括本人身份证、《报名推荐表》原件、学历学位证书原件等。资格复审不合格者,取消面试资格,依次递补符合条件者参加面试。

3. 面试形式。面试由各部门组织实施,主要测试履行职位职责所要求的基本素质和能力。满分为 100 分。

各部门可根据需要增加职位业务水平测试。职位业务水平测试设置情况详见《职位表》。测试成绩占面试成绩的 30%。

五、体检和考察(略)

六、公示、办理相关手续

各部门根据考察情况和职位要求,按照干部管理权限,集体讨论决定拟任职人员,并分别在国家公务员局网站和拟任职人员原单位进行公示。公示期为 5 个工作日。公示期满,对没有问题或反映问题不影响任用的,各部门按照有关规定办理调动和任职手续;对反映有严重问题并查有实据的,取消遴选或选调资格。考生自愿放弃遴选或选调资格的,须在考察结束后 3 个工作日内提出,之后放弃资格的,将记入考生诚信档案。报考本次公开遴选和公开选调职位的,可直接任职。其中,报考主任科员以下公开遴选职位的,可参考其原任职务与级别,比照本机关同等条件人员任职;报考副处级以上公开遴选或公开选调职位的,按报考职位任职。需要实行任职试用期的,按照有关规定执行。

政策咨询电话:(略)

技术咨询电话:(略)

考务咨询电话:(略)

相关附件:(略)

中共中央组织部

人力资源社会保障部

国家公务员局

2017 年 5 月 10 日

例文是一份篇幅相对较长、内容比较具体的公告。正文的前言部分(第一段)着重说明开展公开遴选和公开选调公务员工作的目的和依据,并以过渡性语句引出下文即公告事项。"现将有关事项公告如下"是公告的开头和主体部分之间惯用的过渡性语句;主体部分逐条写明公告事项，从职位、报名范围和条件到程序、步骤，排列有序，很有条理。另外，有的公告还常以"特此公告"为结语。

（三）通告

1. 通告的用途

《党政机关公文处理工作条例》规定，通告适用于在一定范围内公布应当遵守或者周知的事项。

按其内容和用途的不同，可把通告分为两类：一类是法规性通告，这是用来宣布有关规定，并且能够起到行政法规作用的通告，如《××市人民政府关于严格禁止擅自以股票债券等形式集资的通告》；另一类是事务性通告，这是用来公布某些单位或个人需要了解或办理的有关事宜的通告，如《××市公安局关于启用公安专用车辆号牌的通告》。在日常工作和生活中，人们经常会见到这类通告。另外常见的通告还有迁址通告、停电通告、车辆禁行通告、更换电话号码通告等。

2. 通告的写法

通告的标题主要有两种写法。第一种是发文机关名称、事由和文种三个要素俱全的标题，如《中国人民银行关于发行四种金属人民币的通告》；第二种是由发文机关名称和文种两个要素构成的标题，如《中华人民共和国公安部通告》。

通告的正文一般包括发布通告的目的或根据、通告事项及结语三个方面的内容。例如：

工业和信息化部 国家发展改革委
关于电信业务资费实行市场调节价的通告

工信部联通〔2014〕182号

为贯彻落实党的十八届三中全会关于全面深化改革、完善主要由市场决定价格的机制精神，按照国务院《关于取消和下放一批行政审批项目的决定》要求，决定放开各类电信业务资费。现将有关事项通告如下：

一、所有电信业务资费均实行市场调节价。电信企业可以根据市场情况和用户需求制定电信业务资费方案，自主确定具体资费结构、资费标准及计费方式。

二、电信企业自主制定电信业务资费方案时，应当遵循合法、公平、诚信原则，考虑用户的不同需求，提供业务打包等多种资费方案供用户选择。资费方案结构应科学合理、简单清晰，方案中需列明资费标准、计费方式、对应服务等内容。对涉及用户基本通信需求的固定语音、移动语音、短信息、宽带等业务，电信企业进行打包销售时，必须另外提供包内单项业务单独的资费方案。鼓励电信企业为城乡低收入群体提供更加优惠的资费方案。在同一本地网营业区（或业务区）内，电信企业应保证具有同等交易条件的同类用户对资费方案具有同等的选择权利。涉及在全国或跨省（自治区、直辖市）执行的资费方案，应在执行前告知工业和信息化部、国家发展改革委，其他资费方案应在执行前告知省（自治区、直辖市）通信管理局、同级价格主管部门。

三、电信企业应进一步提高资费透明度，建立资费方案公示制度，通过营业厅、代理代办点、网站等方式公布所有面向公众市场的在售资费方案。在业务宣传推广时应全面、准确，对资费方案限制性条件及其他需引起用户注意的事项，应履行提醒义务，不得片面夸大资费优惠幅度或做容易引起用户误解的虚假宣传。

四、电信企业与用户签订的协议中应包含资费标准、计费方式、对应服务和适用期限等内容。应充分尊重用户自主选择权，为用户选择适宜资费方案提供便利和必要帮助，不得以任何形式强制或限制用户选择其指定的资费方案，未经用户同意，不得擅自更改与用户约定的资费方案。在计费过程中，应按照相关标准准确计费，至少提供一种便捷的自助查询方式，供用户查询自身通信费用信息，确保用户明明白白消费。

五、电信企业要严格执行有关政策，履行社会责任，建立健全电信资费内部管理制度，自觉规范经营行为，努力降低经营成本，为用户提供更优质、更低廉、更透明的电信服务。各省（自治区、直辖市）通信管理局和同级价格主管部门按各自法定职责加强对本地电信企业的指导、监督，加强事中事后监管，切实保护用户合法权益，遇到新情况、新问题应及时报工业和信息化部、国家发展改革委。

本通告自 2014 年 5 月 10 日起执行。《国家计委、邮电部关于进一步规范电信资费文件的通知》（计价费〔1997〕2485 号）、《国家计委、信息产业部关于印发省（区、市）通信管理局会同同级价格主管部门管理的电信业务收费项目的通知》（计价格〔2002〕1320 号）、《国家计委、信息产业部关于印发〈电信资费审批备案程序规定（试行）〉的通知》（计价格〔2002〕1489 号）等文件同时废止。

工业和信息化部
国家发展和改革委员会
2014 年 5 月 5 日

例文的标题是由发文机关名称、事由和文种三个要素构成的。正文包括开头、主体和结尾三个部分。开头部分采用目的式与根据式开头混合使用的写法，概述发文目的和根据，并在此基础上点明通告的核心内容，最后以"现将有关事项通告如下"这一过渡性语句引出下文；主体部分写明通告事项，各条事项非常具体、清楚；结尾部分（最后一段）采用说明式结尾的写法，即对该通告的执行时间及其他文件的废止等相关事项加以明确。另外，在结尾部分写明执行要求、执行期限和有效范围等，也是常见的写法。"特此通告"也是很多通告常用的结束语。

3. 公告、通告的写作注意事项

通告及前面介绍的公告都属于公开发布的告知性文书，写作注意事项中有一些共性。撰写公告和通告时，应当注意以下几点：

第一，要写得通俗。由于公告、通告的读者范围十分宽泛，读者对象常常是广大群众，因此在写作时要特别讲求语言的简明和平易，要使用通俗易懂的语言把事项交代清楚。

第二，要写得具体。公告、通告事项的说明，不能笼统，而要具体，要使人们易于了解行文意图。

第三，要写得清楚。公告、通告往往采用分条列项的形式将事项写明，条分缕析，层次分明。

（四）通知

1. 通知的用途

《党政机关公文处理工作条例》规定，通知适用于发布、传达要求下级机关执行和有关单位周知或者执行的事项，批转、转发公文。

在现行公文中，可以说通知的用途是最为广泛的。它既可用于批转下级机关的公文，起到批准和指导的作用，如《国务院批转中国人民银行关于调整银行存款、贷款利率的报告的通知》，又可以用于转发上级机关和不相隶属机关的公文，起到传达或联系的作用；既可以用来发布行政规章，起到指挥和约束作用，如《国务院办公厅关于发布〈国家行政机关公文处理办法〉的通知》，又可以用来发布意见、会议纪要及计划、总结等文件，起到运载作用；既可以用来提出要求下级机关认真办理或遵照执行的事项，起到指示工作甚至法规或规定的作用，如《关于证券营业部审批工作有关问题的通知》，又可以用来告知事项，起到传达作用，如《国家科委关于召开全国高新技术产业开发区工作会议的通知》。总之，用途广泛，使用频率高，是通知的一个重要特点。

2. 通知的写法

按其内容和功用不同，可将通知分为批示性通知、指示性通知、告知性通知等，下面分别介绍三种通知的一般写法。

（1）批示性通知

如果对批示性通知再做细分的话，可将其分为三种：一为颁发型通知，二为转发型通知，三为批转型通知。

颁发型通知是指用来发布行政法规和规章或印发有关文件的通知。例如：

教育部关于公布《高等学校信息公开事项清单》的通知

教办函〔2014〕23号

各省、自治区、直辖市教育厅（教委），各计划单列市教育局，新疆生产建设兵团教育局，有关部门（单位）教育司（局），部属各高等学校：

为进一步推进高校信息公开工作，扩大社会监督，提高教育工作透明度，根据《中华人民共和国政府信息公开条例》《高等学校信息公开办法》，我部研究制定了《高等学校信息公开事项清单》（以下简称清单）。现予公布，并就有关事项通知如下。

一、确保信息真实及时。各高校要把清单实施工作作为完善内部治理、接受社会监督的重要内容，对清单所列各项信息公开的真实性、及时性负责，切实保障人民群众的知情权、参与权和监督权。公民、法人或者其他组织有证据证明公开的信息不准确的，高校应当及时予以更正；对公开的信息有疑问的，可以申请向高校查询。

二、建立即时公开制度。各高校应当在清单信息制作完成或获取后 20 个工作日内公开，信息内容发生变更的，应当在变更后 20 个工作日内予以更新。各事项公开的具体要求，遵照清单"有关文件"栏目所列文件的规定执行。各高校可在清单基础上进一步扩大公开范围，细化公开内容。教育部还将根据最新政策要求对清单进行动态更新。

三、完善年度报告制度。各高校应当编制学校上一学年信息公开工作年度报告，对清单所列信息的公开情况逐条详细说明。年度报告应当于每年 10 月底前向社会公布，并报送所在地省级教育行政部门和上级主管部门备案。

四、构建统一公开平台。2014 年 10 月底前，部属高校应当在学校门户网站开设信息公开专栏，统一公布清单各项内容。应充分利用新闻发布会及微博、微信等新媒体方式，及时公开信息，加强信息解读，回应社会关切。教育部将在部门户网站集中添加教育部直属高校信息公开专栏链接，为社会公众查询提供统一入口。

五、加强公开监督检查。要根据《高等学校信息公开办法》要求，高校监察部门会同组织、宣传、人事等机构及师生员工代表，对清单实施开展监督检查，省级教育行政部门负责本行政区域内高校日常监督检查，监督检查的结果要向社会公开。对于不按要求公开、不及时更新、发布虚假信息的，由省级教育行政部门责令改正；情节严重的，予以通报批评，并依法追究相关人员责任。教育部将引入第三方对教育部直属高校落实情况开展评估，并适时组织督查，评估和督查情况将向社会公开。

教育部直属高校要制定落实细化方案，明确清单各事项的公开时间、责任机构和责任人。地方高校和有关部门所属高校根据各省级教育部门和主管部门（单位）教育司（局）要求做好清单落实工作。

附件（略）

教育部

2014 年 7 月 25 日

例文的标题是由发文机关名称、事由和文种三个要素构成的，事由包含随文发布的文件的名称。正文的开头部分（第一自然段）说明制定《高等学校信息公开事项清单》文件的目的和依据，并宣布公布事项，以"并就有关事项通知如下"引出下文；主体部分分条写明有关事项，即明确工作要求、措施等；结尾部分就落实工作提出要求。从总体上看，例文的写法同指示性通知的写法大致相近，而很多颁发型通知正文的写法要相对简单一些。例如：

国家邮政局 民政部关于印发《赈灾包裹寄递服务和安全管理规定》的通知

国邮发〔2016〕57 号

各省、自治区、直辖市邮政管理局，民政厅（局），新疆生产建设兵团民政局：

　　为规范重大自然灾害期间赈灾包裹寄递服务和安全管理，保障寄递渠道安全畅通和救灾活动有序开展，国家邮政局和民政部共同研究制定了《赈灾包裹寄递服务和安全管理规定》，现印发给你们，请遵照执行。

国家邮政局　民政部

2016 年 5 月 25 日

　　例文正文只有短短的一段话，却包含几层意思：首先说明制文的目的，然后宣布颁行事项，最后提出执行要求，这也就是颁发型通知常具备的几项内容。

　　转发型通知是指用来转发上级机关、同级机关和不相隶属机关的公文的通知。例如：

教育部办公厅关于转发《中共中央组织部
关于认真学习贯彻〈事业单位领导人员管理暂行规定〉的通知》的通知

教人厅函〔2015〕6 号

部属各高等学校，各直属单位：

　　现将《中共中央组织部关于认真学习贯彻〈事业单位领导人员管理暂行规定〉的通知》（组通字〔2015〕28 号）转发给你们，请结合实际认真贯彻落实。

　　《事业单位领导人员管理暂行规定》（中办发〔2015〕34 号，以下简称《管理规定》）是中央制定的第一个专门规范和加强事业单位领导人员管理的党内法规，是新时期做好事业单位领导人员管理工作的基本遵循。各校各单位要按照组通字〔2015〕28 号通知要求，充分认识制定实施《管理规定》的重要意义，深入学习领会和贯彻落实《管理规定》的精神，自觉把思想和行动统一到中央的要求上来。要把学习《管理规定》与学习贯彻习近平总书记系列重要讲话精神结合起来，与贯彻实施《事业单位人事管理条例》、进一步深化事业单位人事制度改革结合起来，着力规范选拔任用工作，从严从实加强领导人员的管理监督。我部将专门组织《管理规定》的专题学习培训，各校各单位党政负责同志也要高度重视，带头开展学习，认真抓好落实，确保中央精神得到有效贯彻执行。

　　学习贯彻《管理规定》中的重要情况和建议，请及时报告我部。

教育部办公厅

2015 年 6 月 23 日

　　如果认为上级机关、同级机关或不相隶属机关的公文，对本机关所属下级机关的工作具有指示、指导或参考作用，则可将其随转发型通知下发，上述例文就是这样。正文的第一部分宣布转发事项，提出执行要求，如"现将……转发给你们，请结合实际认真贯彻落实"，另外，还可以采用通知惯用的提出要求的语句，根据所转发公文的特点酌情使用，如"请结合具体情况，参照执行""请按此执行""请研究执行"；第二部分首先强调所转发的法规性文件的性质及其重要意义，然后明确落实要求和措施；最后一部分只有一句话，用以说明反馈办法。

最常见也最简单的转发型通知正文只有第一部分。例如：

国务院办公厅关于转发发展改革委住房城乡建设部绿色建筑行动方案的通知

国办发〔2013〕1号

各省、自治区、直辖市人民政府，国务院各部委、各直属机构：

发展改革委、住房城乡建设部《绿色建筑行动方案》已经国务院同意，现转发给你们，请结合本地区、本部门实际，认真贯彻落实。

国务院办公厅
2013年1月1日

批转型通知是批示转发下级机关发来的公文的通知，其写法与转发型通知相似。例如：

国务院批转发展改革委等部门关于深化收入分配制度改革若干意见的通知

国发〔2013〕6号

各省、自治区、直辖市人民政府，国务院各部委、各直属机构：

国务院同意发展改革委、财政部、人力资源社会保障部《关于深化收入分配制度改革的若干意见》，现转发给你们，请认真贯彻执行。

收入分配制度是经济社会发展中一项带有根本性、基础性的制度安排，是社会主义市场经济体制的重要基石。改革开放以来，我国收入分配制度改革不断推进，与基本国情、发展阶段相适应的收入分配制度基本建立。同时，收入分配领域仍存在一些亟待解决的突出问题，城乡区域发展差距和居民收入分配差距依然较大，收入分配秩序不规范，隐性收入、非法收入问题比较突出，部分群众生活比较困难。当前，我国已经进入全面建成小康社会的决定性阶段，按照党的十八大提出的千方百计增加居民收入的战略部署，要继续深化收入分配制度改革，优化收入分配结构，调动各方面积极性，促进经济发展方式转变，维护社会公平正义与和谐稳定，实现发展成果由人民共享，为全面建成小康社会奠定扎实基础。

我国仍处于并将长期处于社会主义初级阶段，当前收入分配领域出现的问题是发展中的矛盾、前进中的问题，必须通过促进发展、深化改革来逐步加以解决。解决这些问题，也是城乡居民在收入普遍增加、生活不断改善过程中的新要求新期待。同时也应该看到，深化收入分配制度改革，是一项十分艰巨复杂的系统工程，不可能一蹴而就，必须从我国基本国情和发展阶段出发，立足当前、着眼长远、克难攻坚、有序推进。

深化收入分配制度改革，要坚持共同发展、共享成果。倡导勤劳致富、支持创业创新、保护合法经营，在不断创造社会财富、增强综合国力的同时，普遍提高人民富裕程度。坚持注重效率、维护公平。初次分配和再分配都要兼顾效率和公平，初次分配要注重效率，创造机会公平的竞争环境，维护劳动收入的主体地位；再分配要更加注重公平，提高公共资源配置效率，缩小收入差距。坚持市场调节、政府调控。充分发挥市场机制在要素配置和价格形成中的基础性作用，更好地发挥政府对收入分配的调控作用，规范收入分配秩序，增加低收入者收入，调节过高收入。坚持积极而为、量力而行。妥善处理好改革发展稳定的关系，着力解决人民群众反映突出的矛盾和问题，突出增量改革，带动存量调整。

各地区、各部门要深入学习和全面贯彻落实党的十八大精神，充分认识深化收入分配制度改革的重大意义，将其列入重要议事日程，建立统筹协调机制，把落实收入分配政策、增加城乡居民收入、缩小收入分配差距、规范收入分配秩序作为重要任务。各有关部门要围绕重点任务，明确工作责任，抓紧研究出台配套方案和实施细则，及时跟踪评估政策实施效果。各地区要结合本地实际，制定具体措施，确保改革各项任务落到实处。要坚持正确的舆论导向，引导社会预期，回应群众关切，凝聚各方共识，形成改革合力，为深化收入分配制度改革营造良好的社会环境。

国务院

2013 年 2 月 3 日

例文的标题由发文机关名称、事由和文种三个要素构成，在事由中写明随文下发的文件的标题。相对而言，这份批转型通知的正文内容是比较复杂的，不过，所写事项均为常见于批转型通知的事项。归结起来，批转型通知主要包含下述几项内容：首先表明态度、宣布转发、明确要求，这是批转型通知开头部分常写的内容，例文撰写言简意赅，措辞果断、简练；其次概述情况、指明问题、强调工作意义；再次申明工作原则，明确基本措施；最后结尾部分提出做好相关工作的要求，这是此类公文结语部分常写的内容。

随批转型通知下发的公文应是反映带有普遍性的问题或具有普遍指导意义的公文。下级机关所制定的政策和拟采取的行政措施，如已超出本机关职权范围，或在实施时需要得到同级机关的支持和帮助，就需报请上级机关批准。上级机关在批准的同时，可将其随批转型通知下发。表明态度、宣布转发、指明意义、提出要求，是常见于批转型通知的几项内容。

（2）指示性通知

上级机关宣布要求下级机关办理或执行的事项，限于发文机关的权限，或因其内容不宜用命令（令）、决定等文种的，可采用指示性通知。这类通知又称规定性通知或布置性通知。例如：

国家发展改革委关于改进低价药品价格管理有关问题的通知

发改价格〔2014〕856 号

各省、自治区、直辖市发展改革委、物价局：

根据国家卫生计生委、我委等八部门《关于印发做好常用低价药品供应保障工作意见的通知》（国卫药政发〔2014〕14 号）要求，现就低价药品清单及有关价格管理问题通知如下：

一、改进低价药品价格管理方式。对现行政府指导价范围内日均费用较低的药品（低价药品），取消政府制定的最高零售价格，在日均费用标准内，由生产经营者根据药品生产成本和市场供求及竞争状况制定具体购销价格。

二、确定低价药品日均费用标准。我委综合考虑药品生产成本、市场供求状况和社会承受能力等因素确定低价药品日均费用标准。日均费用根据现行政府制定的最高零售价格（政府未制定最高零售价格的，按全国平均中标零售价格计算）和按药品说明书测算的平均日用量计算。现阶段低价药品日均费用标准为：西药不超过3元，中成药不超过5元。我委公布低价药品清单后，各省（区、市）价格主管部门应在2014年7月1日前向社会公布本级定价范围内的低价药品清单。

三、建立低价药品清单进入和退出机制。实行政府指导价的药品，因价格或用法、用量发生变化导致日均费用符合低价药品标准的，价格主管部门要及时将其纳入低价药品清单；属于我委定价范围内的药品，在我委调整清单前，可由各省（区、市）价格主管部门先行调整。对因成本上涨或用法、用量发生变化导致日均费用需突破低价药品标准的，要及时退出低价药品清单，由价格主管部门按权限重新制定最高零售价格；其中，属于我委定价的药品，在我委重新定价前，暂由各省（区、市）价格主管部门制定临时零售价格。

四、加强市场价格行为监管。对列入低价药品清单的药品，生产经营者应当遵循公平、合法和诚实信用的原则合理确定价格。各地价格主管部门要做好低价药品生产成本及实际购销价格的监测工作，对独家生产或具有一定垄断性的药品要重点监测。对价格变动频繁或变动幅度较大的，价格主管部门要加强调研，必要时应开展专项调查；对不合理的提价行为，要依法重点监管，并向有关部门通报情况；对价格违法违规行为，要依法严肃查处。

五、加强政策联动。加强价格、采购和报销政策的有机衔接。各地价格主管部门要积极配合有关部门完善低价药品采购办法，推进医保付费方式改革，调动医疗机构、医生和患者合理优先使用低价药品的积极性，促进用药结构优化，科学合理用药，减轻患者总体医药费用负担。

改进低价药品价格管理是完善药品价格形成机制的重要内容，也是适应低价药品生产成本和市场供求变化，充分发挥市场机制作用，满足临床用药基本需求的重要举措。各地要高度重视，密切关注市场变化，发现问题，及时报告，并采取妥善措施确保改革平稳实施，取得实效。我委将建立定期评估机制，根据评估情况适时进行调整完善。

上述规定自本通知发布之日起执行。我委之前发布的有关药品价格管理规定与本通知不符的，以本通知为准。

附件：国家发展改革委定价范围内的低价药品清单

国家发展改革委

2014年4月26日

例文的正文包括开头、主体、结尾三个部分，开头部分（第一自然段）采用根据式开头的写法，写明作为发文依据的现行文件名称，"现就……通知如下"是这类通知的开头和主体部分之间惯用的过渡语句。主体部分是写明通知事项的部分，例文逐条写明通知事项，即对低价药品价格管理方式、日均费用标准、进入和退出机制、市场价格行为监管及政策联动等各环节、各方面的工作做出政策性、原则性规定。结尾部分（最后两个自然段）强调工作意义，申明工作要求，说明施行事项。

（3）告知性通知

告知某一具体事项，可用告知性通知。这类通知是机关日常工作经常会用到的公文文种，例如，设立或撤销机构、迁移办公地点、启用或更换印章、修改行政规章、修正或补充文件内容、调整办公时间等各种事项，都可以写入告知性通知。

会议通知是告知性通知的一个重要类别，也是常用的一类通知。下面请看一份会议通知：

关于召开全国水利安全生产工作会议的通知

办安监函〔2010〕702 号

部直属各单位，各省、自治区、直辖市水利（水务）厅（局），各计划单列市水利（水务）局，新疆生产建设兵团水利局：

为认真贯彻学习中央关于安全生产工作的指示和部署，总结交流水利安全生产工作的有益经验和做法，研究分析水利安全生产工作的新形势和新任务，理清思路，明确任务，切实做好水利安全生产工作，经部领导同意，拟于近期召开全国水利安全生产工作会议，部领导将出席会议并作重要讲话。现将会议有关事项通知如下：

一、会议内容

1. 总结近年来水利安全生产工作，分析存在突出问题；

2. 交流各地水利安全生产工作开展情况和经验做法；

3. 研究分析水利安全生产面临的形势，提出进一步加强水利安全生产工作的目标和工作任务。

二、会议时间和地点

1. 时间：拟于 2010 年 10 月底召开，会期 2 天。

2. 地点：湖北省宜昌市。

会议具体时间和地点另行通知。

三、参会人员

1. 各流域机构安全生产分管领导和安全监督局（处）负责同志各 1 人；其他部直属单位安全生产分管领导。

2. 各省（自治区、直辖市）水利（水务）厅（局）、各计划单列市水利（水务）局、新疆生产建设兵团水利局安全生产分管领导和负责安全生产监督管理部门的负责同志各 1 人。

四、有关要求

1. 请各参会单位高度重视，按照会议主题认真准备会议交流材料，主要包括以下内容：

（1）近两年来水利安全生产工作的基本情况；

（2）水利安全生产工作的突出特点、主要做法及经验和存在的问题；

（3）下一步加强水利安全生产工作、促进水利安全生产形势持续稳定向好的具体措施和打算；

（4）对水利安全生产工作的意见和建议。

材料要求结合本地实际，突出重点，文字精简，4000 字左右。

2. 请各单位于 2010 年 9 月 25 日前将参会人员名单、会议交流材料（以电子邮件方式）报部安全监督司。

五、联系人及电话

联　系　人：（略）

联系电话：（略）

电子邮件：（略）

传　　真：（略）

附件：全国水利安全生产工作会议报名回执

中华人民共和国水利部办公厅

二〇一〇年九月六日

这份通知的正文包括召开会议的目的和须知事项两部分内容。其中须知事项包括会议内容、会议时间和地点、参会人员、有关要求、联系人及电话等，这些都是会议通知中常写的事项。

3. 通知的写作注意事项

如前所述，通知的用途非常广泛，通知的种类也比较多样，撰写不同类型的通知，应当注意不同的问题。从总体上看，通知具有其共同的文种特征，无论撰写哪一类通知，都应注意以下几点：

第一，事项要明确、具体。公文的撰写都是以实用为目的的，而通知的实用目的通常要更直接、突出一些。通知所写事项通常不是一些原则性的指示意见，而是需要立即落实的工作安排，不仅会议通知之类的告知性通知如此，就是政策性较强的指示性通知也同样如此。通知所写事项准确明了、齐全详尽，才能使人有所依循，通知才能发挥应有的实用功能。

第二，表述要清楚、直接。从根本上说，撰写通知都要告知事项，"告知性"是各类通知都应具备的特征。通知所写事项必须清清楚楚，一目了然，不能含而不露或模糊不清。另外，除了内容比较简单的批示性通知和任免性通知之外，通知大都采用分条列项的方式逐项写明通知事项。

（五）通报

1. 通报的用途和种类

《党政机关公文处理工作条例》规定，通报适用于表彰先进、批评错误、传达重要精神和告知重要情况。

根据通报具体用途的不同，可将通报分为三类：一是表彰先进的表彰性通报，二是批评错误的批评性通报，三是传达重要精神或情况的传达性通报。人们平时所说的通报表扬、通报批评和通报情况，是对这三类通报用途的概括。

2. 通报的写法

（1）表彰性通报

表彰性通报的具体用途是表扬好人好事、树立典型、推广经验，号召广大干部群众向先进单位或个人学习，把工作做得更好。例如：

关于命名表彰浙江省文明村镇、文明单位的通报

浙文明〔2015〕5 号

各市、县（市、区）精神文明建设委员会，省直属各单位：

近年来，全省各地各部门以党的十八大和省第十三次党代会精神为指引，深入学习贯彻习近平总书记系列重要讲话精神，着力培育和践行社会主义核心价值观，提升公民文明素质和社会文明程度，扎实开展群众性精神文明创建活动，有力地促进了经济社会又好又快发展，并涌现出一批先进典型。为表彰先进，进一步推动精神文明建设深入开展，省精神文明建设委员会决定，命名杭州市余杭区百丈镇、杭州市西湖区双浦镇翁家埠村等 295 个村镇为浙江省文明村镇，命名浙江大有实业有限公司等 387 个单位为浙江省文明单位，并予以通报表彰。

希望受表彰的村镇和单位珍惜荣誉、再接再厉，不断提高创建工作水平，更好地发挥示范带头作用。各地各单位要认真学习贯彻党的十八届三中、四中全会和省委十三届五次、六次全会精神，努力学习借鉴先进经验，以更加扎实有效的举措，不断深化精神文明创建工作内涵，为实现"建设美丽浙江、创造美好生活"战略目标任务作出更大的贡献。

附件：浙江省文明村镇、文明单位名单

浙江省精神文明建设委员会

2015 年 1 月 12 日

例文的正文包括介绍工作情况、说明表彰目的和依据、宣布表彰事项及提出希望、发出学习号召等几项内容，这几项内容在表彰性通报正文中常用于表彰在日常或专项工作中表现突出的先进单位或个人。其中对工作情况的介绍，是以成绩的概述为主的，实际上是对表彰对象的工作成绩即先进事迹的说明。另外，表彰在某项活动、某个事件中表现突出的单位或个人的表彰性通报，则通常会直接介绍表彰对象的先进事迹。介绍先进事迹、宣布表彰事项及提出希望、发出号召，是这类表彰性通报常包括的内容。而无论是写情况，还是写事迹，都必须注意详略得当，既不能过于笼统，又不能过于琐细，还必须做到实事求是。如果涉及对表彰对象的评价，则要做到恰如其分、力戒浮夸、力求中肯、避免空洞无物及夸大其词。宣布表彰决定要简单、明确，奖励事项较多，要分条列出。学习号召要紧扣表彰对象的事迹，避免写入不着边际的空话、套话。

（2）批评性通报

批评性通报是通报中常用的一种类型。这类通报主要用来批评后进、处罚错误，以使广大干部群众引以为戒，吸取教训，防止类似问题的出现。例如：

教育部办公厅关于近期数起学校传染病流行事件的通报

各省、自治区、直辖市教育厅（教委），新疆生产建设兵团教育局：

近一个时期以来，安徽、浙江、湖南、广西、重庆、江西、新疆、内蒙古、贵州等省（区、市）部分地方的学校相继发生传染病流行事件。2006 年 10 月 12 日，安徽省太湖县新仓镇初级中学 75 名学生因饮用不洁水而感染细菌性痢疾；2006 年 10 月 20 日浙江省临安市清凉峰镇颊口中学 25 名学生因饮用被污染的自备水井的水而感染细菌性痢疾；2006 年 10 月 14 日至 12 月 26 日期间，湖南省保靖县清水坪学校 33 名学生、广西壮族自治区凌云县玉洪乡八里村小学 61 名学生和玉林市博白县凤山镇二中 36 名学生、贵州省桃县妙隘乡寨石完小 28 名学生、重庆市秀山县溶溪中学 105 名学生、江西省鄱阳县油墩街镇北源小学 11 名学生及江西中医学院 81 名学生相继感染甲型病毒性肝炎；2006 年 11 月 1 日，新疆维吾尔自治区乌什县阿合托海乡四村小学 13 名学生患流行性腮腺炎；2006 年 11 月 16 日，内蒙古自治区锡林郭勒盟太仆寺旗第一小学 24 名学生患猩红热。

上述事件的发生，给学生的身心健康和学校正常教学秩序造成了严重影响，也暴露出部分地区教育行政部门和学校对传染病预防与控制等卫生安全工作重视不够，缺乏应有的防范意识，学校卫生防疫措施不到位。国务院领导对此高度重视，专门做出了重要批示。为引以为戒，促使各地教育行政部门和学校切实重视学校传染病防控工作，认真落实传染病防控措施，有效地遏制学校传染病流行事件，确保学生身心健康，特对上述事件进行通报，并重申以下工作要求：

一、学校是人群比较密集的场所，学生是传染病易感人群，稍有疏忽，容易造成传染病在学校的发生和蔓延。各级教育行政部门和学校要高度重视学校传染病防控工作，要将此项工作作为构建和谐校园的重要内容，纳入学校常规管理工作中，常抓不懈。要建立健全学校传染病防控机制，层层落实工作责任，确保学校传染病防控工作抓实、抓到位。

二、各级教育行政部门应结合《西部地区农村寄宿制学校建设工程》《新农村卫生新校园建设工程》等工程的实施，采取切实措施，改善学校特别是农村中小学食堂、饮用水设施、厕所等卫生设施与条件，为学生创建卫生、安全的学习、生活环境。要根据当地实际，提出改善农村学校饮水安全工程建设的意见，并主动与当地发展改革、水利、卫生等部门联系，确保农村学校饮水安全工程建设纳入当地农村饮水安全工程建设规划。

三、各级各类学校特别是农村中小学校要按照我部有关传染病防控工作要求，认真落实各项卫生防疫措施，消除传染病发生与传播的隐患。要加强教学、生活场所通风与换气的管理，特别是在近期，应每天对各班教室、宿舍等学生学习、生活场所开窗通风换气情况进行督促检查，纳入对年级、班级评比的内容，以保证学生学习、生活场所空气流通。要加强学校饮用水管理工作，特别是使用自备水井、水塔、蓄水池等供水的学校，应建立健全学校水源卫生管理制度，定期对供水设施进行清洗，并请当地疾病预防控制机构进行水质检测，确保供水符合卫生标准，以消除因饮用水不洁造成的肠道传染病流行事件发生。

四、学校应根据季节变化，有针对性地开展传染病防控知识的宣传教育，增强师生的防病意识和防病能力。近期，要结合冬季传染病预防对学生进行一次卫生防病教育，特别要教育学生养成良好的个人卫生，如打喷嚏、咳嗽时应使用纸巾、手帕并掩着口鼻，不要直接面对他人打喷嚏、咳嗽；接触病人及呼吸道分泌物后要立即洗手，看护患者要戴口罩；不要喝生水，生吃瓜果要洗净等；减少和避免到人群集中、空气流通不好的场所活动；有病要及时就医并居家休息；要积极参加体育锻炼、保持充足的休息，增强体质、提高机体抵御疾病的能力。

五、各级教育行政部门和学校要按照卫生部和我部联合印发的《学校和托幼机构传染病疫情报告工作规范（试行）》（卫办疾控发〔2006〕65号）要求，明确学校传染病疫情的报告人，建立健全学校传染病疫情监控与报告制度，一旦发现传染病病人或疑似传染病病人，应在第一时间向所在地、县（区）级疾病预防控制机构报告，同时向上级教育主管部门报告，以确保做到传染病早发现、早报告、早诊断、早治疗，有效控制传染病在学校蔓延。要加强传染病流行事件的结案报告工作，将事件的处理结果、整改情况、责任追究情况及时报送我部体卫艺司。

六、各级教育行政部门应主动争取卫生行政部门的支持，与疾病预防控制机构的专业人员共同对学校传染病预防与控制工作进行一次督促检查和指导；或自行组织一次专项卫生防病检查，促进学校认真落实各项防控措施。2007年春季开学后，我部与卫生部将联合开展学校传染病防控工作的专项检查。

教育部办公厅
二〇〇七年一月八日

批评性通报的正文一般包括叙述事实、指明危害、分析错误性质、发布通报决定、提出引以为戒的要求和切实可行的防范措施等几项内容。例文的正文包括两个部分：第一部分（第一、第二自然段）先概述事件情况，然后对之进行分析、评论，说明事件发生的原因及其危害，接着写明对事件进行通报的目的及决定。第二部分，为杜绝类似事件的发生，例文提出了六项工作要求即防范措施，要求极为明确，措施比较具体。

（3）传达性通报

传达性通报是向有关部门和人员传达重要情况，发布重要信息，以使人们掌握情况，明确问题，从而统一思想和行动，使工作协调发展的通报。

传达性通报正文的写法主要有两种：一种是先写发布通报的缘由，然后写明事项，最后提出要求和希望，事项较为单一的通报多采用这种写法；另一种是将内容按问题进行划分，分成若干个部分来写，事项较多、内容较复杂的通报可用这种写法。例如：

国务院办公厅关于第一次全国政府网站普查情况的通报

国办函〔2015〕144 号

各省、自治区、直辖市人民政府，国务院各部委、各直属机构：

为进一步做好全国政府网站信息内容建设有关工作，有效解决政府网站"不及时、不准确、不回应、不实用"等问题，维护政府公信力，2015 年 3—12 月，国务院办公厅组织开展了第一次全国政府网站普查。现将有关情况通报如下：

一、总体情况

《国务院办公厅关于开展第一次全国政府网站普查的通知》（国办发〔2015〕15 号）印发后，各地区、各部门高度重视，迅速行动，确保普查工作顺利推进。通过普查，基本摸清了全国政府网站底数，有效解决了群众反映强烈的政府网站"僵尸""睡眠"等问题，政府网站管理服务水平不断提高，社会公信力稳步提升，正在成为各级政府提升治理能力、推进"互联网＋政务服务"的重要平台。

（一）摸清了全国政府网站底数，实现整体达标合格。截至 2015 年 11 月，各地区、各部门共开设政府网站 84 094 个。其中，普查发现存在严重问题并关停上移的 16 049 个，正在整改的 1 592 个。正常运行的 66 453 个政府网站中，地方网站 64 158 个，国务院部门及其内设、垂直管理机构网站 2 295 个。经抽查，全国政府网站总体合格率为 90.8%。其中，省部级政府门户网站合格率为 100%，市、县级政府门户网站合格率超过 95%，其他政府网站合格率达到 80% 以上。从地域上看，北京、上海、浙江、湖南等地政府网站合格率超过 95%，山西、辽宁、黑龙江、云南、西藏、青海、宁夏、新疆等地和新疆生产建设兵团政府网站合格率低于 85%。

（二）提高了政府网站管理服务水平，有序推进集约化建设。各地区、各部门强化政府网站主管职责，普遍建立了责任到人、层层督办的推进保障机制。不少地方和部门创新工作方法，通过督查、问责和考评等抓手，推动本地区、本部门政府网站管理服务水平不断提高。广东、四川和税务总局等建立了技术监测、群众监督、绩效考核等"多管齐下"的监管模式；发展改革委、农业部、气象局等部门印发文件明确责任，完善流程，优化服务，提升了网站效能。一些地方和部门还探索从源头上解决基层网站无力维护等问题，有序推进本地区、本部门网站集约化建设。江苏、安徽、贵州和海关总署等对问题严重网站关停整改，对同质同类网站归并整合，利用门户网站对分散资源进行整合迁移，集中提供服务，探索建立统一规划、统一建设、统一管理的集约化模式。

（三）建立了政府网站基本信息数据库，社会公信力稳步提升。政府网站基本信息数据库记录了全国 84 094 个政府网站的名称、地址、主管单位、运行状态等基本信息，形成了准确、完整的政府网站动态档案库。该数据库在中央政府门户网站开放后，两个月时间搜索量达 8 万余次，下载 1.3 万余次。据统计，国务院各部门政府网站有关内容媒体转载量较 2014 年上升 15%，省级政府门户网站上升 13%，计划单列市和省会城市政府门户网站上升 17.5%，各级政府网站社会公信力稳步提升。

二、整改工作的成效

各地区、各部门对普查中发现的问题认真查找原因，着力推进整改。通过整改，全国政府网站信息不更新、内容严重错误、咨询信件长期不回复、服务不实用等问题明显减少。

（一）信息更新更加及时。政府网站空白栏目数由普查前的平均每网站20个降至2.3个，降低88.5%；更新不及时栏目数由平均每网站15个降至5.5个，减少63.3%。

（二）内容准确性普遍提高。政府网站首页不可用率由普查前的12.8%降至3.6%，降低71.9%；链接不可用数由平均每网站196个降至23.4个，降低88.1%。普查前被频频曝光的严重错别字问题大幅减少；办事表格、材料清单、联系电话、收费标准等内容不准确问题由平均每网站17个降至2.3个，减少86.5%。

（三）互动回应情况明显改善。网上信箱等咨询渠道开通率由普查前的57%上升至85.3%，公开的回复信件数由平均每网站27件增加到110件，咨询类留言长期不回复的比例降至0.7%，1年内开展调查征集活动的次数由平均每网站不足1次增加到4次。

（四）办事功能不断完善。各地区、各部门积极开展网上办事事项梳理，着力提高服务信息实用性。因内容不齐全、指南不实用造成的"办事难""办证难"问题有所减少。95%以上的政府门户网站规范了办事指南的基本要素，一些地方和部门还依托政府网站探索推进"互联网＋政务服务"，以"数据多跑路，群众少跑腿"为目标，优化服务流程，推动线上线下资源衔接，不断提高群众满意度。

三、需要进一步解决的问题

在全国政府网站建设管理水平大幅提升的同时，一些政府网站仍存在需要进一步解决的问题。主要是：

（一）部分基层网站仍不合格，少数网站问题严重。抽查发现421个不合格网站，少数基层网站问题严重。青海省格尔木市国土资源局、新疆维吾尔自治区莎车县人民政府网站空白栏目数超过20个；新疆生产建设兵团石河子市供销合作社网首页多个栏目"开天窗"；山西省泽州县林业局、辽宁省建昌县教育局网站个别栏目7年未更新；云南省维西傈僳族自治县政府网站个别栏目5年未更新。国务院部门垂直管理机构网站中，国家统计局莆田调查队、红河哈尼族彝族自治州邮政管理局、阿里地区邮政管理局网站不合格。

（二）个别地方检查走过场、整改不彻底。湖北省浠水县巴河镇政府网站"新闻动态"栏目近60条新闻属"旧稿新发"，部分发布时间为2015年6月的新闻实际上是6年前的信息；河南省许昌市魏都区西关办事处、海南省儋州市统计局网站因存在严重问题申请关停，其计划整改完成时间超过10年；黑龙江省林口县物价局、宁夏回族自治区固原市人民政府、西藏自治区山南地区工业和信息化局等网站自查评分超过90分，而实际抽查发现问题较多，为不合格网站。

（三）一些网站便捷性、实用性亟待提升。部分网站没有提供规范清晰的服务流程，缺少可供下载的必要表格和文件，不能提供实用有效的申报、查询等办事服务；14.7%的网站互动功能缺失，政府与公众交流缺少有效途径；还有一些网站结构混乱、页面繁多、不便使用，给公众查找政府信息、网上办事带来较大困难。

四、下一步工作要求

各地区、各部门要高度重视，加强对政府网站建设和管理工作的领导，并针对普查发现的问题举一反三，进一步查漏补缺，加大对本地区、本部门网站的检查力度，巩固普查成效，避免出现整改不彻底、问题反弹等情况。要切实把办好政府网站摆到服务人民群众、提高治理能力、提升政府公信力的高度，加强督查考核，按照推进"互联网＋政务服务"的工作要求，扎实推动各级政府网站持续健康发展。

对本次通报的网站问题，各有关地区和部门要采取有力措施进行整改，并于2015年12月31日前将整改情况书面报送国务院办公厅政府信息与政务公开办公室。

　　　　附件：1. 各地区政府网站抽查合格率
　　　　　　　2. 国务院部门及其内设、垂直管理机构政府网站抽查合格率
　　　　　　　3. 抽查发现的不合格政府网站名单

国务院办公厅

2015年12月4日（此件公开发布）

例文的标题清楚地表明这是一份传达性通报。正文由开头、主体和结尾三个部分组成，开头部分（第一自然段）指明开展全国政府网站普查工作的目的，"现将有关情况通报如下"是常用的过渡性语句。主体部分包括总体情况、工作成效、存在问题及工作要求四部分内容，由情况到成效与问题，再到工作要求，排序得当，富有条理。说明情况、工作成效与存在问题部分虽然篇幅不是很长，但内容具体、翔实，有概述、有事例，并以数据反映问题，很有说服力。结尾部分明确工作要求，简短、有力。

3. 通报的写作注意事项

撰写通报，应当注意以下几点：

第一，情况要准确。无论哪一类通报都会涉及情况的说明，而情况的说明要以确凿无误为前提。撰写者在动笔前应将事实核对清楚，在写作中把握好分寸，恰如其分地把真实情况反映出来。

第二，态度要明朗。通报是知照类公文，一般来说，通报主要用来反映情况，告知事项，但通过阅读通报所写内容，受文者也能够了解发文机关的态度和主张，而且，在一些通报中，发文机关在写明事项的同时，也会结合事例提出某些要求，或对有关事项做出一些规定。

第三，事例要典型。制发通报要善于选择典型事例，以使通报的内容具有普遍的借鉴或警戒意义。

第四，发布要及时。制发通报是为了有利于当前工作的进行，因此无论是对先进典型，还是对错误事实，或者对重要情况，都要及时加以反映，免得时过境迁，使通报失去应有的作用。

（六）报告

1. 报告的用途

《党政机关公文处理工作条例》规定，报告适用于向上级机关汇报工作、反映情况，回复上级机关的询问。

报告是下级机关呈送上级机关的上行文种，中下级机关特别是基层单位和部门常会用到这一文种。

报告的用途十分广泛，具体地说，其一，报告可以用来向上级机关汇报工作，例如，《大兴安岭恢复生产重建家园工作总结报告》，该报告是国务院大兴安岭恢复生产重建家园领导小组写给国务院的报告，其作用是向国务院汇报大兴安岭火灾之后，恢复生产重建家园工作进行的状况，以使其全面掌握工作状况；其二，报告也可以用来向上级机关反映情况，例如，《铁道部关于193次旅客快车发生重大颠覆事故的报告》，该报告是铁道部写给国务院的报告，其作用是向国务院反应情况，以使其及时地了解193次旅客快车发生重大颠覆事故的原因、损失及应吸取的教训和对责任者的处分等有关情况。其三，报告还可以用来答复上级机关的询问。例如，《关于×××同志提职的报告》，该报告是就上级机关对某一事项的询问，告知上级机关本单位对这一事项安排的报告。

2. 报告的写法

从不同的角度，可对报告进行不同的分类。

按其性质和内容不同，可将报告分为综合报告和专题报告两类。综合报告是为使上级机关全面了解工作状况或有关情况而制发的报告。内容全面，带有工作总结的某些特征，是这类报告的特点。专题报告是专门反映某一事项或某一方面工作情况的报告。内容集中、单一，以及常常写在上级机关部署某项工作任务或某一事件出现之后，是这类报告同前面一类报告的主要区别。

按其行文的直接目的不同，可将报告分为呈报性报告和呈转性报告两类。呈报性报告是单纯向上级机关汇报工作，反映情况，而不要求转发的报告；呈转性报告是指针对涉及面广，特别是涉及其他平行机关或不相隶属机关的工作问题，提出处理意见或建议，请上级机关审阅并批转有关机关的报告。需要注意的是，自2001年1月1日开始施行的《国家行政机关公文处理办法》就已经取消了报告原有的"提出建议"的功能，而从公文实践来看，呈转性报告的主要功能就是提出建议，因此，这类报告应用已经越来越少。提出建议并请求批转的报告已由请示替代，这样报告和请示的界限就更加明确了。

不同类型的报告在写法上没有太大的区别，下面结合例文，介绍报告的一般写法。

请先看一篇例文：

关于安全生产检查情况的报告

市政府：

为了切实做好经济局系统的安全生产工作，认真落实好安全生产责任制，加大隐患的排查和整改，防止安全生产事故的发生。经济局组成检查组于 8 月 4 日至 11 日对全系统所属 25 户企业，逐户进行了全面检查，现将检查情况报告如下：

一、基本情况

××明胶有限公司安全生产事故发生后，经济局领导非常重视，认真贯彻落实市政府的指示精神，局长×××主持召开会议，对在全系统开展一次安全生产大检查进行了全面部署，认真进行了安全检查。8 月 4 日，局主要领导和分管领导率领有关科室人员到××明胶有限公司进行现场办公，帮助企业查找隐患，落实整改措施，对企业存在的安全生产管理制度、岗位操作规程不健全，特种作业人员不经培训上岗作业、危化原料库存不符合要求，电器、线路不规范等问题提出了整改意见。××明胶公司现场办公后，我们立即组成检查组，由局长亲自带队分管领导，办公室、技改科、道口办（负责安全生产）的负责同志，对全系统企业逐户开展了全面安全生产大检查。从检查的情况看，企业领导对安全生产工作都非常重视，按照经济局提出的要求，在企业内部开展了安全检查，并进行了整改。但个别企业在安全生产工作中还存在一些问题，如岗位责任制不落实、安全隐患整改不到位等。对存在的问题，检查组提出了限期整改意见。

二、存在问题

在这次安全生产大检查中，共发现问题 77 项，当即整改 9 项，限期整改 68 项。检查中发现的主要问题是：

1. 安全生产管理制度、岗位操作规程、安全管理机构不健全，责任没落实到人。

2. 企业对从业人员进行安全教育和培训不到位，特种作业人员不按规定培训，或未取得特种作业资格证书，即上岗作业。

3. 电器、线路不进行经常性检查，线路老化、布线不规范，临时用电私接乱扯，刀闸无盖，等等。

4. 危险化学品的使用单位、企业停产后，没有将危化原料及时处理，留有事故隐患；生产企业危化原料没有专库专储。

5. 灭火器材配备不足、过期，未放明显位置。

三、整改措施

针对以上检查出的问题，在下步工作中，我们要强化措施，督促企业按时整改，按期复查，跟踪整治，确保整改到位。

1. 加强领导，树立安全生产意识。要强化措施，认真落实安全生产责任制，各企业的主要领导要把安全生产工作纳入重要日程，一把手要亲自抓安全生产。要加大安全生产工作力度，认真贯彻落实"安全第一、预防为主"的方针，坚持谁主管谁负责的原则，把安全生产工作责任制层层落实，切实做到抓实、抓细。特别是停产、半停产企业及安全防火重点单位，要严格按照有关规定做好安全生产和安全防火工作。

2. 遵章守法，建立健全安全生产规章制度。各企业要按照市委、市政府及有关部门对安全生产工作的要求，把安全生产工作规章制度、岗位操作规程建立健全并落实到位，真正做到有章可循，有法可依，组织落实，制度落实，措施落实。同时，要抓好安全生产的宣传教育培训工作，增强领导和职工的安全生产意识和法制观念。

3. 经常检查，认真排查隐患、整改隐患。我们对安全生产的检查工作要做到经常化、制度化、规范化，在工作中主要体现一个"勤"字上。要勤过问、勤督促、勤检查。对检查中提出的安全隐患问题要督促企业加快整改，把隐患消灭在萌芽中，减少安全生产事故的发生。

4. 严明纪律，严肃责任追究。企业要做好安全生产事故防范工作，杜绝各类事故的发生。一旦发生事故，要认真执行事故报告制度，要逐级及时上报，对发生安全生产事故的单位要按照"四不放过"的原则，严肃追究企业主要负责人和相关责任人的责任，确保国家和人民生命财产安全。

××市经济局

二〇〇七年×月××日

例文的标题由事由和文种两个要素构成，正文则包括开头和主体两个部分。正文的开头部分（第一自然段）说明开展专项检查工作的目的，简述工作时间和范围，以"现将……情况报告如下"引出下文，这是常用于报告的开头和主体部分之间的过渡性语句；主体部分首先总述基本情况，再集中反映问题，最后针对问题提出整改措施，最后一条措施写完之后，整篇报告也就自然而然地结束，没有专设一个结尾部分，也没有使用报告常用的结语。"特此报告，请审阅"之类的语句，是报告常用的结语。简单说明发文缘由，具体反映情况和问题，提出工作打算或安排，是报告常见的写法。

再看一篇内容相关但写法有所不同的例文：

关于安全生产大检查情况的报告

市安办：

为认真贯彻落实国务院、省政府1月17日安全生产电视电话会议和1月14日市政府安委会对春节及"两会"期间安全生产部署会议精神，切实抓好卫生部门春节及"两会"期间安全生产工作，按照市安委会的统一部署和要求，我局于2005年2月2日组织办公室、医政科、防保科有关人员，由主要领导和分管安全生产工作的领导亲自带队对市直属医疗卫生单位的安全生产工作进行了重点检查，现将检查情况报告如下：

一、各项安全生产工作情况

（一）综合安全生产工作情况

1. 领导高度重视，把安全生产工作纳入重要议事日程。各单位在抓安全生产工作中，始终坚持把安全生产摆在重要位置与其他工作一起同研究、同部署、同检查、同考核，加大了对安全生产工作的监管力度，落实了各类人员的工作职责，做到了领导到位、责任到人、工作常抓不懈。

2. 组织机构健全，责任制落实。所查单位均建立健全了安全生产工作领导小组，全面落实了安全生产责任制，实行了谁主管、谁负责和一把手负总责的管理制度，并把安全生产目标任务层层分解落实到了科室和人头，做到了主要领导亲自抓、分管领导具体抓、其他人员协助抓和目标明确、措施具体、齐抓共管。

3. 制度完善，管理规范。经查，各单位均建立了安全保卫、重特大事故应急预案、危险化学品管理、消防、压力容器管道、大型医疗设备年检、特种从业人员上岗培训、隐患监控与整改、事故调查处理与行政责任追究等制度，并做到了严格管理、执行过硬、奖惩分明。

4. 安全设施基本齐全，运转正常。各单位消防设施、天然气及压力容器管道、安全疏散标志及通道出口等设备设施基本齐全、完好，运转正常。

5. 防火防盗及节日值班工作全面落实。各单位均按照市安委会及公安部门的要求，对春节期间燃放烟花爆竹，守楼护院，防火防盗，安全用车、用电、用气等工作进行了逐项强调和落实，对节日值班已做全面安排，并坚持了 24 小时值班及领导带班制度，以确保节日安全。

6. 专项整治工作深入扎实。各单位通过深入开展人员密集场所消防疏散通道、安全出口、火灾隐患及危险化学品专项整治，进一步落实了消防责任制，增添了消防设施、疏通了消防通道、逐步消除了火灾隐患，同时通过严格执行危险化学品"五双"制度，加强了对危险化学品的监管。

7. 排查和整治隐患及时到位。各单位通过开展经常性的安全生产检查，对发现的隐患均能及时整改，避免了安全事故的发生。

（二）医疗安全情况

1. 医疗机构执业管理情况：一是通过在全市开展医疗市场清理整顿，各单位已无将单位的科室、门诊部、业务用房租借或承包给非医务人员从事医疗活动的现象发生；二是通过严格执行执业医师资格证书制度，加强了对各类医疗机构从业人员的准入和监管，保障了人民群众就医安全；三是通过加强对医疗美容服务的监管，规范了医疗美容服务市场。

2. 医疗卫生机构内部的安全工作情况：各单位医疗卫生设备设施保养良好，易燃易爆和有毒有害物品保管规范有序，医用氧气储存和高压氧舱运行符合规范要求，毒、麻、精神药品管理做到了专人、专账、专房（柜），无差错事故发生。

（三）临床用血安全情况：通过大力开展《中华人民共和国献血法》及无偿献血宣传活动，加强对血液和原料血浆的执法监督工作，无非法采集、收购和销售原料血浆现象，保证了用血安全。

（四）食品卫生安全情况：通过深入开展食品卫生安全整治，加强了对食品生产经营者、餐饮业、学校集体食堂、学校集体餐供应单位及供水单位的经常性卫生监督及技术指导，坚持食物中毒报告制度，减少了食物中毒事故的发生。

（五）传染病预防、监测和控制工作：各单位疫情监测和报告制度执行良好，加强了对各类传染病防治工作、预防接种、食盐加碘及传染病菌毒种的使用、保藏、携带、运输、引进和输出各个环节的管理，有效地控制了传染病的发生和流行。

（六）职业病防治及放射源管理情况：落实了职业病防治措施，加强了对放射源各个环节的监督和管理，无放射源泄漏等事故发生。

二、存在的问题

经检查，个别单位尚存在以下问题：一是部分消防设施被盗、毁损后未做及时添置，灭火器药粉未及时检测和更换；二是个别单位消防疏散指示标志陈旧、不全、未做更换和安装；三是一些单位为防止被盗擅自将消防栓上锁，不符合要求；四是个别单位在配电房内堆放杂物未清除；五是个别单位氧气储存未做严格分区，标识不明；六是危险化学品保管需进一步加强。

针对以上隐患，我局已当场发出整改通知书，责令有关单位立即整改，消除隐患，确保安全。

××市卫生局

二○○五年二月三日

通过例文的标题我们便可以看出，这篇例文同前面一篇例文的内容是相关的，即均为反映安全生产检查情况的报告，但两者在正文的写法或者说在内容的侧重点上有一定的区别，这种区别是由工作内容的区别所决定的。这篇例文正文开头部分的写法同前面的例文基本相同；主体部分则着重写明检查情况，而且是把综合工作情况和专项工作情况分开来写的，事项全面，重点突出。介绍完情况之后是阐明问题及对问题所采取的处理措施。这篇报告与上一篇报告相比其内容主要是对检查结果的客观反映，而未涉及意见性内容。

3. 报告的写作注意事项

报告是一种比较常用也比较典型的上行文，在报告的撰写过程中，主要应注意以下几点：

第一，用途要合理、明确。《党政机关公文处理工作条例》专门规定，不得在报告等非请示性公文中夹带请示事项。报告和请示虽然均为常用的上行文种，但两者的用途是完全不同的。撰写报告是为了使上级机关了解情况，因而不需要上级机关予以答复；而撰写请示是为了向上级机关请求指示、批准，一般都需要上级机关予以答复。如果把请示事项写入报告中，上级机关无法及时做出回复，就有可能贻误工作，造成损失。

第二，内容要客观、真实。汇报工作、反映情况，是报告的主要用途。只有实事求是地写明工作状况或其他有关情况，上级机关才能据此正确决策，做出合理的工作部署和安排。撰写报告必须杜绝弄虚作假，要反映最真实的情况，同时也要避免夹杂过多的主观判断，避免按照主观需要取舍材料。另外，报告"提出建议"的功能已被取消，其内容的客观性应当越来越强。

（七）请示

1. 请示的用途

《党政机关公文处理工作条例》规定，请示适用于向上级机关请求指示、批准。

请示的使用主要有两种情况：一是请求上级机关给予指示的请示，主要应在遇到现有的方针、政策及法规、规定所不曾涉及的新情况、新问题，或政策界限难以把握时使用；二是请求上级机关予以批准的请示，主要应在遇到超越本机关的职权范围，或本机关人员对其看法、意见不是完全一致的问题时使用。另外，某些业务主管部门就带有普遍意义的问题提出看法，希望领导机关批转有关单位时，也可以使用请示。凡属本机关职权范围之内，并已有明确的方针、政策或法规、规定作为参照的一般问题，都应当自行处理，而不必向上级机关请示。

2. 请示的写法

按照请示内容和请示目的的不同，可将请示分为请求指示的请示和请求批准的请示两类。

（1）请求指示的请示

请求指示的请示是指针对工作中出现的具体问题，向上级机关申明情况，请求予以答复和下达处理意见的请示。对这类请示的撰写，应把重点放在情况的陈述和问题的强调上。例如：

辽宁省人民政府法制办公室关于辽宁省采煤沉陷区房屋拆迁适用法律问题的请示

辽政法〔2003〕12 号

国务院法制办：

由于长期受采煤活动的影响，我省抚顺市部分地区地面塌陷，致使部分房屋遭到破坏，居民生命财产安全受到严重威胁，对此，党中央、国务院和辽宁省委、省政府十分重视，拨付了专项资金，对处于采煤沉陷区的居民实施房屋拆迁。在拆迁过程中，该地区居民认为，采煤沉陷区是由于煤炭开采形成的，其拆迁不应当适用国务院《城市房屋拆迁管理条例》，而应当适用《中华人民共和国煤炭法》。抚顺市有关部门认为，只要在城市规划区内国有土地上实施房屋拆迁，并需要对被拆迁人补偿、安置的，就一律适用国务院《城市房屋拆迁管理条例》，并考虑具体情况，采取特殊安置政策，保护被拆迁人的合法权益。我办经研究后，倾向于第二种意见。由于事关广大群众切身利益，必须认真对待，故此，特提出请示，请予以批复。

辽宁省人民政府法制办公室
二〇〇三年十月二十日

例文的标题由发文机关、事由和文种三个要素构成，其中事由一项交代非常具体，已经基本上将所请示问题反映清楚了。正文着重陈述事实，提出问题，并明确问题的焦点所在，而未提出决定性的处理意见。"特提出请示，请予以批复"之类的语句，是这类请示所惯用的结束语。

（2）请求批准的请示

请求批准的请示是就某一问题或事项提出本机关的处理意见，请求上级机关给予批准或表明态度的请示。写这类请示，要把重点放在对意见、办法的说明上。例如：

关于举办江苏省第十六届运动会的请示

省政府：

根据每四年举行一届全省运动会的竞赛制度，建议于 2006 年 10 月在南通市举办江苏省第十六届运动会。现就有关事项请示如下：

一、指导思想

以邓小平理论和"三个代表"重要思想为指导，全面落实科学发展观，加快我省竞技体育后备人才培养，进一步提高运动技术水平，巩固十运会成果，备战 2008 年北京奥运会，推动全民健身运动蓬勃开展，推进体育强省建设步伐，为促进"三个文明"协调发展、构建社会主义和谐社会、实现"两个率先"作出积极贡献。

二、比赛分部和项目设置

江苏省第十六届运动会设青少年部、高校部和职工部，各部分别进行比赛。

（一）青少年部。以省辖市为参赛单位进行比赛。项目设田径、游泳、篮球、排球（含沙滩排球）、足球、棒球、垒球、手球、女子曲棍球、乒乓球、羽毛球、网球、摔跤、拳击、跆拳道、柔道、射击、射箭、击剑、体操、跳水、艺术体操、蹦技（蹦床、技巧）、自行车、武术、举重、赛艇、皮划艇、花样游泳、现代四项、铁人三项、帆船，共32项。

（二）高校部。以省内各高等院校为参赛单位进行比赛。甲组（本科普通高等学校）比赛项目设田径、游泳、篮球、排球、足球、乒乓球、羽毛球、网球、中国象棋、围棋、国际象棋、健美操、武术、定向越野、桥牌，共15项。乙组（专科普通高等学校）比赛项目设田径、篮球、足球、乒乓球、健美操，共5项。

（三）职工部。以省辖市和省产业体协为参赛单位进行比赛。项目设田径、足球、乒乓球、羽毛球、中国象棋、围棋、桥牌、大众体育、健美操、三人篮球、游泳，共11项。

三、比赛时间

青少年部的田径、篮球、排球、足球、乒乓球、击剑、体操、蹦技、举重、网球，高校部的排球，职工部的羽毛球12个项目的比赛于省运会开幕期间集中在南通市举行，其余各项比赛先期委托有关市、县（市、区）政府，高校承办。

四、奖励和表彰

各部设体育道德风尚奖和单项奖。青少年部设贡献奖、输送奖和代表团及县（市、区）金牌、总分名次奖；高校部设"校长杯"奖；职工部设优秀组织奖和团体总分奖。表彰江苏省体育科技先进集体和个人、江苏省群众体育先进集体和个人、参加全国体育大会作出突出贡献的单位。

五、竞赛组织

青少年部的比赛由省体育局组织实施。高校部、职工部的比赛分别由省教育厅和省总工会组织实施，省体育局负责业务指导。集中在南通市举行的比赛，由大会组织委员会统一组织实施。

六、违禁药物检查和性别检查

根据国务院颁发的《反兴奋剂条例》，江苏省第十六届运动会将对运动员实行违禁药物检查和性别检查。检查和处罚按照《反兴奋剂条例》以及国家体育总局、中国奥委会反兴奋剂委员会、省体育行政主管部门有关规定执行，切实维护良好的赛风赛纪。

以上意见，如无不当，请批转各地各部门执行。

江苏省体育局　江苏省教育厅　江苏省总工会

二○○五年三月十日

例文的标题由事由加文种构成，这种标题同三个要素俱全的标题形式都很常见。请示的标题一般不能省去事由一项，而且这一项往往应写得比较具体。正文包括三个部分：开头部分（第一自然段）简明扼要地概述事项，以"现就有关事项请示如下"引出主体部分；主体部分是写明具体请示事项的部分，其中既有总的指导思想，也有具体的工作安排，事项排序合理，要点标示明确；由于这份请示所涉及的活动是一项需要各地各部门协同参加的活动，所以结尾部分提出了批转请求，即以请求批转的语句"以上意见，如无不当，请批转各地各部门执行"作为结束语。另外，"以上意见当否，请审核指示""当否，请指示""以上请示，请批复"之类的语句，也是请求批准的请示惯用的结束语。表达请示的结束语，要注意语气应妥当、得体，既不要用"请尽快批复"或"请立即审批"之类不太礼貌的语气说话，也不要用"敬请赐复"之类过于谦恭的措辞。同时，"请审查""请审阅"等报告类公文惯用的结束语也不宜用在请示中。

3. 请示的写作注意事项

《党政机关公文处理工作条例》对请示的制发有一些具体要求，撰写者在写作时必须依循。简单地说，撰写请示应当遵循以下要求。

第一，要正确选用文种。在公文的运用中，与请示有关的错用文种现象时有出现。有时向上级机关请求指示、批准，不用请示，却错用了函或报告，后一种情况尤为多见。例如，××县××局向县政府呈送的一份公文，标题为《关于请求拨款维修房屋的报告》，内容却是由于台风的袭击，部分房屋受损，请求上级机关拨款维修。按其内容，本应采用请示的公文形式，却采用了报告形式。文种的错用，会影响问题的及时解决及工作的妥善处理。

第二，要做到一文一事。一份请示只集中写一件事，便于上级机关研究答复，有利于问题的解决；如果把几件事写到一份请示中，即一文数事，就会使受文机关无从下手，难以答复，至少会在文件的处理中产生一些麻烦。如果几件事情是同一问题的不同侧面或不同环节，而且情况又不太复杂，上级机关可以一并研究批复，才可以考虑在一份请示中进行集中反映。

第三，要避免多头请示。制发请示要坚持"谁主管就请示谁"的原则，只确定一个主送机关。如有其他需要了解请示内容的上级机关，那么就应以抄报的形式将请示送阅。有人以为多写主送机关，可以让更多的上级机关或同一上级机关的几个部门都负有答复的责任，以引起上级机关对请示内容的重视，问题便能够迅速得到解决，这其实是不对的。多头请示有时难免会造成受文机关互相推诿责任，谁也不作答复，或者几个受文机关都作批复，但批复意见不一致，发文机关无所适从。

第四，要避免越级请示。按照公文行文规则，在一般情况下不得越级报告或请示。只有遇到特殊情况，才可以考虑越级行文。所谓特殊情况主要是指下述几种情况：事关紧急，逐级行文有可能耽误时机，造成严重后果；反映或揭发直接上级机关的问题和错误；与直接上级机关产生争议或直接上级机关对急需解决的问题没有及时处理；回复非直接上级机关询问或交办的事项；等等。没有正当理由便随意越级行文，不但会浪费人力财力，而且容易误时误事，影响办文效率，增加受文机关的工作负担，对哪一方面都没有好处。如确属情况特殊，必须越级行文，也应当抄报越过的机关。

4. 报告与请示的区别

报告与请示是在机关工作中常用的两类上行文文种，要注意区别使用。1951年9月中央人民政府政务院颁布的《公文处理暂行办法》规定，"对上级陈述或请示事项"要用报告。也就是说，当时不管是报告情况还是请示工作，均采用报告这一文种。与这种历史原因有关，时至今日还有人经常把本应写成请示的公文错写成报告，或把请示与报告混用，写为"请示报告"。

报告与请示虽然都是上行文，但两者的区别比较明显，主要体现为：

第一，具体功用不同。报告是呈阅性公文，主要用途是向上级机关汇报工作、反映情况、提出建议，陈述的特点突出。在报告中不能夹带请示事项；而请示则为呈批性公文，主要作用是向上级机关请求指示或批准。在请示中虽然也可以陈述情况，但这是次要的，是为提出请示事项服务的。

第二，内容含量不同。综合性报告大都涉及多个事项，即使是专题性报告，也往往要涉及一个事项的几个方面，因而内容含量较大、篇幅较长的报告比较多见；而请示的撰写则强调一事一文，内容单一、篇幅较短的请示比较多见。

第三，行文时机不同。报告可以在工作进行之前行文，也可以在工作进行当中行文，而更多的是在工作完成之后行文；而请示则必须事前行文，不能"边干边请示"，更不能"先斩后奏"。

（八）函

1. 函的用途

《党政机关公文处理工作条例》规定，函适用于不相隶属机关之间商洽工作、询问和答复问题、请求批准和答复审批事项。

在公文的运用中，函的用途比较广泛。不相隶属机关之间商谈公务、接洽工作，询问事情、征求意见，答复问题、请求帮助及告知情况、催办事务等，都可以使用函；向归口管理部门请求对某一事项予以批准，也可以使用函。函既可以在平行机关及不相隶属的机关之间使用，也可以在上下级机关之间使用。

2. 函的分类

以往人们一般将属于公文文种的函分为公函和便函两种。《公文处理暂行办法》规定，平行机关及不相隶属的机关行文时用公函，介绍、商洽、询问、催办等事得用便函，只需个人署名或盖用机关长戳、圆章即可。1981 年国务院办公厅颁布的《国家行政机关公文处理暂行办法》取消了公函和便函的分类和名称，只列"函"一个文种。此后，《国家行政机关公文处理办法》及现行的《党政机关公文处理工作条例》一直沿用这种提法。

按行文方向的不同，可将函分为去函和复函。去函，是指本机关为询问事项或请求批准而主动制发的函；复函，是指为答复受文机关所提出的问题或回复批准事项而被动制发的函。

按内容的不同，可将函分为知照函、催办函、邀请函等。目前，经常使用的函有商洽性函、征询性函、请求性函和答复性函等。

3. 函的写法

（1）商洽性函

不相隶属机关之间商量或接洽工作，可以使用商洽性函。例如：

关于开展浦口区校地合作的商洽函

××工业大学：

近年来，为深入贯彻落实党的十七届六中全会、党的十八大精神和中共中央《关于深化文化体制改革推动社会主义文化大发展大繁荣若干重大问题的决定》，省、市相继出台了一系列文化产业扶持政策措施，我区也出台了《关于加快铺开文化建设的实施意见》，设立了 1 000 万元文化建设专项资金，并扶持了一批文化产业项目、文化人才和公共文化服务平台。为了切实让各级扶持政策真正落实到高校，做好高校项目、人才的包装、推荐、申报、宣传等服务工作，现请贵校配合做好以下工作：

1. 建立联络机制。现请贵校明确相关部门及具体工作人员负责对接，并将联络人员名单及联系方式于 5 月 15 日前通过邮件或传真发至我部，以便我们进一步做好服务工作。（见附件1）

2. 梳理资源情况。为全面掌握高校文化产业资源状况，加快高校文化、科技资源的产业化步伐，现请贵校梳理文化产业及相关专业设置、人才、科研平台、相关培训基地、园区及可合作的项目等。（见附件2）

3. 征求合作事宜。为了加快推动高校文化资源、科技成果产业化步伐，打通科技成果转化的便捷通道，解决文化企业发展技术、人才难题，提升政府服务水平，现拟与贵校合作共建政府、企业、高校文化产业信息沟通平台。现特此征求贵校共建校地企文化产业合作信息平台的意见。（见附件3）

上述事项，敬请函复。

联系人：（略）

联系方式：（略）

附件：

1. 校地合作联络表

2. 高校文化产业资源状况梳理表

3. 校地企文化产业合作信息平台征求意见表

××区委宣传部

2013 年 5 月 6 日

例文是两个互不隶属的机关之间用以商谈事项、接洽工作的函。"关于……的商洽函"及"关于商请……的函"是这类函常用来说明事由的标题形式。正文包括开头、主体和结语三个部分。开头部分说明发文缘由和目的；主体部分逐条写明商洽事项即商请合作事宜；结尾部分表示祈请意思的结束语"上述事项，敬请函复"及"妥否，请函复"等，是这类函惯用的结束语。

（2）征询性函

不相隶属机关之间询问问题，征求意见，可以使用征询性函。例如：

关于征求药品飞行检查办法（征求意见稿）意见的函

食药监药化监便函〔2014〕59 号

各省、自治区、直辖市食品药品监督管理局，有关单位：

为了加强药品监管，防控药品安全风险，我司组织起草了《药品飞行检查办法》（征求意见稿），现征求食品药品监管部门和相关单位意见。请各省级食品药品监督管理局组织有关单位进行讨论，汇总有关意见并书面反馈我司。其他单位修改意见以电子邮件或传真形式反馈我司。意见反馈时间截止至 2014 年 6 月 12 日。

联　系　人：（略）

联系电话：（略）

传　　　真：（略）

电子邮箱：（略）

附件：《药品飞行检查办法》（征求意见稿）

食品药品监管总局药化监管司

2014 年 5 月 12 日

例文标题"关于征求……意见的函"是这类函常见的标题写法，另外，"关于询问……的函"也是比较常见的征询性函的标题写法。正文比较简短，主要包含两层意思：一是制发文件的目的、文件名称及征询事项，二是反馈要求和办法。由于主体部分已经含有答复要求的意思，例文的最后没有再写这类函常用的结束语，如"请研究函复""以上事项，请予答复""盼复"等。

59

（3）请求性函

不相隶属机关之间请求帮助或配合工作，以及向有关主管部门请求批准等，可以使用请求性函。例如：

关于申请支付政府采购专户资金的函
冀国土资函〔2014〕838号

省财政厅：

按照合同约定，现申请从我部门转存在政府采购专户资金中，支付"河北省海洋执法能力建设"项目资金35.6万元，用于购置军事拓展体能训练设施。该设施中标金额为44.5万元，本次申请支付后，尚有8.9万元待支付。

请给予办理为盼。

河北省国土资源厅
2014年12月24日

例文是河北省国土资源厅向河北省财政厅提出支付专户资金申请的函，是不相隶属机关之间用以请求批准的函。正文部分只有两句话，第一句话说明提出申请的依据及申请事项，第二句话明确后续事项。"请给予办理为盼"或者"请给予批准为盼""请予办理""请予批准"等是这类请求性函常用的结束语，可以根据实际情况选用。需要注意的是，不相隶属机关之间请求批准，不宜用请示，而一般要用函。

（4）答复性函

不相隶属机关之间答复问题或审批事项，可以使用答复性函。例如：

关于食品添加剂生产有关问题的复函
质检办食监函〔2012〕155号

山东省质量技术监督局：

你局《关于食品添加剂加工工艺有关问题的请示》（鲁质监许发〔2011〕239号）收悉。经研究，现函复如下：

根据《卫生部办公厅关于食品添加剂标准有关问题的复函》（卫办监督函〔2012〕119号）（见附件），生产加工食品添加剂应当符合食品安全国家标准，可以使用国家标准规定工艺生产的食品添加剂半成品、成品，也可以使用提纯、除尘、筛分等物理方法制成精度更高的食品添加剂产品。对于标准未规定生产工艺的食品添加剂，生产企业应当加强生产过程管理，不得使用可能会给人体带来健康风险的生产工艺组织生产。

请你局严格按上述规定加强对食品添加剂生产企业的监督管理，督促企业切实落实质量安全主体责任，保障食品安全。

附件：卫生部办公厅关于食品添加剂标准有关问题的复函（卫办监督函〔2012〕119号）

国家质检总局办公厅
二〇一二年三月一日

例文是一份答复请示的答复性函，而很多答复性函是对函的答复。由于发文机关同受文机关没有行政隶属关系，或者说不存在上下级关系，所以不宜使用批复，而只能用函答复问题。正文的开头部分首先引述对方来文的标题和文号，这也是对发文缘由的提示，然后以"经研究，现函复如下"这一惯用的过渡性语句引出下文；主体部分明确写出答复意见及其基本依据；结语部分申明希望与要求。另外，答复性函还常常使用"特此函复""此复"之类的结束语。

从以上例文可知，从开头语到结束语，不同类型的函在写法上都是有区别的。其实，函的写法多种多样，在写作时应当根据发文目的、行文方向和所谈事项，选用一种比较恰当的写法。

4. 函的写作注意事项

在函的写作过程中，主要应当注意以下几点：

第一，文种的选用要正确。反过来说，也就是不要错用文种。当前，在公文文种的使用中，与函有关的两种错用现象值得我们注意：一是应当用函却错用了其他文种（如请示）。例如，有的机关只要有求于人，一律用请示，即使请求同级甚至下级归口主管部门准许某一事项也用请示，其实这是不对的，是无视不同公文文种的特定效用，并且会引起行文关系混乱的一种做法。二是应当使用其他文种（如请示、报告、通知等），却错用了函。例如，某省卫生厅为申请外汇指标，购置进口医疗器械，向省政府呈送了一份函。从行文关系及申请事项来看，省政府同省卫生厅是有着隶属关系的上下级机关，请求直接上级机关给以指示或批准，在此不应当用函，应当用请示。

第二，内容要简洁。一份函一般只能写一件事。由于事项单一，函的篇幅往往也就比较短小。写函要开门见山、直陈其事，不兜圈子，不绕弯子，不写没有意义的套话、空话及寒暄用语，也不要借题发挥、大发议论，或如个人书信那样抒发感情。简便、灵活是函的一大特色。

第三，措辞要得体。无论写哪类函，都要注意语言应得体。对上级机关，用语要注意谦恭、严谨；对同级或不相隶属机关，用语要友好、诚恳；对下级机关，用语要尊重、平和。相反，过于生硬、严厉、盛气凌人或恭维逢迎、庸俗陈腐的言辞，是不能在函中使用的。

（九）纪要

1. 纪要的用途

《党政机关公文处理工作条例》规定，纪要适用于记载会议主要情况和议定事项。

会议纪要被列为正式的公文文种，始于1987年国务院办公厅颁发的《国家行政机关公文处理办法》。此后，这一文种应用逐渐多了起来。现在施行的《党政机关公文处理工作条例》将"会议纪要"简称为"纪要"。

就其基本特征而言，纪要应当算是一种实录性公文，是在对会议讨论的事项加以归纳、整理的基础上，将其进行汇总的公文文种。除了能够起到通报会议精神的作用，上报上级机关的纪要，往往还能起到反映情况、汇报工作的作用；下发下级机关的纪要，往往具有统一认识、指导工作的作用；抄送平行机关或不相隶属机关的纪要，则能起到交流信息、沟通情况、知照事项的作用。纪要是会议文件，不过并非所有的会议都必须形成纪要。通常只有规模较大或比较重要的会议，才要求撰写纪要。特别是尚未形成正式决定，而讨论事项又要求有关人员了解的会议，则更需要撰写纪要了。

2. 纪要的种类

（1）按内容和功用不同分类

按其内容和功用的不同，可将纪要分为以下三类：

第一类是指示性纪要。这类纪要是指反映工作安排事宜，对工作具有指导作用的纪要。如1982年中共中央批转的《全国农村工作会议纪要》，正确分析了农村形势，总结在实行农业生产责任制、改善农村商品流通、推广农业科学技术、加强思想政治工作和基层组织建设等方面的经验，阐明党的农村工作政策，明确工作任务和工作方法。总之，这份纪要就工作的进一步开展做出部署，因而成为农村工作的重要指导文件。

第二类是通报性纪要。就有关领导同志主持召开的委员会、常委会或者办公会，对所讨论的一些问题做出的决定，可用纪要的形式发至一定范围，使受文对象了解会议精神和决定事项，以便贯彻执行。如《××部部务会议纪要》《××省省长办公会议纪要》等。

第三类是消息性纪要。这类纪要只传达会议情况，是只起消息报道作用，而不起指示作用的纪要。这类纪要在使人们对会议情况有所了解的同时，也能在某种程度上起到统一认识的作用。

（2）按照会议性质不同分类

按照会议性质不同，可将纪要分为以下两类：

第一类是日常行政工作会议纪要。日常行政工作会议是指行政机关为研究处理行政事务或解决某些实际问题而召开的常规性工作会议，反映此类会议情况的纪要，就是日常行政工作会议纪要。这种纪要在机关工作中经常会用到，越是大型机关应用越多。其写法较为简单，写清会议时间、地点、主持人、参会人及议题、讨论结果等内容即可，把会议一般情况、主要精神或议定事项准确、清楚地反映出来，是对这类纪要的基本要求。

第二类是大型专题工作会议纪要。大型专题工作会议是指为处理某一重大问题或某一方面的工作而专门召开的规模较大的会议。由于这类会议涉及的面比较广，内容比较复杂，所以撰写这类纪要应在内容梳理、结构安排上多下功夫。

3. 纪要的写法

纪要的写法比较灵活，但大致结构比较固定，下面就结合例文，看看纪要的一般写法。

全国法院毒品犯罪审判工作座谈会纪要

为深入学习习近平总书记等中央领导同志关于禁毒工作的重要指示批示精神，贯彻落实《中共中央国务院关于加强禁毒工作的意见》和全国禁毒工作会议精神，进一步统一思想认识，提高毒品犯罪审判工作水平，推动人民法院禁毒工作取得更大成效，最高人民法院于2014年12月11日至12日在湖北省武汉市召开了全国法院毒品犯罪审判工作座谈会。出席会议的有各省、自治区、直辖市高级人民法院、解放军军事法院和新疆维吾尔自治区高级人民法院生产建设兵团分院主管刑事审判工作的副院长、刑事审判庭庭长及部分中级人民法院主管刑事审判工作的副院长。最高人民法院副院长李少平出席会议并讲话。

会议传达学习了中央对禁毒工作的一系列重大决策部署，总结了近年来人民法院禁毒工作取得的成绩和存在的问题，分析了当前我国毒品犯罪的总体形势和主要特点，明确了继续依法从严惩处毒品犯罪的审判指导思想，研究了毒品犯罪审判中遇到的若干法律适用问题，并对当前和今后一段时期人民法院的禁毒工作做出具体安排部署。现纪要如下：

一、关于进一步加强人民法院禁毒工作的总体要求

禁毒工作关系国家安危、民族兴衰和人民福祉，厉行禁毒是党和政府的一贯立场和坚决主张。近年来，在党中央的高度重视和坚强领导下，各地区、各有关部门按照国家禁毒委员会的统一部署，深入开展禁毒人民战争，全面落实综合治理措施，有效遏制了毒品问题快速发展蔓延的势头，禁毒工作取得了阶段性成效。2014年6月，中央政治局常委会议、国务院常务会议分别听取禁毒工作专题汇报，习近平总书记、李克强总理分别对禁毒工作作出重要指示批示。中共中央、国务院首次印发了《关于加强禁毒工作的意见》，并下发了贯彻落实分工方案。国家禁毒委员会制定了《禁毒工作责任制》，并召开全国禁毒工作会议对全面加强禁毒工作作出部署。

依法审理毒品犯罪案件，积极参与禁毒工作是人民法院肩负的一项重要职责任务。长期以来，全国各级人民法院认真贯彻落实中央和国家禁毒委员会的决策部署，扎实履行刑事审判职责，坚持依法从严惩处毒品犯罪，大力加强禁毒法制建设，积极参与禁毒综合治理，各项工作均取得显著成效，为全面、深入推进禁毒工作提供了有力司法保障。同时，应当清醒地看到，受国际毒潮持续泛滥和国内多种因素影响，当前和今后一段时期，我国仍将处于毒品问题加速蔓延期、毒品犯罪高发多发期、毒品治理集中攻坚期，禁毒斗争形势严峻复杂，禁毒工作任务十分艰巨。加强禁毒工作，治理毒品问题，对深入推进平安中国、法治中国建设，维护国家长治久安，保障人民群众幸福安康，实现"两个一百年"奋斗目标和中华民族伟大复兴的中国梦，具有重要意义。各级人民法院要从维护重要战略机遇期国家安全和社会稳定的政治高度，充分认识毒品问题的严峻性、长期性和禁毒工作的艰巨性、复杂性，切实增强做好禁毒工作的责任感、使命感和紧迫感。要认真学习领会、坚决贯彻落实党中央对禁毒工作的一系列重大决策部署和全国禁毒工作会议精神，切实采取有力措施，进一步加强人民法院禁毒工作。

一是毫不动摇地坚持依法从严惩处毒品犯罪。充分发挥审判职能作用，依法运用刑罚惩治毒品犯罪，是治理毒品问题的重要手段，也是人民法院参与禁毒斗争的主要方式。面对严峻的毒品犯罪形势，各级人民法院要继续坚持依法从严惩处毒品犯罪的指导思想。要继续依法严惩走私、制造毒品和大宗贩卖毒品等源头性犯罪，严厉打击毒枭、职业毒犯、累犯、毒品再犯等主观恶性深、人身危险性大的毒品犯罪分子，该判处重刑和死刑的坚决依法判处。要加大对制毒物品犯罪、多次零包贩卖毒品、引诱、教唆、欺骗、强迫他人吸毒及非法持有

毒品等犯罪的惩处力度，严惩向农村地区贩卖毒品及国家工作人员实施的毒品犯罪。要更加注重从经济上制裁毒品犯罪，依法追缴犯罪分子违法所得，充分适用罚金刑、没收财产刑并加大执行力度，依法从严惩处涉毒洗钱犯罪和为毒品犯罪提供资金的犯罪。要严厉打击因吸毒诱发的杀人、伤害、抢劫、以危险方法危害公共安全等次生犯罪。要规范和限制毒品犯罪的缓刑适用，从严把握毒品罪犯减刑条件，严格限制严重毒品罪犯假释，确保刑罚执行效果。同时，为全面发挥刑罚功能，也要贯彻好宽严相济刑事政策，突出打击重点，体现区别对待。对于罪行较轻，或者具有从犯、自首、立功、初犯等法定、酌定从宽处罚情节的毒品犯罪分子，根据罪刑相适应原则，依法给予从宽处罚，以分化瓦解毒品犯罪分子，预防和减少毒品犯罪。要牢牢把握案件质量这条生命线，既要考虑到毒品犯罪隐蔽性强、侦查取证难度大的现实情况，也要严格贯彻证据裁判原则，引导取证、举证工作围绕审判工作的要求展开，切实发挥每一级审判程序的职能作用，确保案件办理质量。对于拟判处被告人死刑的毒品犯罪案件，在证据质量上要始终坚持最高的标准和最严的要求。

二是深入推进毒品犯罪审判规范化建设。各级人民法院要结合审判工作实际，积极开展调查研究，不断总结经验，及时发现并解决审判中遇到的突出法律适用问题。各高、中级人民法院要加大审判指导力度，在做好毒品犯罪审判工作的同时，通过编发典型案例、召开工作座谈会等形式，不断提高辖区法院毒品犯罪审判工作水平。最高人民法院对于复核毒品犯罪死刑案件中发现的问题，要继续通过随案附函、集中通报、发布典型案例等形式，加强审判指导；对于毒品犯罪法律适用方面存在的突出问题，要适时制定司法解释或规范性文件，统一法律适用；对于需要与公安、检察机关共同解决的问题，要加强沟通、协调，必要时联合制发规范性文件；对于立法方面的问题，要继续提出相关立法建议，推动禁毒法律的修改完善。

三是不断完善毒品犯罪审判工作机制。各级人民法院要严格落实禁毒工作责任，按照《禁毒工作责任制》的要求和同级禁毒委员会的部署认真开展工作，将禁毒工作列入本单位整体工作规划，制定年度工作方案，抓好贯彻落实。要进一步加强专业审判机构建设，各高级人民法院要确定专门承担毒品犯罪审判指导任务的审判庭，毒品犯罪相对集中地区的高、中级人民法院可以根据当地实际和工作需要，探索确立专门承担毒品犯罪审判工作的合议庭或者审判庭。要建立健全业务学习、培训机制，通过举办业务培训班、组织交流研讨会等多种形式，不断提高毒品犯罪审判队伍专业化水平。要推动与相关职能部门建立禁毒长效合作机制，在中央层面和毒品犯罪集中地区建立公检法三机关打击毒品犯罪联席会议制度，探索建立重大毒品犯罪案件信息通报、反馈机制，提升打击毒品犯罪的合力。

四是加大参与禁毒综合治理工作力度。要充分利用有利时机集中开展禁毒宣传，最高人民法院和毒品犯罪高发地区的高级人民法院要将"6·26"国际禁毒日新闻发布会制度化，并利用网络、平面等媒体配合报道，向社会公众介绍人民法院毒品犯罪审判及禁毒综合治理工作情况，公布毒品犯罪典型案例。要加强日常禁毒法制宣传，充分利用审判资源优势，通过庭审直播、公开宣判、举办禁毒法制讲座、建立禁毒对象帮教制度、与社区、学校、团体建立禁毒协作机制等多种形式，广泛、深入地开展禁毒宣传教育活动。要突出宣传重点，紧紧围绕青少年群体和合成毒品滥用问题，有针对性地组织开展宣传教育工作，增强人民群众自觉抵制毒品的意识和能力。要延伸审判职能，针对毒品犯罪审判中发现的治安隐患和社会管理漏洞，及时向有关职能部门提出加强源头治理、强化日常管控的意见和建议，推动构建更为严密的禁毒防控体系。

二、关于毒品犯罪法律适用的若干具体问题

会议认为，2008年印发的《全国部分法院审理毒品犯罪案件工作座谈会纪要》（以下简称《大连会议纪要》）较好地解决了办理毒品犯罪案件面临的一些突出法律适用问题，其中大部分规定在当前的审判实践中仍有指导意义，应当继续参照执行。同时，随着毒品犯罪形势的发展变化，近年来出现了一些新情况、新问题，需要加以研究解决。与会代表对审判实践中反映较为突出，但《大连会议纪要》没有作出规定，或者规定不尽完善的毒品犯罪法律适用问题进行了认真研究讨论，就下列问题取得了共识。

（一）罪名认定问题

贩毒人员被抓获后，对于从其住所、车辆等处查获的毒品，一般均应认定为其贩卖的毒品。确有证据证明查获的毒品并非贩毒人员用于贩卖，其行为另构成非法持有毒品罪、窝藏毒品罪等其他犯罪的，依法定罪处罚。

吸毒者在购买、存储毒品过程中被查获，没有证据证明其是为了实施贩卖毒品等其他犯罪，毒品数量达到刑法第三百四十八条规定的最低数量标准的，以非法持有毒品罪定罪处罚。吸毒者在运输毒品过程中被查获，没有证据证明其是为了实施贩卖毒品等其他犯罪，毒品数量达到较大以上的，以运输毒品罪定罪处罚。

行为人为吸毒者代购毒品，在运输过程中被查获，没有证据证明托购者、代购者是为了实施贩卖毒品等其他犯罪，毒品数量达到较大以上的，对托购者、代购者以运输毒品罪的共犯论处。行为人为他人代购仅用于吸食的毒品，在交通、食宿等必要开销之外收取"介绍费""劳务费"，或者以贩卖为目的收取部分毒品作为酬劳的，应视为从中牟利，属于变相加价贩卖毒品，以贩卖毒品罪定罪处罚。

购毒者接收贩毒者通过物流寄递方式交付的毒品，没有证据证明其是为了实施贩卖毒品等其他犯罪，毒品数量达到刑法第三百四十八条规定的最低数量标准的，一般以非法持有毒品罪定罪处罚。代收者明知是物流寄递的毒品而代购毒者接收，没有证据证明其与购毒者有实施贩卖、运输毒品等犯罪的共同故意，毒品数量达到刑法第三百四十八条规定的最低数量标准的，对代收者以非法持有毒品罪定罪处罚。

行为人利用信息网络贩卖毒品、在境内非法买卖用于制造毒品的原料或者配剂、传授制造毒品等犯罪的方法，构成贩卖毒品罪、非法买卖制毒物品罪、传授犯罪方法罪等犯罪的，依法定罪处罚。行为人开设网站、利用网络聊天室等组织他人共同吸毒，构成引诱、教唆、欺骗他人吸毒罪等犯罪的，依法定罪处罚。

（二）共同犯罪认定问题

办理贩卖毒品案件，应当准确认定居间介绍买卖毒品行为，并与居中倒卖毒品行为相区别。居间介绍者在毒品交易中处于中间人地位，发挥介绍联络作用，通常与交易一方构成共同犯罪，但不以牟利为要件；居中倒卖者属于毒品交易主体，与前后环节的交易对象是上下家关系，直接参与毒品交易并从中获利。居间介绍者受贩毒者委托，为其介绍联络购毒者的，与贩毒者构成贩卖毒品罪的共同犯罪；明知购毒者以贩卖为目的购买毒品，受委托为其介绍联络贩毒者的，与购毒者构成贩卖毒品罪的共同犯罪；受以吸食为目的的购毒者委托，为其介绍联络贩毒者，毒品数量达到刑法第三百四十八条规定的最低数量标准的，一般与购毒者构成非法持有毒品罪的共同犯罪；同时与贩毒者、购毒者共谋，联络促成双方交易的，通常认定与贩毒者构成贩卖毒品罪的共同犯罪。居间介绍者实施为毒品交易主体提供交易信息、介绍交易对象等帮助行为，对促成交易起次要、辅助作用的，应当认定为从犯；对于以居间介绍者的身份介入毒品交易，但在交易中超出居间介绍者的地位，对交易的发起和达成起重要作用的被告人，可以认定为主犯。

两人以上同行运输毒品的，应当从是否明知他人带有毒品，有无共同运输毒品的意思联络，有无实施配合、掩护他人运输毒品的行为等方面综合审查认定是否构成共同犯罪。受雇于同一雇主同行运输毒品，但受雇者之间没有共同犯罪故意，或者虽然明知他人受雇运输毒品，但各自的运输行为相对独立，既没有实施配合、掩护他人运输毒品的行为，又分别按照各自运输的毒品数量领取报酬的，不应认定为共同犯罪。受雇于同一雇主分段运输同一宗毒品，但受雇者之间没有犯罪共谋的，也不应认定为共同犯罪。雇用他人运输毒品的雇主，及其他对受雇者起到一定组织、指挥作用的人员，与各受雇者分别构成运输毒品罪的共同犯罪，对运输的全部毒品数量承担刑事责任。

（三）毒品数量认定问题（略）

（四）死刑适用问题（略）

（五）缓刑、财产刑适用及减刑、假释问题（略）

（六）累犯、毒品再犯问题（略）

（七）非法贩卖麻醉药品、精神药品行为的定性问题

行为人向走私、贩卖毒品的犯罪分子或者吸食、注射毒品的人员贩卖国家规定管制的能够使人形成瘾癖的麻醉药品或者精神药品的，以贩卖毒品罪定罪处罚。

行为人出于医疗目的，违反有关药品管理的国家规定，非法贩卖上述麻醉药品或者精神药品，扰乱市场秩序，情节严重的，以非法经营罪定罪处罚。

从总体上看，例文是一篇比较典型的大型专题工作会议纪要。正文的开头部分（第一、第二自然段）介绍会议概况，即交代会议召开的目的与背景、时间、地点、与会人员及主要会议内容等。"现纪要如下"及"现将会议主要内容纪要如下"是纪要的开头和主体部分之间常用的过渡性语句。主体部分以各项议题为序，逐项写明会议内容或议定事项，即全面、具体地反映会议集中讨论的问题及形成的意见。实际上，此类会议议定事项均为一些重大工作原则的规定，纪要一经发布，便会对相关工作起指导性甚至法规性作用。例文逐项交代完议定事项，便结束全文。有的纪要还有一个比较简短的结尾部分，用以进一步强调工作

意义、要点或者提出落实会议精神的要求等。

与其他公文文种有所不同，纪要一般没有独立运行功能，因此，需要公开发布或者发布至一定范围的纪要常以"通知"附件的形式发布。例如，为发布上述例文，会议主办机关制发《最高人民法院关于印发〈全国法院毒品犯罪审判工作座谈会纪要〉的通知》（法〔2015〕129号），写明"现将《全国法院毒品犯罪审判工作座谈会纪要》印发给你们，请结合审判工作实际参照执行。执行中遇到问题，请及时报告我院"。

一般来说，日常行政工作会议纪要的主体部分的写法比较简单，把会议主要内容、议定事项写明即可，多采用综述式写法；大型专题工作会议纪要的写法则复杂一些，通常采用归纳式写法，即对会议内容进行分类整理，将划归一个问题的内容写成一个部分，大的部分之内还可以再分出小的部分，小的部分之内还可以再分条列项。或者以划分段落的方式写明各项内容，即一个自然段写一项内容。在对内容进行分类的基础上，还要确定一个合理的顺序，以便使纪要更有条理。

4. 纪要的写作注意事项

纪要具有两大特点：一是纪实性，二是提要性。为使这两大特点得到充分体现，撰写纪要，必须注意以下几点：

第一，要做好会议记录。纪要是实录性公文，纪实性是纪要的生命，纪要必须真实、全面地反映会议情况，而不能凭空杜撰或随意取舍材料。做好会议记录是写好纪要的基础，是纪要真正具有纪实性的保证。此外，撰写者还应当认真阅读会议材料及收集其他有关信息，以便全面掌握会议情况。

第二，要突出会议要点。顾名思义，纪要也就是记录要点，提要性是纪要的一个很重要的特征。写纪要不能有言必录，面面俱到，而要在正确领会会议精神，全面掌握会议情况的前提下，抓住要点，有所侧重地把会议的主要精神、重要问题反映出来。有言必录，面面俱到，会淹没主题，使人不得要领。

为突出会议要点，善于整理会议意见是非常重要的。在会议上，有时人们的意见相同或相近，也有时与会人员的意见不尽一致，甚至完全相反。因此，撰写者对会议所产生的各种意见要认真分析，应按会议宗旨加以归纳、整理。分歧太大的个别意见，除纯粹报道性的纪要外，一般不要将其写入纪要中。写纪要特别是指示性纪要，必须注重其内容的条理性和指导性，这是纪要与会议记录的重要区别。

第二章 事务文书

学习目标与要点提示

　　事务文书同行政公文通常合称"通用文书"。顾名思义，通用文书就是一类具有通用性特点的文书，是社会各行业或部门在处理工作或其他日常事务时都有可能用到的一类文书。为此，无论哪个行业的从业人员，对其写作要领，特别是其中一些重要文种的写作要领，都应有一定的了解。在掌握其写作要领的基础上，还要通过范文阅读及写作训练等实践性教学环节，将所学知识转化为实际能力。

　　在本章中，应当着重掌握：调查报告、计划、总结、讲话稿、述职报告及各类规章制度的含义和用途；调查报告的特点；调查报告、计划、总结、述职报告的一般写法；调查报告、计划、总结、讲话稿、述职报告的写作要求。

一、概述

（一）事务文书的特点

　　广义的事务文书，是指党政机关、企事业单位及社会团体或个人在日常工作或生活中经常使用的各类文书；狭义的事务文书，是指法定公文和专用文书之外的公务文书，是公务文书的一大类别。这里所说的事务文书是就后者而言的。正是由于其应用范围广、使用频率高，所以事务文书又常被称为"常用文书"。具有突出的实用价值和惯用的写作格式，是事务文书的共同特征。具体地说，这类文书的特点主要体现在以下几个方面。

　　1. 对象比较具体

　　事务文书虽然不像法定公文那样，必须写明负有公文处理责任的主送机关，但其写作对象也是比较明确的。一份事务文书是为何撰写的，要求哪些人了解或使用，都需要很具体。事务文书的撰写要有针对性，要切合写作对象的特点和需求。

　　2. 格式比较固定

　　对事务文书的格式，虽然不像对法定公文那样有着非常严格的规定，但在长期的应用过程中，各种事务文书也大都形成了比较固定的惯用格式。各类事务文书的构成要素及各构成要素的写法，通常有一定的规则。撰写者在写作中依循这些规则，才能写出合乎规范，便于使用的事务文书。

3. 写法比较实际

各类事务文书都是为解决具体问题、处理实际事务而撰写的，撰写事务文书要以能够满足实际需要为原则。观点的形成、材料的使用既要切合实际，又要具体扎实；写作形式的运用，也要讲求实际效果，要有利于文书的处理和文书内容的落实。

4. 时限比较清楚

同法定公文一样，事务文书也是非常讲求时效性的。一项工作的完成、一个问题的解决，大都有着一定的时间要求。为完成工作或解决问题而撰写的事务文书，只有在限定的时间内及时完成，才能发挥应有的作用。例如，工作计划必须在工作开展之前写出，否则它就会失去意义；工作总结则必须在工作结束之后马上写出，否则其价值就会大大降低。

（二）事务文书的作用

事务文书的应用范围极其广泛，其作用也是多方面的，归结起来，主要体现为：

1. 贯彻政策，指导工作

为使党和国家的方针政策真正成为各行各业的工作指针，各级机关常常要通过各种形式的文件将这些方针政策贯彻到实际工作中去。有些事务文书就是体现党和国家的方针政策，指导人们做好工作的重要工具，如计划、规章制度等。制订计划和规章制度要以党和国家有关的方针政策为依据，同时，科学、合理的计划和规章制度又是指导人们开展工作的依据。

2. 沟通情况，联系工作

在工作的开展过程中，有许多情况是需要有关机关或部门共同了解的，有许多问题是需要人们协同解决的。沟通情况，联系工作，要有一定的手段和凭借，有些事务文书就能起到这种手段和凭借的作用，如简报、调查报告、协议书等。

3. 积累和提供资料

工作的安排和进行，需要人们掌握有关资料，事务文书特别是具有留存价值的事务文书，常常可以起到反映情况，说明问题，从而为人们提供所需资料的作用。

4. 宣传教育，检查督促

事务文书通过分析形势，申明政策，或者介绍经验、表彰先进及揭露时弊、抨击丑恶，可以起到宣传教育群众，检查督促工作，使人们统一认识，并提高工作水平和工作热情的作用。

二、几类常用事务文书的写法

事务文书的种类繁多，使用频率极高，大至计划、总结、调查报告，小至便函、条据、一般守则，都可以划归事务文书。对事务文书的文种范围，至今并无一个明确的界定，事务文书究竟包括哪些文种，很难一一说清。后面将要介绍的几类事务文书，就是其中几类使用面较广、写法相对复杂一些的事务文书。

（一）调查报告

1. 调查报告的含义和用途

简单地说，调查报告就是撰写者就某一个事件或某一个问题，进行深入细致的调查研究之后撰写的真实地反映情况的书面报告。反映情况、揭露问题、总结经验、揭示规律，是调查报告的主要功用。

调查报告的用途比较广泛，它可以用以总结一个单位、一个部门，甚至一个行业、一个地区的经验，也可以用以揭露某一方面的问题，或者探明某一个事件的真相，还可以用以介绍某个事物的发展过程。一篇好的调查报告，通过对事例的分析，能够揭示事物发展的规律，总结带有方向性和普遍性的经验，从而对工作起到一种推动作用。调查报告是人们在实际工作中经常会用到的一类文种，特别是近年来随着注重实际、注重调查的认真务实的工作作风的大力倡行，这类文种的用途就更加广泛了。

2. 调查报告的特点

调查报告的特点主要体现为：

第一，真实性。调查报告所反映的内容是调查研究的结果，是撰写者经过调查所亲自了解到的情况，而不能是道听途说、东拼西凑的东西。在调查报告中，不仅主要事实要真实，就是事件的时间、地点、过程及各种细节，也要绝对真实，不能有半点虚假和浮夸的成分。

第二，针对性。进行调查研究，撰写调查报告，是为了解决实际问题，因此要注重其针对性。同时，也只有针对某个问题进行深入调查，才容易获得有意义的成果。走马观花式的泛泛调查，不会有太大的收获。一般来说，针对性越强，调查效果就越好，调查报告的作用也就越大。

第三，典型性。调查报告所反映的内容，无论是经验，还是问题，都应具有典型性，要能起到以局部反映全局或以"点"带"面"的作用。调查报告如果所反映的是没有任何典型意义的、孤立的个别事例，则难以对工作产生指导意义，甚至难以产生任何实际价值。

3. 调查报告的种类

按其内容的不同，可将属于事务文书的调查报告分为以下几类：第一类是反映情况的调查报告。这类调查报告也称基础性调查报告，是比较全面、系统地反映某一方面情况的调查报告。第二类是总结经验的调查报告。这类调查报告是在确定典型，并对其进行深入、细致的了解的基础上，着重总结经验，探寻规律的调查报告。第三类是揭露问题的调查报告。这类调查报告通过揭露问题，并分析其危害和原因，引起有关部门的重视，为问题的最终解决起到促进和参考作用。

属于事务文书的调查报告应为社会性调查报告，此外还有一类专门用于科学研究的学术性调查报告，由于后者不宜划入事务文书的范围，这里就不再述及。

4. 调查报告的一般写法

调查报告没有非常固定的格式，其常见的写法由标题、署名和正文几部分构成。在报刊上发表的调查报告或作为毕业作业提交的调查报告，有的还会按要求加入一些项目，如关键词、目录、参考文献等。

（1）标题

标题一般要标明调查对象、内容范围和文种名称等，也有的直接揭示主题，还有的是双行标题，即正标题揭示主题，副标题标明调查对象、内容范围和文种名称，如《支持农业社会化服务促进农村经济发展——四川省财政支持农业社会化服务试点情况的调查》。

（2）署名

在标题之下应当署上直接参加过调查研究及调查报告的撰写工作，并能对报告内容负责的人员姓名，有时调查报告是以集体的名义完成的，就要署上集体名称。

（3）正文

正文一般包括开头、主体和结尾三个部分。

开头部分又称"导语""前言"等，主要用以概述情况，如对调查的范围、对象、目的、方式、内容等做扼要介绍，以使读者对调查活动的情况有一个大致的了解。

主体部分是集中表述调查结果的部分，是调查报告的核心部分。这一部分通常包括下面几项内容：一是情况或事实，二是经验与做法或问题与原因，三是建议或对策。主体部分一般内容较多，所以大都要分成几部分去写。为使其层次更加清楚，常在每一部分之前加序码和小标题。

结尾部分的写法有许多种，例如，总结式写法，总述内容，明确观点；指导式写法，指明努力的方向；启发式写法，提出发人深省、引人思索的问题；号召式写法，预示前景，发出号召；等等。也有很多调查报告没有结尾部分，或者说是把针对情况提出的建议作为结尾。

请看一篇例文：

西北地区机关、事业单位工资、收入分配调查报告[①]

陈东琪

我们于 1992 年 3 月下旬至 4 月上旬，到新疆、甘肃和青海三省区的人事、劳动、计划、物价、财政和统计等综合部门，以及企业、学校、医院和科研机构共 66 个单位，就西北地区工资和收入分配的当前特征及其变动趋势进行了为期 18 天的典型调查。总的判断是西北工资制度和收入分配机制从产品经济模式向有计划商品经济模式转换明显滞后于全国，在单位内部平均主义倾向加剧的同时，外部收入差距愈益扩大。西北的同志在把他们的收入水平同东部及全国进行静态和动态比较时，表现出强烈的不安定心理和失落感。我们认为，西北

---

① 陈东琪. 西北地区机关、事业单位工资、收入分配调查报告 [J]. 经济研究资料，1993（1）：50−58.

地区 1985 年以来工资和收入分配中出现的新情况和新问题，不但与其工资体系本身的改革滞后有关，而且与其整个改革、开放步伐缓慢、市场发育和成长迟滞、产业结构调整落后于全国以及收入形成能力相对不足紧密联系，以致一方面造成该地区工资性收入形成赶不上全国特别是东部地区工资性收入形成的速度，而且更为重要的是，较小的市场容量和狭窄的就业空间抑制了受市场调节的工资外收入的增长。据此判断和分析，我们建议，在下一步制定全国性收入分配政策和工资制度改革的方案时，应当充分看到西北地区工资及工资外收入形成条件的特殊性，既要推动西北地区同步参与全国工资和收入分配机制从产品经济向有计划商品经济转换的总过程，又应在全方位改革、开放、发展和市场开发战略上给予更为平等的政策放宽机会，同时对在祖国边远地区工作的同志适当给予弹性补贴。

一、西北地区工资、收入分配中的主要问题

1985 年工资改革以来，全国工资分配格局在逐渐发育成长中的有计划商品经济推动下发生了明显变化，职工收入分配机制出现了一些难以用单一产品经济分配原则来解释的现象，其中西北地区的工资（收入）的形成和增长过程也出现了一些新的问题。最为突出的是：一方面单位内部的平均主义不断强化，另一方面外部收入差距逐渐扩大。

（一）内部平均主义加剧

众所周知，同 1956 年工资方案相比，1985 年工资改革缩小了高职务与低职务间的工资差距，而自 1985 年以来，体现在工资表里面的工资差距进一步缩小，平均主义愈益加剧。西北地区情况和全国一样，表现在三个基本方面：

第一方面，"职务工资标准"内的"平台"扩大为"平原"。本来，即使按照 1985 年方案，各职务、职称纵向等级中的"职务工资标准"可以有 5~6 个横向等级选择。对于同一职务、职称的不同人来说，可以评出不同级工资标准；对于同一个人而言，不同时期即使处在同一职务和职称上也可以按横向不同级工资标准升级增资。但在实际上，和全国一样，西北各类专业技术人员的工资主要集中在最低等级的 1~2 档上，行政人员的工资集中在中间工资水平的 4~5 个工资等级上，而工人的工资只集中在中间偏低工资水平的 3~4 个工资等级上。不同年份参加工作但处于同一职务和职称、不同年份晋升同一职务和职称但处于同一工资等级的情况相当普遍。

第二方面，结构工资四部分中，与职务、职称和工龄有关的"工龄工资"和"职务工资"还反映出一定的差别，而"基础工资"（人均 40 元）和"奖励工资"则是完全平等的。

第三方面，各种津贴和补贴增加进一步强化了整个工资分配的平均主义，其中最为明显的是随着各种价格调整措施的出台，按人头发放的副食、粮油、水电、交通和房租补贴增加，这和全国一样强化了平均主义。此外，我们所考察的新疆、甘肃和青海还有边补、知补、高原补贴和其他地区补贴，这些补贴大多是平均发放的，所以当地的工资表比东部有更强的平均主义倾向。

（二）外部收入差距扩大

这里所讲的外部收入差距扩大是指：①西北与东南相比；②地方单位与中央单位相比；

③经济落后区与较发达区相比；④机关与企、事业单位相比；⑤农牧业与工商业相比；⑥公有制单位一般员工与私营企业主和个体户相比等。本文着重就国家机关、事业和企业三个领域表现出的东西部收入差距及其变动趋势作描述和分析。这一次调查表明，西北三省区反映最强烈的问题也是东西部收入差距扩大的问题。这一问题反映在以下几个方面：

首先，西北平均货币工资增长减速，相对水平下降。"七五"期间，新疆机关事业单位年平均工资递增速度为9.64%，比全国的12.48%低2.84个百分点。其中，1988—1990年这3年中，新疆分别为16.8%、5.5%和9.7%，比全国的22.5%、8.36%和11.5%分别慢5.7个百分点、2.86个百分点和1.8个百分点，3年累计慢10.36个百分点。由于增长速度减慢，使得新疆平均工资在全国的相对水平逐年下降。从新疆全民单位全部职工平均工资在全国排列位次看，1982年在第3位，1988年降到第9位，1989—1990年再降到第11位。甘肃全民单位职工平均工资1981年为904元，高于北京（880元）、天津（845元）、上海（910元）和广东（883元），到1990年为2 407元，低于北京（2 653元）、天津（2 438元）、上海（2 917元）和广东（2 929元）。青海全民单位职工平均货币工资增长幅度，"六五"期间递增10.5%，高于全国的8.6%，但"七五"下降为9%，比全国的13.5%低4.5个百分点。

如果把西北五省区与全国和东南五省市作一比较，1985年西北五省区全部职工的年平均工资高于全国19.49%，高于东南五省市13.19%；1990年只高于全国8.62%，5年共下降10.87%个百分点，比东南五省市下降19.14%个百分点，致使西北五省区平均工资水平反而低于东南五省市近6%，其中事业单位低8.84%，机关和企业分别低6.64%和3.17%。从平均工资增长速度看，1985年至1990年这5年中，全国全部职工共增长了94.14%，其中事业、机关和企业分别增长95.85%、95.11%和90.13%；东南五省市全部职工平均工资增长了121.34%，其中机关、事业和企业分别增长了76.52%，其中企业、事业和机关分别为77.71%、72.74%和69.94%。正是由于西北五省区平均工资增长慢于全国和东南五省市平均工资增长，造成了前者与后者的工资收入在动态上拉开了差距。

表1　1985、1990年东西部全部职工平均货币工资比较（略）

其次，西北物价上涨速度相对加快，造成实际工资下降更快。自治理整顿以来，全国物价水平在1988年达到高峰后，1989、1990年全国物价水平逐年下降且下降幅度很大，但是西北地区物价下降趋势滞后，涨价高幅期延长。从职工生活费用价格指数看，全国于1988年达20.7%增幅，1989和1990年分别降为16.3%和1.3%，而青海在1988年达18.6%后，1989年仍高居17.3%，1990年仍在4.7%，物价上涨率减速明显低于全国。新疆和甘肃的物价涨势也和青海一样：当全国特别在东南沿海一带在大幅度减速时，它们还继续保持高昂的涨势，或者是减速相对较低。但是物价补贴基本上是全国"一刀切"，而且是以治理整顿前西部物价涨势相对弱于全国平均水平为依据的，没有考虑到最近几年出现的地区间价格变动的新趋势，结果是西北地区实际工资下降。"六五"期间，青海全民单位职工实际工资年增长率6.56%，比全国的4.3%高出2.26个百分点，"七五"期间情形反过来，全国正增长2.6%，青海负增长1.62%，青海平均每年比全国增长率低4.22个百分点。1990年和1985

年比，全国机关、事业单位职工实际工资年递增 1.7%，累计增 8.8%，而新疆年均递减0.47%，累计负增长 2.3%。青海和新疆实际工资下降基本上反映了西北地区最近几年的工资和物价关系，它是东、西部工资收入差距扩大的第二个表现。

再次，西北工资外收入规模小、增长慢。从全国总体平均的角度看，随着市场经济的发展、第二职业规模扩大，工资表以外的"活收入"份额增大。按总额口径，城镇职工工资外收入占总收入份额 1985 年为 22.34%，1990 年为 31.26%，由略大于 1/5 提高到近 1/3；按人均口径，城镇职工年人均工资外收入占年人均总收入比重，由 1985 年的 20.32% 提高到 25.76%，即由 1/5 提高到 1/4。但新疆的工资调查数据显示，他们的工资外收入份额只有 0.1%，就是说，几乎全部收入来源于财政认可的工资表。我们到青海座谈，听到的是同样的反映。甘肃创收的情况比新疆和青海略好一些，但工资外收入的规模仍很小，远远低于全国工资外收入形成的规模水平。从动态看，西北工资外收入增长很缓慢，据一些大、中、小学校和科研机构提供的信息，1989 年以来，单位创收和个人从事第二职业的规模不但低于 1988 年而且赶不上 1985 年的水平，这就使得西北地区职工的收入来源减少。在经济紧缩时期，东南沿海工资外收入形成和增长无疑受到一定影响，但小于西北地区受到的影响。如果考虑到东部对经济回升反应快于西部，从而工资外收入增长西部会落后于东部，这势必进一步从工资表外拉大东西部的收入差距。

最后，运价提高导致西北职工旅行开支更大。一般来说，提高客运价引起生活开支增大，而政府用物价补贴办法来弥补一部分，这对于全国职工来说没有什么差别。但对于旅行行程不同的职工，特别是从内地到边远地区就业的职工来说，问题就没有这么简单了。在同样的货币工资水平下，运价越低，长途探亲成本越低，运价大幅度上涨，长途探亲成本亦随之大幅度上涨。由于从内地派往新疆和青海等边远和高寒地区工作的同志，父母亲友大多在内地，现在探亲一次往往要动用积攒多年的储蓄，大部分开支花在铁路上；同时考虑到这笔开支不是为了实现个人的高收入愿望，而是由服从政府的安排、为保卫边疆开发西部做贡献所带来的额外开支，所以可以认为这笔开支的提高意味着实际收入相对减少。这种额外开支同样是扩大东西部收入差距的一个因素。

对于西北地区而言，1985 年以来工资、收入分配格局中最突出的特征和问题，是内部平均和外部差别同时扩大。然而，迄今为止，我们在考虑制定符合新形势需要的新工资政策和设计第三次改革方案时，除了把注意力集中在调整国家机关与事业和企业单位的工资水平对比关系外，考虑更多的是如何降低单位内部的平均主义程度，而忽略了怎样从工资政策调整及收入形成机制转换入手适当解决东、西部收入差距扩大的问题。本文后两部分将着重分析外部收入差距扩大的成因并指出可供选择的改革途径。至于内部平均主义，这是全国现行的工资体制中普遍存在的问题，不反映西部的特点，所以不作为本文后两部分的重点。

二、外部工资、收入差距扩大的成因

（一）分配体制缺乏灵活性（略）

（二）强财政约束（略）

（三）整体收入形成能力低（略）

（四）终极原因：体制、政策和发展条件

按纵向比，西北地区近10多年国民收入和工资的增长还是很快的，但东南地区的速度更快，这就产生了横比上的差距。从最终原因来看，既有体制方面的，又有政策方面的，还有发展方面的。就体制方面而言，西北地区由于改革开放步伐迟缓，产品经济管理方式突破不明显，市场发育不如东南地区快，加上市场容量相对较小，自由就业和创收的机会少，使得职工收入主要体现在工资表上；而改革开放不足又限制了劳动生产率和企业经济效益提高，使该地区整体收入形成能力的提高不如东南地区那么显著。就政策方面而言，中央政府在考虑如何稳定和支持西部时仍旧沿袭多给钱的做法，未能按新的地区发展形势从投资、物价和收入再分配上给予更为放宽的政策支持，在区域经济开发政策从"平衡"和"公平"原则转为"向东倾斜"和"效率优先"原则时，未能充分顾及机会均等和公平竞争。在这方面，西北同志反映最为强烈的是投资政策和价格政策存在过分向东部倾斜的偏差。一方面减少了对西北投资的比重，例如中央财政给甘肃投资的比重从"四五"到"七五"逐渐下降，四个时期分别为3.4%、1.8%、1.7%和1%。中央投资比重的减少，对于资金相当短缺的西北而言，无疑意味着就业和收入减少。另一方面是资源品和制造品价格结构不合理。西北地区的工业以生产原材料初级品为主，改革前对原材料实行高度计划、统一调拨和价格低廉的政策至今无多大改变，目前甘肃大中型企业产品的90%左右被国家平价调走，这势必造成西北资源区实际价格利益净流出，降低其收入形成能力。与此同时，西北地区要从国内调入大部分价格很高的加工制造品。据我们获得的资料，新疆有70%的轻工产品和消费品要由东南沿海调入。这种"低价出、高价进"的价格结构给西北地区带来了负收入效应。

就发展方面而言，西北地区的最大问题是产业结构调整落后于东南沿海一带，不但城镇第二、第三产业不发达，而且农村乡镇企业发展规模很小，这与东南部形成鲜明的反差。目前，西北农村经济的很大份额还是传统式的农牧业，城乡就业结构中第一产业份额仍在70%左右。我们发现，我国西北地区存在着类似于典型不发达经济的"发展恶性循环"：传统农业份额大，第二、第三产业和乡镇企业经济发展水平低，导致收入和工资水平低；收入和工资水平低既造成资金不足从而导致生产和就业发展缓慢，又使得居民购买力不足从而使得市场需求生长不旺；而市场需求小又造成水平本来就不高的生产能力闲置和产品过剩，这又会限制生产和就业增长；生产和就业不足又限制收入和工资增长……

上述三个方面，彼此交错，互为一体，共同成为西北工资的相对水平和相对速度逐渐下降、东西部收入差距拉大的根本原因。我们在考虑用新的工资政策以及建立新的工资制度来解决东西部收入差距问题时，不能单纯注意工资表，不能脱离企业及其收入形成格局孤立调整国家机关、事业单位的工资水平，而从统一的角度来寻找工资水平调整和工资体制改革的途径时，应当同时注意浅层次和深层次、近端和终极的影响因素。

三、西北地区工资、收入形成和分配机制转换的若干对策

西北地区工资、收入分配的当前格局，对经济发展和社会政治安定有一定消极作用，其

最突出的问题是人才外流。青海1985—1990年干部调出累计为7 921人，调入只有1 117人，调出调入比年平均为7.1∶1，前3年为5.6∶1，后3年为10∶1。就是说，1988—1990年每调入1个干部要调出10个干部，这3年共计净调出4 680人，年均1 560人。在调出的干部中，大专以上文化的占40%。新疆这3年共计调出5 651名专业技术人员，调入只有813名专业技术人员，每年净调出1 613人。甘肃近几年每年考取省外的大学生约3 000人，毕业分配回来的不到1 800人；科技人员每年净外流也在600人左右。三省区外流的人才中，既有外省市人，也有本地人，主要流向东南沿海，西北同志将这种现象称为"孔雀、麻雀和乌鸦都在向东南飞"。人才外流，原因复杂，其中最重要的原因是西北地区的工资、收入的相对水平下降。为了适应经济发展逐步向西移的趋势，加快西部开发，就要有效地稳定西部的人才，而这又需要从体制、政策和发展战略三个方面，创造一个有利于提高西部地区整体收入形成能力，从而提高西部地区个人的工资、收入水平的条件。实现这一目标，最为关键的措施是在适应调整区域发展战略和西部开发政策的基础上加快改革开放步伐，促进西部收入、工资分配机制转移。据此，我们提出如下对策意见：

第一，按照制度内工资改革协调同步的原则，理顺东西部工资关系。目前，东西部工资分配上的不平等首先表现在工资表的静态结构上，其突出问题是，西北一些省区补贴项目相对较低。东部基本上都有交通费，洗理费为10～15元，书报费为8～10元，其他补贴项目比较松；而西北多数省区没有交通费、洗理费，有的只有5.5元，书报费有的4元、有的3元，其他补贴项目比较紧。此外，物价补贴东西部"一刀切"也不合理。原因是迄今为止的物价补贴是以东西部涨价趋势基本一致为政策假定的，没有考虑到1989年以来西北物价上涨幅度高于全国平均水平的新特征，同样补10元钱，西北的缺口大于全国，这是原因之一。原因之二，由于西北工资表中有一个比较大的部分是特殊工资，如连续补贴、高原补贴、民族补贴和其他支边补贴等，在涨价条件下，这一部分同样有一个涨价损益问题，如果按绝对额来提供物价补贴，实际上只补了全国统一工资部分，没有补西北特殊工资部分。因此，有必要考虑：①将西北一些省区共有补贴不足部分追加上来，全国统一；②物价补贴要考虑不同地区物价水平的涨势，同时西北特殊津贴也应有物价补贴，另外物价补贴不宜用统一的绝对额，而采用系数比较好一些，所以物价补贴公式应当是：（公式略）

除了使补贴合理化外，还有一个非领导职务和专业技术人员的职称数问题。据反映，西部不如东部宽松。理顺这一关系，不是让紧的地方放松，而应当让松的地方变紧，因为职称、职务搞得太滥就会失去职称、职务的利益激励功能。在这方面，紧比松好，不能搞照顾。

第二，需要重新考虑西北地区尤其是新疆和青海特殊津贴制度的建立。近几年，取消了6类以下的工资区，而原来11类工资区的"特殊工资"部分未相应延伸为"特殊津贴"部分，这就降低了新疆、甘肃和青海等省区的平均工资水平。加上运价提高导致旅行成本提高，使得地区特殊津贴更显不足。为了补充这些不足，但又不至于使津贴在标准工资范畴内固定化，可以考虑在新疆、甘肃和青海等西北省区建立有弹性的特殊津贴制度，建立某些特殊补贴项目，如对那些原籍内地但在边远高寒区工作的同志给予探亲补助，由中央政府专门为此设立专项基金，这可以起到一定的稳定人心的作用，使他们在那里安心工作。

第三，在形成工资外收入方面，给西北地区更多的政策放宽，更多地权力下放，在全国按照市场经济原则建立单一货币化工资制以前，允许西北自主搞一些创收。从我们的调查看，要恰当解决好东西部收入分配关系，根本的途径不是多给钱而应当是多给政策，通过放宽政策从机制上提高西北地区的收入形成能力，变输血机制为造血机制，而要让西北走上以自己造血为主、中央政府输血为辅的道路，首先是通过加快体制改革提高其造血功能。目前西北地区在个人收入分配上管得较死，创收和兼职受到一些行政限制，以致来自工资表外的收入份额很小，市场分配渠道很窄。要把工资外收入这一块搞活，首先是放宽政策限制。

第四，提高西北地区造血功能，主渠道是提高发展能力，增加就业机会。我们讲的给政策，既包括分配，又包括投资和生产，还包括价格。有两点值得考虑：一是适当扩大中央财政投资在西北地区的份额；二是改变目前由资源品定价过低而制造品定价过高而引起的西北地区"高价进，低价出"的格局。当然，从短期看，宏观投资向东南倾斜可以收到比较好的效益，但从长期看，开发西北给整个国民经济带来的贡献将是很大的，因为那里的石油和地矿资源相当丰富。我们在决定宏观投资的地区分布时应将长、短期结合起来，除中央适当增加对西北的投资比重外，还可以逐步让西北自主搞一些重要的资源加工，把东部转移资本和技术同西部转移资源结合起来，以代替西北单纯转移资源在东部加工的格局。这不但可以增加西北工业附加价值，还可扩大西北就业，使地区整体收入形成能力和个人收入形成能力同时提高。

第五，加快步伐，扩大西北地区市场半径和外部需求，建立收入和需求的良性循环。我们在本报告第二部分已经指出西北地区存在"发展的恶性循环"，要摆脱这个循环，一个重要途径是加快对外开放步伐，利用外部市场需求来刺激生产和就业。据调查，西北地区有不少企业的生产能力闲置和产品过剩都在1/3左右，单靠该地区内部购买力提高不能解决问题，而扩大对周边国家的贸易则可能推动问题的解决。在东欧从原来的经济互助委员会封闭系统中解放出来，苏联分解为独联体后，它们对中国产品的需求增加。只要我们减少中央对边境贸易的行政管制，给边境地区政府扩大一些外贸自主权，就有可能扩大向西出口。而出口扩大不仅可以换回更多外汇以弥补西北地区部分资金缺口，而且还能通过适当增加进口来刺激西北居民的消费需求，这样，内外购买力都能提高。

加快向西开放，也可以像向东开放以深圳和浦东等特区为基地一样，在西北边境建立一个特殊开放基地和枢纽。我们考虑，可以在与哈萨克斯坦交界的伊犁建立这样的特区，通过它接合欧亚大陆桥、扩展同中亚的贸易，并采取类似于深圳和浦东的办法，对外国投资者在营业税、土地使用税、外汇自由交易和自由进出口外国产品等方面提供优惠，在那里大力发展三资企业，吸引外资和人才。最近，中央考虑在伊犁河谷建立经济特区，但声响不大，动作不如浦东那么快，各种管制还未真正破除，所以加大向西开放的分量，还要在政策上更为放宽，思想上更为解放，行动上更为敏捷。

上述意见，不是说不要给钱，而是说从长期趋势看给政策比给钱更重要，用体制改革和开放的办法比用财政办法更重要，要给东西部提供平等的机会和公平竞争的环境。这是长期性区域收入政策的立足点和出发点。当然，在确定西北的工资水平时，不能单看经济因素，不能只注意单纯的市场调节，还要看政治因素和其他非经济效益因素。因此，中央在津贴和补贴政策上给西北适当倾斜，多给一些财政支持也是应该的、合理的。

在结束本文之前，我们提出四个需要研究的问题：

(1) 关于如何消除单位内部工资分配的平均主义问题。基层同志反映，最近人事部设计的国家机关工资改革方案把职和级结合起来，在"职"的方面，普遍提高起点水平并将最低职位和最高职位的工资差扩大，如果不考虑实物化因素的话还比较合理，人们可以接受，但是把实物化因素考虑进来就不够合理了，因为职务越高享受的实物化收入亦越高，撇开实物化收入单纯在货币工资表上扩大差距会加强"官本位"倾向。而如何评估不同职务的实物化收入差距并纳入第三次工资改革方案中，是一个值得认真研究的问题。

(2) 关于建立正常的增资机制问题。最近的"职级工资制"方案试图用扩大级数和级差的方式来使增资行为成为日常工作，立意是好的，但有两个缺陷：其一，设计级数、级差的方案是一回事，具体执行又是另一回事，1985 年方案中的"职务工资"在同一职务、职称上也有几个级，但没有付诸实施。其二，即使升级增资常规化，形成制度，不存在"财政否决权"，按照新近的方案来做也有不合理性。其主要原因是方案中的级差工资是一个静态的绝对量，其选择有 8 元、10 元、15 元、20 元不等，它们未含因价格变动带来的货币工资贬值程度的变化因素。我们考虑，在设计合理的基础职务工资体系上是否只需用系数来决定级差问题。同时，补贴特别是物价补贴也可以系数化。

(3) 关于如何掌握机关、事业和企业这三块的工资分配关系问题。目前，在机关工作的同志普遍说机关工资水平太低；但科研、教育等事业单位的同志又强调应当在工资和收入分配中体现"科技是第一生产力"；而企业职工又是国民财富的直接创造者，他们的工资水平不应当低于机关公务人员的工资。我们认为，最好是不要主观地决定"谁高谁低"，更不能简单说"机关工资应高于事业和企业"，而应考虑长时距的动态比较。单从当前看，机关平均工资水平的确低于企事业单位。1990 年企业年平均工资为 2 238 元，事业单位为 2 200 元，而机关只有 2 113 元，机关分别比企事业单位低 125 元和 87 元。但是这个差别是几年来的长期格局，有一定合理成分。1985 年，企业年平均工资为 1 220 元，事业单位 1 169 元，机关为 1 127 元，以机关 = 100 计，三者关系是 1.082 5：1.037 3：1，而 1990 年同样的对比关系是：1.059 2：1.041 2：1，可见企业对机关的相对工资水平不是上升而是下降了。而且，近几年机关、事业单位都存在机构、人员增长过度的问题，不考虑这一情况单纯提高平均工资水平，人员、机构膨胀可能加速。我们建议谨慎掌握和处理企业、事业单位和机关三者的工资水平对比。

(4) 关于如何体现"科技是第一生产力"问题。看来，不能把"事业"和"科技"等同起来，因此不能简单给事业单位所有员工的工资都多加一些，而应当分别在企业、事业单位、机关这三块体现。这三块都有知识分子，都有高学历的员工，确定工资差别时应当向这些人倾斜。在目前情况下，如果再不向高学历和知识分子倾斜，那么"读书无用论"将泛滥，以致阻碍中国的经济、技术的长期发展。

这是一篇篇幅较长，内容较为复杂的调查报告，标题由调查对象、调查的问题和文种几个要素构成，较为完整、规范。正文的第一个自然段是前言部分，此部分主要介绍基本情况（包括调查时间、地点、对象、范围及调查方式等），概述调查结果，提出分析结论（意见和建议）；主体部分全面、系统地报告情况、反映问题。其中既有说明，又有分析；既有事实的客观描述，也有原因的探寻、意见的阐释，内容具体、材料充分，对问题的分析非常深刻，对问题的处理意见也具有一定的理论深度和实用价值。在这一部分中，作者采用分层立项的写法，并以序码加小标题的形式概括各部分内容要点，以段中主句（主要段落的首句几乎均为段中主句）的形式点明段落要点，条理清楚，中心突出。就主体部分而言，各小部分层层递进，由问题的明确到原因的探寻，再由原因的探寻到对策的提出，衔接非常紧密、自然。结尾部分字数较多，内容非常充实，指出值得人们重视和研究的几个问题。

5. 调查报告的写作要求

要写好调查报告，必须注意以下几点：

（1）要认真进行调查研究，充分占有材料

"没有调查，就没有发言权"，写好调查报告的基础和前提，是进行深入调查研究。在这方面，马克思、恩格斯、列宁、毛泽东等无产阶级革命家为人们做出了榜样。恩格斯曾经深入工人住宅，同普通工人交朋友，直接了解他们的生活状况，写出著名的《英国工人阶级状况》。毛泽东同志曾在1927年实地考察了湘潭、湘乡、衡山、醴陵、长沙等地的农民运动状况，写出著名的《湖南农民运动考察报告》。目前，在社会主义现代化建设中，有很多新情况需要反映，有很多新生事物需要宣传，有很多新鲜经验需要总结、推广，也有很多新问题需要解决，这就更需要人们深入实际，做好调查研究。不做深入的调查研究，不掌握必要的第一手材料，即使写作能力再强，也无法写出高质量的调查报告。人们常说，写调查报告，首先不是如何去"写"的问题，而是如何去"调查"的问题，这是很有道理的。

要取得调查研究的成功，或者说，要在调查中获得必要而又充分的资料，就必须注意：一要有明确的目的，但不要带框框；二要做好充分的准备，即要确定恰当的调查对象，并拟定调查提纲或调查细目，以使调查有计划、有步骤地进行；三要善于分析和鉴别材料，即要分析资料来源的可靠程度，辨别真伪，并分清主流和枝节、本质和表象；四要掌握调查的方式和方法，对调查的方式和方法，调查者应有详细的了解，并能合理地选用。

调查的方式很多，常用的有三种：第一种是开会调查，这是一种传统的调查方式，调查者既可以专门召集知情人开会，也可以利用其他会议，顺便了解情况；第二种是采访，采访也叫个别访问，这是一种向个别人了解情况的调查方式；第三种是问卷，这是一种书面调查的方式，即以一定的卷面形式，提出若干问题，让调查对象填写回答。在现代社会中，问卷是一种最常用的调查方式。问卷由以下项目构成：一是封面语或卷首语。其作用是说服调查对象认真填写问卷，需要写入调查者的身份、调查内容与目的、调查对象的选取方法、收交问卷的时间、办法及致谢等各项内容。二是指导语。指导语可以自成一个部分，单独放在封面语或卷首语之后，也可以分别放在相关的问题之前或之后。三是问题。问题是问卷的主体部分，分封闭式和开放式两种。封闭式问题的答案已在问卷中给出，被问者只需在其中进行选择。开放式问题的答案则没有在问卷中给出，被问者可以随意回答。无论是哪种形式的问题，都必须做到简明、客观、集中，便于被问者回答。

调查的方法有两大类，即普遍调查和非普遍调查。普遍调查简称普查，是指在一定的范围内，对所有的对象逐一进行调查。具有较高的准确性，据此可以得到真实可靠的资料，是普遍调查的长处。但是，如果研究课题较大，调查的范围过广，采用这种调查方法，则需要花费大量的人力、物力、财力，难度极大。非普遍调查是指在一定的范围内，选择部分对象进行调查，这是一种通过个别看一般，通过部分看整体的调查方法。非普遍调查常用的方法又可分为重点调查、典型调查和抽样调查三种。重点调查是指在一定的范围内，选取重点样本，以此为对象进行调查；典型调查是指在一定的范围内，选取有代表性的典型样本，只以典型样本为对象进行调查；抽样调查是在一定的范围内，抽取部分样本进行调查。这三种调查方法各有其长处和不足，例如，采用重点调查和典型调查的方法，容易对调查对象做深入、细致的了解，有可能在较短的时间内得到较多的资料。然而，调查对象的确定又往往带有一定的主观性，如果重点或典型确定得不够妥当，调查结果则难免会有片面性，甚至完全不能反映总体的情况。相比之下，抽样调查的科学性和实用性则更强一些，因而采用抽样调查方法的人越来越多。

（2）要以正确的立场和方法，认真分析并合理组织材料

一般来说，调查与研究是齐头并进的，在调查的过程中，就要不断对材料进行分析与鉴别。不过，仅在调查中分析还是不够的，在调查工作告一段落之后，还要专门对调查中得到的材料进行全面的分析研究，进行去伪存真、去粗取精的加工提炼，以便从偶然中发现必然，从现象中抓住本质，并形成对问题的认识。即便最后选取的材料，也不能不讲章法地堆砌到文章中去，而要按照观点与材料相统一的原则把材料合理地组织起来，做到以观点统帅材料，以材料证明观点。既不罗列现象，也不空发议论。在分析、组织材料时，一定要从客观的立场出发，并采用科学的方法，否则是无法得出正确的结论的。

（3）要讲究结构形式和语言特色

前面说过，调查报告没有固定的格式，但大致的结构形式还是具备的。依照常用的结构形式写作，有利于提高文章质量，也有利于提高写作效率。另外，调查报告通常采用第三人称的叙述方式叙述事实，其语言除了应当具备公文语言的准确、简洁、朴素等共同特征之外，还可以适当运用一些比较生动的口语化词语，有时还可以恰到好处地引用一些诗词、典故及名言警句等，以起到画龙点睛的作用。

（二）计划

1. 计划的含义和作用

计划是某一个单位、部门或个人，对预计在一定时期内所要做的工作或所要完成的其他

任务加以书面化、条理化和具体化的一种文书。这里所说的计划主要是就工作计划而言的，是对某一单位或部门某一时期内的工作做出打算和安排的文书。

"凡事预则立，不预则废"，其中"预"是事先打算、安排的意思。有了计划，工作就能有条不紊地进行，就能提高自觉性，减少盲目性，成功的可能性就会增大；相反，事先没做任何打算和安排，或者安排不周，工作就有可能遭受挫折，甚至归于失败。

具体地说，计划的作用主要体现在以下几个方面：一是预见作用。在制订计划时，要对今后可能出现的问题和遇到的困难进行分析和判断，并提出相应的对策和措施。二是指导作用。一份好的计划，应是根据党和国家的方针政策及上级的指示精神，并结合实际情况而制订的，因而会对工作起到指导作用。三是约束作用。计划一经制订，就要认真贯彻执行。即便是个人学习或工作计划，也应具有自我约束力。对照计划，可对工作进行有效的督促和检查。另外，制订计划，提出明确的工作目标，还有利于调动广大群众的工作积极性。

有些"工作要点""工作意见""工作部署"，也是用以明确今后的工作任务、步骤和措施的文书，也可以起到计划的作用。下级机关和单位往往要以此类文件为依据制订更为具体的计划，因此，可以将其划归为计划类文书。

2. 计划的种类

计划的种类很多，而且从不同的角度可以对其进行不同的分类。例如，按内容划分，有生产计划、建设计划、工作计划、科研计划、教学计划、学习计划等；按范围划分，有全国计划、地区计划、部门计划、单位计划、班组计划、个人计划等；按时间划分，有长期计划、中期计划及短期计划，短期计划又分年度计划、季度计划、月份计划等；按性质划分，有综合性计划和专题性计划；按形式划分，有条文式计划、表格式计划、条文和表格配合使用的计划等。大单位的计划或时限较长的计划，则往往以文件的形式制订。

3. 计划的写法

计划通常是由标题、正文和落款几个部分构成的。

（1）标题

标题一般包括单位名称、适用期限和文种等几个项目，有的还要点明计划的内容要点，如《××学校 2018 年度工作计划》《××汽车配件厂 2018 年生产经营和流动资金需求计划》。

（2）正文

计划的种类很多，但不论哪类计划，一般都应写入"做什么""怎么做"及"什么时间完成"等内容，即要有基本情况、目的与要求、步骤与做法、结语等几个方面的内容。在"基本情况"部分，主要写明制订计划的依据，这个部分也可以略去不写，直接写计划事项；在"目的与要求"部分，要分条列项地写明目标、任务及其完成时限等；在"步骤与做法"部分，要把完成任务所要经过的阶段，各阶段所要采取的措施及人力、物力、财力的安排等写得非常具体、明确。也有的计划把这部分内容同"目的与要求"放到一起写，即写出一项目标与任务，接着便写明完成目标与任务的措施与方法；在"结语"部分，可以总括全文，表明完成计划的决心。将要作为文件下发的计划还可以在最后提出希望，发出号召，或者指明注意事项及计划检查、修订的办法。结语部分也可以略去不写。

（3）落款

落款一般包括署名，即制订计划的单位名称和日期两项内容。如在标题中已写明单位名称，这里就可以省略该项内容。

请看一篇例文：

2018 年度学校安全工作计划

本学期我校将继续以创建平安和谐校园为目标，落实各级安全责任，强化安全宣传教育，加大隐患排查和整改力度，切实做好校园安全管理各项工作，营造良好的教育教学环境，确保广大师生生命财产安全，保障教育系统稳定、健康、持续发展。

一、指导思想

以党的十九大会议精神为指导，认真贯彻执行上级有关小学、幼儿园安全工作文件规定和要求，坚持"安全第一，教育为先、预防为主"的方针，以加强师生安全宣传教育为重点，进一步加强领导，明确责任，强化措施，务求实效，努力营造安全、文明、和谐的校园环境，为学校发展提供有力保障。

二、工作目标

（一）进一步完善安全工作机制

学校与各岗位责任人层层落实安全责任制，并签订安全工作责任书。推动学校安全工作的规范化、制度化、科学化发展，严格执行校园安全管理日查周结月报制度，不断提高学校安全管理水平。

（二）进一步提升校园安保水平

加强校园保安队伍建设，根据市局工作意见，制定校园保安管理考核办法，组织保安进行培训，提高保安人员综合素质，严格校园进出门登记制度，不断提升校园保安履职水平。

（三）进一步提升校园技防水平

全面梳理了解我校技防建设情况，对照公安部、教育部《中小学、幼儿园安全技术防范系统要求》，积极推进校园技防系统建设达标工作，全面提升校园技防水平。

（四）进一步提高师生安全意识

以安全教育平台、课堂为阵地，组织开展安全教育系列活动，不断增强安全教育的针对性和实效性，不断提高师生安全防范意识和学生自我保护能力。

三、工作措施

（一）强化责任落实，完善安全工作机制

1. 加强安全工作组织领导。认真落实校长是学校安全工作第一责任人、分管校长是直接责任人的安全工作责任制。进一步充实学校安全管理力量，健全安全工作机构，明确专人负责安全工作，确保安全工作事事有人抓、时时有人管、处处有人问。强化行政值日和教师值日制度，主动加强与公安、工商、文化、卫生等部门的联系，建立综合联动管理机制。

2. 构建安全责任体系。按照《中小学岗位安全工作指南》要求，市局与我校签订安全责任书，我校也与各岗位责任人层层签订安全工作责任状，把安全工作的责任分解到每个人、每个岗位、每个时段，建立横向到边、纵向到底、一级抓一级、层层抓落实的学校安全责任体系，形成全员抓安全的浓厚氛围。

3. 健全安全考评机制。完善安全目标考核细则，细化目标考核内容，全面防范安全事故发生，有效预防和坚决遏制重特大事故的发生。严格执行学校安全工作"一岗双责"和"一票否决"制度，对发生安全责任事故的学校校长及相关责任人，实行责任追究。

（二）强化安全教育，增强师生安全意识

4. 加强师生安全宣传教育。将安全教育纳入学校教学内容，认真用好《校园安全教育读本》，上好安全教育课，做到计划、课时、教材、人员"四落实"。校园内开辟安全宣传阵地，及时充实、更新安全宣传内容，通过黑板报、播放光碟、案例分析等形式，开展团队活动、主题班会等丰富多彩的安全教育活动，营造浓郁的校园安全氛围，形成良好的育人环境。组织开展安全教育系列活动，运用师生喜闻乐见的形式，广泛开展安全知识宣传教育，切实提高广大师生的安全防范意识和防灾避险能力。

5. 开展"警校共建"活动。主动加强与辖区民警的密切联系，及时排查化解各类矛盾，保障在校师生安全。充分发挥法制副校长在学校综合治理、法制教育、校园安全和帮教后进生等方面的积极作用，本学期法制副校长为师生做法制教育报告或组织开展法制教育活动至少两次，不断增强学生自觉遵纪守法的意识。定期邀请交通安全辅导员到校开展交通安全知识进校园、进课堂、进头脑的"三进"活动，提高师生遵守交通法规的自觉性。

6. 做好学生家长宣传工作。通过召开家长会、举办讲座、签订安全责任书等形式，将校园安全工作的触角向家庭、向社会延伸，让家长了解学校各项规定及学校安全责任区间，明确家长的义务，引导家长配合学校对学生进行安全教育，切实担负起家长的监护责任。

（三）强化常规管理，构建平安和谐校园

7. 加强接送学生车辆安全管理。落实随车照管人员，做到一车一人，一趟一人，持证上岗。强化随车照管人员工作职责，将随车照管人员履职情况纳入绩效考核。完善管理台账和各个层面的安全责任书，落实安全责任，规避安全风险。加大运力投放，提请乡镇政府督促承运企业按照一人一座、接送学生单线行驶不超过两趟次的标准投放车辆，保障中小学生乘车安全。定期开展交通安全宣传教育，提高学生预防风险的意识和规避风险的能力。随时关注天气趋势，针对可能出现的雨、雪、冰冻、雾霾等极端天气，提前采取防范措施。做好运行线路的勘察，做到万无一失。

8. 加强学校"三防"建设。继续狠抓人防、物防、技防建设，构筑"三防合一"的校园安全防范体系。加强校园保安队伍建设，提高校园保安工资待遇，制定出台校园保安管理考核意见，组织保安进行培训，提升保安人员综合素质，提高校园保安履职水平。全面梳理教育系统技防建设情况，对照公安部、教育部《中小学、幼儿园安全技术防范系统要求》，积极推进校园技防系统建设达标工作，全面提升校园技防水平。

9. 加强学校消防安全工作。落实消防安全责任制，定期开展消防安全检查，对检查中发现的火灾隐患及时进行整改。制定消防安全疏散预案，组织开展消防演练，强化师生的消防安全意识。严格执行教育部校园禁烟令，开展"无烟校园"创建活动，学校内不设吸烟区，不摆放烟具，严禁吸烟并张贴醒目的禁烟标识，引导有吸烟习惯的教师戒烟，营造良好的校园禁烟氛围。

10. 加强校园周边环境综合治理。争取地方党委、政府支持，完善政府及相关部门参与的校园周边环境综合治理工作机制，组织有关部门定期开展专项整治行动，对校园周边小商小贩进行清理整顿。加强宣传，教育学生不得进入网吧、歌舞厅，不在校门口和流动摊点购买零食。配合公安部门定期对校内外治安环境开展排查，及时整治安全隐患，化解各类矛盾，净化校园及周边环境，营造安全稳定的教书育人氛围。

11. 加强食品安全管理。加强校园食堂的卫生监督管理，杜绝过期、变质食品进入校园，严防"三无"食品流入校园。把好食品验收关，学校明确专人对配送及自行采购的食品进行验收，把不安全、不卫生的食品拒之校外。建立健全学校食品卫生安全管理制度，落实各岗位安全责任。按照《食品安全操作规范》做好食堂食品留样工作，注重食堂环境卫生，保持食品加工场所及学生餐厅的地面、墙面、桌面干净整洁，各种餐具及时清洗、消毒，并做好相关记录。

（四）强化应急演练，提高安全防范水平

12. 完善各类安全预案。要制定和完善一系列应急预案，包括火灾、交通事故、大型活动安全事故、外来暴力侵害事故、食品卫生事故、自然灾害事故、传染病等应急预案，预案要切合实际，操作性强。

13. 开展安全应急演练。结合全国中小学生安全教育日、防灾减灾日、安全生产月等重要时间节点，采取各种有效形式，有针对性地开展防震、防火、防雾霾、防食物中毒、防暴力侵害、防踩踏疏散等演练。演练活动要有明确的演练程序、救助措施、疏散路线、地点、信号和时间要求等，每次演练活动要有详细记录，要认真总结，针对暴露出的问题和不足，及时修改和完善应急疏散演练预案，全面提升师生应对突发事件的能力。

14. 建立安全预警机制。继续严格执行校园安全管理日查周结月报制度，发现隐患，立即整改，学校自身不能解决的安全隐患要在第一时间上报所在乡镇党委政府，提请研究解决。学校要根据安全工作动态，确定不同阶段、不同季节的安全工作重点，通过校信通等及时向师生和家长发布防火、防雷、防台风、防冻、防雾霾、防溺水、防流行病等预警通告，防患于未然。

××中学

2017 年 12 月 25 日

这是一篇对学校年度安全工作做出安排的专题性工作计划，内容详尽、具体。标题由适用期限、工作内容和文种几个要素构成，据此可以看出这是就哪个阶段、哪项工作做出的安排。正文由前言（开头）和主体两部分构成。前言部分提出总体要求，明确基本目标。也有很多计划的前言部分主要用来阐明制订计划的依据和目的，即与公文开头部分的一般写法大体相同。主体部分先是明确"指导思想"和"工作目标"，然后写明"工作措施"，其中既有总体思路，也有具体做法，既有总体目标和要求，也有具体措施和做法。应当说，"做什么"和"怎么做"的问题在主体部分得到了比较清楚的体现。从整体上看，例文是把"目的与要求"同"步骤与做法"分开来写的，主体部分的"指导思想"和"工作目标"主要涉及的是"目的与要求"，"工作措施"则主要写明"步骤与做法"。另外，采用分条列项及序码加小标题的写法，使得主体部分条分缕析，重点突出。计划内容阐述完毕，全文即结束，而未专设结语部分。落款包括单位名称和制订日期两个项目。

4. 计划的写作要求

在计划的制订过程中，主要应当注意以下几点：

第一，要符合政策。制订计划必须贯彻党和国家的有关方针、政策及上级指示精神，而不能与此相背离，否则，计划就无法起到应有的作用，甚至会起相反的作用。

第二，要从实际出发。制订计划要把全局需要与本单位的实际情况结合起来，既不能说空话，更不能说假话。从某种意义上说，制订计划是一种主观行为，但必须充分考虑客观条件，绝不能仅从主观愿望出发，按个人意志办事。

第三，要具体明确。计划一经制订，便具有指导和约束作用，要求人们在预定的期限内完成。计划内容具体、明确，把要做的事情写得实实在在，才便于人们依照施行，也便于人们对照检查工作。

第四，要留有余地。在计划的实施过程中，常常会有一些不可预见的因素出现，在制订计划时要充分考虑到这一点，任务的提出和时间的规定等都要留有余地。另外，执行计划也要有一定的灵活性，要能够根据实际情况的变化，合理地调整计划。

（三）总结

1. 总结的含义和作用

这里所说的总结，主要是就工作总结而言的，是事后对某一阶段的工作或某项工作的完成情况，包括取得的成绩、存在的问题及得到的经验和教训加以回顾和分析，以为今后的工作提供帮助和借鉴的文书材料。

总结与计划都是工作中常用的事务文书，可二者对工作产生作用的方式不同。如果说计划主要是为了指导未来，那么总结则主要是回顾过去，而回顾过去，特别是从中找出规律性的东西，还是为了给今后的工作提供借鉴和帮助。同时，总结过去工作情况的过程，也是培养工作能力，提高认识水平的过程。

2. 总结的种类

从不同的角度，可将总结划分不同的类别。比较常用的分类方法是按其性质和内容的不同，将总结分为综合性总结和专题性总结两类。所谓的综合性总结，是对总结对象在一定时期内的所有情况进行全面反映和评析的总结；所谓的专题性总结，则是对某项工作的情况或总结对象在某个时期某个方面的情况，进行专门反映和评析的总结。

3. 总结的写法

同计划一样，总结一般也由标题、正文和落款三个部分构成。

（1）标题

标题的写法有两种：一种是写明单位名称、时间、总结对象和文种的标题，这种标题的写法同计划标题相近，如《××省税务局2018年上半年税收工作总结》；另一种是新闻式标题，即概括总结核心内容的标题。另外，总结还经常使用两种标题复合的双行标题，即以正标题点明主题，以副标题标明单位名称、总结对象和文种等，如《建设社会主义精神文明的尝试——关于"美的咨询"活动的总结》《发挥学科优势　培养跨世纪学术骨干——南开大学十年来接受国内访问学者工作总结》。

（2）正文

正文一般包括前言、主体和结语几个部分，具体内容包括基本情况、成绩与经验及问题与教训、今后的打算等几个方面的内容。

"基本情况"即"前言"部分，通常用以概述情况，或对工作背景和开展工作的条件做一个简要交代。

主体的第一部分常为"成绩与经验"部分，在此要用翔实的材料，将成绩及取得成绩的做法写明，最好要有实例，有数字，还要有体会，要能够从中找出规律性的东西；主体的第二部分常为"问题与教训"部分，在此要实事求是地把工作中的失误和问题写明，并深刻分析产生失误和问题的原因，指出应当吸取的教训。撰写主体部分，必须做到观点与材料相统一、情况与分析相结合，而且材料要具体，情况要真实，观点要正确，分析要深入。只有这样，撰写的总结才会具有较高的价值。夹叙夹议或先叙后议，都是总结主体部分常用的写法。把存在的问题和解决问题的措施放在一起，在"成绩与经验"部分之后写出，也是比较常见的写法。

在"今后的打算"即"结尾"部分，要结合经验和教训，提出改进工作的办法或下一步努力的方向。有的总结是在最后展望前景，表明决心。当然，这部分内容也可以不写。

篇幅较长的总结，常常要给每个部分加上序码，或者加上序码和小标题。

（3）落款

落款的写法同计划的落款完全相同。

请看一篇例文：

供电公司200×年度工作总结

200×年，××市供电公司在××供电公司党委、行政和××市委、市政府的正确领导下，以邓小平理论、党的十六届四中全会精神、"三个代表"重要思想为指导，认真贯彻公司年初工作会议精神，以发展为主题、安全为基础、效益为中心，狠抓企业管理、电网建设、有序用电、多产发展、优质服务和队伍建设，公司上下凝心聚力，开拓奋进，经受住了保电网安全、保正常供电秩序的考验，各项工作均取得了显著的成绩。

一、各项技经指标完成情况

（一）供、售电量保持较快增长

今年在缺电、限电的情况下，预计完成供电量40亿kWh，同比增长18.69%；预计完成售电量37.4亿kWh，同比增长18.73%。

（二）供电质量明显提高

全年供电质量指标全部达到了上级公司下达的考核计划。其中线损（原口径）率为6.5%，客户供电可靠率为99.9%，综合电压合格率为99.7%（A类电压合格率为99.76%）。

（三）企业综合效益稳步增长

预计固定资产原值为15.53亿元；电力销售收入为15.42亿元，同比增长21.51%；全员劳动生产率150.4万元/人年；多经销售收入为6.5亿元，利润为6 000万元，分别增长49%和38%。

二、主要工作

（一）夯实安全基础，确保安全生产形势的稳定

200×年，我们坚持"安全第一，预防为主"的方针，按"保人身、保电网、保设备"三大原则，全面落实安全生产责任制，确保完成3个百日安全记录，目前安全记录为263天。围绕全年安全生产奋斗目标，我们坚持抓好常规安全管理，在此基础上着重抓了以下几项工作：

1.抓安全教育，提高全员安全意识。一是利用安全生产月活动和"安康杯"竞赛为载体，开展丰富多彩的安全系列教育活动，在寓教于乐中提高职工的安全意识；二是创建了安全教育室，并组织全体职工参观学习，强化职工的安全意识；三是针对各类事故通报，开展防人身事故的安全大讨论，开展"安全在我心中"征文评比活动，提高职工"我要安全"的自觉性；四是在农电系统开展"安全在我心中"系列活动，利用事故责任者巡回演讲等形式开展安全教育宣传活动。

2.大力开展施工现场安全督查活动。安全生产的重点在基层、在现场，为加强施工现场安全规范化管理，我们把管理重心下移，大力开展施工现场安全督查，坚持每天都有督查人员到现场。二季度组织专项反违章督查活动，由支部书记带队，共计督查现场200场次，发现和处罚违章20起，处罚金额3 000多元。同时加强了全方位督查，重点对工作票和开工会执行情况进行检查，对运行人员的操作过程实施跟踪监督，开展防事故演习等活动，施工现场工作人员的安全行为得到了进一步规范。

3.深入开展"安全性评价"活动。去年底，"安全性评价"专家组对"安全性评价"工作进行了复查，提出了整改要求和建议。为使整改工作落到实处，我们对提出的问题进行归纳，共有73条，制定了整改措施，明确了整改责任人，限定了整改时间，确保整改到位。农电系统在去年率先抓好新庄、丁蜀两个供电所"安全性评价"查评活动的基础上，今年

全面开展查评活动，年内完成查评整改任务。这对夯实安全基础，提高管理水平起到极其重要的作用。

4. 认真抓好安全大检查工作。春、秋安全大检查重点抓好闭环管理。去年"9.25"事故后查出的218处同杆不同源安全隐患，农电、用电在上半年全部整改到位；5月17日省公司对我公司进行农电春季安全大检查，发现基层设备主人的检查整改工作不到位，农电立即开展了安全大检查的补课活动；9月份经系统针对今年安全事故较多的情况，组织开展了诊断性安全大检查，这些检查活动都能做到安排具体、检查认真、整改到位，是贯彻预防在先的有力措施。

（二）加快电网建设，优化电网结构

200×年电网建设任务繁重。针对今年的缺电形势，为确保电网的安全运行和正常的供用电秩序，公司继续强化规划的指导作用，抓好工程前期工作，进一步加快电网建设步伐，不断优化电网结构，努力提高电网的供电能力。

今年基建工作进展顺利，全年完成基本建设项目总投资3.6亿元。新建220 kV输变电工程2项，新建110 kV输变电工程3项；扩建35 kV变电所2座；新建和改造220 kV线路8条，线路总长131 km；新建和改造110 kV线路8条，线路总长51 km；新建和改造35 kV线路4条，线路总长28 km；扩建220 kV间隔13个。今年投运的500 kV岷珠变和配套建设的220 kV线路为宜兴地区电网主网架提供了强劲的电源支撑。2005年度项目220 kV百家、王家变，110 kV茶前、金兰、诸桥、胜天、蜀山变共7个工程前期工作进展顺利，设备已报招标，土建施工工程已招标，投资估算总额4.6亿。在今年的基建工作中，我们根据本年度电网规划要求，为顺利完成全年工作目标，针对全年工作目标制订了计划。在设备管理上，尽早与设计单位协商，提前上报设备招标计划，缩短设备采购周期，满足工程建设需要。在基建质量方面，通过达标投产工作的开展，把达标投产的各项指标要求贯穿于施工的全过程，坚持施工监理制度，开展质量分析活动，并结合达标投产工作，开展质量评比检查活动，通过相互交流，营造质量氛围，改进管理方法，实现共同提高。今年5月10日220 kV鹅洲输变电工程顺利通过了无锡市建筑协会"太湖明珠杯"的验收；110 kV任墅变电所获得了省公司设计评比第一名的好成绩。

（三）加快企业发展，提升企业综合管理水平

200×年，公司在稳定发展的前提下，坚持以体制和机制创新为原动力，贯穿"持续改进"的管理理念，进一步落实改进措施，优化管理结构，企业竞争力得到明显增强。

1. 加强目标管理，全面完成年度目标任务。根据××供电公司党委、行政工作要求，结合我公司工作实际，我们确立了全年工作总目标：保持国电公司一流县级供电企业称号、省级文明行业荣誉称号，与××供电公司同步建成国际一流供电企业，同时对生产经营、企业管理、党建工作等11个方面制订了198项管理目标任务和实施计划，规定时间，落实责任。通过全体干部职工的共同努力，各项管理目标任务顺利完成。

2. 加大改革力度，全面推进公司体制改革。200×年是电力公司体制改革的关键之年，

更是我公司体制改革的实施之年。12月，××市供电公司正式挂牌成立，标志着公司体制改革的基本完成及企业化运作的全面开始。我们将不断引入竞争机制，提高工作效率，优化资源配置，努力构建政企分开、公平竞争、开放有序、健康发展的电力市场体系。同时，公司还进行了一系列的部室机构改革，通过企业组织结构和流程的优化重组，建立起科学的组织管理体系，提升了企业专业化管理和集约化经营的水平。

3. 全面实施"倾力清除清障"，提升企业管理水平。按照《××供电公司"倾力清除障碍"管理工程实施方案》的要求，公司全面开展实施"倾力清除清障"工程，直面矛盾，解决问题。由主要领导全面负责，分管领导具体负责，党政工共同协调，各部门成立了清障小组，落实清障专职人员。广大干部职工充分发挥积极性、主动性和创造性，以严谨的工作作风、务实的工作态度确保各项工作落到实处，保持和推进企业良好的发展态势。

4. 全面推进绩效考核，不断完善分配制度。按照××供电公司统一部署，为推动企业内部分配改革工作，不断完善和健全薪酬体系，逐步建立以岗位为基础，业绩和能力为导向的分配制度，公司成立绩效管理与薪点工资制度设计领导小组，全面推进绩效管理工作。绩效管理工作的开展，既是省公司薪酬改革分配会议的明确要求，也是我公司自身发展的客观需要。这是一项与公司员工切身利益紧密相关，比较复杂的系统工程，也是提高我公司管理水平的一项长期的基础性的重点工作。目前，制度设计各项工作正在有条不紊地进行。

5. 坚持以人为本，构筑人才高地。公司始终把人才队伍作为企业发展的第一资源。按照《××供电公司构筑人才高地实施意见》，以"三支队伍"建设为重点，以制度创新为动力，紧紧抓住培养、吸引和使用人才3个环节，重视专业技术人才的培养、选拔和使用，制定《××市供电公司管理岗位公开招聘办法》《××市供电公司干部管理制度》等各项制度，完善竞争择优、充满活力的用人机制，进一步规范干部管理工作，经过基层推荐、组织部门考查、党委商定，完成了中层后备干部队伍工作，切实加强对中层后备干部队伍建设，完成了对中层干部届中考核，对共性问题进行了分析，并在完成公司和部室机构改革的同时，对中层干部进行岗位择优和交流换岗，充实中青年干部到一线实地锻炼和培养。

（四）加快多产发展，增强企业发展后劲

200×年，公司多种产业发展继续保持了较好势头，全年完成营销产值6.5亿元，同比增长49%，实现利润6 000万元，同比增长38%，取得了较佳的业绩。首先加强了多经企业内部管理，对多经企业的管理层进行了调整，如在电器公司、汽车销售公司增设了党支部，以提高企业管理水平，保证企业健康发展；其次进一步整合现有资源，充分利用企业资源优势互补，根据我局在汽车运输、销售、修理、油品等行业的实际经营情况，将原车队汽运职能、汽车修理职能、××加油站有限公司管理职能交由××市苏源汽车销售有限责任公司承担，成立××市××汽车运输有限责任公司；第三拓展经营领域，壮大经营规模，××电器公司投资6 118万，征地80多亩①的房地产项目在5月份已正式破土动工，建设预告

---

① 1亩≈666.67平方米

顺利。

（五）加强需求侧管理，提升优质服务水平

今年，在严峻的缺电形势下，公司积极转变服务观念，一方面抓好电力紧缺时期的优质服务工作，努力做到"缺电不缺服务，限电不限真情"；另一方面抓好有序用电管理，进一步加强调控和监督，最大限度地供足、用足电量。

1. 抓早抓实抓好迎峰度夏、有序用电工作。针对今年的缺电形势，为使电网在高温期间受得进、供得出，我们早在2月就制订了迎峰度夏计划，做到任务、时间、责任落实到位，在6月中旬高温未到来之前就完成了全部改造计划，共投入资金5 000余万元，新增35 kV及以上基建、扩建工程项目7个，新增主变容量8万kVA。同时，针对今年出现的电力供应紧张形势，积极主动向市委、市政府汇报，并出谋献策，把有序用电工作作为全市的重点任务来抓。制定下发了《有序用电工作意见》，公司领导责任到人，分片包干，严肃纪律，重在落实，严格按照市政府"保生活、保照明、保生产设备安全"的原则，精心编制错峰方案，做到科学、灵活调度，坚持用足负荷，依托先进技术，加强负控中心的建设和需求侧管理，以严格的制度作为保障，有序用电工作取得了决定性胜利。

2. 加强对优质服务和有序用电工作执行情况的监察力度。对在有序用电工作中违反"三公"原则，服务质量差、服务态度恶劣的部门和个人，一经查实，从严处理。

3. 设立电力服务"绿色通道"。在当前缺电的形势下，本着特事特办的原则，为客户提供高效、优质、方便、快捷的服务，努力做好市政府目标工程和用电大客户及其他重要用电项目的供电服务。对核准后需要通过"绿色通道"办理的用电业务，均有项目经理全过程跟踪服务，为我市经济发展提供了一个良好的供用电环境。

4. 召开各种形式的客户座谈会，并且利用优质服务月活动及各种媒体宣传节电意识，推广节电新技术，积极营造全社会节约用电氛围。窗口服务部门工作人员耐心细致地针对目前我市的电力紧缺对社会生活的影响做好解释工作。通过各种努力，最大限度减少了限电对我市社会经济、人民生活的影响。我们的工作，得到了全社会的了解和支持，得到了市委、市政府的表彰和嘉奖，得到了上级公司的肯定。我们圆满地完成了迎峰度夏这一光荣而又艰巨的任务。

（六）加强精神文明建设，营造和谐氛围（略）

三、存在问题

1. 安全生产仍没有达到可控、在控要求，不安全情况还时有发生。少数职工的安全意识还不强，人员责任的不安全情况占有相当的比例，习惯性违章仍未做到根除。电力设施频遭外力影响和破坏，给电网运行带来了严重威胁。

2. 机关作风建设有待加强，职能科室为基层服务水平亟待提高，技术、管理干部的敬业精神和创造性地开展工作仍欠缺。

3. 员工的率先争先意识和危机意识尚需进一步加强。

4. 农电规范化管理必须要有新突破。今年××供电公司两次对我们农电营业窗口进行明察暗访，暴露出服务质量低、环境卫生差等诸多问题。农电观念的转变、服从于城乡一体化管理的目标实施任重道远。

纵观200×年的工作，目标是明确的，成绩是显著的，因而保持了国电公司一流县级供电企业、××市文明行业的荣誉称号。同时我们的工作确实还存在诸多的薄弱环节和不足之处。我们将正视存在的问题，继续探索并实践200×年工作中形成的新思路、新方法，以行动来实践"三个代表"的重要思想。

200×年更是充满挑战和机遇的一年，全局干部和职工更需顽强拼搏，奋发向上，在我局各项工作蓬勃开展的大好势头下，再创公司发展的新辉煌！

××市供电公司

200×年12月20日

这是一篇对一个单位的年度工作情况进行全面反映与评析的综合性总结。标题由单位名称、时间和文种三个要素构成，这也是此类总结常见的标题格式。正文包括前言、主体和结语三个部分。前言部分（第一自然段）用以交代背景、综述情况，比较简明。主体的第一部分"各项技经指标完成情况"应当算是"基本情况"部分，分门别类地概述几项主要工作的完成情况，指标清楚，统计数据具体，这部分内容比较简略，但并不显得空泛，从中可以看出以数字说话或者说以事实说话的好处；第二部分"主要工作"，分条列项地阐明本单位本年度所开展和完成的各项具体工作及工作措施，对成绩的说明比较客观、明确，经验的归纳比较实际，其中有描述，也有分析，并有实例和数字，很能说明问题；第三部分"存在问题"，指明在工作中存在的问题即在今后的工作中需要关注和改进的不足之处。主体的每部分内容前面都有序码和小标题，对每部分所写的内容加以提示；每个段落几乎都有段中主句，点明段落的中心意思，层次清楚，便于阅读。结语部分（最后两个自然段）总括工作情况，指明努力方向，表明做好工作的信心和决心，并展望未来，发出号召。

请再看一篇不同类型的工作总结。

2017年度创建平安校园工作总结

在过去的一年里，我们全面贯彻市教育局关于创建平安校园工作的文件精神，贯彻落实科学发展观，坚持"以人为本，构建和谐校园"的理念，始终把创建平安校园工作作为学校日常工作的重中之重，常抓不懈。围绕教育教学这个中心，不断完善各项安全规章制度，重视岗位责任制的落实，强化安全管理，坚持以法治校，促使学校安全工作走上规范化、法制化的轨道，在切实维护校园稳定、确保师生生命和学校财产的安全方面做了大量的工作，取得了一定的成绩。现将具体工作情况总结如下：

一、健全机构，加强领导

1. 学校成立了"平安校园"建设工作领导小组，校长×××亲自任组长，副校长×××任副组长，各处室主任为领导小组成员，领导小组下设办公室，由保卫处负责，使创建工作有了组织领导保障。明确领导小组成员的职责分工，确保各司其职、各负其责。具体创建工作由校保卫处负责实施，其他处室协助。学校各年级组每天有教师值日，负责年级组安全工作。学校还成立了一支从事学校安全稳定工作的义务消防员队伍和安全保卫队伍。

2. 学校每星期一下午召开行政例会，凡涉及学校安全工作的重要问题都要在会议上讨论研究。分管学校安全工作的副校长每月组织一次专题会议，及时分析和研究校园治安综合治理、创建平安校园工作面临的问题，讨论解决的方法和措施的落实等，做到及时发现工作中的薄弱环节，及时解决和整改，把目标任务落到实处。

3. 学校制订了创建"平安校园"工作规划和实施方案，并把"平安校园"建设纳入学校年度工作计划。在年初，法人代表与各处室及时地签订了安全管理目标责任书，各处室、各年段、各班主任、各岗位层层分解安全管理目标，分工明确，责任到人，做到一级抓一级，层层抓落实。各部门、各教研组与教职工评优评先一律实行安全目标管理责任一票否决制，使全体教职工从思想上认识到学校社会治安综合治理、建设平安校园活动是学校工作头等大事，务必认真抓实、抓紧、抓好，从而上下一条心，开创了良好的校园治安局面，建设了优美和谐的治安环境。

4. 为了提高法制教育水平，预防和减少青少年、未成年人犯罪，学校特邀派出所指导员为学校法制副校长，进一步加强了校园周边治安综合治理、创建平安校园的领导，法制副校长在学校开办法制讲座，参与学校综治、创建平安校园等活动，对师生员工进行法制、交通安全等教育，使学校依法治校得到进一步加强。

5. 不断健全、完善各项规章制度，建立健全考核制度，做到岗位目标明确，责任到人，学校严格年段、班级负责制，任课教师安全工作责任制，进行了教职工安全责任与评优评先等一票否决制，制定了各种安全工作防范预案，明确责任追究制度，大大加强学校安全工作群防群治机制。

二、加强安全管理，促进平安和谐校园建设

1. 学校与派出所联系紧密，设立了校园警务点，加强了警校联系，学校的安全工作有了可靠的保证；学校还投入了5万多元，全面更新了校园围墙监控报警系统；投入近万元在食堂各部位新安装了11个监控摄像头，在车辆停放处安装了1个摄像头；学校还花费5万多元为食堂购买了保温箱等设备。提高了学校的治安工作"技防""物防"水平。

2. 学校制定了严格的门卫制度和来访人员的登记、验证制度，学生出入校园验证制度，保卫人员夜间值班制度，消防安全巡查制度等，保卫人员实行24小时值班，并做好值班记录和来访人员登记记录。

3. 严格执行《食品卫生法》，总务处继续加强对食堂的监督检查，主要针对食堂职工的工作规范情况及卫生习惯情况，组织食堂从业人员学习食品卫生等相关的法律法规，努力促使食堂工作规范化。总务处加强了食堂进货验菜工作。每天有一名教师及一名食堂职工进行验菜，总务处还针对性地对食品的质量、食堂及餐厅的卫生状况、从业人员的身体健康等情况进行检查，发现问题及时解决，并将检查情况做好记载。不定期向师生询问食堂采购的食品是否新鲜卫生、价格是否合理、饭菜质量是否达到师生要求等。校行政人员及教师们坚持陪餐，及时发现问题并及时改进，千方百计地使全校师生吃得安全、卫生、放心和满意。

4. 总务处对食堂按照"五常法"要求进行管理。一是对食堂员工加强培训，组织食堂员工学习"五常法"知识。二是对食堂工作人员随意摆放工作用品的行为进行硬性纠正，给食堂员工规定清楚什么物品摆放在什么位置，再让食堂员工对号入座。学校食堂被教育局选为全市教育系统中两所家校联系定点学校之一，在我市家长代表进学校活动中得到了家长的好评。学校食堂在市卫生监督所、市教育局等历次检查中均获得了好评。

5. 学校不断加强教学环节和实验室安全管理，实行教师岗位责任制，要求任何一位教师必须对自己的岗位安全负全责，学校领导多次重申，任何任课教师都是自己学科岗位的第一负责人。学年初，每位教师都与学校签订安全责任书，实验室管理方面，不断建立健全安全操作规程和实验室管理制度。上课教师严格遵守实验操作规程，确保了实验过程的安全。

三、扎扎实实抓安全教育，以防患于未然

1. 认真开展丰富多彩的法制、交通安全、饮食卫生安全、消防安全、预防溺水、预防违法犯罪等教育活动，除了法制副校长给师生进行法制教育外，学校还利用集体晨会、红领巾电视台、宣传橱窗等，积极组织学生参加消防知识竞赛、安全知识竞赛等活动；加强了对学校大型集体活动的安全教育和安全管理；暑假前，学校还把《关于安全工作告家长一封信》等分发给师生家长，不断加强对师生法制、交通安全、消防安全、安全防范等方面的教育力度，增强其法制观念和安全防范能力。

2. 学校借助开学初、五一等重大节假日和暑假的时间，通过告家长书等形式加强对学生的安全教育，并要求家长共同负起安全教育责任。

3. 加强心理健康教育，开展心理咨询。为了适应形势发展的需要，学校专门开设了心理咨询室，负责学生的心理咨询；学校还举办了由本校教师讲授的心理教育讲座，及时纠正学生的一些心理障碍和不良倾向。

4. 学校积极推进素质教育，对全体学生负责，加强对网络痴迷者、学习困难者、生活困难者、严重心理障碍者和经常违纪者等学生的教育管理，学校有一支敬业的班主任队伍，学校要求班主任积极关注这些学生的发展，德育处、教导处要求班主任及任课教师做好转化工作，采取相应措施，促进了后进生的转化工作。

四、抓好校园周边治安综合治理工作

学校把参与社会治安综合治理工作纳入单位的年度工作计划，与派出所、市容管理部门保持联系，对学校周边出现的治安问题齐抓共管。

学校加大对周边环境的整治力度，尤其是不让小商贩在校门口摆摊设点，校门口50米内不准摆卖东西和停放车辆。发现道路边占道经营，影响师生上学、放学交通等问题，及时与市容管理等单位联系，整治道路边占道摊点。为师生营造了一个安全祥和的工作和学习环境。

五、问题与反思

一个学年的工作结束了，在全体教职员工的努力下，我们的"平安校园"创建工作虽然取得了一定的成绩，但是工作并未做到尽善尽美，还存在一些不足和问题，例如，各专用室、教室、教师办公室的门窗还不能做到每天放学后确保关闭，有时教室无人，电灯、电风扇依然处于开启状态。本学期仅总务处人员在放学后来校关门窗的次数就达 11 次。师生的责任意识还需要加强。在食堂管理方面，虽然总务处已经尽了极大的努力，管理水平有了一定的提高，但是离"十佳"食堂的要求还是有很大的距离。食堂人员的素质、工作责任心及工作质量还需要不断提高。食堂工作人员普遍认为，只要不出事情就行，他们对于不得留长指甲、涂指甲油、佩戴饰物及操作人员应戴口罩等要求不以为意，同时认为进入备餐间必须二次更衣等是过分的要求。而这些都给食品安全带来一定的隐患。另外，随着时间的推移，学校设备损坏肯定会越来越多，需要时刻注意，不能有所放松。

总之，在过去的一年里，我校平安建设工作取得了一定成绩，但也存在一些不足和问题，有待于进一步改进和解决。在明年的工作中，我们要进一步加大平安建设工作力度，不断改进工作方式方法，建立健全各项管理制度，以使学校平安建设工作再上一个新的台阶。

××中学"平安校园"建设工作领导小组办公室

2017 年 12 月 25 日

例文是一篇对专项工作情况进行反映和评析的专题性总结。标题包括时间、事项和文种几个要素，这是专题性总结标题常见的格式。正文由前言（第一个自然段）、主体（中间部分）和结语（最后一个自然段）几部分构成，分别包括情况概述、成绩与问题、内容总括（包括今后的打算）等几方面的内容。主体部分在对工作内容进行归类的基础上，采用分条列项的形式反映各项举措及不足，并以序码加小标题的形式标示要点，条分缕析，便于阅读。

4. 总结的写作要求

撰写总结，必须注意以下几点：

第一，要充分占有资料，并实事求是地反映情况。充分占有资料，全面掌握情况，是总结内容充实、观点正确的首要前提。写总结是为了使人了解真实的工作情况，如果总结的内容含有虚假的成分，总结就失去了应有的意义。要使总结的内容真实可信，就必须做到反映成绩不夸大其词，总结经验不随意拔高，指出问题不敷衍了事，申明教训不浮于表面。

第二，要善于分析材料，并找出规律性的东西来。撰写总结，需要充分占有材料，全面掌握情况，但仅仅具备材料是不够的。在占有材料的基础上，还必须深入分析，探求规律，这是写好总结的关键。如记"流水帐"一般罗列材料，或一味地就事论事，写出的总结不可能对今后的工作有太大的借鉴及指导意义。

第三，要合理取舍内容，以突出重点。前面提到，总结往往要反映多个方面的内容，但各个方面的内容不能平均使用笔墨，而要有所侧重，要根据具体的写作目的和工作状况的特点合理地取舍内容，确定重点，避免采用面面俱到、泛泛而谈的写作方式。另外，为使总结的内容翔实、具体，在写作时通常要用实例说明问题，有时还会用到大量的数据。使用实例和数据，在确保其真实性的前提下还要讲求典型性，要把最能说明问题的典型实例和关键数据写入文章，免得以偏概全，得出片面的结论。

第四，要深入研究问题，以写出特色。写总结不能千篇一律，要写出带有个性色彩的东西。首先，从内容方面来看，无论是写成绩，还是写问题，或无论是写经验，还是写教训，都应把真正属于自己的东西反映出来。如果只讲共性，不讲个性，一篇总结经改头换面、加工处理，便可应用于任何一个单位或任何一个年度，那只能说是不合格的总结。其次，从形式方面来看，在结构的安排和语言的运用上，总结也有自己的一些特点，写作时应当注意体现这些特点。

（四）讲话稿

1. 讲话稿的含义和用途

这里所说的讲话稿，主要是指各级领导在各种会议上或利用广播电视等宣传工具发表讲话时所用的书面材料。

这种用于公务活动的讲话稿不同于一般的演讲稿，也不同于会议报告。讲话稿一般为能够代表本单位发言的领导人所用，其内容往往体现本单位的集体意志；演讲稿则只反映演讲者个人的看法。讲话稿有的是由领导人亲自动手起草的，有的是文秘人员根据领导人的意图代为起草的，有的甚至是经专门的写作班子反复讨论、修改后才定稿的；演讲稿大都是由演讲者本人单独撰写的。讲话稿同会议报告相比，首先二者在篇幅上就有一定的区别，讲话稿通常篇幅较短，会议报告则篇幅较长。此外，二者在内容安排、表述方式，特别是语言运用等方面都有较大的区别。

发表讲话的场合多种多样，因而讲话稿的种类很多，而无论哪一类讲话稿，都是增强讲话效果的重要工具和凭借。各项工作的开展是离不开人与人之间的交往和交流的，领导人发表讲话正是同人们进行沟通的途径之一，或者说是交流思想的一种形式。发表讲话特别是在一些正式场合和重要会议上发表讲话，准备讲话稿是非常必要的。准备讲话稿，不仅可使讲话显得庄重、严肃，还能使讲话更有条理和章法，使主题更加明确，中心更加突出，会避免东拉西扯、淹没主题、浪费时间。

2. 讲话稿的写法

一般来说，讲话稿没有固定的可供依循的写作格式。撰写讲话稿，可以根据表达的需要灵活地安排结构。讲话稿常用的结构形式有三种：第一种是纵式结构，即各层意思之间是递进关系，步步深入地把要说的话说清；第二种是横式结构，即各层意思之间是并列关系，分别从不同的角度、不同的侧面表述内容；第三种是总分式结构，即先总述内容，然后再分层表述。例如，毛泽东同志的著名讲话《放下包袱，开动机器》，首先明确"为了争取新的胜利，要在党的干部中间提倡放下包袱和开动机器"这一总的观点，接着讲"放下包袱"，然后讲"开动机器"，第一部分和第二、三部分之间是总分关系。另外，先分开去说再总起来说，或者先总起来说再分开去说，最后又总起来说，也是总分关系的表现形式。

无论采用哪种形式安排讲话稿的结构，都必须讲求条理。先讲什么，后讲什么，要排列得当，以使讲话内容层次分明，脉络清晰，便于听众抓住要领，迅速领会讲话者的意图和讲话的主要内容。同时，有利于吸引听众，有利于引发听众的兴趣，也是安排讲话稿结构所应考虑的一个原则。

请看一篇例文：

在同各界优秀青年代表座谈时的讲话
习近平
(2013 年 5 月 4 日)

青年朋友们，同志们：

今天是五四青年节。在这个属于青春的日子里，很高兴来参加"实现中国梦、青春勇担当"主题团日活动，同各条战线的优秀青年代表一起交流，聆听大家抒发与祖国共奋进、与时代齐发展的青春感受。

首先，我代表党中央，向全国各族各界青年，致以节日的问候！向荣获中国青年五四奖章的青年朋友们，向中国大学生和全国高校辅导员年度人物、中国青年创业奖获得者、全国农村青年致富带头人标兵、"西部计划"优秀志愿者等优秀青年代表，表示热烈的祝贺！向各行各业的先进青年典型，表示由衷的敬意！

我们同青年朋友们到航天城来，就是要实地感受载人航天精神，激励包括广大青年在内的全国各族人民为实现中华民族伟大复兴的中国梦而奋斗。

刚才，不同领域的优秀青年代表作了很好的发言。在你们身上，充分体现了当代青年报效祖国的远大志向、朝气蓬勃的精神风貌、自强不息的意志品格、甘于奉献的思想境界，也充分体现了广大青年对中国特色社会主义的坚定信念、对实现中华民族伟大复兴的必胜信心。

青年最富有朝气、最富有梦想。近代以来，我国青年不懈追求的美好梦想，始终与振兴中华的历史进程紧密相联。在革命战争年代，广大青年满怀革命理想，为争取民族独立、人民解放冲锋陷阵、抛洒热血。在社会主义革命和建设时期，广大青年响应党的号召，向困难进军，向荒原进军，保卫祖国，建设祖国，在新中国的广阔天地忘我劳动、艰苦创业。在改革开放历史新时期，广大青年发出团结起来、振兴中华的时代强音，为祖国繁荣富强开拓奋进、锐意创新。在最近的芦山抗震救灾中，大批青年临危不惧、顽强拼搏，广大青年心系灾区、无私奉献，为抗震救灾作出了重要贡献。

历史和现实都告诉我们，青年一代有理想、有担当，国家就有前途，民族就有希望，实现我们的发展目标就有源源不断的强大力量。

党的十八大描绘了全面建成小康社会、加快推进社会主义现代化的宏伟蓝图，发出了向实现"两个一百年"奋斗目标进军的时代号召。根据党的十八大精神，我们明确提出要实现中华民族伟大复兴的中国梦。现在，大家都在谈论中国梦，都在思考中国梦与自己的关系、自己为实现中国梦应尽的责任。

——中国梦是历史的、现实的，也是未来的。中国梦凝结着无数仁人志士的不懈努力，承载着全体中华儿女的共同向往，昭示着国家富强、民族振兴、人民幸福的美好前景。

——中国梦是国家的、民族的，也是每一个中国人的。国家好、民族好，大家才会好。只有每个人都为美好梦想而奋斗，才能汇聚起实现中国梦的磅礴力量。

——中国梦是我们的，更是你们青年一代的。中华民族伟大复兴终将在广大青年的接力奋斗中变为现实。

在革命、建设、改革各个历史时期，中国共产党始终高度重视青年、关怀青年、信任青年，对青年一代寄予殷切期望。中国共产党从来都把青年看作是祖国的未来、民族的希望，从来都把青年作为党和人民事业发展的生力军，从来都支持青年在人民的伟大奋斗中实现自己的人生理想。

现在，我们比历史上任何时期都更接近实现中华民族伟大复兴的目标，比历史上任何时期都更有信心、更有能力实现这个目标。行百里者半九十。距离实现中华民族伟大复兴的目标越近，我们越不能懈怠，越要加倍努力，越要动员广大青年为之奋斗。

展望未来，我国青年一代必将大有可为，也必将大有作为。这是"长江后浪推前浪"的历史规律，也是"一代更比一代强"的青春责任。广大青年要勇敢肩负起时代赋予的重任，志存高远，脚踏实地，努力在实现中华民族伟大复兴的中国梦的生动实践中放飞青春梦想。

第一，广大青年一定要坚定理想信念。"功崇惟志，业广惟勤。"理想指引人生方向，信念决定事业成败。没有理想信念，就会导致精神上"缺钙"。中国梦是全国各族人民的共同理想，也是青年一代应该牢固树立的远大理想。中国特色社会主义是我们党带领人民历经千辛万苦找到的实现中国梦的正确道路，也是广大青年应该牢固确立的人生信念。

广大青年要坚持用邓小平理论、"三个代表"重要思想、科学发展观武装头脑，把理想信念建立在对科学理论的理性认同上，建立在对历史规律的正确认识上，建立在对基本国情的准确把握上，不断增强道路自信、理论自信、制度自信，增强对坚持党的领导的信念，永远紧跟党高高举起中国特色社会主义伟大旗帜。

第二，广大青年一定要练就过硬本领。学习是成长进步的阶梯，实践是提高本领的途径。青年的素质和本领直接影响着实现中国梦的进程。古人说："学如弓弩，才如箭镞。"说的是学问的根基好比弓弩，才能好比箭头，只要依靠厚实的见识来引导，就可以让才能很好发挥作用。青年人正处于学习的黄金时期，应该把学习作为首要任务，作为一种责任、一种精神追求、一种生活方式，树立梦想从学习开始、事业靠本领成就的观念，让勤奋学习成为青春远航的动力，让增长本领成为青春搏击的能量。

广大青年要坚持面向现代化、面向世界、面向未来，增强知识更新的紧迫感，如饥似渴学习，既扎实打牢基础知识又及时更新知识，既刻苦钻研理论又积极掌握技能，不断提高与时代发展和事业要求相适应的素质和能力。要坚持学以致用，深入基层、深入群众，在改革开放和社会主义现代化建设的大熔炉中，在社会的大学校里，掌握真才实学，增益其所不能，努力成为可堪大用、能担重任的栋梁之材。

第三，广大青年一定要勇于创新创造。创新是民族进步的灵魂，是一个国家兴旺发达的不竭源泉，也是中华民族最深沉的民族禀赋，正所谓"苟日新，日日新，又日新"。生活从不眷顾因循守旧、满足现状者，从不等待不思进取、坐享其成者，而是将更多机遇留给善于和勇于创新的人们。青年是社会上最富活力、最具创造性的群体，理应走在创新创造前列。

广大青年要有敢为人先的锐气，勇于解放思想、与时俱进，敢于上下求索、开拓进取，树立在继承前人的基础上超越前人的雄心壮志，"以青春之我……，创建青春之国家，青春之民族"。要有逢山开路、遇河架桥的意志，为了创新创造而百折不挠、勇往直前。要有探索真知、求真务实的态度，在立足本职的创新创造中不断积累经验、取得成果。

第四，广大青年一定要矢志艰苦奋斗。"宝剑锋从磨砺出，梅花香自苦寒来。"人类的美好理想，都不可能唾手可得，都离不开筚路蓝缕、手胝足胝的艰苦奋斗。我们的国家，我们的民族，从积贫积弱一步一步走到今天的发展繁荣，靠的就是一代又一代人的顽强拼搏，靠的就是中华民族自强不息的奋斗精神。当前，我们既面临着重要发展机遇，也面临着前所未有的困难和挑战。梦在前方，路在脚下。自胜者强，自强者胜。实现我们的发展目标，需要广大青年锲而不舍、驰而不息的奋斗。

广大青年要牢记"空谈误国、实干兴邦"，立足本职、埋头苦干，从自身做起，从点滴做起，用勤劳的双手、一流的业绩成就属于自己的人生精彩。要不怕困难、攻坚克难，勇于到条件艰苦的基层、国家建设的一线、项目攻关的前沿，经受锻炼，增长才干。要勇于创业、敢闯敢干，努力在改革开放中闯新路、创新业，不断开辟事业发展新天地。

第五，广大青年一定要锤炼高尚品格。中国特色社会主义是物质文明和精神文明全面发展的社会主义。一个没有精神力量的民族难以自立自强，一项没有文化支撑的事业难以持续长久。青年是引风气之先的社会力量。一个民族的文明素养很大程度上体现在青年一代的道德水准和精神风貌上。

广大青年要把正确的道德认知、自觉的道德养成、积极的道德实践紧密结合起来，自觉树立和践行社会主义核心价值观，带头倡导良好社会风气。要加强思想道德修养，自觉弘扬爱国主义、集体主义、社会主义思想，积极倡导社会公德、职业道德、家庭美德。要牢记"从善如登，从恶如崩"的道理，始终保持积极的人生态度、良好的道德品质、健康的生活情趣。要倡导社会文明新风，带头学雷锋，积极参加志愿服务，主动承担社会责任，热诚关爱他人，多做扶贫济困、扶弱助残的实事好事，以实际行动促进社会进步。

为实现中华民族伟大复兴的中国梦而奋斗，是中国青年运动的时代主题。共青团要在广大青少年中深入开展"我的中国梦"主题教育实践活动，为每个青少年播种梦想、点燃梦想，让更多青少年敢于有梦、勇于追梦、勤于圆梦，让每个青少年都为实现中国梦增添强大青春能量。要用中国梦打牢广大青少年的共同思想基础，教育和帮助青少年树立正确的世界观、人生观、价值观，永远热爱我们伟大的祖国，永远热爱我们伟大的人民，永远热爱我们伟大的中华民族，坚定跟着党走中国道路。要用中国梦激发广大青少年的历史责任感，发扬"党有号召、团有行动"的光荣传统，在党和国家工作大局中找准自身工作的切入点和结合点，组织动员广大青少年支持改革、促进发展、维护稳定。要积极为广大青少年实现梦想提供服务，切实改进作风，深入基层、走进青年，想青年之所想，急青年之所急，代表和维护青少年普遍性利益诉求，努力为广大青少年成长成才创造良好环境。

青年模范人物是广大青少年学习的榜样，肩负着更多社会责任和公众期望，在青少年中乃至全社会都有着很强的示范带动作用。希望青年模范们再接再厉、严于律己、锐意进取，用自身的成长历程、精神追求、模范行动为广大青少年作好表率。

青年兴则国家兴，青年强则国家强。我们党自成立之日起，就始终代表广大青年、赢得广大青年、依靠广大青年。各级党委和政府要充分信任青年、热情关心青年、严格要求青年，为青年驰骋思想打开更浩瀚的天空，为青年实践创新搭建更广阔的舞台，为青年塑造人生提供更丰富的机会，为青年建功立业创造更有利的条件。各级领导干部要关注青年愿望、帮助青年发展、支持青年创业，做青年朋友的知心人，做青年工作的热心人。

青年朋友们，人的一生只有一次青春。现在，青春是用来奋斗的；将来，青春是用来回忆的。人生之路，有坦途也有陡坡，有平川也有险滩，有直道也有弯路。青年面临的选择很多，关键是要以正确的世界观、人生观、价值观来指导自己的选择。无数人生成功的事实表明，青年时代，选择吃苦也就选择了收获，选择奉献也就选择了高尚。青年时期多经历一点摔打、挫折、考验，有利于走好一生的路。要历练宠辱不惊的心理素质，坚定百折不挠的进取意志，保持乐观向上的精神状态，变挫折为动力，用从挫折中吸取的教训启迪人生，使人生获得升华和超越。总之，只有进行了激情奋斗的青春，只有进行了顽强拼搏的青春，只有为人民作出了奉献的青春，才会留下充实、温暖、持久、无悔的青春回忆。

青年朋友们，我坚信，在党的领导下，只要全国各族人民紧密团结，脚踏实地、开拓进取，到本世纪中叶，我们必将建成富强民主文明和谐的社会主义现代化国家，我国广大青年必将同全国各族人民一道共同见证、共同享有中国梦的实现！

这是一篇用于庆典活动的讲话稿，主要包括问候、祝贺及回首过去、展望未来等几方面的内容。段落简短，结构轻巧；语言既庄重又明快，既富有哲理又充满激情，具有极强的感染力和感召力，是这篇讲话稿的突出特点。

3. 讲话稿的写作要求

撰写讲话稿，必须注意以下几点：

第一，针对性要强。讲话通常有特定的场合和固定的听众，撰写讲话稿必须充分考虑讲话场合和听众的特点，据此确定讲话的主题、材料及语言形式。针对性不强，就收不到预期的效果，甚至会使听众产生反感或逆反心理。

第二，主题要集中鲜明。公开发表讲话不同于随便聊天，不能东拉西扯、漫无边际，而必须紧紧围绕着一个中心，有一个明确的主题。为此，撰写讲话稿也要像写其他文章那样确立主题，并以主题统领全文。同时，由于听众不能像读者那样反复研读文章，因而讲话稿的主题切忌含而不露，要表达得更加明白、直接。赞成什么、反对什么，主张什么、避免什么，要明白无误地告诉听众。内容庞杂或含混，会使听众不得要领或不知所云。

第三，内容要吸引人。一篇讲话稿的质量如何，在很大程度上取决于能否吸引听众。讲话即便再重要，再有意义，如果不能引起听众的注意，无法对听众产生作用，也是无济于事的。增强内容的知识性、哲理性和趣味性，增强语言的气势和文采，是打动和征服听众的有效方式。

第四，语言要通俗生动。讲话稿是要讲出来给人听的，应同纯粹的书面语言有所不同，要带有口语的某些特点。首先，用语要通俗自然，使听众有亲切感，并容易理解和接受；其次，要尽量多用形象生动的语言形式，如恰当地运用比喻、幽默等，或适当地引用警句、诗文、成语等，以有利于吸引听众，而一味采用过于抽象、枯燥、平直的语句，是难以吸引听众的；最后，要注意协调语音，以使讲话稿读起来抑扬顿挫，朗朗上口，铿锵有力，富有节奏感和韵律美。

（五）述职报告

1. 述职报告的含义及作用

述职报告，主要是指国家工作人员就某一阶段的任职情况，向有关部门及领导、群众做出全面说明的一种文字材料。

述职报告是随着人事制度的改革而产生的一种新兴文种，述职报告的撰写和提出，已成为管理和考核国家工作人员的重要方式。对于述职者来说，撰写述职报告，可对自己的任职情况加以回顾和反思，有利于自我完善、自我提高，也有利于改进工作；对于单位或部门来说，提出述职报告，便于考核任职人员，全面掌握其工作情况；对于领导同志，提出述职报告，也便于群众监督领导的工作。

2. 述职报告的分类和构成

述职报告有很多种，按期限划分，可分为年度述职报告、阶段述职报告及任期述职报告；按写作主体划分，可分为个人述职报告和集体述职报告；此外，还有按特定的需求所撰写的专项述职报告，如为评定职称而撰写的述职报告。述职报告虽然种类不一，但其写法大同小异。

述职报告通常由标题、署名和正文几部分构成。

（1）标题

述职报告常见的标题格式是"期限＋文种"，如《2017 年度述职报告》或《2018 年上半年述职报告》，有的不写日期，只标文种，如《述职报告》或《×××的述职报告》。集体述职报告的标题则常采用公文标题的格式，即采用"单位名称＋文种"或"单位名称＋期限＋文种"的格式，如《××信息中心办公室 2017 年度述职报告》。另外，有的述职报告还采用双行标题的形式，即以正标题高度概括述职内容即工作情况，副标题与单行标题相同，标明文种等事项，如《尽职 尽责 尽心 尽力——2016 年度述职报告》。

（2）署名

署名是在述职报告标题下方标明述职人所在单位的全称和述职者姓名。如为集体述职报告，单位名称未在标题中出现，则要将单位名称写在标题之下。有的述职报告将署名改为落款，即将述职者的姓名或述职单位的名称以落款的形式写在正文的最后。

（3）正文

述职报告正文的内容，没有统一、明确的规定，但有一些基本要求。例如，某省在公选副县级领导干部时，要求考察对象在个人述职报告中从思想政治、工作能力、工作作风及工作实绩四个方面进行自我评述，对每个方面应当具备哪些内容，或者应从哪些角度去写，都有简要的说明和提示。目前，很多单位都要求述职者从德、能、勤、绩四个方面反映自己的工作情况。此外，对不同职位的工作人员，还会有一些特殊的要求。总的来说，述职报告应对述职者的思想道德水平、工作能力及职责履行状况做出非常详尽的介绍，其中应有对基本情况的概括，也应有对典型事例的说明，应有对成绩与经验的总结，也应有对失误与教训的反思。应当说，对述职报告内容的要求与对工作总结的要求有相同之处，既要做到全面、客观，又不能面面俱到，不分主次。

从结构上看，述职报告的正文一般包括前言、主体和结语几个部分。前言部分即开头部分大都比较简短，主要用以说明任职时间和工作职责，任职时间和工作职责的明确是述职的基础。同时，还可以阐明任职的指导思想和工作目标，或者概述工作情况。主体部分首先要详细阐述自己是如何履行工作职责的。在说明任职情况时，要突出重点，要将较多的篇幅放在主要工作的完成情况及重要成绩的反映上。其次可对自己在任职期间所取得的工作经验、教训或不足，做出一定的分析。最后表明做好工作的决心和打算。结语部分也应简短，有的只是一句话，用以表明谦逊、礼貌的态度收束全篇，如"以上为本人工作情况，请批评指正""以上述职报告，请审阅、批评"等。

请看一篇例文：

201×年度述职报告

××集团××物业服务公司　×××

本年度，本人在集团公司党委的领导下，在职能部门的正确指导下，认真总结过去工作中的经验，不断克服过去工作中的不足，以"服从领导、团结同志、认真学习、扎实工作"为准则，始终坚持高标准、严要求，自身的政治素养、业务水平和综合能力等都有了很大提高，认真完成了各项工作任务。现将一年来的思想、学习和工作情况汇报如下：

一、加强学习，努力提高自身素质

本人坚持把加强学习作为提高自身素质的关键措施。一年来本人认真学习了《陕西省物业管理条例》《物权法》《物业管理人员与业主之间发生的案例分析》以及国家有关物业管理的规定和办法，通过学习，提高了自己的业务水平和管理水平。本人参加了集团公司组织的党员培训和省公司组织的科级干部培训班，培训期间，先后学习了"怎么样打造高效团队""战略执行与复命""省公司'十二五'发展规划""干部选任四项监督制度""中国共产党九十年发展史""非人力资源的经理人的人类资源管理""中层管理务实举要""电力企业改革中的管理者观念创新全景""公文写作"等十几门课程，并赴延安参观学习。学习内容精广相济，理论和实践结合紧密，这些都让我获益匪浅，感悟颇深。本人通过一年来的学习，自身思想素质有了很大提高，提高了认识，改变了观念，增强了创新意识和工作的自信心，这对今后工作将有极大的意义。

二、恪尽职守，认真做好本职工作

一年来，本人按照物业公司管理向市场化转型的观念，不断强化物业管理的经营理念，实施精细化管理，工作中认真履行岗位职责，较好地完成了各项工作任务。

1. 认真做好调研和职工观念转变的引导工作。上半年以来，为了加速后勤管理向市场化转型的观念转变，本人先后和班子成员到一、四公司以及社会上一些管理好的物业公司去座谈，了解、学习其管理经验和好的做法。通过比较和学习，我们的工作思路有所拓展，我们的观念有所转变。

2. 强化科学管理，严格控制成本。年初我们对锅炉人员进行了培训，并对锅炉成本进行了分析，在详细记录与分析当日流量的基础上，根据天气情况不断改变流量，使得供暖成本较去年节约了20余万元，这样不但节约了成本，还受到住户赞扬，收到了良好的效果。

3. 配合供电局完成了火电社区的户表改造工作。就这段时间的运行情况看，窃电现象有了明显的改观。同时利用户表改造，采取了不清理欠费不发电卡的办法，清缴了多年的历史欠费。

4. 做好日常维修工作。三季度以来，水道抢修4次，物业维修6户，特别是对4号楼公厕的改造，改变了长流水现象，仅此一项每年可节约水费1.5万元。通过对出租房的改造，杜绝了有些住户以房屋破旧为由拒绝交纳各种费用的现象。

5. 积极倡导科学管理、精细化管理，今年小型基建的维修费用可控、在控。通过经营分析，今年的各项经营指标完成较好。所以我坚信在各级领导的领导下，在物业公司全体干部职工的共同努力下，一定能完成集团公司下达的各项指标。

三、严于律己，不断加强作风建设

平时能严格要求自己，始终把耐得平淡、舍得付出作为自己的准则，始终把作风建设的重点放在严谨、细致、求实、埋头苦干上。在工作中，以制度、纪律规范自己的一切言行，严格遵守公司各项规章制度，尊重领导，团结同志，谦虚谨慎，主动接受来自各方面的意见，不断改进工作；坚持做到不利于公司形象的事不做，不利于公司形象的话不说，积极维护公司的良好形象。

平时在工作中，我深深地体会到作为一名党员干部，尤其是在市场经济条件下，一刻也不能放松思想改造，必须坚持自重、自省、自警、自律，严格贯彻"八个坚持，八个反对""四大纪律，八项要求"，坚持"综合治理，预防为主"的方针，不断加大从源头上预防治理腐败的力度，为实现公司的各项任务提供坚实的政治保证。

本人能够自觉依循党风廉政建设责任制，严格要求自己，没有任何违纪行为。

一年来，本人做了一些工作，并取得了一定的成绩，但距领导和同志们的要求还有不少的差距，例如，对政治理论和法律法规的学习抓得不紧，学习的系统性和深度还不够；工作创新意识不强，创造性地开展工作的热情和能力不够。具体地说，要在以下几个方面改善或提高。

一是进一步强化学习意识，在提高素质和能力上下功夫。牢固树立与时俱进的学习理念，养成勤于学习、勤于思考的良好习惯。把参加集体组织的学习与个人自学结合起来，一方面积极参加集中学习活动，另一方面紧跟形势发展和工作需要，本着缺什么补什么的原则，搞好个人自学，不断吸纳新知识、掌握新技能、增强新本领。特别是要注意将自己学习和培训的收获和感悟运用到今后的工作中，真正做到学以致用。

二是进一步强化职责意识，在争创一流业绩上下功夫。进一步树立正确的人生观和价值观，增强事业心和责任感，认真做好职责范围内和领导交办的工作任务，埋头苦干，奋发进取，追求卓越，充分发挥共产党员的先锋模范作用，努力创造一流的工作业绩。

三是进一步强化服务意识，在转变工作作风上下功夫。牢固树立宗旨意识，努力做到由只注意做好当前工作向善于从实际出发搞好超前服务转变；由被动完成领导交办的任务向主动服务、创造性开展工作转变；努力为住户提供优质高效的服务。

总之，在今后的工作中，我将发扬优点，克服不足，以对工作、对事业高度负责的精神，脚踏实地、尽职尽责地做好各项工作，以不辜负领导和同志们对我的期望。

这篇述职报告的标题包括述职期限和文种两个要素。正文的开头部分简明扼要，主要概述了工作情况，并提起下文。主体部分大体包含以下几方面的内容：首先，对自己在本年度的学习和工作情况加以全面介绍，着重说明履行工作职责的情况及所取得的工作成绩，内容较为翔实、具体。除了反映情况之外，也有对工作体会的阐释。其次，以高度概括的方式，指明工作中所存在的问题。最后，表明做好今后工作的决心，明确今后努力的方向。

3. 述职报告的写作要求

概括地说，客观、具体、详略得当、语言得体，是对述职报告的基本要求。具体地说，撰写述职报告，应当做到以下几点：

第一，内容要客观真实。撰写述职报告，要实事求是地反映工作情况，不能编造事实，夸大成绩，或者文过饰非，掩盖问题，推诿责任。自我评价要客观公允，既不能随意拔高，也不能妄自菲薄。哪些方面做得较好，哪些方面存在不足，都要如实说明。

第二，内容要具体实在。述职报告可从多个方面介绍述职者的工作情况，情况的介绍切忌空泛，不能只有综合评价，没有具体事例，更不能只见豪言壮语，不见工作实绩。

第三，详略要得当，重点要突出。述职报告要全面地反映述职者在某个时期的工作情况，因而不能顾此失彼，挂一漏万。但"全面"并不是不加取舍，更不是不分详略。在全面反映情况的基础上，要有所侧重，要在主要工作的完成情况上，多用一些笔墨。

第四，语言要得体。述职报告应由述职者本人撰写，采用第一人称的表述方式，涉及自我介绍、自我评判，因此，语言的运用尤其需要注意分寸，要显得诚恳、谦和，不要盛气凌人，也不要故显谦卑。另外，述职报告的语言还应力求平实、直白，切忌华而不实，矫揉造作。

4. 工作总结与述职报告的异同

工作总结与述职报告均为回顾、反映以往工作情况的文书。既反映工作情况，又述及工作体会，既要反映成绩，又要述及问题，是二者在内容上的共同特点；反映情况既要做到全面、客观，又不能面面俱到，不分主次，自我评价既不能随意拔高，也不能妄自菲薄，是二者均应依循的写作要求。应当说，工作总结与述职报告在内容及写法上确有一些相似之处。不过，二者毕竟是两类不同的事务文书，对其区别也应有所了解。

第一，二者的具体用途有所不同。撰写工作总结主要是为了把握工作完成或进展情况，并在此基础上探明规律，为今后的工作提供必要的借鉴与指导；撰写述职报告则主要为了反映述职者岗位职责履行情况及其能力、素质等，以为组织考核、群众监督提供必要的依据与参考。

第二，二者的写作角度有所不同。工作总结可以全面反映工作情况，而且在内容的选取及安排上相对自由，没有太多的限制；述职报告则要集中反映岗位职责履行情况，着重展示述职者的工作能力和素质，与岗位职责无关的内容不能写入述职报告。前面已经说过，对述职报告的内容，虽然还没有统一、明确的规定，但通常还是会有一些要求的。从德、能、勤、绩等方面反映自己的工作情况，是目前很多单位对述职报告的写作要求。另外，相比较而言，工作总结会更注重对工作得失及经验与教训的阐述，而述职报告则常常会述及工作思路及感受。前者更具事务性、公务性特点，后者的个人色彩可能要更为浓厚一些。

第三，二者在内容的编排即表述方式上也有所不同。工作总结与述职报告的总体结构大体相同，一般都包括前言、主体和结语几个部分，但主体部分的内容编排方式与工作总结却有所区别。工作总结大都会按"成绩与经验""问题与教训"的写作程序编排内容，述职报告则大都会按职责性质和特点编排内容，或者按照考核要求，以德、能、勤、绩的顺序反映各方面情况。述职报告有时需要口头宣讲，因而比工作总结更具口语特征，其常用的表明态度的结语也不会用于工作总结。

（六）法规与规章

1. 法规与规章的含义及作用

法规与规章，是指国家机关及其业务主管部门、企事业单位、社会团体或其他组织机构所制定的，反映在一定范围内要求有关人员共同遵守的规定的实用文书。

法规与规章的种类很多，章程、条例、规定、办法、守则及公约、规则、细则、准则、标准、须知等，都是分别有着不同用途的法规与规章。不同种类的法规与规章尽管名称与用途不同，但其性质和写法大体相同或相近。

法规与规章是党和国家方针、政策的具体化，具有法定效力，对人们的行为具有指导和约束作用，是人们的行动准则和依据。应当说，具有法定性和约束力，是各类法规与规章制度的共同特点。法规与规章的应用范围极广，大至社会各行业和部门，小至一个单位、一个班组，一般都有自己的规章制度。

2. 法规与规章的主要种类及其写法

不同的法规与规章写法不尽相同，下面结合例文介绍几类常用规章类文书的一般写法。

（1）章程

章程，是党派或团体等组织用于规定自身的性质、宗旨、组织机构、活动形式和行动准则等内部事务的文书。

章程一般包括标题、签署、正文等几部分。

章程的标题通常由组织机构名称加文种两个要素构成，如《中国共产主义青年团章程》《××证券交易所章程》。

签署又称题注。章程通常要由相关会议通过才能生效，通过章程的会议名称和日期要加括号置于标题下方。

章程的正文一般采用条款式写法，而且是章断条连式，即分章分条，各章条数前后相连、统一排列，条下还可分款，但各款不连，独立编号。第一章为"总则"（或总纲），总则部分一般用以说明组织机构的性质、宗旨、任务，有的还要说明组织机构的名称、指导思想或建设要求等；中间各章统称"分则"，分则部分是章程的主体，在此要对组织机构的成员、构成特点、活动范围和方式等做出相应规定；章程的最后一章是"附则"，主要写明章程的生效日期与施行要求。有些章程不设附则一章，分则部分结束即整个章程结束。如果不设附则，那么开头的总则（或总纲）就不要作为第一章出现，而要单独放在分则各章之前。

请看一篇例文：

中国注册税务师协会章程

（2013 年 8 月 23 日第五届全国会员代表大会通过）

第 一 章　总　　则

第一条　根据《中华人民共和国税收征收管理法》及《中华人民共和国税收征收管理法实施细则》和国务院《社会团体登记管理条例》的有关规定，制定本章程。

第二条　中国注册税务师协会（英文名称：The China Certified Tax Agents Association，缩写 CCTAA），是由中国注册税务师和税务师事务所组成的独立、民间和自律的全国性一级社会团体，受民政部和国家税务总局的指导和监督。中国注册税务师协会（以下简称"本会"）经民政部注册登记。

第三条　本会的宗旨是服务会员，建立与完善会员职业道德规范和执业准则，监督实施注册税务师行业自律管理，协调行业内、外部关系，维护国家和社会公众利益，维护纳税人和会员合法权益，促进行业健康发展。

第四条 本会设在北京市。

第二章 职 责

第五条 本会的主要职责是：

（一）办理会员注册入会和变更管理；

（二）参与制定本行业发展规划并组织实施；

（三）拟订注册税务师执业准则，制定操作指南；

（四）制定注册税务师行业自律管理制度；

（五）开展行业党建和统战工作；

（六）向国家税务总局提交行业立法和税收政策建议，参与行业立法工作；

（七）向政府及有关部门反映行业及会员的意见和诉求；

（八）支持会员依法诚信执业，监督会员遵守执业准则；

（九）维护会员合法权益；

（十）协调行业及会员内、外部关系，维护公平竞争的市场秩序；

（十一）开展税务师事务所等级认定工作；

（十二）开展会员年度检查工作，监督检查行业管理制度实施情况；

（十三）组织和推动会员继续教育及专业培训工作；

（十四）组织业务交流，开展理论研究，提供业务援助；

（十五）负责注册税务师行业宣传，出版会刊及有关业务书刊，建立行业信息网络，提供专业信息服务；

（十六）开展国际交往活动；

（十七）办理国家税务总局及有关部门授权和委托的有关事项；

（十八）指导地方注册税务师协会的工作。

第三章 会 员

第六条 本会会员分为团体会员和个人会员。

团体会员是：

依法定程序设立的税务师事务所。

个人会员是：

（一）已取得《中华人民共和国执业注册税务师资格证书》的注册税务师；

（二）从事注册税务师行业的管理人员和理论工作者。个人会员分为执业会员和非执业会员。

第七条 会员入会的程序：

（一）到所在地地方注册税务师协会办理注册入会手续；

（二）领取本会统一制发的会员证（含电子版）。

第八条 会员享有下列权利：

（一）个人会员享有本会的选举权、被选举权；

（二）参加本会举办的相关学习、研究、经验交流和其他考察交往活动；

（三）享受本会提供的相关免费服务；

（四）通过本会向有关部门提出意见和要求；

（五）监督本会工作，提出批评和建议；

（六）对本会给予的惩戒提出申诉；

（七）享有本会提供的其他服务；

（八）依照规定退出本会。

第九条　会员履行下列义务：

（一）遵守本会的章程，执行本会决议，维护本会合法权益；

（二）遵守执业准则及其操作指南；

（三）遵守职业道德，维护本会声誉；

（四）接受本会的指导、监督和管理；

（五）参加本会活动，支持本会工作，反映情况，提供有关资料；

（六）按规定交纳会费；

（七）完成继续教育任务；

（八）按规定报送和更新会员信息；

（九）承办本会委托的工作任务和依据章程应尽的其他义务。

第十条　会员退会应办理退会手续，并交回会员证（含电子版）。拒不履行义务的会员，理事会可劝其退会，注销其会员资格，收回会员证（含电子版）。

第十一条　会员如有下列情形之一，所在地方协会或本会奖惩委员会审查核实认为情节严重须除名的，由本会常务理事会半数以上通过：

（一）完全丧失民事行为能力；

（二）受刑事处罚；

（三）被工商部门吊销营业执照；

（四）被注册税务师管理中心注销执业备案。

第四章　组织机构和负责人产生、罢免（略）

第五章　地方注册税务师协会（略）

第六章　经费及资产管理（略）

第七章　终止程序及终止后的财产处理

第四十一条　本会完成其宗旨或者自行解散，或者由于分立、合并等原因需要注销的，由理事会作出终止动议。终止动议须经会员代表大会表决通过，报国家税务总局批准。

第四十二条　本会因故终止前，须在国家税务总局和民政部的指导下成立清算组织，清理债权债务，处理善后事宜。

第四十三条　本会经民政部办理注销手续后即为终止。

第四十四条　本会终止后的剩余财产，在国家税务总局和民政部的监督下，按照国家有关规定处理。

第八章　附　　则

第四十五条　本章程由本会理事会负责解释。

第四十六条　本章程自全国会员代表大会通过之日起生效。

另外，在常见的股份制文书中，还有一种专门用于股份制企业的公司章程，作为财经文书的公司章程与作为事务文书的其他机构章程在写法上大同小异。

还需要说明的是，各类文书的用途和使用范围会在应用过程中随时调整变化。近年来，章程还常用于对某一项重要工作的基本原则、组织机构和主要规程等做出规定，如《北京大学招生章程》。此类章程的标题除了要有组织机构名称和文种之外，还应含有工作事项名称。以法规或规章的形式对工作事项做出规定，非常有利于加强工作的规范性。

（2）条例

条例，是对某一方面的工作或某一重大事项的处理方式，以及某一组织的宗旨、任务及其成员的职责权限等做出规定的指令性文书。

条例一般由全国人民代表大会、国务院或其他政府职能部门制定、颁行。其作用主要包括阐释某项工作的任务、要求及方法，以保证工作顺利开展；规定某一组织的宗旨、任务及其成员的职责权限；规定某些专门工作人员的任务和权限；等等。

同章程一样，条例通常由标题、签署、正文几部分构成。

条例标题的格式一般为"事由＋文种"，如《住房公积金管理条例》《饲料和饲料添加剂管理条例》，"住房公积金管理""饲料和饲料添加剂管理"是事由，"条例"是文种名称。

条例的签署项即条例的发布机关和发布日期，或者通过条例的会议名称和日期，要加括号置于标题下方。条例常常随"令"发布，而"令"中大都写明签署中所要写明的事项，所以很多条例不再单设签署一项。

条例正文的格式有两种：一种是章断条连式，另一种是分条列项式。章断条连式条例的写法与章程相同，第一章为"总则"，条数从总则部分开始排列，直至最后一章"附则"；分条列项式即以"条"贯穿式，不分章目，开头就是条例的第一条，各条依次排列，直至最后一条。

条例的开头部分即总则部分，通常包括下面两项内容：一是交代制发条例的目的，常见格式是"为了……特制定本条例"；二是说明条例的适用对象和涉及范围；此外，总则部分还可以包括其他一些内容，如对工作的基本原则及归属、权限等做出说明。条例的主体部分是规定具体事项的部分，是整个条例的核心部分。总的来说，条例要对"应该如何"和"不该如何"做出规定，即首先从正面规定必须做什么及必须怎么做，然后再从反面规定不许做什么及违规的处理办法。"正面"和"反面"的规定可以放在一起对照说明，也可以将后者单独列为"罚则"，集中加以说明。条例的结尾部分称为"附则"，用以说明条例的实施要求、生效日期、解释与修改权属、与有关文件的关系及其他未尽事宜的处理办法等。

请看一篇例文：

物业管理条例

（2003 年 6 月 8 日中华人民共和国国务院令第 379 号公布，根据 2007 年 8 月 26 日《国务院关于修改〈物业管理条例〉的决定》第一次修正，根据 2016 年 2 月 6 日《国务院关于修改部分行政法规的决定》第二次修正，根据 2018 年 3 月 19 日《国务院关于修改和废止部分行政法规的决定》第三次修正）

目录（略）

第一章　总　　则

第一条　为了规范物业管理活动，维护业主和物业服务企业的合法权益，改善人民群众的生活和工作环境，制定本条例。

第二条　本条例所称物业管理，是指业主通过选聘物业服务企业，由业主和物业服务企业按照物业服务合同约定，对房屋及配套的设施设备和相关场地进行维修、养护、管理，维护物业管理区域内的环境卫生和相关秩序的活动。

第三条　国家提倡业主通过公开、公平、公正的市场竞争机制选择物业服务企业。

第四条　国家鼓励采用新技术、新方法，依靠科技进步提高物业管理和服务水平。

第五条　国务院建设行政主管部门负责全国物业管理活动的监督管理工作。

县级以上地方人民政府房地产行政主管部门负责本行政区域内物业管理活动的监督管理工作。

第二章　业主及业主大会

第六条　房屋的所有权人为业主。

业主在物业管理活动中，享有下列权利：

（一）按照物业服务合同的约定，接受物业服务企业提供的服务；

（二）提议召开业主大会会议，并就物业管理的有关事项提出建议；

（三）提出制定和修改管理规约、业主大会议事规则的建议；

（四）参加业主大会会议，行使投票权；

（五）选举业主委员会成员，并享有被选举权；

（六）监督业主委员会的工作；

（七）监督物业服务企业履行物业服务合同；

（八）对物业共用部位、共用设施设备和相关场地使用情况享有知情权和监督权；

（九）监督物业共用部位、共用设施设备专项维修资金（以下简称专项维修资金）的管理和使用；

（十）法律、法规规定的其他权利。

第七条　业主在物业管理活动中，履行下列义务：

（一）遵守管理规约、业主大会议事规则；

（二）遵守物业管理区域内物业共用部位和共用设施设备的使用、公共秩序和环境卫生的维护等方面的规章制度；

（三）执行业主大会的决定和业主大会授权业主委员会作出的决定；

（四）按照国家有关规定交纳专项维修资金；

（五）按时交纳物业服务费用；

（六）法律、法规规定的其他义务。

第八条　物业管理区域内全体业主组成业主大会。

业主大会应当代表和维护物业管理区域内全体业主在物业管理活动中的合法权益。

第九条　一个物业管理区域成立一个业主大会。

物业管理区域的划分应当考虑物业的共用设施设备、建筑物规模、社区建设等因素。具体办法由省、自治区、直辖市制定。

第十条　同一个物业管理区域内的业主，应当在物业所在地的区、县人民政府房地产行政主管部门或者街道办事处、乡镇人民政府的指导下成立业主大会，并选举产生业主委员会。但是，只有一个业主的，或者业主人数较少且经全体业主一致同意，决定不成立业主大会的，由业主共同履行业主大会、业主委员会职责。

第十一条　下列事项由业主共同决定：

（一）制定和修改业主大会议事规则；

（二）制定和修改管理规约；

（三）选举业主委员会或者更换业主委员会成员；

（四）选聘和解聘物业服务企业；

（五）筹集和使用专项维修资金；

（六）改建、重建建筑物及其附属设施；

（七）有关共有和共同管理权利的其他重大事项。

第十二条　业主大会会议可以采用集体讨论的形式，也可以采用书面征求意见的形式；但是，应当有物业管理区域内专有部分占建筑物总面积过半数的业主且占总人数过半数的业主参加。

业主可以委托代理人参加业主大会会议。

业主大会决定本条例第十一条第（五）项和第（六）项规定的事项，应当经专有部分占建筑物总面积2/3以上的业主且占总人数2/3以上的业主同意；决定本条例第十一条规定的其他事项，应当经专有部分占建筑物总面积过半数的业主且占总人数过半数的业主同意。

业主大会或者业主委员会的决定，对业主具有约束力。

业主大会或者业主委员会作出的决定侵害业主合法权益的，受侵害的业主可以请求人民法院予以撤销。

第十三条　业主大会会议分为定期会议和临时会议。

业主大会定期会议应当按照业主大会议事规则的规定召开。经20%以上的业主提议，业主委员会应当组织召开业主大会临时会议。

第十四条　召开业主大会会议，应当于会议召开15日以前通知全体业主。

住宅小区的业主大会会议，应当同时告知相关的居民委员会。

业主委员会应当做好业主大会会议记录。

第十五条　业主委员会执行业主大会的决定事项，履行下列职责：

（一）召集业主大会会议，报告物业管理的实施情况；

（二）代表业主与业主大会选聘的物业服务企业签订物业服务合同；

（三）及时了解业主、物业使用人的意见和建议，监督和协助物业服务企业履行物业服务合同；

（四）监督管理规约的实施；

（五）业主大会赋予的其他职责。

第十六条　业主委员会应当自选举产生之日起30日内，向物业所在地的区、县人民政府房地产行政主管部门和街道办事处、乡镇人民政府备案。

业主委员会委员应当由热心公益事业、责任心强、具有一定组织能力的业主担任。

业主委员会主任、副主任在业主委员会成员中推选产生。

第十七条　管理规约应当对有关物业的使用、维护、管理，业主的共同利益，业主应当履行的义务，违反管理规约应当承担的责任等事项依法作出约定。

管理规约应当尊重社会公德，不得违反法律、法规或者损害社会公共利益。

管理规约对全体业主具有约束力。

第十八条　业主大会议事规则应当就业主大会的议事方式、表决程序、业主委员会的组成和成员任期等事项作出约定。

第十九条　业主大会、业主委员会应当依法履行职责，不得作出与物业管理无关的决定，不得从事与物业管理无关的活动。

业主大会、业主委员会作出的决定违反法律、法规的，物业所在地的区、县人民政府房地产行政主管部门或者街道办事处、乡镇人民政府，应当责令限期改正或者撤销其决定，并通告全体业主。

第二十条　业主大会、业主委员会应当配合公安机关，与居民委员会相互协作，共同做好维护物业管理区域内的社会治安等相关工作。

在物业管理区域内，业主大会、业主委员会应当积极配合相关居民委员会依法履行自治管理职责，支持居民委员会开展工作，并接受其指导和监督。

住宅小区的业主大会、业主委员会作出的决定，应当告知相关的居民委员会，并认真听取居民委员会的建议。

第三章　前期物业管理（略）

第四章　物业管理服务

第三十二条　从事物业管理活动的企业应当具有独立的法人资格。

国务院建设行政主管部门应当会同有关部门建立守信联合激励和失信联合惩戒机制，加强行业诚信管理。

第三十三条　一个物业管理区域由一个物业服务企业实施物业管理。

第三十四条　业主委员会应当与业主大会选聘的物业服务企业订立书面的物业服务合同。

物业服务合同应当对物业管理事项、服务质量、服务费用、双方的权利义务、专项维修资金的管理与使用、物业管理用房、合同期限、违约责任等内容进行约定。

第三十五条　物业服务企业应当按照物业服务合同的约定，提供相应的服务。

物业服务企业未能履行物业服务合同的约定，导致业主人身、财产安全受到损害的，应当依法承担相应的法律责任。

第三十六条　物业服务企业承接物业时，应当与业主委员会办理物业验收手续。

业主委员会应当向物业服务企业移交本条例第二十九条第一款规定的资料。

第三十七条　物业管理用房的所有权依法属于业主。未经业主大会同意，物业服务企业不得改变物业管理用房的用途。

第三十八条　物业服务合同终止时，物业服务企业应当将物业管理用房和本条例第二十九条第一款规定的资料交还给业主委员会。

物业服务合同终止时，业主大会选聘了新的物业服务企业的，物业服务企业之间应当做好交接工作。

第三十九条　物业服务企业可以将物业管理区域内的专项服务业务委托给专业性服务企业，但不得将该区域内的全部物业管理一并委托给他人。

第四十条　物业服务收费应当遵循合理、公开以及费用与服务水平相适应的原则，区别不同物业的性质和特点，由业主和物业服务企业按照国务院价格主管部门会同国务院建设行政主管部门制定的物业服务收费办法，在物业服务合同中约定。

第四十一条　业主应当根据物业服务合同的约定交纳物业服务费用。业主与物业使用人约定由物业使用人交纳物业服务费用的，从其约定，业主负连带交纳责任。

已竣工但尚未出售或者尚未交给物业买受人的物业，物业服务费用由建设单位交纳。

第四十二条　县级以上人民政府价格主管部门会同同级房地产行政主管部门，应当加强对物业服务收费的监督。

第四十三条　物业服务企业可以根据业主的委托提供物业服务合同约定以外的服务项目，服务报酬由双方约定。

第四十四条　物业管理区域内，供水、供电、供气、供热、通信、有线电视等单位应当向最终用户收取有关费用。

物业服务企业接受委托代收前款费用的，不得向业主收取手续费等额外费用。

第四十五条　对物业管理区域内违反有关治安、环保、物业装饰装修和使用等方面法律、法规规定的行为，物业服务企业应当制止，并及时向有关行政管理部门报告。

有关行政管理部门在接到物业服务企业的报告后，应当依法对违法行为予以制止或者依法处理。

第四十六条 物业服务企业应当协助做好物业管理区域内的安全防范工作。发生安全事故时，物业服务企业在采取应急措施的同时，应当及时向有关行政管理部门报告，协助做好救助工作。

物业服务企业雇请保安人员的，应当遵守国家有关规定。保安人员在维护物业管理区域内的公共秩序时，应当履行职责，不得侵害公民的合法权益。

第四十七条 物业使用人在物业管理活动中的权利义务由业主和物业使用人约定，但不得违反法律、法规和管理规约的有关规定。

物业使用人违反本条例和管理规约的规定，有关业主应当承担连带责任。

第四十八条 县级以上地方人民政府房地产行政主管部门应当及时处理业主、业主委员会、物业使用人和物业服务企业在物业管理活动中的投诉。

第五章 物业的使用与维护（略）
第六章 法律责任

第五十六条 违反本条例的规定，住宅物业的建设单位未通过招投标的方式选聘物业服务企业或者未经批准，擅自采用协议方式选聘物业服务企业的，由县级以上地方人民政府房地产行政主管部门责令限期改正，给予警告，可以并处 10 万元以下的罚款。

第五十七条 违反本条例的规定，建设单位擅自处分属于业主的物业共用部位、共用设施设备的所有权或者使用权的，由县级以上地方人民政府房地产行政主管部门处 5 万元以上 20 万元以下的罚款；给业主造成损失的，依法承担赔偿责任。

第五十八条 违反本条例的规定，不移交有关资料的，由县级以上地方人民政府房地产行政主管部门责令限期改正；逾期仍不移交有关资料的，对建设单位、物业服务企业予以通报，处 1 万元以上 10 万元以下的罚款。

第五十九条 违反本条例的规定，物业服务企业将一个物业管理区域内的全部物业管理一并委托给他人的，由县级以上地方人民政府房地产行政主管部门责令限期改正，处委托合同价款 30% 以上 50% 以下的罚款。委托所得收益，用于物业管理区域内物业共用部位、共用设施设备的维修、养护，剩余部分按照业主大会的决定使用；给业主造成损失的，依法承担赔偿责任。

第六十条 违反本条例的规定，挪用专项维修资金的，由县级以上地方人民政府房地产行政主管部门追回挪用的专项维修资金，给予警告，没收违法所得，可以并处挪用数额 2 倍以下的罚款；构成犯罪的，依法追究直接负责的主管人员和其他直接责任人员的刑事责任。

第六十一条 违反本条例的规定，建设单位在物业管理区域内不按照规定配置必要的物业管理用房的，由县级以上地方人民政府房地产行政主管部门责令限期改正，给予警告，没收违法所得，并处 10 万元以上 50 万元以下的罚款。

第六十二条 违反本条例的规定，未经业主大会同意，物业服务企业擅自改变物业管理用房的用途的，由县级以上地方人民政府房地产行政主管部门责令限期改正，给予警告，并处 1 万元以上 10 万元以下的罚款；有收益的，所得收益用于物业管理区域内物业共用部位、共用设施设备的维修、养护，剩余部分按照业主大会的决定使用。

第六十三条　违反本条例的规定，有下列行为之一的，由县级以上地方人民政府房地产行政主管部门责令限期改正，给予警告，并按照本条第二款的规定处以罚款；所得收益，用于物业管理区域内物业共用部位、共用设施设备的维修、养护，剩余部分按照业主大会的决定使用：

（一）擅自改变物业管理区域内按照规划建设的公共建筑和共用设施用途的；

（二）擅自占用、挖掘物业管理区域内道路、场地，损害业主共同利益的；

（三）擅自利用物业共用部位、共用设施设备进行经营的。

个人有前款规定行为之一的，处1 000元以上1万元以下的罚款；单位有前款规定行为之一的，处5万元以上20万元以下的罚款。

第六十四条　违反物业服务合同约定，业主逾期不交纳物业服务费用的，业主委员会应当督促其限期交纳；逾期仍不交纳的，物业服务企业可以向人民法院起诉。

第六十五条　业主以业主大会或者业主委员会的名义，从事违反法律、法规的活动，构成犯罪的，依法追究刑事责任；尚不构成犯罪的，依法给予治安管理处罚。

第六十六条　违反本条例的规定，国务院建设行政主管部门、县级以上地方人民政府房地产行政主管部门或者其他有关行政管理部门的工作人员利用职务上的便利，收受他人财物或者其他好处，不依法履行监督管理职责，或者发现违法行为不予查处，构成犯罪的，依法追究刑事责任；尚不构成犯罪的，依法给予行政处分。

第七章　附　　则

第六十七条　条例自2003年9月1日起施行。

例文采用的是章断条连式格式，第一条从第一章开始，最后一条在最后一章。开头部分即总则部分首先说明制定条例的目的，并通过对"物业管理"的界定明确该条例的适用对象，然后申明国家所倡导的基本工作方针，最后明确物业管理活动的监督管理工作的归属机构。主体部分共五章，从正、反两方面对物业管理所涉事项做出非常全面、详尽、清楚的规定。其中，"第六章　法律责任"是对各种违规行为处罚方式的规定，这一部分在条例中也常称为"罚则"。结尾部分即附则部分比较简单，只写明条例的施行时间。有些条例的附则部分除施行时间之外，还常常会列入其他一些内容，如条例的执行、修改办法及相关文件的处理办法等。

（3）规定

规定，是针对某一事项或活动提出要求，并制定相应措施，要求有关人员贯彻执行的文书。

规定的主要用途在于就某些政策性问题，提出具体的约束性意见或措施，以利于某项工作的顺利进行和完成。与章程、条例相比，规定的现实针对性要更强一些。

与章程、条例一样，规定通常也由标题、签署和正文几部分构成。

规定标题的常见格式是"发文机关＋事由＋文种"或"事由＋文种"，并常用介词"关于"引出事由，如《财政部关于税收管理体制的规定》《全国人民代表大会常务委员会关于惩治走私犯罪的补充规定》《国务院关于严格控制城镇住宅标准的规定》。

规定的签署项即规定的发布机关和发布、施行日期，或者通过规定的会议名称和日期，可加括号置于标题下方，也可作为落款放在正文之后。与条例一样，规定也常随"令"发布，而"令"中大都写明了签署中所要写明的事项，所以很多规定不再单设签署或落款一项。

规定的正文一般包括开头、主体和结尾三部分。开头部分又称序言部分，主要用以说明制发规定的目的、依据、缘由等，有的规定还会在此申明基本原则等；主体部分是规定具体事项的部分，在此要明确要求、措施、办法等具体事项，这部分大都采用条款式写法；结尾部分主要用以交代规定的实施要求、生效日期，以及解释和修改权属等。也有一些规定采用"以条贯之"的写法，即不分部分或章节，将全部事项均以条目形式列出，第一条说明制发规定的目的等，最后一条明确实施要求及办法，中间各条写明具体规定事项。

请看一篇例文：

中华人民共和国劳动和社会保障部令

第 22 号

《集体合同规定》已于 2003 年 12 月 30 日经劳动和社会保障部第 7 次部务会议通过，现予公布，自 2004 年 5 月 1 日起施行。

部长　郑斯林

二○○四年一月二十日

集体合同规定

第一章　总　则

第一条　为规范集体协商和签订集体合同行为，依法维护劳动者和用人单位的合法权益，根据《中华人民共和国劳动法》和《中华人民共和国工会法》，制定本规定。

第二条　中华人民共和国境内的企业和实行企业化管理的事业单位（以下统称用人单位）与本单位职工之间进行集体协商，签订集体合同，适用本规定。

第三条　本规定所称集体合同，是指用人单位与本单位职工根据法律、法规、规章的规定，就劳动报酬、工作时间、休息休假、劳动安全卫生、职业培训、保险福利等事项，通过集体协商签订的书面协议；所称专项集体合同，是指用人单位与本单位职工根据法律、法规、规章的规定，就集体协商的某项内容签订的专项书面协议。

第四条　用人单位与本单位职工签订集体合同或专项集体合同，以及确定相关事宜，应当采取集体协商的方式。集体协商主要采取协商会议的形式。

第五条　进行集体协商，签订集体合同或专项集体合同，应当遵循下列原则：

（一）遵守法律、法规、规章及国家有关规定；

（二）相互尊重，平等协商；

（三）诚实守信，公平合作；

（四）兼顾双方合法权益；

（五）不得采取过激行为。

第六条 符合本规定的集体合同或专项集体合同，对用人单位和本单位的全体职工具有法律约束力。

用人单位与职工个人签订的劳动合同约定的劳动条件和劳动报酬等标准，不得低于集体合同或专项集体合同的规定。

第七条 县级以上劳动保障行政部门对本行政区域内用人单位与本单位职工开展集体协商、签订、履行集体合同的情况进行监督，并负责审查集体合同或专项集体合同。

第二章 集体协商内容

第八条 集体协商双方可以就下列多项或某项内容进行集体协商，签订集体合同或专项集体合同：

（一）劳动报酬；

（二）工作时间；

（三）休息休假；

（四）劳动安全与卫生；

（五）补充保险和福利；

（六）女职工和未成年工特殊保护；

（七）职业技能培训；

（八）劳动合同管理；

（九）奖惩；

（十）裁员；

（十一）集体合同期限；

（十二）变更、解除集体合同的程序；

（十三）履行集体合同发生争议时的协商处理办法；

（十四）违反集体合同的责任；

（十五）双方认为应当协商的其他内容。

第九条 劳动报酬主要包括：

（一）用人单位工资水平、工资分配制度、工资标准和工资分配形式；

（二）工资支付办法；

（三）加班、加点工资及津贴、补贴标准和奖金分配办法；

（四）工资调整办法；

（五）试用期及病、事假等期间的工资待遇；

（六）特殊情况下职工工资（生活费）支付办法；

（七）其他劳动报酬分配办法。

第十条 工作时间主要包括：

（一）工时制度；

（二）加班加点办法；

（三）特殊工种的工作时间；

（四）劳动定额标准。

第十一条 休息休假主要包括：

（一）日休息时间、周休息日安排、年休假办法；

（二）不能实行标准工时职工的休息休假；

（三）其他假期。

第十二条 劳动安全卫生主要包括：

（一）劳动安全卫生责任制；

（二）劳动条件和安全技术措施；

（三）安全操作规程；

（四）劳保用品发放标准；

（五）定期健康检查和职业健康体检。

第十三条 补充保险和福利主要包括：

（一）补充保险的种类、范围；

（二）基本福利制度和福利设施；

（三）医疗期延长及其待遇；

（四）职工亲属福利制度。

第十四条 女职工和未成年工的特殊保护主要包括：

（一）女职工和未成年工禁忌从事的劳动；

（二）女职工的经期、孕期、产期和哺乳期的劳动保护；

（三）女职工、未成年工定期健康检查；

（四）未成年工的使用和登记制度。

第十五条 职业技能培训主要包括：

（一）职业技能培训项目规划及年度计划；

（二）职业技能培训费用的提取和使用；

（三）保障和改善职业技能培训的措施。

第十六条 劳动合同管理主要包括：

（一）劳动合同签订时间；

（二）确定劳动合同期限的条件；

（三）劳动合同变更、解除、续订的一般原则及无固定期限劳动合同的终止条件；

（四）试用期的条件和期限。

第十七条 奖惩主要包括：

（一）劳动纪律；

（二）考核奖惩制度；

（三）奖惩程序。

第十八条　裁员主要包括：

（一）裁员的方案；

（二）裁员的程序；

（三）裁员的实施办法和补偿标准。

第三章　集体协商代表

第十九条　本规定所称集体协商代表（以下统称协商代表），是指按照法定程序产生并有权代表本方利益进行集体协商的人员。

集体协商双方的代表人数应当对等，每方至少3人，并各确定1名首席代表。

第二十条　职工一方的协商代表由本单位工会选派。未建立工会的，由本单位职工民主推荐，并经本单位半数以上职工同意。

职工一方的首席代表由本单位工会主席担任。工会主席可以书面委托其他协商代表代理首席代表。工会主席空缺的，首席代表由工会主要负责人担任。未建立工会的，职工一方的首席代表从协商代表中民主推举产生。

第二十一条　用人单位一方的协商代表，由用人单位法定代表人指派，首席代表由单位法定代表人担任或由其书面委托的其他管理人员担任。

第二十二条　协商代表履行职责的期限由被代表方确定。

第二十三条　集体协商双方首席代表可以书面委托本单位以外的专业人员作为本方协商代表。委托人数不得超过本方代表的三分之一。

首席代表不得由非本单位人员代理。

第二十四条　用人单位协商代表与职工协商代表不得相互兼任。

第二十五条　协商代表应履行下列职责：

（一）参加集体协商；

（二）接受本方人员质询，及时向本方人员公布协商情况并征求意见；

（三）提供与集体协商有关的情况和资料；

（四）代表本方参加集体协商争议的处理；

（五）监督集体合同或专项集体合同的履行；

（六）法律、法规和规章规定的其他职责。

第二十六条　协商代表应当维护本单位正常的生产、工作秩序，不得采取威胁、收买、欺骗等行为。

协商代表应当保守在集体协商过程中知悉的用人单位的商业秘密。

第二十七条　企业内部的协商代表参加集体协商视为提供了正常劳动。

第二十八条　职工一方协商代表在其履行协商代表职责期间劳动合同期满的，劳动合同期限自动延长至完成履行协商代表职责之时，除出现下列情形之一的，用人单位不得与其解除劳动合同：

（一）严重违反劳动纪律或用人单位依法制定的规章制度的；

（二）严重失职、营私舞弊，对用人单位利益造成重大损害的；

（三）被依法追究刑事责任的。

职工一方协商代表履行协商代表职责期间，用人单位无正当理由不得调整其工作岗位。

第二十九条 职工一方协商代表就本规定第二十七条、第二十八条的规定与用人单位发生争议的，可以向当地劳动争议仲裁委员会申请仲裁。

第三十条 工会可以更换职工一方协商代表；未建立工会的，经本单位半数以上职工同意可以更换职工一方协商代表。

用人单位法定代表人可以更换用人单位一方协商代表。

第三十一条 协商代表因更换、辞任或遇有不可抗力等情形造成空缺的，应在空缺之日起15日内按照本规定产生新的代表。

第四章 集体协商程序

第三十二条 集体协商任何一方均可就签订集体合同或专项集体合同以及相关事宜，以书面形式向对方提出进行集体协商的要求。

一方提出进行集体协商要求的，另一方应当在收到集体协商要求之日起20日内以书面形式给以回应，无正当理由不得拒绝进行集体协商。

第三十三条 协商代表在协商前应进行下列准备工作：

（一）熟悉与集体协商内容有关的法律、法规、规章和制度；

（二）了解与集体协商内容有关的情况和资料，收集用人单位和职工对协商意向所持的意见；

（三）拟定集体协商议题，集体协商议题可由提出协商一方起草，也可由双方指派代表共同起草；

（四）确定集体协商的时间、地点等事项；

（五）共同确定一名非协商代表担任集体协商记录员。记录员应保持中立、公正，并为集体协商双方保密。

第三十四条 集体协商会议由双方首席代表轮流主持，并按下列程序进行：

（一）宣布议程和会议纪律；

（二）一方首席代表提出协商的具体内容和要求，另一方首席代表就对方的要求作出回应；

（三）协商双方就商谈事项发表各自意见，开展充分讨论；

（四）双方首席代表归纳意见。达成一致的，应当形成集体合同草案或专项集体合同草案，由双方首席代表签字。

第三十五条 集体协商未达成一致意见或出现事先未预料的问题时，经双方协商，可以中止协商。中止期限及下次协商时间、地点、内容由双方商定。

第五章 集体合同的订立、变更、解除和终止

第三十六条 经双方协商代表协商一致的集体合同草案或专项集体合同草案应当提交职工代表大会或者全体职工讨论。

职工代表大会或者全体职工讨论集体合同草案或专项集体合同草案，应当有三分之二以上职工代表或者职工出席，且须经全体职工代表半数以上或者全体职工半数以上同意，集体合同草案或专项集体合同草案方获通过。

第三十七条 集体合同草案或专项集体合同草案经职工代表大会或者职工大会通过后，由集体协商双方首席代表签字。

第三十八条 集体合同或专项集体合同期限一般为1至3年，期满或双方约定的终止条件出现，即行终止。

集体合同或专项集体合同期满前3个月内，任何一方均可向对方提出重新签订或续订的要求。

第三十九条 双方协商代表协商一致，可以变更或解除集体合同或专项集体合同。

第四十条 有下列情形之一的，可以变更或解除集体合同或专项集体合同：

（一）用人单位因被兼并、解散、破产等原因，致使集体合同或专项集体合同无法履行的；

（二）因不可抗力等原因致使集体合同或专项集体合同无法履行或部分无法履行的；

（三）集体合同或专项集体合同约定的变更或解除条件出现的；

（四）法律、法规、规章规定的其他情形。

第四十一条 变更或解除集体合同或专项集体合同适用本规定的集体协商程序。

第六章 集体合同审查（略）
第七章 集体协商争议的协调处理

第四十九条 集体协商过程中发生争议，双方当事人不能协商解决的，当事人一方或双方可以书面向劳动保障行政部门提出协调处理申请；未提出申请的，劳动保障行政部门认为必要时也可以进行协调处理。

第五十条 劳动保障行政部门应当组织同级工会和企业组织等三方面的人员，共同协调处理集体协商争议。

第五十一条 集体协商争议处理实行属地管辖，具体管辖范围由省级劳动保障行政部门规定。

中央管辖的企业以及跨省、自治区、直辖市用人单位因集体协商发生的争议，由劳动保障部指定的省级劳动保障行政部门组织同级工会和企业组织等三方面的人员协调处理，必要时，劳动保障部也可以组织有关方面协调处理。

第五十二条 协调处理集体协商争议，应当自受理协调处理申请之日起30日内结束协调处理工作。期满未结束的，可以适当延长协调期限，但延长期限不得超过15日。

第五十三条 协调处理集体协商争议应当按照以下程序进行：

（一）受理协调处理申请；

（二）调查了解争议的情况；

（三）研究制定协调处理争议的方案；

（四）对争议进行协调处理；

（五）制作《协调处理协议书》。

第五十四条 《协调处理协议书》应当载明协调处理申请、争议的事实和协调结果，双方当事人就某些协商事项不能达成一致的，应将继续协商的有关事项予以载明。《协调处理协议书》由集体协商争议协调处理人员和争议双方首席代表签字盖章后生效。争议双方均应遵守生效后的《协调处理协议书》。

第八章 附 则

第五十五条 因履行集体合同发生的争议，当事人协商解决不成的，可以依法向劳动争议仲裁委员会申请仲裁。

第五十六条 用人单位无正当理由拒绝工会或职工代表提出的集体协商要求的，按照《工会法》及有关法律、法规的规定处理。

第五十七条 本规定于2004年5月1日起实施。原劳动部1994年12月5日颁布的《集体合同规定》同时废止。

例文标题是由"事由"和"文种"两个要素构成的，简洁、明确。该规定随"令"发布，通过规定的会议名称和施行日期等内容已在"令"中写明，所以未再单设签署一项。例文正文的开头部分为总则，主要说明做出规定的目的及基本原则等；主体部分以章断条连式写法明确各条规定事项，其中既有原则与要求，也有办法与措施，各条规定事项非常明确、具体；结尾部分是附则，明确违规处理办法、实施要求等。

再看一篇内容和写法相对简单的例文。

女职工劳动保护特别规定

（2012年4月18日国务院第200次常务会议通过，

2012年4月28日中华人民共和国国务院令第619号公布。）

第一条 为了减少和解决女职工在劳动中因生理特点造成的特殊困难，保护女职工健康，制定本规定。

第二条 中华人民共和国境内的国家机关、企业、事业单位、社会团体、个体经济组织以及其他社会组织等用人单位及其女职工，适用本规定。

第三条 用人单位应当加强女职工劳动保护，采取措施改善女职工劳动安全卫生条件，对女职工进行劳动安全卫生知识培训。

第四条 用人单位应当遵守女职工禁忌从事的劳动范围的规定。用人单位应当将本单位属于女职工禁忌从事的劳动范围的岗位书面告知女职工。

女职工禁忌从事的劳动范围由本规定附录列示。国务院安全生产监督管理部门会同国务院人力资源社会保障行政部门、国务院卫生行政部门根据经济社会发展情况，对女职工禁忌从事的劳动范围进行调整。

第五条　用人单位不得因女职工怀孕、生育、哺乳降低其工资、予以辞退、与其解除劳动或者聘用合同。

第六条　女职工在孕期不能适应原劳动的，用人单位应当根据医疗机构的证明，予以减轻劳动量或者安排其他能够适应的劳动。

对怀孕7个月以上的女职工，用人单位不得延长劳动时间或者安排夜班劳动，并应当在劳动时间内安排一定的休息时间。

怀孕女职工在劳动时间内进行产前检查，所需时间计入劳动时间。

第七条　女职工生育享受98天产假，其中产前可以休假15天；难产的，增加产假15天；生育多胞胎的，每多生育1个婴儿，增加产假15天。

女职工怀孕未满4个月流产的，享受15天产假；怀孕满4个月流产的，享受42天产假。

第八条　女职工产假期间的生育津贴，对已经参加生育保险的，按照用人单位上年度职工月平均工资的标准由生育保险基金支付；对未参加生育保险的，按照女职工产假前工资的标准由用人单位支付。

女职工生育或者流产的医疗费用，按照生育保险规定的项目和标准，对已经参加生育保险的，由生育保险基金支付；对未参加生育保险的，由用人单位支付。

第九条　对哺乳未满1周岁婴儿的女职工，用人单位不得延长劳动时间或者安排夜班劳动。

用人单位应当在每天的劳动时间内为哺乳期女职工安排1小时哺乳时间；女职工生育多胞胎的，每多哺乳1个婴儿每天增加1小时哺乳时间。

第十条　女职工比较多的用人单位应当根据女职工的需要，建立女职工卫生室、孕妇休息室、哺乳室等设施，妥善解决女职工在生理卫生、哺乳方面的困难。

第十一条　在劳动场所，用人单位应当预防和制止对女职工的性骚扰。

第十二条　县级以上人民政府人力资源社会保障行政部门、安全生产监督管理部门按照各自职责负责对用人单位遵守本规定的情况进行监督检查。

工会、妇女组织依法对用人单位遵守本规定的情况进行监督。

第十三条　用人单位违反本规定第六条第二款、第七条、第九条第一款规定的，由县级以上人民政府人力资源社会保障行政部门责令限期改正，按照受侵害女职工每人1 000元以上5 000元以下的标准计算，处以罚款。

用人单位违反本规定附录第一条、第二条规定的，由县级以上人民政府安全生产监督管理部门责令限期改正，按照受侵害女职工每人1 000元以上5 000元以下的标准计算，处以罚款。用人单位违反本规定附录第三条、第四条规定的，由县级以上人民政府安全生产监督管理部门责令限期治理，处5万元以上30万元以下的罚款；情节严重的，责令停止有关作业，或者提请有关人民政府按照国务院规定的权限责令关闭。

第十四条　用人单位违反本规定，侵害女职工合法权益的，女职工可以依法投诉、举报、申诉，依法向劳动人事争议调解仲裁机构申请调解仲裁，对仲裁裁决不服的，依法向人民法院提起诉讼。

第十五条　用人单位违反本规定，侵害女职工合法权益，造成女职工损害的，依法给予赔偿；用人单位及其直接负责的主管人员和其他直接责任人员构成犯罪的，依法追究刑事责任。

第十六条　本规定自公布之日起施行。1988年7月21日国务院发布的《女职工劳动保护规定》同时废止。

附录：女职工禁忌从事的劳动范围（略）

例文采用"以条贯之"的格式，全部事项均以条目形式列出。其中，第一条、第二条相当于开头部分（总则部分），明确制定规定的目的及适用范围；中间各条为主体部分，规定具体事项；第十二至十六条相当于结尾部分（附则部分），主要用以明确违规处理办法及规定施行办法、要求等事项。

（4）办法

办法，是有关机关或部门根据党和国家的方针、政策及有关法规、条例，就某一方面的工作或问题提出具体做法和要求的文书。在实际工作中，办法作为一种带有行业法规性质的文件，应用范围越来越广，使用频率也越来越高，人们常常以此作为处理工作和解决问题的规范和依据。

办法通常由标题、正文和落款几部分构成。

标题一般采用"事由+文种"的格式，如《中华人民共和国中外合资经营企业登记管理办法》《城镇职工基本医疗保险用药范围管理暂行办法》。

正文的开头部分（总则部分）主要说明制定办法的依据和目的；主体部分明确各项要求和措施。由于办法的实践性极强，因此各项要求和措施要十分严密、具体、明确；正文的结尾部分是办法的实施说明部分，主要交代办法的施行时间和要求、修订和解释权限等。办法正文的写出与条例等大体相同，章断条连式和分条列项式都是常见的格式。

落款部分写明制定办法的机关名称和日期。同前面所介绍的几种规章制度类文书一样，办法的发布机关和发布日期也可以签署的形式置于标题下方。当然，也同前面所讲述的条例、规定一样，随"令"发布的"办法"，也常不再单设签署或落款一项。

请看一篇随"令"发布的例文：

中华人民共和国人力资源和社会保障部

中华人民共和国财政部　令

第36号

《企业年金办法》已经2016年12月20日人力资源社会保障部第114次部务会审议通过，财政部审议通过。现予公布，自2018年2月1日起施行。

123

人力资源社会保障部部长　尹蔚民

财政部部长　肖　捷

2017 年 12 月 18 日

企业年金办法

第一章　总　则

第一条　为建立多层次的养老保险制度，推动企业年金发展，更好地保障职工退休后的生活，根据《中华人民共和国劳动法》《中华人民共和国劳动合同法》《中华人民共和国社会保险法》《中华人民共和国信托法》和国务院有关规定，制定本办法。

第二条　本办法所称企业年金，是指企业及其职工在依法参加基本养老保险的基础上，自主建立的补充养老保险制度。国家鼓励企业建立企业年金。建立企业年金，应当按照本办法执行。

第三条　企业年金所需费用由企业和职工个人共同缴纳。企业年金基金实行完全积累，为每个参加企业年金的职工建立个人账户，按照国家有关规定投资运营。企业年金基金投资运营收益并入企业年金基金。

第四条　企业年金有关税收和财务管理，按照国家有关规定执行。

第五条　企业和职工建立企业年金，应当确定企业年金受托人，由企业代表委托人与受托人签订受托管理合同。受托人可以是符合国家规定的法人受托机构，也可以是企业按照国家有关规定成立的企业年金理事会。

第二章　企业年金方案的订立、变更和终止

第六条　企业和职工建立企业年金，应当依法参加基本养老保险并履行缴费义务，企业具有相应的经济负担能力。

第七条　建立企业年金，企业应当与职工一方通过集体协商确定，并制定企业年金方案。企业年金方案应当提交职工代表大会或者全体职工讨论通过。

第八条　企业年金方案应当包括以下内容：

（一）参加人员；

（二）资金筹集与分配的比例和办法；

（三）账户管理；

（四）权益归属；

（五）基金管理；

（六）待遇计发和支付方式；

（七）方案的变更和终止；

（八）组织管理和监督方式；

（九）双方约定的其他事项。

企业年金方案适用于企业试用期满的职工。

第九条 企业应当将企业年金方案报送所在地县级以上人民政府人力资源社会保障行政部门。

中央所属企业的企业年金方案报送人力资源社会保障部。

跨省企业的企业年金方案报送其总部所在地省级人民政府人力资源社会保障行政部门。

省内跨地区企业的企业年金方案报送其总部所在地设区的市级以上人民政府人力资源社会保障行政部门。

第十条 人力资源社会保障行政部门自收到企业年金方案文本之日起15日内未提出异议的，企业年金方案即行生效。

第十一条 企业与职工一方可以根据本企业情况，按照国家政策规定，经协商一致，变更企业年金方案。变更后的企业年金方案应当经职工代表大会或者全体职工讨论通过，并重新报送人力资源社会保障行政部门。

第十二条 有下列情形之一的，企业年金方案终止：

（一）企业因依法解散、被依法撤销或者被依法宣告破产等原因，致使企业年金方案无法履行的；

（二）因不可抗力等原因致使企业年金方案无法履行的；

（三）企业年金方案约定的其他终止条件出现的。

第十三条 企业应当在企业年金方案变更或者终止后10日内报告人力资源社会保障行政部门，并通知受托人。企业应当在企业年金方案终止后，按国家有关规定对企业年金基金进行清算，并按照本办法第四章相关规定处理。

第三章 企业年金基金筹集

第十四条 企业年金基金由下列各项组成：

（一）企业缴费；

（二）职工个人缴费；

（三）企业年金基金投资运营收益。

第十五条 企业缴费每年不超过本企业职工工资总额的8%。企业和职工个人缴费合计不超过本企业职工工资总额的12%。具体所需费用，由企业和职工一方协商确定。

职工个人缴费由企业从职工个人工资中代扣代缴。

第十六条 实行企业年金后，企业如遇到经营亏损、重组并购等当期不能继续缴费的情况，经与职工一方协商，可以中止缴费。不能继续缴费的情况消失后，企业和职工恢复缴费，并可以根据本企业实际情况，按照中止缴费时的企业年金方案予以补缴。补缴的年限和金额不得超过实际中止缴费的年限和金额。

第四章 账户管理

第十七条 企业缴费应当按照企业年金方案确定的比例和办法计入职工企业年金个人账户，职工个人缴费计入本人企业年金个人账户。

第十八条 企业应当合理确定本单位当期缴费计入职工企业年金个人账户的最高额与平

均额的差距。企业当期缴费计入职工企业年金个人账户的最高额与平均额不得超过 5 倍。

第十九条　职工企业年金个人账户中个人缴费及其投资收益自始归属于职工个人。

职工企业年金个人账户中企业缴费及其投资收益，企业可以与职工一方约定其自始归属于职工个人，也可以约定随着职工在本企业工作年限的增加逐步归属于职工个人，完全归属于职工个人的期限最长不超过 8 年。

第二十条　有下列情形之一的，职工企业年金个人账户中企业缴费及其投资收益完全归属于职工个人：

（一）职工达到法定退休年龄、完全丧失劳动能力或者死亡的；

（二）有本办法第十二条规定的企业年金方案终止情形之一的；

（三）非因职工过错企业解除劳动合同的，或者因企业违反法律规定职工解除劳动合同的；

（四）劳动合同期满，由于企业原因不再续订劳动合同的；

（五）企业年金方案约定的其他情形。

第二十一条　企业年金暂时未分配至职工企业年金个人账户的企业缴费及其投资收益，以及职工企业年金个人账户中未归属于职工个人的企业缴费及其投资收益，计入企业年金企业账户。

企业年金企业账户中的企业缴费及其投资收益应当按照企业年金方案确定的比例和办法计入职工企业年金个人账户。

第二十二条　职工变动工作单位时，新就业单位已经建立企业年金或者职业年金的，原企业年金个人账户权益应当随同转入新就业单位企业年金或者职业年金。

职工新就业单位没有建立企业年金或者职业年金的，或者职工升学、参军、失业期间，原企业年金个人账户可以暂时由原管理机构继续管理，也可以由法人受托机构发起的集合计划设置的保留账户暂时管理；原受托人是企业年金理事会的，由企业与职工协商选择法人受托机构管理。

第二十三条　企业年金方案终止后，职工原企业年金个人账户由法人受托机构发起的集合计划设置的保留账户暂时管理；原受托人是企业年金理事会的，由企业与职工一方协商选择法人受托机构管理。

第五章　企业年金待遇

第二十四条　符合下列条件之一的，可以领取企业年金：

（一）职工在达到国家规定的退休年龄或者完全丧失劳动能力时，可以从本人企业年金个人账户中按月、分次或者一次性领取企业年金，也可以将本人企业年金个人账户资金全部或者部分购买商业养老保险产品，依据保险合同领取待遇并享受相应的继承权；

（二）出国（境）定居人员的企业年金个人账户资金，可以根据本人要求一次性支付给本人；

（三）职工或者退休人员死亡后，其企业年金个人账户余额可以继承。

第二十五条 未达到上述企业年金领取条件之一的，不得从企业年金个人账户中提前提取资金。

第六章 管理监督

第二十六条 企业成立企业年金理事会作为受托人的，企业年金理事会应当由企业和职工代表组成，也可以聘请企业以外的专业人员参加，其中职工代表应不少于三分之一。

企业年金理事会除管理本企业的企业年金事务之外，不得从事其他任何形式的营业性活动。

第二十七条 受托人应当委托具有企业年金管理资格的账户管理人、投资管理人和托管人，负责企业年金基金的账户管理、投资运营和托管。

第二十八条 企业年金基金应当与委托人、受托人、账户管理人、投资管理人、托管人和其他为企业年金基金管理提供服务的自然人、法人或者其他组织的自有资产或者其他资产分开管理，不得挪作其他用途。

企业年金基金管理应当执行国家有关规定。

第二十九条 县级以上人民政府人力资源社会保障行政部门负责对本办法的执行情况进行监督检查。对违反本办法的，由人力资源社会保障行政部门予以警告，责令改正。

第三十条 因订立或者履行企业年金方案发生争议的，按照国家有关集体合同的规定执行。

因履行企业年金基金管理合同发生争议的，当事人可以依法申请仲裁或者提起诉讼。

第七章 附 则

第三十一条 参加企业职工基本养老保险的其他用人单位及其职工建立补充养老保险的，参照本办法执行。

第三十二条 本办法自 2018 年 2 月 1 日起施行。原劳动和社会保障部 2004 年 1 月 6 日发布的《企业年金试行办法》同时废止。

本办法施行之日已经生效的企业年金方案，与本办法规定不一致的，应当在本办法施行之日起 1 年内变更。

例文格式与前面介绍过的章程、条例的格式基本相同，前有总则，后有附则，各条款从第一章总则到最后一章附则，依次排列。总则是开头部分，主要对制定办法的目的、依据及企业年金所指、缴纳与托管方式等原则性问题加以说明；中间各章分别对企业年金方案的订立、变更和终止及企业年金基金筹集、账户管理、企业年金待遇、管理监督等事项做出具体规定，要求及措施都很明确。附则是结尾部分，主要对施行日期等有关施行事宜加以说明。

（5）守则

守则是某一单位、部门或属于某一社会群体的成员所应共同依循的行为准则，是用以规范人们行为方式的文书，有时也直接被称为"准则"。守则既可以打破单位或部门的界限，通用于某一社会行业或社会群体，如《教师守则》《中小学生守则》等；也可以在单位或部门内部使用，如《中国证监会工作人员行为准则》，各类员工守则大都属于此类守则。

与前面几种规章制度类文书相比，守则一般篇幅较短，格式较为简单。标题、正文和日期，是守则常包括的几部分。

守则的标题一般包括适用对象和文种名称，例如，前面提到的《中小学生守则》，"中小学生"是该守则的适用对象，"守则"是文种名称。

守则的正文内容通常比较简单，篇幅比较简短，为此，多采用简略的条文式写法，即以通篇分条的方式、简略的标题式语言，写明各项规则和要求。内容较为复杂的守则，则可以如前面介绍的其他几种规章制度类文书那样，采用相对复杂的条款式写法，并以陈述性或说明性句子形式分条列项写明具体事项。还有的守则采用公文式写法，即在开头部分说明制定该守则的依据和目的，主体部分明确各项要求，结语部分申明守则的施行办法。无论采用哪种写法，都应讲求内容的逻辑性和条理性，要做到条文排列有序，层次清楚。

正文之后落款通常只有守则的制定或颁行日期一项内容，而不必再写制定者名称。

请先看一篇写法比较简略的例文：

中小学生守则

1. 热爱祖国，热爱人民，热爱劳动，热爱科学，热爱社会主义，热爱中国共产党。
2. 遵守法律法规，增强法律意识，遵守校规校纪，遵守社会公德。
3. 热爱科学，努力学习，勤思好问，乐于探究，积极参加社会实践和有益的活动。
4. 珍爱生命，注意安全，锻炼身体，讲究卫生。
5. 自尊自爱，自信自强，生活习惯文明健康。
6. 积极参加劳动，勤俭朴素，自己能做的事自己做。
7. 孝敬父母，尊敬师长，礼貌待人。
8. 热爱集体，团结同学，互相帮助，关心他人。
9. 诚实守信，言行一致，知错就改，有责任心。
10. 热爱大自然，爱护生活环境。

这篇守则的正文所采用的是简略式写法，只写明要求适用对象依循的各项准则，内容简单、明了，措辞精练、干脆、上口、易记。

下面是一篇采用公文式写法的例文：

××员工守则

为了规范公司员工行为道德，培养和造就一支政治强、作风正、纪律严、工作勤、业务精的员工队伍，特根据《××市民行为道德规范》要求和企业工作实施情况，制定和颁行本员工守则，全司员工均应严格遵守执行本守则：

一、热爱祖国，忠于人民，坚定共产主义信念，致力社会主义建设，全心全意为企业服务。

二、遵纪守法，洁身端行，防微杜渐，严于律己。不打架斗殴，不盗窃行骗，不吸毒赌博，不搞色情活动。

三、顾全大局，见义勇为，坚持原则，伸张正义。勇于开展批评与自我批评，敢与不良倾向做斗争，自觉维护集体利益和荣誉。

四、爱岗敬业，尽忠职守，服从调配，听令指挥。不迟到早退，不串岗漏岗、擅离职守，不利用工作时间办私事和无故缺勤或旷工。

五、勤学苦干，争优创先，艰苦朴素，廉洁奉公。不投机取巧，不贪小便宜，不做有损于集体和公众利益之事。

六、关心集体，爱护公物，讲究卫生，注重环保。不随地吐痰，不抛撒杂物，不乱倒污水、脏物，不损坏公物和在禁止吸烟的地方吸烟。

七、诚实守信，文明礼貌，谦虚谨慎，平易近人。不违背诺言，不揽功诿过，不敷衍搪塞、推卸责任。讲实话，干实事，做老实人。

八、宽容大度，与人为善，团结同事，和睦四邻。不挑事生非、制造矛盾，不乘人之危、打击报复，不在背后非议和中伤他人。

九、衣着整齐，仪表大方，说话和气，服务真诚。不讲粗言秽语，不刁难客户，不着拖鞋和奇装异服上班。

十、尊老爱幼，敬亲助邻，济困扶危，助人为乐。不近上疏下、重富轻贫，不拉帮结派和搞小团体活动。

××××年×月修订

这篇守则的正文采用的是公文式写法，开头部分指明制定该守则的目的和依据；主体部分共有十项条款，从思想观念、道德修养到工作态度、日常举止做了规定，排列有序，条分缕析；最后是修订日期。

请再看一篇内容相对复杂、写法类似"规定"的例文：

中国证监会工作人员行为准则

第一章 总 则

第一条 为规范中国证监会工作人员（以下简称工作人员）行为，建设政治坚定、业务精通、作风优良、公正廉洁、纪律严明的证券期货监管队伍，促进资本市场稳定健康发展，根据《中华人民共和国证券法》《中华人民共和国公务员法》及有关法律法规，制定本准则。

第二条 工作人员应当遵守本准则，自觉接受监督。

第二章 基本准则

第三条 工作人员应当努力践行科学发展观，求真务实，开拓创新，不断提高监管工作水平。

第四条 工作人员应当遵守国家法律法规和证监会规章制度，自觉履行国家工作人员的各项义务，模范遵守社会公德。

第五条 工作人员应当增强法治意识，依法履行职责，维护资本市场的公开、公平、公正，保护投资者合法权益。

第六条　工作人员应当忠于职守,勤勉尽责,公道正派,廉洁自律,树立和维护监管人员良好形象。

第七条　工作人员应当牢记全心全意为人民服务的宗旨,树立公仆意识,保持良好作风,谦虚谨慎,团结友爱,勤俭节约,艰苦奋斗,文明服务,礼貌待人。

第三章　依法监管

第八条　工作人员在监管工作中应当依法履行监管职责,秉公执法,规范行政行为,不得玩忽职守或滥用职权,不得徇私枉法、包庇纵容违法违规行为。

第九条　工作人员在行政许可工作中,应当遵守法定的权限、范围、条件和程序,不得超越法定权限、违反法定程序、超过法定期限实施行政许可。

第十条　工作人员在稽查办案、行政处罚和行政复议工作中,应当以事实为依据,以法律为准绳,做到程序合法、证据充分、定性准确。

第四章　勤勉尽责

第十一条　工作人员应当爱岗敬业,钻研业务,恪尽职守,严谨务实,做好本职工作。

第十二条　工作人员应当遵守工作纪律,服从指挥,认真执行上级决定。

第十三条　工作人员应当团结协作,提高工作效率,保证工作质量,不得推诿扯皮、贻误工作。

第五章　公正廉洁

第十四条　工作人员应当遵守国家廉政规定和证监会廉政纪律,保持清正廉洁。

第十五条　工作人员不得利用职务上的便利为本人、亲属和他人谋取不正当利益。

第十六条　工作人员不得利用职务上的便利收受礼金和各种有价证券、支付凭证,不得违反规定收受礼品。无法退回的,应当及时上缴所在单位纪检(监察)机构。

第十七条　工作人员不得接受可能影响公正执行公务的宴请以及旅游、健身、娱乐等活动安排,不得接受或者无偿借用监管对象提供的交通工具、通信工具和其他设备物品。

第十八条　工作人员应当遵守国家关于证券期货监管机构工作人员不得买卖股票和从事期货交易的规定。

第六章　保守秘密

第十九条　工作人员应当遵守国家保密规定和证监会保密纪律,不得探询与履行职责无关的保密信息,不得泄露保密信息。

第二十条　工作人员不得泄露证券期货交易内幕信息,不得泄露工作中所知悉的有关单位和个人的商业秘密;不得编造或者传播虚假信息,不得进行信息误导。

第二十一条　工作人员公开发表言论和文字材料时,不得涉及证券期货监管未公开信息;内容涉及资本市场信息的,应当真实、客观。非因工作需要,不得与他人谈论证券期货监管未公开信息。

第二十二条　工作人员不得违反规定接受采访,不得发表或者散布与党和国家路线方针政策、证监会重大决策不一致的言论。

<h2 style="text-align:center">第七章 回 避</h2>

第二十三条 工作人员应当遵守任职回避和公务回避有关规定，不得从事与监管职责有利益冲突的行为。

第二十四条 工作人员在执行公务时，遇有可能影响公正执行公务的情形时，应当主动申请回避，不得对应回避事项施加影响。

第二十五条 工作人员不得在监管对象以及其他营利性组织兼任职务；未经批准，不得在社团等非营利性组织兼任职务，经批准兼任职务的，不得领取兼职报酬。

第二十六条 工作人员离职后，在规定期限内应当遵守中国证监会回避规定，不得违反规定在监管对象中任职。

<h2 style="text-align:center">第八章 监 督</h2>

第二十七条 工作人员所在单位或者部门应当教育、督促工作人员遵守本准则。

第二十八条 工作人员有违反本准则行为的，知情人可以向工作人员所在单位或者上级单位举报或投诉。中国证监会有关单位或部门接到举报或者投诉后，应当依照有关规定及时调查处理。

第二十九条 工作人员违反本准则的，由相关单位或者部门按照干部管理权限和有关规定处理。

第三十条 工作人员对处理决定不服的，可以向所在单位纪检（监察）机构或者上一级纪检（监察）机构申诉，受理申诉的机构应当依法及时办理。

<h2 style="text-align:center">第九章 附 则</h2>

第三十一条 本准则适用于中国证监会机关及派出机构工作人员。

第三十二条 本准则由中国证监会纪检（监察）机构和组织（人事）部门监督实施。

第三十三条 本准则自发布之日起施行，《中国证券监督管理委员会工作人员守则》（证监发〔2000〕70号）同时废止。

这篇例文的写法同前面介绍过的采用章断条连式写法的规定基本相同，在此不再详加说明。

第三章 公 关 文 书

公关文书同前面所讲述的行政公文、事务文书及后面将要讲述的财经文书、法律文书在文种功用、行文方式及语言风格等方面都有较大的差异。例如，公关文书与同为要以口头宣读的方式发布的致词类文书和讲话稿所适用的场合、所采用的写法，有着明显的区别。公关文书既具备实用型文章的共同特征，同时也有自己的一些特点。就其整体而言，在实用型文章中，公关文书是最具感情色彩，也最富有文采的一类文书。从某种意义上可以说，有些公关文书往往带有一定的"文学性"。

在本章中，应当着重掌握：公关文书的含义和特点；公关文书的主要种类；贺信、慰问信、邀请信、求职信、祝酒词、开幕词等写法相对复杂、语言表达方面的特点较为突出的公关文书的写作要领。

一、概述

简单地说，公关文书就是在公关活动中形成和使用的文书。公关是公共关系的简称，主要是指一个社会组织或一个人通过与公众进行有效的信息交流或开展其他交往活动，树立良好的公众形象，赢得公众的信任和支持，从而为组织或个人的发展创造最佳社会环境的各种行为方式。全面地看，公共关系既可以是组织行为，也可以是个人行为，但目前人们大都将公关看作一种管理职能，即看作一种组织行为。在现代社会中，信息的流通日趋迅捷，人们之间的社会联系日趋紧密，可以说，任何一个组织或个人的生存和发展都是难以脱离公共关系的，而公关活动的顺利进行又离不开公关文书的辅助，公关文书是公关活动的重要凭借和工具。

实际上，很多文书都负有公关职能。例如，产品说明书、产品广告在介绍产品的同时，也宣传了企业。另外，一些行政文件有时也会起到沟通与交流等公关作用。不过，这些文书材料毕竟不是专门用于公关活动的，或者说不是专门为公关活动而制发的，因而不能称为公关文书。专门用于公关活动或者说专门以公关为目的而制发的文书也有很多种，比较常见的有函电类和致词类两大类别。函电类公关文书又包括贺电和贺函、唁电和唁函、请柬和聘书、慰问电和慰问信、邀请电和邀请信、感谢信和表扬信及推荐信、介绍信和证明信等；致词类公关文书包括欢迎词和欢送词、祝酒词和答谢词、开幕词和闭幕词、追悼词等。

很多公关文书是在特定的礼仪场合或者说主要是出于一定礼仪目的使用的，所以又被称为礼仪文书，如贺电和贺函、唁电和唁函、请柬、邀请电和邀请信、欢迎词和欢送词、祝酒词和答谢词、追悼词及某些开幕词和闭幕词、感谢信和表扬信等。

目的明确，格式规范，用语得体，是公关文书应具备的最为突出的特点。

二、函电

（一）贺电和贺信

贺电和贺信，是指在各种喜庆场合向他人表示祝贺的电文和信函。

贺电和贺函的主要用途和内容是表达祝贺、祝愿或祝祷的感情，有时也会根据需要表达互相慰藉或互相勉励的心愿。感性色彩浓烈，措辞既热情，又不失庄重，是贺电和贺信的重要特征。

贺电和贺信通常包括标题、称谓、正文、祝颂语、落款几部分。先写明祝贺的事由，再表达祝贺之情，是贺电和贺信正文的一般写法。

先看一份贺电：

中共中央 国务院致第 31 届奥林匹克运动会中国体育代表团的贺电

中国体育代表团：

在举世瞩目的第 31 届奥林匹克运动会上，我国体育健儿肩负祖国和人民期望，顽强拼搏，奋勇争先，取得 26 枚金牌、18 枚银牌、26 枚铜牌的优异成绩，展现了追求卓越的意志品质和昂扬向上的精神风貌，为祖国人民赢得了荣誉。党中央、国务院向你们表示热烈的祝贺和亲切的慰问！

在里约奥运赛场上，我国体育健儿大力弘扬奥林匹克精神和中华体育精神，同世界各国各地区运动员相互学习、相互交流，增进了友谊和了解。你们尊重对手、尊重裁判、尊重观众、尊重规则，表现出精湛的运动技艺和优良的竞赛作风，向世界展现了当代中国的正能量和当代中国人民的精神风貌。你们的优异成绩和奋发表现，激发了全国各族人民和海外华侨华人的爱国热情，振奋了民族精神，凝聚了奋进力量。

伟大的事业需要伟大的中国精神，伟大的征程需要伟大的中国力量。希望你们继续发扬我国体育界的光荣传统，再接再厉，总结经验，克服不足，努力争取更加优异的成绩，进一步激发广大人民群众支持和参与体育运动的热情，带动群众体育普及开展，促进全民健身和全民健康深度融合，积极推进健康中国建设，让广大人民群众共享体育运动带来的健康和快乐。

全党全国各族人民要学习和弘扬我国体育健儿在奥运赛场上表现出来的团结一心、顽强拼搏精神，努力在各自岗位上不断追求卓越、追求超越，万众一心实现"两个一百年"奋斗目标、实现中华民族伟大复兴的中国梦。

中共中央

国务院

2016 年 8 月 22 日

这是一份相对篇幅较长，内容较为丰富的贺电。正文部分：首先概述事由，并以热情洋溢的语言向有关人员表示祝贺和问候；其次对中国体育代表团运动健儿们的优异表现予以高度评价；最后提出祝愿和希望。

从写法上看，贺电和贺信没有明显的差异，只是有些贺电的字数很少，写法非常简单，甚至几句简短的贺词即可。

再看一封贺信：

中国高等教育学会贺信

西安建筑科技大学：

值此贵校并校 45 周年庆典之际，谨向你们表示热烈的祝贺，并向为学校建设和发展呕心沥血、无私奉献的全校师生员工表示亲切的问候！

西安建筑科技大学是 1956 年我国第二次院系调整时，由创办于 1923 年的原东北工学院建筑系、始建于 1895 年的北洋大学工学院的土木系和成立于 1905 年的焦作工学院等合并而成的西北工学院土木系，始创于 1901 年的山东大学工学院的土木系及创建于 1911 年的原苏州工业专科学校的土木科和建筑科合并而成的。贵校是一所积淀了中国教育史上最早的一批土木、建筑、市政类系科，具有悠久办学历史和雄厚办学实力的高等学府。

并校 45 年来，西安建筑科技大学始终坚持社会主义的办学方向，发扬了学校"自强、笃实、求源、创新"的优良传统，扎根西北，辛勤耕耘，开拓进取，为祖国培养了一大批高素质的建设人才，并取得了一批具有国内外先进水平的科技成果。特别是 1998 年以来，学校按照"提高教育教学质量求生存，狠抓学科建设上水平，适度扩大规模求效益，深化内部管理体制促发展"的总体发展思路，相继启动"教育教学质量工程、学科建设工程、校园建设工程、创新工程"等四大跨世纪奠基工程，使学校的总体面貌发生了很大变化，形成了较为完善的学科体系，营造了良好的育人环境。

面对新世纪难得的发展机遇和面临的严峻挑战，希望贵校全体师生员工继续坚持党的十一届三中全会以来的路线方针政策，高举邓小平理论的伟大旗帜，以江泽民同志"三个代表"的重要思想为指导，进一步解放思想，抓住机遇，加快学校的改革和发展，为实施科教兴国的伟大战略和西部大开发做出新的贡献。

中国高等教育学会

二〇〇一年九月十五日

应当注意的是，这封贺信正文的开头部分所包含的内容是函电和贺信的开头部分经常应用的内容，其表述方式也是贺电和贺信惯用的表述方式，非常值得借鉴，甚至可以直接套用。

（二）唁电和唁函

唁电和唁函，是发给遭遇丧事的逝者家属或逝者所在单位的电报和信函。哀悼逝者，安慰生者，是唁电和唁函的基本用途，也是唁电和唁函所要表述的主要内容。

唁电和唁函一般包括标题、称谓、正文和落款几部分。标题可居中写"唁电"二字，也可略微详细一些，写为"××电唁××逝世""××致函悼唁××逝世"等。同一般电报和书信一样，唁电和唁函要在标题之下顶格写明收电或收信人称呼。正文部分除了表达哀痛和慰问之情，常常还要概述逝者的经历或业绩并予以评价，其中要突出逝者与致电（函）者的交往与联系，特别是曾给予致电（函）者的关心与帮助。"惊悉""倾悉""惊闻"及"悲痛至极""不胜哀痛""节哀顺变""节哀自珍""尚希珍重""特电吊唁，并致慰问""特致电唁，以志哀忱"等，都是唁电和唁函常用的字眼。需要注意的是，唁电和唁函及后面将要介绍的悼词，都讳用"死"字，要用"仙逝""作古""不幸逝世""溘然长逝""与世长辞"等说法。最后是落款，落款包括署名和日期两项内容。

请看一篇例文：

广东省报业协会悼念许中田社长

中国报业协会、人民日报社：

惊悉中国报业协会主席、人民日报社社长许中田同志不幸逝世，广东报业同人深感悲痛，特发唁电致哀，并向许中田同志家属致以亲切慰问！

许中田同志是党的优秀新闻工作者。他在党的宣传思想战线奋斗几十年，为办好党中央机关报——人民日报，宣传党的路线方针政策，宣传邓小平理论和江泽民总书记提出的"三个代表"重要思想，实现祖国现代化，为中国报业的发展倾注了毕生心血。他的不幸逝世，是我们党的新闻事业和中国报业的一大损失。

许中田同志深入实际调查研究的作风，给我们树立了学习的榜样。就在他病发前几天，他还关心广东报业，亲自率领人民日报社部分同志来到广东考察报业改革和发展的情况，认真听取南方日报报业集团领导的汇报，热情赞扬南方日报锐意改革所取得的成果，共同探讨了新形势下如何办好党委机关报，提升机关报的影响力和竞争力，如何经营出受读者欢迎的主流新闻等问题。他的谦虚谨慎，他的平易近人，他的音容笑貌，至今历历在目，给我们留下了极其难忘的印象，我们永远怀念他。

许中田同志永垂不朽！

广东省报业协会（公章）

二〇〇二年十月二十九日

这份唁电的正文部分首先是表达哀痛之意和慰问之情，然后在简述并评价逝者的主要贡献的基础上，回顾逝者对致电者的关心和帮助，以及致电者对逝者的难忘印象。"×××永垂不朽!"是常用于唁电、唁函及悼词的结语,不过,其多在哀悼具有一定社会地位的逝者时使用。

(三)请柬和聘书

1. 请柬

请柬又称请帖,是单位或个人为邀请有关人员出席某项活动而制发的一种专门信函。请柬多用于比较隆重的庆典活动,有时也用于规模较大的会议或较为正规的筵宴。

请柬一般由封面和内文两部分组成。封面写明"请柬"或"请帖"字样,有时也可加上活动名称。封面要美观大方,要有庄重感和艺术性。内文主要包括称谓、正文和落款几项内容。受邀单位或个人名称即称谓应顶格书写,为表示尊重,个人的姓名之后要有职务、职称或"先生""女士""小姐"等称谓;正文要写明活动的内容、时间、地点及其他须知事项;"敬请参加""敬候光临""请届时光临"等邀约语是请柬常用的结语;落款是指署名和日期,要写在正文的右下方。

请柬内容大都非常简短,语言表述必须准确、凝练、典雅、诚恳,要使受邀者能够领会邀请者的意图,感受到邀请者的诚意,并能够感受到愉悦。

例如:

封　面

> 1979—2019
> 国家开放大学(原中央广播电视大学)建校 40 周年庆典
>
> # 请　柬

内　文

> ×××同志:
>
> 　　为庆祝国家开放大学(原中央广播电视大学)建校 40 周年,兹定于 2019 年 ×月×日上午×时,在教育部逸夫会议中心礼堂召开大会,并举办媒体展示活动。敬请光临。
>
> 　　　　　　　　　　国家开放大学(公章)
> 　　　　　　　　　　2019 年×月×日

这份请柬的封面不仅有"请柬"二字,而且注明活动名称。内文包括称谓、正文和落款。由于活动内容是庆祝大会,受邀人员主要是上级机关及有关单位的领导,所以采用了非常庄重并且极具公务色彩的称谓方式——"×××同志"；正文主要写明活动内容及时间、地点等须知事项，"敬请光临"是切合活动特点的结语；落款为署名和日期，并加盖公章。

2. 聘书

聘书是聘请书的简称，是指为聘请某人担任某一职务或承担某项工作而制作的一种专门文书。随着人事制度的改革和人事聘用制度的落实，人事聘用已成为一项非常重要的工作，聘书使用的机会也越来越多。目前，不仅聘用外单位人员到本单位工作要发聘书，即便是聘用本单位或本部门的人员，有时也会颁发聘书。

聘书一般由标题、称谓、正文、落款组成。标题为"聘书"或"聘请书"，有的以较大字号标在正文上方居中位置，比较讲究的聘书则专门制作封面，"聘书"或"聘请书"标于封面并烫金。受聘者的姓名可以作为称谓一项单独写出，也可以写在正文中。正文的写法有简有详，有的只简单写明聘任事项，即聘请受聘者担任何职或承担哪项工作，有的则写得详细一些，要写明聘用的原因、要求、任务与待遇、任期等相关事宜，并表示感谢或祝愿。正文的最后多用"此聘""此致、敬礼""敬请台安，诸维垂鉴"等作为结语。落款包括署名和日期，在正文右下方写明聘用单位名称和颁发聘书的日期并加盖公章。如果聘用者为个人，则应签署聘用者的姓名并加盖私人印章。如果是单位负责人代表单位签发聘书，则应标明其职务并加盖公章。

例如：

聘　书

兹聘请××律师为本公司法律顾问。聘期三年，自 2019 年 6 月 1 日起。

　　此聘

总经理：×××（公司盖章）

2019 年 5 月 20 日

这是一份写法比较简单的格式化聘书，简短的两句话，即将受聘者、聘请职位、聘期及执行日期交代清楚。下面是一份内容相对复杂一些的聘书示例。

封　　面　　　　　　　　　　**内　　文**

封面	内文
聘　书 （多为烫金大字）	×××教授： 　　为推进教学改革，提高教学质量，我校面向国内外学界聘任兼职教授。您长期从事××学科的教学与科研工作，成绩卓著。为此，特聘您为我校兼职教授，期盼您能为我校的建设与发展做出贡献。 　　此聘 　　××大学校长　××（章） 　　2019 年 2 月 6 日

该聘书例文与前面聘书例文相比,内容稍微复杂一些,格式也有所区别,但这两种形式的聘书都是比较常见的。第二份聘书的格式更常用于聘请业界德高望重人士的聘书。

由于聘书一般是在聘用者与受聘者就有关事项进行充分协商并达成协议的基础上制发的,而且在制发聘书之前或同时,双方往往还要签订工作合同之类的协议性文书,就双方的权利与义务等做出具体规定,所以聘书的内容不必过于复杂,而要力求明确、简洁,即便是内容相对详细一些的聘书,也不宜写得过细,字数不能太多。

(四)慰问电和慰问信

慰问电和慰问信是向有关集体或个人表示安慰和慰候的电报和信件。慰问电和慰问信可以在多种场合应用,例如,向在工作中取得突出成绩的集体或个人表示慰问,向辛勤工作的劳动者、勤奋学习的学生或某一特殊人群表示慰问,向遭遇自然灾害、亲人亡故等不幸事件的人表示慰问,等等。

同贺电和贺信的情况相同,慰问电和慰问信在格式上也没有太大的区别,只是慰问电的篇幅大都非常简短,语言极为精练,内容高度概括。

慰问信一般由标题、称谓、正文和落款几部分组成。标题可以只写"慰问信"三个字,也可以同时标明慰问对象。称谓即慰问对象的名称。用于不同场合的慰问信,正文内容往往有所不同。从总体上看,慰问信主要有两类:一类表示安慰,另一类表示问候。前者要针对不幸事件的后果,表达同情与痛惜之情;后者则要述及慰问对象的主要贡献,并表达钦佩与赞扬之意。实际上,即便是同为表示安慰或表示问候的慰问信,由于慰问对象不同,写法也会有所区别。落款包括署名和日期两项内容。

请看一篇例文:

省人大致灾区的慰问信

"5·12"汶川大地震灾区干部群众,奋战在抗震救灾第一线的解放军指战员、武警官兵、民兵预备役人员、公安民警,医务工作者和新闻工作者,在川参加抗震救灾的各救援队员、志愿者及广大人大代表、社会各界人士:

2008年5月12日14时28分,我省汶川县发生了里氏8.0级强烈地震,其破坏之严重、人员伤亡之多、救灾难度之大都是历史罕见,给人民群众生命财产造成巨大损失,许多城镇瞬间夷为平地,无数家庭瞬间家破人亡,数百万人瞬间无家可归,数千万人遭受地震灾害,全国为之震惊,世界为之震惊!

四川省人大常委会谨向地震灾区受灾群众表示深切慰问!向在这次灾难中不幸遇难的同胞表示沉痛哀悼!向日夜奋战在抗震救灾第一线的广大解放军指战员、武警官兵、民兵预备役人员、公安民警,在川参加抗震救灾的国(境)内外救援队员、志愿者及广大人大代表、社会各界人士,向日夜坚守在抗震救灾第一线的广大干部群众,表示衷心感谢并致以崇高敬意!

人民利益高于一切。灾情发生以后,党中央、国务院十分关心灾区人民,进行了紧急动员和周密部署,要求举全国之力坚决打胜抗震救灾这场硬仗。胡锦涛总书记、温家宝总理不顾余震危险亲赴灾区看望受灾群众和救援人员，组织部署救灾工作，给我们以战胜灾害的极大勇气和坚强决心！省委省政府坚决贯彻执行党中央、国务院的决策部署，全力组织开展抗震救灾，各项工作紧张、有力、有序、有效进行。广大参战官兵、国（境）内外救援队员、医务人员、志愿者和基层党员干部，视灾区人民为亲人，不怕流血牺牲，不怕艰难险阻，不怕疲劳、连续作战，日夜奋战在抗震救灾第一线，全力以赴开展救援行动，在死亡线上挽救数万群众的生命，救治伤员数十万人，转移安置受灾群众数百万人；近3 000万受灾群众自强不息、奋力抗争，以极大勇气和坚强意志开展自救互助，与自然灾害进行顽强斗争。在这场举世震惊的巨大灾难面前，正是你们谱写出无数波澜壮阔、感人至深、可歌可泣的抗震救灾的伟大战歌和生命奇迹。你们的不朽功勋和生命壮歌深深感动了神州大地，必将为人民和历史永远铭记。你们是最坚强的人，你们是最可爱的人！

当前，抗震救灾正处于刻不容缓的紧要关头。我们要在党中央、国务院的正确领导下，坚决贯彻省委、省政府的安排部署，把抗震救灾作为头等大事、中心工作、第一要务，继续发扬不怕疲劳、连续作战的拼搏精神，全力以赴进行抗震救灾，尽最大努力把地震灾害的损失减少到最低限度，帮助群众重建家园，恢复生产生活。

地震，可以使山河改变，灾难，可以使我们痛失家园。但是，任何苦难都不能改变我们抗震救灾的坚强意志和我们建设美好家园的坚强决心。我们坚信，在党中央、国务院的坚强领导下，我们万众一心、众志成城，不畏艰险、百折不挠，就一定能够夺取抗震救灾的全面胜利！

四川省人大常委会

2008 年 5 月 20 日

例文是一封向受灾群众、救灾人员及有关人士表示慰问的慰问信。由于慰问对象涉及面较广，所以例文的称谓语部分较长，称呼准确、周详，排序合理，显得非常周到。正文部分主要包括几项内容：首先简述灾情，强调震灾的严重程度；然后向灾区人民表达慰问之情，向救灾人员表达谢意与敬意，内容简洁、得体；接着以饱含深情同时又充满激情的语言，称颂党和政府及救灾人员、广大人民群众的抗震救灾壮举，内容真挚生动，感人至深；最后提出希望，表明重建家园的信心和决心。

请再看一篇用途和内容与前文有所不同的慰问信：

致全国广大教师的慰问信

全国广大教师们：

第二十九个教师节到来之际，我正在遥远的乌兹别克斯坦进行国事访问。首先，我代表党中央、国务院，向全国1 400万教师，致以诚挚的问候和崇高的敬意！祝大家节日快乐！

长期以来，我国广大教师认真贯彻党的教育方针，默默耕耘、无私奉献，用爱心、知识、智慧点亮学生心灵，培养了一批又一批优秀人才，为我国教育事业发展、为国家发展和民族振兴作出了突出贡献。

百年大计，教育为本。教师是立教之本、兴教之源，承担着让每个孩子健康成长、办好人民满意教育的重任。希望全国广大教师牢固树立中国特色社会主义理想信念，带头践行社会主义核心价值观，自觉增强立德树人、教书育人的荣誉感和责任感，学为人师，行为世范，做学生健康成长的指导者和引路人；牢固树立终身学习理念，加强学习，拓宽视野，更新知识，不断提高业务能力和教育教学质量，努力成为业务精湛、学生喜爱的高素质教师；牢固树立改革创新意识，踊跃投身教育创新实践，为发展具有中国特色、世界水平的现代教育作出贡献。

各级党委和政府要把加强教师队伍建设作为教育事业发展最重要的基础工作来抓，提升教师素质，改善教师待遇，关心教师健康，维护教师权益，充分信任、紧紧依靠广大教师，支持优秀人才长期从教、终身从教。

全社会要大力弘扬尊师重教的良好风尚，使教师成为最受社会尊重的职业。

祝全国广大教师身体健康、工作顺利、生活幸福！

习近平

2013 年 9 月 9 日

例文是习近平主席在教师节来临之际写给教师的慰问信，是表示问候的慰问信。例文开宗明义，开头部分便以非常简练、典雅的语言，向慰问对象表示节日的祝贺与问候，向慰问对象致以敬意；然后称颂慰问对象的社会贡献，并表明希望与祝愿；接着向各级党委和政府提出重视、关爱教师的要求，向全社会发出尊师重教的号召；最后部分是非常得体的祝颂语。例文层次分明，条理清楚；语言表述既简洁、庄重，带有一定的公务色彩，又温馨、平实，含有浓郁的感情色彩。

（五）邀请电和邀请信

邀请电和邀请信是专门为邀请有关人员出席某项活动或参加某项工作而发出的电报或信件。目前邀请电应用不多，应用较多的是邀请信，邀请信又称邀请函、邀请书。

邀请信一般由标题、称谓、正文、落款几部分组成。标题可以只写"邀请信"三个字，也可以写明活动名称即事由。称谓是邀请对象的名称，如果邀请书是专发性的，即专门发给某个特定的邀请对象的，称谓则为邀请对象的专有名称；如果邀请信是普发性的，即发给某个群体的，则可以选用一个统称作为称谓。写明活动或工作的内容及意义，表明盛情邀请对方参加的意愿，交代相关须知事项，是邀请信的正文常写的几项内容。另外，同一般书信的写法相类似，称谓之下、正文之上，通常要有问候语，正文之后还常有祝颂语。落款部分要有邀请者署名和写信日期。

请看一篇例文：

南京大学建校 100 周年邀请函

尊敬的海内外校友：

您好！

2002 年 5 月南京大学将迎来百年华诞。百年沧桑，斗转星移。南京大学肇始于 1902

年创办的三江师范学堂，后经历两江师范学堂、南京高等师范学校、国立东南大学、国立中央大学等时期，1949年8月，由国立中央大学更名为南京大学，1952年全国院系调整时，南京大学调整出部分院系后与创办于1888年的金陵大学文理学院合并，仍名为南京大学。

近百年来，母校虽屡历沉浮变迁，但母校以育才为己任，为社会输送了各类人才17万多人。校友们虽然分布在大江南北、世界各地，但你们的心却和母校息息相通，始终关注和支持母校的发展，并以自己良好的素质和杰出的业绩为母校增光添彩，为民族振兴和社会进步作出了重要贡献。同时，经过几代人的奋斗和拼搏，母校亦已成为享誉海内外的著名高等学府，综合实力在各类机构的中国大学评估中，均名列前茅。特别值得一提的是，1978年，由母校教师率先撰写的《实践是检验真理的唯一标准》的著名论文，引发了对中国历史具有重大影响的真理标准讨论，揭开了改革开放的序幕。1992年至1999年，国际权威的《科学引文索引》（Science Citation Index, SCI）收录的论文数，母校连续7年位居中国大陆高校之首，被引用论文数连续6年位居中国大陆高校第一。1994年，母校成为首批列入国家"211工程"的重点建设的大学之一。1999年7月，母校又成为教育部与江苏省重点共建的大学，进入国家建设若干所世界一流大学的行列。母校的奋斗目标是经过若干年的努力，把自己建设成为世界高水平大学。

亲爱的校友：母校取得的成绩，离不开您的关心和支持，离不开自强不息、开拓创新的南大精神。这一精神凝聚着每一位校友的汗水和智慧，它就像火种一样代代相传、生生不息。为了弘扬南大精神，展示百年南大的辉煌成就，创建世界高水平大学，2002年5月15日至5月30日，母校将举行百年校庆系列活动，5月20日校庆日将隆重举行百年庆典活动。母校盛情邀请您在百年校庆期间回母校参加百年庆典。如您能回母校参加庆典，请将回执寄回您在校时所在院系校庆办公室或学校百年校庆办公室，以便我们做好百年校庆的总体安排。

顺致
崇高敬意！

南京大学
二〇〇一年十一月十八日

这是一封邀请校友参加母校校庆活动的邀请信，篇幅稍长，写法比较规范。其主要的特点是语言凝练、典雅，富有书卷气息和感情色彩，这种语言风格与邀请信的内容、用途及邀请对象的特点等非常协调。

（六）感谢信和表扬信

1. 感谢信
感谢信是专门对别人给予自己的帮助、关心与支持表示感谢的信函。感谢信可以个人名义撰写，也可以集体名义撰写，可以是个人写给组织的，也可以是组织写给个人的，还可以用于单位或机构之间。可以说，其使用范围是比较广泛的。其实，前面所介绍的慰问信、邀请信等都有这样的特点。

感谢信一般由标题、称谓、正文、落款几部分组成。标题可以只写"感谢信"或"感谢电"三个字，也可以标明感谢对象。称谓是对感谢对象的称呼，要写在标题之下、正文之上。如果感谢对象较多，或者感谢对象不是非常明确，称谓一项可写统称或者不写。简述事实即说明感谢的缘由，表达感激之情，是正文部分常写的主要内容。有的感谢信最后还要表明深受鼓舞、努力工作的决心。落款是署名和日期。

请看一篇例文：

给一年来给予年鉴编辑工作大力支持的各方的感谢信

《中国政治学年鉴》编辑部第一次开会是在 2002 年 3 月 12 日。从那时起，《中国政治学年鉴》的编辑工作正式开始。一年多来，年鉴编辑工作受到各方的重视和关心，受到很多单位和个人的大力支持与帮助，使得年鉴编辑工作顺利完成，我们表示由衷的感谢。

感谢北京大学政府管理学院和北京大学政治发展和政府管理研究所的领导们，是他们决定编辑出版这部年鉴，并从有限的资金中拨出专款来资助年鉴的编辑和出版，在年鉴编辑过程中，王浦劬、谢庆奎教授始终给予极大的关心和帮助，多次召开会议研究解决编辑工作遇到的问题，对年鉴编辑稿多次进行认真的审查并提出修改意见，没有领导的关心和支持，年鉴的完成是不可想象的。

感谢全国各地各相关单位领导的大力支持。在年鉴编辑刚刚开始时，许多单位的领导就来信表示全力支持，并且迅速确定和推荐了本单位参与年鉴工作的编委人选，这给我们展开工作提供了非常有利的前提条件。我们清楚地记得在最初的一些日子里，林尚立、徐大同、包心鉴、张永桃、任剑涛、刘玉安、朱光磊、黄卫平、徐勇、周平、俞可平、萧斌、周光辉、王武岭、王臻荣、雷忠勤、陈祖为、关信基等单位负责人给我们的回信、电子邮件或传真，给予我们极大的鼓舞。

各地编委对于年鉴工作十分负责。能够及时将材料收集、编辑、整理并发给我们。有的编委甚至几经修改，多次补充新材料。给我们印象深刻的有李济时、项继权、程同顺、桑玉成、焦文峰、何增科、吴敏、王耀宗、李芝兰、林尚立、胡伟、吴春华、张贤明、杨阳、乔耀章、宋迎法等老师。

我们知道，各地各单位的老师们工作都非常忙，因此，编委要收齐各位老师的个人小传就很困难，再者，许多单位的各种材料保存比较分散或者已经不易找到，这就使得编委的资料收集整理工作十分艰难，而且编委本身的教学科研工作也十分繁重，我们很能体谅编委工作的辛苦，因此，我们万分地感谢他们的工作。我们知道，各单位领导给我们推荐的编委都是非常优秀的学者，我们也感谢各地各单位的领导们。

其实在编委以外，各地各单位还有许多同志为我们的工作提供了辛勤的劳动。他们有的是教师，有的是行政人员，有的是研究生或者本科生。有很多人所做的工作我们无从知道。我们仅从收到的电子邮件或来信中知道一些人的名字：刘京希、汪永成、肖滨、方盛举、于风政、林猛、杨雪冬、保峻嵘、吕芳、杜丽贞、韩福国、马斌、陈永国……对于我们知道或不知道的分散在全国各地的所有为年鉴编辑工作付出劳动的老师和学生，我们在此表示诚挚的谢意！

由于我们对全国政治学相关单位的全面了解还有欠缺，有些单位我们一时不知道。当我们在年鉴网页上公布了年鉴编辑工作开始的信息后，我们很快收到不少单位主动发来的联系信。还有一些政治学学者个人的联系信。有些学者身在国外进修或讲学，在看到我们的网页后也从国外来信和我们联系。有的人还提出了很好的建议和意见。宋迎法、夏保成、邝乘光、王佃利等人为我们提供了本单位的情况。吴敏凯、施雪华等人就是从国外和我们联系、为我们提供相关材料或提出建议的。

有些单位和个人由于得知信息较迟，和我们联系很晚，时间已经来不及了，这些单位和个人在这一卷的年鉴中不能收入，这是非常遗憾的事情，但是，我们一定会在下一卷年鉴编辑时同这些单位和学者联系。我们对这些单位和学者们说一声，谢谢你们的关心，我们后会有期。

我们也向积极为年鉴提供专题文章的学者们致谢！他们虽然各自都有非常繁重的教学科研任务，但在我们向他们征集稿件时，都能同意并且在较短时间内提供了精心撰写的综述文章。有的是在其他刊物刊载过的论文。由于年鉴的特殊性，不能刊载较长的文章，编辑部必须对来稿忍痛进行压缩和改编，我们非常希望得到这些学者专家对我们这种做法的理解和同意。

中央编译局的俞可平教授在百忙中为我们审阅了专题综述的稿件。北京大学教授丁则勤、陈哲夫、陈恢钦等为年鉴审阅了全部稿件。徐湘林教授帮助编辑部对外联系并提供了许多有用的资料。北京大学新闻与传播学院的肖东发教授是年鉴学的著名专家，他作为我们的特邀编委，始终关心年鉴的编辑工作并给予热心的指导。对于这些专家教授的大力支持，我们是非常非常感谢的。

台湾的许多学者对年鉴的编辑工作同样给予极大的关心和支持。只是由于一些客观的原因，我们决定在这一卷编辑工作中，不要求台湾的单位和学者提供任何材料，而由编辑部根据台湾各大学政治学相关单位公开发布的材料编写对单位的介绍文字。我们对台湾的朋友们表示感谢！并且希望在今后的年鉴中能够有机会集中地反映台湾的政治学的发展情况。

在年鉴编辑工作即将告竣之时，我们希望政治学界老一辈学者为我们的年鉴写一些文字，这样，就有了年鉴卷首的六篇"顾问寄语"，他们代表了政治学界的前辈们对中国政治学这一学科发展的殷切期望和鼓励。我们相信，在他们关注的目光下，中国政治学这一学科一定会取得更大的进展，《中国政治学年鉴》将忠实地记录下这一历史进程。

最后我们也对我们编辑部的所有工作人员表示衷心的感谢！在一年多的编辑过程中，所有人员都尽心尽力，为年鉴工作付出辛劳。所有人员都有自己的专职工作或学习任务，参加年鉴编辑大都是利用业余时间，但是没有人叫苦，没有人逃避，都在积极努力地工作，甚至在寒假期间还连续加班好多天。特别是在年鉴编辑的后期，北京正值抵抗"非典"的非常时期，编辑部的工作不仅始终没有停止，反而更加紧张，经常加班加点。这些工作人员有佟福玲、陈家俊、杨小立、崔绪奎、张桂霞、陈素婷等。

王康宁、寇建建等同学先后为年鉴制作网页并维护更新，对于他们的精心和负责，我们也表示由衷的感谢！

《中国政治学年鉴》编辑部

李景鹏　金安平　吴丕

2003 年 5 月 28 日

这封感谢信的篇幅较长，内容较多，但层次非常清楚。正文的结构形式为"先总后分"式，先总述情况，并向各方一并致谢，然后分别向各个方面的感谢对象一一致谢，一个段落基本反映一个方面的内容，很多段落都有段中主句，即在段首用一句话点明全段的中心意思。由于感谢对象的身份、立场及关心、支持与帮助的方式各不相同，因而感谢的角度、语言也有所区别，在表达相同感激之情的同时，也突出了不同的感谢对象所发挥的独特作用。既显得十分中肯、诚挚，又不呆板、平淡，既热情洋溢，又不见溢美之词，既很翔实，又不琐细，是这封感谢信在内容表述上的特点，也是所有的感谢信都应具备的特征。内容空洞，套话连篇，没有真情实感，是感谢信写作之大忌。

再看一封不同类型的感谢信：

中共北京市委、北京市人民政府致全市人民的感谢信

尊敬的市民朋友们：

万里朋来弥远道，京华九月共金秋。在举世瞩目的 2018 年中非合作论坛北京峰会取得圆满成功之际，中共北京市委、北京市人民政府向全市人民表示衷心的感谢，并致以崇高的敬意！

中非合作论坛北京峰会是共商新时期中非友好合作发展大计，携手打造更加紧密的中非命运共同体的重要主场外交活动，意义重大而深远。做好峰会服务保障工作，是党中央交给北京的重大政治任务，也是履行好首都的职责和使命，发挥好国际交往中心作用，服务好国家外交大局的应有之义和重要体现。

在服务保障峰会过程中，全市人民识大体、顾大局，自觉把国家的大事、喜事当成自己的事，以当好东道主的主人翁意识，积极参与，甘于奉献，确保了城市平稳运行、交通井然有序、环境清新整洁、社会平安和谐，让这座伟大的城市充满了热情祥和的氛围，让北京的秋天更加绚丽多彩、成果丰硕。特别是对于一些临时管理措施带来的不便，广大市民给予了充分理解和全力支持配合。我们为全市人民感到骄傲和自豪，感谢你们以良好精神面貌彰显了包容、开放、自信的城市形象，感谢你们以实际行动展现了大国首都风采，为首都赢得了赞誉，为城市增添了光彩！我们由衷为全市人民点赞！

市委、市政府将全面贯彻党的十九大精神，以习近平新时代中国特色社会主义思想为指导，更加紧密团结在以习近平同志为核心的党中央周围，坚持以人民为中心，努力把为人民造福的事情办好办实，不断增强人民的获得感、幸福感、安全感。我们将紧紧依靠全市人民，把广大市民的理解支持和无私奉献转化为建设国际一流和谐宜居之都的强大动力，开拓进取，真抓实干，奋力开创首都更加美好的明天！

再一次感谢全市人民！

中共北京市委

北京市人民政府

2018 年 9 月 4 日

这封感谢信篇幅不长，但包括了感谢信通常所应具备的几项内容。正文的开头部分以充满诗意的语言切入主题，表达对全市人民的谢意与敬意，措辞简洁明了，情感真挚、饱满；然后简述情况即说明感谢的缘由，表达感激之情；并表明做好工作、回报全市人民的决心与信心；最后"再一次感谢全市人民"是结语，也是点题之笔，并与开头部分相呼应，给人一种首尾圆和的感觉。例文从内容到语言，都是非常值得借鉴的。

2. 表扬信

表扬信是一类对好人好事加以称颂、赞扬的专用书信。跟感谢信一样，表扬信的作者可以是单位，也可以是个人。同样，表扬对象可以是集体，也可以是个人。

表扬信和感谢信虽然都会包含称颂、感激之词，甚至有时可以用于同一场合，不过，二者的区别还是比较明显的，二者的写作目的、写作重点均有不同。表扬信有的是以公众为读者对象的，有的是写给表扬对象单位领导的，一般不能直接写给表扬对象；但感谢信则可以直接写给感谢对象。表扬信大都是针对某一具体事件的，内容相对单一；但感谢信则既可以针对一件具体的事情，也可以针对一项工作或一个时期的工作，带有一定的综合性。表扬信重在宣传好人好事，感谢信重在表达感激之情。

表扬信可以多种形式发布，例如，有的通过媒体发布，有的张贴在某处，有的送交单位领导，而以不同形式发布的表扬信其在写法上是没有什么区别的。

表扬信一般由标题、正文、落款几部分组成，有的还有称谓一项。标题大都只写"表扬信"三个字，有的也以充满感情色彩的语言点明核心事实。如果表扬信的送交对象非常明确，就要有称谓一项，否则可以不加称谓。在正文部分，首先要介绍好人好事，概述事情的来龙去脉，评价其意义和价值；其次要表达感激和赞颂之情；有的还要在最后表达对表扬对象的良好祝愿及学习好人好事的决心。同其他书信一样，表扬信也常常要以礼貌语或祝颂语作为结语。落款包括署名和日期，如果表扬信是以单位的名义撰写的，则要加盖单位公章。

请看一篇例文：

表扬信

××中学领导：

各位好：

今年寒假，我带着5岁的孙子到陶然亭公园滑冰场玩耍，孙子不小心跌了一跤，又哭又闹，哄也哄不住，抱又抱不起来。这时贵校的两名男同学正在滑冰，听到孩子的哭闹声，便跑了过来，抱起孩子，仔细看了孩子的脚，说恐怕是踝关节扭伤了，应该送他去医院。我当时已没了主意，只得跟随他们到了天坛医院，他们抱着孩子进了急诊室，我给家里打了电话，孩子的爸爸、妈妈急急忙忙地赶了过来。医生说可能是骨裂，需要照张片子。我们一家人带着孩子楼上楼下地照片子、检查，早把那两个同学忘掉了，他俩也悄悄地离去了。后来经打听，方知他们是贵校初三（2）班的王×和马×同学，他们这种助人为乐的高尚品质使我们全家都深受感动。我们请求校领导对二位同学提出表扬。

今后我们全家要向王×和马×同学学习，发扬助人为乐的雷锋精神，使我们的社会处处充满爱的温馨。

最后再次向贵校和贵校的二位同学表示感谢！

此致

敬礼！

刘××

2019年2月5日

这是一封以个人名义撰写的表扬信，感情真挚，语言平实，要素齐全，详略得当，所包含内容是表扬信的常见内容。

（七）求职信和推荐信

1. 求职信

求职信又称自荐信，是求职者向用人单位介绍自己，并表达求职意愿，以求获得某个职位的一种专用信件。

现代社会是一个充满机遇同时也充满挑战的社会，自主择业，自我推荐，是现代从业人员都有可能面临的问题。随着人事聘用制度的不断健全和人才竞争的日益加剧，善于推荐自己，善于为自己谋求更好的发展空间，已经成为现代人所应具备的一项素质和技能。从目前的情况来看，不仅毕业生就业需要求职，在职人员也常会面临岗位流动甚至重新就业的问题，因而有时也需要求职。求职则离不开求职信的撰写，要想得到一个较好的职位或者一份比较理想的工作，通常需要向用人单位递交求职信。撰写求职信是求职的第一个步骤，也是至关重要的一个步骤。求职信写得如何，会直接关系到用人单位对求职者的最初印象，进而会影响用人单位的抉择。

求职信大都包括标题、称谓、正文、祝颂语、落款及附件等几部分。

求职信的标题主要有两类：一类是平实型标题，即直接将文书名称"求职信"或"自荐信""自荐书"等用作标题，这是最为常见的标题格式。另一类是艺术化标题，即自拟简洁、醒目、带有个性特征的词句作为标题。艺术化标题的使用要慎重，要用得恰到好处，不要给人一种华而不实的感觉。另外，由于工作性质不同，很多岗位也并不适于在求职信中使用艺术化标题。

称谓是对受信者的称呼，对不同的受信者，可以使用不同的称呼。称谓必须恰当得体，既要合乎常规，又要能够体现求职者对受信者的尊敬。还要注意的是，称谓要尽可能做到明确、具体，最好不用"相关人士""有关领导"之类过于泛化的称呼。

正文一般应包括以下几项内容：一是阐明写信的缘由和目的，表明求职的意愿。在此可以高度概括求职者的条件和能力，也可以适当赞扬用人单位的独特魅力。求职信无论包括哪些内容，都应以吸引受信者注意，或者说引发受信者的兴趣为宗旨。二是介绍求职者自己的基本情况，表明求职者对目标岗位的选择理由。基本情况的介绍要做到详略得当，由于在求职信的后面大都附有个人简历，所以基本情况不必写得过于详细。但也不宜过于简略，否则很难使受信者对求职者充分了解，更不要说留下深刻的印象。另外，还要写明目标岗位或职位的名称及求职者对其特点的理解。三是评述求职者自己的特点和专长。对个人学识、能力、经验、思想修养、工作态度、兴趣爱好、个性特征等的说明和评价，不能夸大其词，也不能泛泛而谈，求职者要在全面客观、实事求是地介绍自己的前提下，紧扣目标岗位的特点，突出体现自己能够胜任目标岗位的种种有利条件。重点要说明自己能为招聘者做什么，这是招聘者最关心的问题，也是求职信所应重点强调的内容。四是申明求职者希望得到目标岗位及期盼回复的愿望，也可以表明被录用后做好工作的决心和打算。有时，为了增加被录用的机会，也可以说明除了首选岗位之外，求职者还可以胜任哪个岗位的工作。

祝颂语最常用的为"此致、敬礼"，此外，也可以根据受信者的身份或季节的特点，选用一些更为恰切的祝颂语，如"敬颂（顺颂）、大安、钧安、编安、教安、春祺、夏祺、秋祺、冬祺"等。

落款一项，要写求职者的真实姓名、联系方式及写信日期。

求职信大都附有附件，附件主要包括简历书、学历证书、获奖证书、推荐信等有关材料，有的还有科研或工作成果简介。其中，简历书应为不可缺少的材料。简历书又称履历书，一般要由学历和职历两部分组成。简历书的撰写讲求条理，要有一个合理的顺序，而由远及近或由近及远是简历书常用的写作顺序。两种顺序可能会有不同的表达效果，简单地说，由远及近是一种自然的顺序，便于别人了解求职者成长或发展的脉络；由近及远则是一种强调的顺序，便于凸显求职者个人近况及最终学历，可使别人快速了解自己。以往用得较多的是由远及近的顺序，而目前人们越来越乐于使用由近及远的顺序。

请看一篇例文：

求 职 信

尊敬的领导：

您好！

真诚地感谢您在繁忙的公务中浏览这份求职材料。在此，请允许我毛遂自荐，并期盼得到您的了解和帮助。

我叫×××，来自××省××市×河之滨，现为××大学人文科学院历史地理研究所×××级硕士研究生，主要学习和研究城市历史地理。

在三年研究生学习期间，本人系统学习了英语、科学社会主义理论与实践、人文地理学研究理论与方法、国土资源学、景观地貌与环境学、地图与测量学、地理学思想史、城市地理学、历史地理史料学、历史自然地理、中国历史地理研究专题、明清经济史研究专题等十余门课程，进一步完善了自己的知识结构，并取得了优良成绩。

本人在学习过程中勤奋研究，积极练笔，论文《试论明清方志的特点》《古都南京的历史演变特点刍议》在《××大学研究生学报》上发表，《楚成王称霸中原原因浅谈》（与×××教授合写）在《××大学校报》2015年第9期发表，并获"××大学2014—2015年度研究生学术成果甲等奖"，与×××教授合写的《论寺庙的科学价值》将在国家权威期刊《××××》上发表。本人的硕士毕业论文为《元明时期南阳盆地城镇体系研究》，论文拟从城镇体系形成的历史地理因素、城镇体系的空间结构、专题及个案分析、现状和展望四个部分，对城镇发展状况进行系统探讨，以填补此项研究空白。目前，论文正在导师×××教授的指导下进行撰写。

专业课学习使我获得了较全面的历史、地理方面的理论知识和研究方法。同时，怀着浓厚的兴趣，我在新闻写作方面也孜孜以求。读研以来，我比较系统地学习了新闻理论知识，并将其付诸实践。不间断的采访、调查和写作，开拓了我的视野，使我受益匪浅。三年来，我先后在中央电视台、《人民日报》（海外版）、《光明日报》、《中国青年报》、《中国大学生》、《知音》、《爱情婚姻家庭》、《年轻人》、《青年月报》等上发表消息、评论、通讯、纪实、散文、诗歌等诸类体裁文章百余篇，计二十余万字；参编《家庭文化知识》（湖北人民出版社）计七万余字，《北大趣闻》计三万余字。今年五月份以来，我又参与编写由北京市警备区、北京市双拥办、新华社北京记者站联合出版的大型彩色纪实图书《××××》。承蒙采写组赏识，本人负责具体编写工作，该书共计五十余万字，本人采写了《关于军民共建几个问题的认识》《来自人民不忘本》《英魂长存真情永驻》《运用高新技术改造传统产业》等八篇文章，计十余万字。以上成绩的取得，得益于领导和编辑老师们的教诲，同时也是对自己的知识与能力的检测，是对自己的勉励。为就教于各位领导和老师，现将部分习作附后，敬请批准指正。

在学习专业知识和拓展个人兴趣的同时，强烈的集体荣誉感和奉献激情又使我积极、热情、务实地投入一些有益的社会活动中。在任《××论坛》副主编、《××大学研究生学报》（××研究生院办）副主编、《××经纬》（××团委办）副主编期间，我积极采稿、组稿、改稿、编稿、审稿，付出了很多精力和劳动。担任××大学研究生会副秘书长和记者团团长时，除主编《××研究生会简报》外，我还经常写海报，向校内外媒体投稿，负责对内、对外宣传。同时，我还参与组织××大学每年一度的研究生红枫艺术节、红枫杯辩论赛、各类晚会、讲座等研究生文体活动。本人以真诚、热情、勤奋、务实的工作作风受到××大学师生的广泛好评。两年内，我连年荣获2014—2015年度、2015—2016年度××大学优秀研究生干部称号，荣获2014—2015年度、2015—2016年度优秀研究生奖学金，并获2015—2016年度《××大学校报》优秀通讯员、2015—2016年《××大学研究生学报》优秀编辑、××大学2014—2015年度研究生学术成果甲等奖等十项奖励。当然，荣誉和奖励并不重要，更重要的是，已有的实践活动和工作经历使我懂得："勤奋和务实是工作之本，无论从事什么工作，进取者都应永远不间断学习的过程。"

思想和精神的完善，才是人的真正的完美。在完成学业和参加实践活动的过程中，我不断提升自己的思想道德修养，既学做事，又学做人；恪守"有所作为是人生的最高境界"的人生信条，时刻关注祖国的现状和未来，关注社会经济发展；积极奉献，乐于助人，多次参与社会捐赠和公益活动。生活上本人始终保持着真诚善良、艰苦朴素、勤俭节约的农家子弟本色。读研期间，本人在党组织的关怀下健康成长，并光荣加入中国共产党。

鉴于所学的专业知识和实践经历，我相信自己适合从事新闻、出版、文秘、宣传、科研、教学等部门的相关工作。请您相信，给我一个发展的机会，我会以一颗真诚善良的心、饱满的工作热情、勤奋务实的工作作风、快速高效的工作效率回报贵单位。

剑鸣匣中，期之以声。非常盼望能与您进一步面谈。若承蒙赏识，请拨打电话（010）8765×××、13×××××××××，恭盼回音。

最后，衷心祝愿贵单位事业发达、蒸蒸日上！

此致

崇高的敬礼！

求职人：×××
2017年3月2日

附件：1. 简历

2. 学历证书

3. 获奖证书

这封求职信项目齐全，结构完整，即标题、称谓、正文、祝颂语、落款及附件一应俱全。在正文部分，求职者从专业特长、个人兴趣、社会活动到品德修养、政治表现等各方面，对自己做了比较全面、具体的介绍，并说明自己所希望从事的工作以及做好工作的决心。总的来看，这封求职信内容翔实、客观，能够突出求职者自身的"亮点"，条理性较强，语言较为流畅、得体，并且充满了激情。

再看一封外籍人士撰写的求职信。

求 职 书

××大学外事办公室负责人：

我从报纸上的招聘广告得知，贵校需要一名西班牙语外籍教师，我认为自己可以胜任这一工作。

我是西班牙人，1997年毕业于马德里大学西班牙语言文学系。毕业后在西班牙一所中学从事语言教学工作。2000年起在××大学学习汉语，已近三年。我已具备在中国独立生活、工作并以汉语辅助教学的能力。

本人身体健康，性格开朗，喜欢与人交流，擅长语言教学，自信能够成为一名合格的西班牙外语教师。

按贵校要求，随信寄去有关材料。

敬祝

工作顺利

辛西亚·费尔南德斯

2003年6月18日

附件：1. 个人简历

2. 学历证书

这是一封外籍人士撰写的求职信，虽然比较简短，但写法比较规范，语言顺畅、得体，可以看出作者已经具备一定的汉语表达能力。

求职信的撰写看似简单，其实有很多技巧需要掌握，或者说有很多问题需要注意。概括地说，要注意以下几点：第一，要力求简洁凝练，避免长篇大论、烦冗琐细；第二，要力求平实直白，避免故作高深或故弄玄虚；第三，要力求条分缕析，避免杂乱无章；第四，要力求准确、顺畅，避免出现病句、错别字；第五，要力求语气真诚自然，避免矫揉造作；第六，要力求文面整洁、美观，避免书写不清或随意涂抹。可以说，求职信就是宣传自己、推销自己的个人"广告"，求职者凭此不仅能使受信者充分了解自己的能力和态度，而且能给受信者留下深刻而良好的印象，只有这样，求职者才有可能如愿以偿，达到求职的目的。

2. 推荐信

推荐信又称推荐书，是向某个机构或个人介绍、推荐某人获得某个职位、某种身份或承担某项工作的信件。

推荐信一般应为了解推荐对象，同时又有特定身份或社会信誉的人所书，在求职和求学时递交推荐信，便于对方快速掌握情况，也易于使对方产生信任感。目前，有些职位在招聘时，甚至会明确要求应聘材料中应有推荐信。不过，现在推荐信应用最多的场合还是留学申请及签证等。

推荐信的格式同一般书信基本相同，有的要加上标题，即注明"推荐信"或"推荐书"。推荐信的受信人可以是某个机构、部门或其负责人，也可以是某项具体工作或活动的施行者。推荐信的正文主要应当介绍推荐对象的基本状况，并对其表现和能力加以评价和肯定，还要表明推荐的目的和意愿。需要注意的是，对推荐对象的介绍和评价要客观、中肯，不能含糊其词，也不能言过其实。反映情况不求面面俱到，但要具体、翔实，要在反映总体情况的基础上突出推荐对象的特点和长处。尽量不用含义抽象、空泛或主观色彩较强的形容性词语，要用实实在在的表述方式介绍、评价推荐对象。另外，比较正式的推荐信最好使用推荐人工作单位所印制的信笺书写，并清楚地标明推荐人职务名称和联络方式。在推荐信的落款处，要有推荐人的亲笔签名。推荐信写好后，应当放入信封封存。

请看一封著名的推荐信：

庞加莱与居里夫人致

苏黎世联邦技术学院书

爱因斯坦先生是我们有生以来所认识的人中间最具有独创性的才子之一。尽管他年纪尚轻，却已在当代最杰出的学者之间占有一席显荣地位。尤其使我们惊叹的是他非常容易适应新的概念，并从中得出各种可能的推论。当他遇到一个物理学问题时，他不拘泥于权威性的原理，却能看到一切可以想象的可能性。这一点在他脑中得到融会贯通，使预见到许多有朝一日终将在实际生活中获得证实的新现象……爱因斯坦先生的才华将来一定能得到更多的证明。凡是能罗致这位青年学者的大学，必将获得附骥之荣。

亨利·庞加莱

玛丽·居里

这是亨利·庞加莱和居里夫人联名写给苏黎世联邦技术学院的一封推荐信，推荐爱因斯坦去该院任教。当时，爱因斯坦已有一定的学术成就，但还没有受聘任何一所大学。正是由于庞加莱先生和居里夫人的推荐，爱因斯坦于1912年如愿受聘苏黎世联邦技术学院。这封推荐信虽然篇幅简短，但已将爱因斯坦的特点和成就表述得非常充分。第一句话开门见山，概括写作者对推荐对象的总体感觉和评价，然后强调推荐对象的年轻有为，强调推荐对象的想象力和创造力，推荐理由令人信服，语言凝练，语气诚恳。

（八）介绍信和证明信

1. 介绍信

介绍信是单位派人去其他单位联系工作、办理事务时所开具的介绍性信件。

介绍信通常具有介绍与证明双重作用。使用介绍信，可以使对方了解被介绍人的身份及到访目的，以便得到对方的信任与配合。介绍信的应用范围极为广泛，无论是大的机关还是基层单位，也无论是城市还是农村，各种类型的单位或者说各类机构都会用到介绍信。

介绍信有现成的样本，使用时按项填写并加盖公章即可，有存根的介绍信应在两联之间骑缝处加盖公章。填写介绍信，必须做到字迹工整、清楚，不得随意涂改。单位大都备有介绍信样本，对其构成形式，这里就不再加以介绍。

如果不用现成样本，而是在单位统一印制的信笺上打印或者书写介绍信，那么，就应注意其构成形式问题。一般来说，介绍信应当具备标题、称谓、正文和落款几部分。标题为"介绍信"，要以稍大字体标注在介绍信上方居中位置。介绍信主要在单位之间使用，所以称谓通常为对方单位名称，在个别场合可为个人姓名。正文通常需要写明被介绍人的姓名、身份及所要联系的事项，内容要简明扼要，高度概括。正文的最后，通常要有祈请性质的结语，如"请接洽""接洽为盼""请予以协助"等，另外，还常用"此致、敬礼"之类的礼貌语。落款为署名、日期及印章。

例如：

介　绍　信

×××学校：

　　兹介绍我校教务处×××同志前往贵校联系合作办学事宜，接洽为盼。

　　此致

敬礼

　　　　　　　　　　　　　　　　×× 大学（公章）

　　　　　　　　　　　　　　　　××××年×月×日

例文所采用的是常见的介绍信格式，标题、称谓、正文、落款一应俱全。正文只用一句话便明确被介绍人的姓名、身份及所要联系的事项，最后以带有祈请性质的结语结束。

2. 证明信

证明信是组织或个人用以证明一个人的身份或其他有关情况的专用书信。

证明信与前面所介绍的介绍信相似，很多证明信也兼具介绍与证明这样的双重功用，所以有时二者可以用于同一场合。不过，二者的区别也还是明显的。简单地说，介绍信一般应以组织的名义开具，而证明信可分组织证明信和个人证明信，前者以组织的名义开具，后者以个人的名义书写；介绍信多用于公务活动，而证明信可用于某些公务活动，也可用于私人事务的办理；顾名思义，介绍信重在介绍，证明信重在证明。在联系工作特别是需要商洽某些问题时，以使用介绍信为宜；而在证明某人的经历、某件事情的真实情况等事实时，则要使用证明信，而不能使用介绍信。其实，从二者所用结语的不同，就可看出二者用途的区别。

内容真实可靠，表述明确、严谨，字迹清楚、工整，是证明信所必须具备的几个特点。与介绍信一样，证明信也不能随意涂改。如果确需涂改，则应在涂改处加盖印章。

证明信的标题和称谓的写法同介绍信相同。正文部分要根据证明信的具体用途，有针对性地写明相关证明事项。正文的最后，通常要以"特此证明"作为结语。落款部分主要有署名、日期和印章。证明信如果是以单位名义出具的，或者说证明人如为单位，就要由单位署名并加盖公章；如果是以个人名义出具的，即证明人为个人，则要由个人署名并加盖私章。

例如：

证 明 信

民航售票处：

×××同志为我校中文系教师，按民航规定，可以在暑假期间享受机票打折待遇。

特此证明

×××大学人事处（公章）

××××年×月×日

这是一封证明事项比较简单的证明信，因而正文的篇幅非常简短。应当说，证明信的内容有详有略，篇幅可长可短，在写法上有很大的区别。究竟具体采用哪种写法，要根据证明信的用途、证明事项的特点等加以确定。

介绍信、证明信及前面介绍的慰问信、邀请信、感谢信、表扬信、求职信、推荐信等，按其体式归类，都可以与第六章将要介绍的一般书信一道归入"书信"类，因而在构成形式及写作要求上，可以借鉴生活文书中书信的相应内容。

三、致词

（一）欢迎词和欢送词

1. 欢迎词

欢迎词是指在宾客光临时，主人为表示欢迎所发表的演讲词。

欢迎词可以用于专门的欢迎仪式，也可以用于酒会、宴会等公开聚会场合及活动、会议等开始的时候。欢迎词既可以组织的名义发表，也可以个人的名义发表。

欢迎词一般包括称谓、正文和祝颂语等几项内容。

欢迎词的开头是称谓，而称谓不宜直呼来宾姓名，往往要加上一些礼貌用语或表示亲切的词语，例如，在姓名之前冠以"尊敬的""亲爱的"等修饰语，在姓名之后加上来宾头衔或"先生""女士""夫人"等尊称。

正文的写法会因对象与场合的不同而异，不过，通常包括的内容有以下几项：首先要开门见山，对宾客表示欢迎和问候；其次可以回顾双方交往的过程，指明宾客来访的背景和意义；最后展望未来，表达对双方进一步发展友好关系的祝愿和期待，并再次对来宾表示欢迎。

正文之后通常是表示祝颂的语句，如"祝来宾身体健康""祝活动取得圆满成功"等。

如果欢迎词是在酒会或宴会上发表的，还会加上祝酒的内容，即"为……干杯"。

致词类文书大都属于礼仪文书，并且是要读给别人听的，因此要在情感的表达和语言的运用上多下功夫。既有书面语的严谨、庄重、典雅，又有口语的平实、简洁、明快，富有文采，充满激情，具有感染力和韵律美，应是这类文书在语言表达方面所应具备的特点。这些特点在欢迎词和欢送词、祝酒词和答谢词等比较典型的礼仪文书中表现得尤为突出。另外，还要注意，在此类礼仪文书中，不宜写入过于具体的事务性内容，即便需要表明自己的某种态度和立场，也要尽量表达委婉、温和，不要令对方感到难堪或不快。

先看一篇国家领导人在重要的外事活动中所用的欢迎词：

周恩来总理在欢迎尼克松总统的宴会上的欢迎词

总统先生，尼克松夫人，

女士们，先生们，同志们，朋友们：

首先，我高兴地代表毛泽东主席和中国政府向尼克松总统和夫人以及其他的美国客人们表示欢迎。

同时，我也想利用这个机会代表中国人民向远在太平洋彼岸的美国人民致以亲切的问候。

尼克松总统应中国政府的邀请，前来我国访问，使两国领导人有机会直接会晤，谋求两国关系正常化，并对共同关心的问题交换意见，这是符合中美两国人民愿望的积极行动，这在中美两国关系史上是一个创举。

美国人民是伟大的人民。中国人民是伟大的人民。

我们两国人民一向是友好的。由于大家都知道的原因，两国人民之间的来往中断了20多年。现在，经过中美双方的共同努力，友好来往的大门终于打开了。目前，促使两国关系正常化，争取缓和紧张局势，已成为中美两国人民强烈的愿望。人民，只有人民，才是创造世界历史的动力。我们相信，我们两国人民这种共同愿望，总有一天是要实现的。

中美两国的社会制度根本不同，在中美两国政府之间存在着巨大的分歧。但是，这种分歧不应当妨碍中美两国在互相尊重主权和领土完整、互不侵犯、互不干涉内政、平等互利和和平共处五项原则的基础上建立正常的国家关系，更不应该导致战争。中国政府早在1955年就公开声明，中国人民不想同美国打仗，中国政府愿意坐下来同美国政府谈判。这是我们一贯奉行的方针。我们注意到尼克松总统在来华前的讲话中也说到，"我们必须做的事情是寻找某种办法使我们可以有分歧而不成为战争中的敌人"。我们希望，通过双方坦率地交换意见，弄清楚彼此间的分歧，努力寻找共同点，我们两国的关系能够有一个新的开始。

最后我建议：

为尼克松总统和夫人的健康，

为其他美国客人们的健康，

为在座的所有朋友们和同志们的健康，

为中美两国人民之间的友谊，

干杯！

　　这是一篇在外交史上很有名、很经典的欢迎词。正文部分既表达了欢迎之意和友好之情，同时也很巧妙地表明了致词者的态度和立场。特别是在言及双方的隔阂和分歧时，措辞十分得体，分寸感把握得非常好，既不失原则，又不失礼貌。由于这篇欢迎词是在宴会上发表的，所以最后是热情洋溢、排列有序的祝酒词，这会使宴会气氛显得更加热烈、隆重，并将宴会的气氛推向高潮。

　　再看一篇某基层单位领导在一次庆典活动中所用的欢迎词：

欢　迎　词

女士们、先生们：

　　值此 30 周年厂庆之际，请允许我代表×××厂，并以我个人的名义，向远道而来的贵宾们表示热烈的欢迎。

　　朋友们不顾路途遥远专程前来贺喜并洽谈合作事宜，为我厂 30 周年庆典更添了一份热烈和祥和，我由衷地感到高兴，并对朋友们为增进双方友好合作关系做出努力的行动，表示诚挚的谢意！

　　今天在座的各位来宾中，有许多是我们的老朋友，我们之间有着良好的合作关系。我厂建厂 30 年能取得今天的成绩，离不开老朋友们的真诚合作和大力支持。对此，我们表示由衷的敬佩和感谢。同时，我们也为能有幸结识来自全国各地的新朋友感到十分高兴。在此，我谨再次向新朋友们表示热烈欢迎，并希望能与新朋友们密切协作，发展相互间的友好合作关系。

　　"有朋自远方来，不亦乐乎。"在此新朋老友相会之际，我提议：

　　为今后我们之间的进一步合作，

　　为我们之间日益增进的友谊，

　　为朋友们的健康幸福，

　　干杯！

　　例文的正文部分着重表达欢迎和感谢之情，表达同来宾发展友好合作关系的意愿，语言庄重、典雅，同时又充满激情。最后部分的祝酒词句有助于营造喜庆、友好的气氛，也有助于强化活动的主题。

　　2. 欢送词

　　欢送词是指在宾客即将离去时，主人为表示欢送所发表的演讲词。

　　同欢迎词一样，欢送词也可以在多种场合使用。在欢送仪式或送别酒会、宴会上需要发表欢送词，在活动或会议结束时也可以发表欢送词。同样，欢送词既可以组织的名义发表，也可以个人的名义发表。

　　来时要"迎"，走时要"送"，迎来送往是非常重要的礼仪活动，而在比较正规的礼仪活动中，致词往往是一项不可缺少的内容。

　　欢送词一般包括称谓、正文和祝颂语等几项内容。

　　欢送词的开头是称谓，称谓的写法同欢迎词大体相同。

　　正文首先要对宾客的离去表示欢送，有的还要表达惜别之情；其次可以简述此次宾客来访的主要活动内容及其成效和意义所在；最后展望双方友好合作或交往的前景，表达对宾客再次来访的期盼。

正文之后，通常还要加上人们在送行时常用的祝颂语，如"祝×××归途平安，身体健康"等。如果欢送词是在酒会或宴会上发表的，则要加上祝酒的内容，即"为……干杯"。

请看一篇例文：

欢 送 词

尊敬的琼斯博士，

同志们，朋友们：

刚好在两个星期以前，我们愉快地在这里欢聚一堂，热烈欢迎琼斯博士。今天，琼斯博士在访问了我国许多地方之后，即将离去，我们再一次在这里欢聚，欢送琼斯博士。让我代表中华人民共和国政府并以我个人的名义，对琼斯博士的来访表示感谢，对琼斯博士表示欢送。

琼斯博士的访问虽然是短暂的，然而却是极其成功的。在北京期间，琼斯博士会晤了有关方面的领导同志，参观了工厂、公共设施、学校，与各界人士进行了广泛交谈，并认真研究了我国的政治、经济、文化和教育。

在向琼斯博士告别之际，我真诚地希望琼斯博士给我们提出批评、意见和建议，以便我们进一步改进工作。同时，我想借此机会，请求琼斯博士转达我们对英国人民的深情厚谊，转达我们对他们的亲切问候和敬意。

祝琼斯博士一路平安，身体健康！

这篇欢送词的开头部分首先借欢迎和欢送在同一地点这一事实，拉近与宾客的距离，营造亲切、友好的氛围，然后非常郑重地向宾客表示感谢与欢送；第二部分肯定宾客访问的成功，简述宾客在访问期间的主要活动内容；第三部分表达意愿与情意，真挚感人，最后是祝颂语。几部分分别表达不同内容，详略得当、层次清楚。

（二）祝酒词和答谢词

1. 祝酒词

祝酒词是在比较正规的酒会、宴会上发表的向人们表示祝愿的演讲词。

祝酒词要以"酒"为媒介物表达美好的祝愿之情，所以只有在有"酒"的场合才能发表祝酒词，而在无"酒"的庆典或活动中是无法发表祝酒词的。

祝酒词可在各种类型的酒会或宴会上发表，如庆贺宴会、招待酒会及欢迎、欢送和答谢宴会或酒会等。而在不同场合发表的祝酒词，虽然都由称谓、正文和祝颂语几部分组成，但其正文部分的写法还是有一定区别的。一般来说，在欢迎宴会上发表的祝酒词也就相当于欢迎词，在欢送宴会上发表的祝酒词相当于欢送词，答谢者在答谢宴会上发表的祝酒词相当于答谢词，主人在答谢宴会上发表的祝酒词常常就是欢送词。在庆贺宴会或招待酒会上发表的祝酒词，开头要点明宴会或酒会的主题，然后是表示祝愿、祝福的话语。中间部分可以根据宴会或酒会的性质及来宾的特点，选择恰当的内容。内容可以有所不同，但都必须与喜庆、友好的气氛和谐一致，或者说，都必须有助于营造喜庆、友好的气氛。结尾是祝颂语和祝酒的内容。在祝酒词中，祝酒的内容是不能缺少的一项内容。

请看一篇例文：

周恩来总理在尼克松总统答谢宴会上的祝酒词

总统先生，尼克松夫人，

女士们，先生们，同志们，朋友们：

首先，我愿以所有在座的中国同事们和我本人的名义，感谢尼克松总统和夫人邀请我们参加今晚的宴会。

总统先生一行明天就要离开北京，前往中国南方参观访问。在过去几天里，总统先生会见了毛泽东主席，我们双方举行了多次会谈，就中美两国关系正常化和共同关心的问题交换了意见。我们双方之间有着巨大的原则分歧，经过认真、坦率的讨论，使彼此的立场和主张有了更清楚的了解，这对双方都是有益的。

时代在前进，世界在变化。我们深信，人民的力量是强大的，不管历史的发展会有什么曲折反复，世界的总的趋势肯定是走向光明，而不是走向黑暗。

增进中美两国人民之间的了解和友谊，促进中美两国关系的正常化，这是中美两国人民的共同愿望。中国政府和中国人民将坚持不渝地为实现这一目标而努力。现在，我提议：

为伟大的美国人民，

为伟大的中国人民，

为中美两国人民的友谊，

为尼克松总统和夫人的健康，

为在座的其他美国客人们的健康，

干杯！

这是一篇祝酒词，同时也是欢送词。正文的开头部分对受邀参加宴会表示感谢，措辞简洁、雅致；中间部分简述客人来访的主要活动和意义，展望未来，表明今后发展两国关系的意愿；最后是祝酒的内容。

2. 答谢词

我们通常所说的答谢词，主要是指宾客对主人的热情接待和多方关照表示感谢所发表的演讲词。而从更为宽泛的意义上说，答谢词应当包括在各种场合对自己有过帮助的人发表感谢的讲话。

答谢词一般是由宾客在主人致欢迎词或欢送词后发表，有时也在专门举办的答谢活动中发表。此外，在颁奖仪式上、婚礼及其他庆典活动中、葬礼或追悼会上等各种场合，也都有可能用到答谢词，而后面一类答谢词是获奖人向有关人员、主人向宾客表示感谢的演讲词。

答谢词的开头，应当开门见山、简明扼要地向主人表示诚挚的谢意；中间即主体部分，应对主人所做的安排及访问的意义予以肯定，并表达自己的感受和心情；最后对双方关系的发展及双方的发展前景表示良好的祝愿，并再次表示感谢。

同前面所介绍的几种致词类文书一样，答谢词的语言表述也必须具有真挚感人的特点，而具体的语言风格则要视场合而定，或热情或凝重，或活泼或典雅，都要同发表场合的特点和气氛相协调。另外，致词类文书都应做到短小精炼，不宜长篇大论。

请看一篇例文：

答 谢 词

尊敬的新加坡国家档案馆馆长毕观华先生，女士们、先生们：

首先，让我代表中国档案代表团的全体成员，对新加坡国家档案馆为这次"海外华人与新加坡历史档案研讨会"所进行的周密的准备工作，对参加研讨会的中国档案代表团热情周到的接待，表示衷心的感谢。

踏上新加坡共和国美丽的国土，我们感到很高兴，也很亲切。中国和新加坡是隔海相望的友好邻邦，两国人民世世代代友好往来不断。近年来两国的档案工作者更是通过各种交流和合作，互相学习，增进了解，共同发展，取得了良好的成效，建立了深厚的友谊。在刚刚过去的 2001 年，中国的海南省就有幸接待了新加坡政府档案代表团的访问。今天，中国档案代表团又来到了新加坡，参加两国共同举办的"海外华人与新加坡历史档案研讨会"。这对进一步加强两国档案工作者的交流和合作，特别是对开阔中国档案工作者的思路，了解和学习新加坡同行在档案管理方面的先进理念和做法，将起到积极的促进作用。

由于历史的原因，华人遍布世界 100 多个国家和地区，在新加坡，华人更占到总人口的70% 以上。千百年来，华人在所在国繁衍生息，艰苦创业，逐渐融入当地社会，当地的水土养育了华人，华人也为当地的经济发展和社会进步做出了自己的贡献。可以说，海外华人的历史，是世界不能忘却的一份记忆。因此，我们有理由相信，这次中新两国共同举办的"海外华人与新加坡历史档案研讨会"，其内涵将非常丰富，其意义将非常深远。

让我们共同翻开这卷档案，解读历史，放眼未来。

中国档案代表团团长

海南省档案局（馆）长　孙晓西

这篇答谢词的正文部分主要包括如下几项内容：向主人的精心安排和热情接待表示感谢；回顾主宾双方的友好交往活动，对此次访问及举办此次活动的意义做出高度评价；用充满诗意的语言展望未来，提出希望。

（三）开幕词和闭幕词①

1. 开幕词

开幕词是在比较正式的大型会议或活动的开幕式上，举办单位的主要领导人所做的宣告

---

① 汉语中"词"和"辞"有时通用，如"致词"也可写为"致辞"，开幕词和闭幕词也常为开幕辞和闭幕辞，二者没有明显区别。据编者观察，在比较隆重的场合，使用后者较多，如下面的例文。

性或纲领性讲话。

开幕词主要包括标题、称谓和正文几部分。由于开幕词经常会以书面的形式发表，所以一般要加标题。标题有几种形式：一是"会议名称＋开幕词"；二是"致词人姓名＋会议名称＋开幕词"；三是双行标题，即以正标题揭示会议主题，副标题表明会议名称和文种。开幕词主要用于大型会议，应当算是会议文书，所用称谓通常要比欢迎词、祝酒词之类的礼仪文书更显严肃、庄重，更具公务色彩。"同志们""朋友们""各位领导""各位来宾""各位代表"等是开幕词常用的称谓。正文的开头部分一般要有宣布会议或活动开幕、对参加人员表示欢迎、对筹办人员表示感谢等内容，篇幅比较简短；主体部分一般指明会议或活动的背景和意义、目的和任务、性质和要求等；最后是结语，结语一般为"预祝……圆满成功"之类的表示祝愿的语句。书面刊载的开幕词要有致词人署名和日期，署名和日期可以放在标题下，也可以作为落款放在正文后。

请看一篇例文：

构建创新、活力、联动、包容的世界经济
——在二十国集团领导人杭州峰会上的开幕辞

（2016 年 9 月 4 日，杭州）

中华人民共和国主席 习近平

各位同事：

我宣布，二十国集团领导人杭州峰会开幕！

很高兴同大家相聚杭州。首先，我谨对各位同事的到来，表示热烈欢迎！

去年，二十国集团领导人安塔利亚峰会开得很成功。我也愿借此机会，再次感谢去年主席国土耳其的出色工作和取得的积极成果。土耳其以"共同行动以实现包容和稳健增长"作为峰会主题，从"包容、落实、投资"三方面推动产生成果，中国一直积极评价土耳其在担任主席国期间开展的各项工作。

去年 11 月，我在安塔利亚向大家介绍，上有天堂，下有苏杭，相信杭州峰会将给大家呈现一种历史和现实交汇的独特韵味。今天，当时的邀请已经变成现实。在座的有老朋友，也有新朋友，大家齐聚杭州，共商世界经济发展大计。

未来两天，我们将围绕峰会主题，就加强宏观政策协调、创新增长方式，更高效的全球经济金融治理，强劲的国际贸易和投资，包容和联动式发展，影响世界经济的其他突出问题等议题展开讨论。

8 年前，在国际金融危机最紧要关头，二十国集团临危受命，秉持同舟共济的伙伴精神，把正在滑向悬崖的世界经济拉回到稳定和复苏轨道。这是一次创举，团结战胜了分歧，共赢取代了私利。这场危机，让人们记住了二十国集团，也确立了二十国集团作为国际经济合作主要论坛的地位。

8 年后的今天，世界经济又走到一个关键当口。科技进步、人口增长、经济全球化等过去数十年推动世界经济增长的主要引擎都先后进入换挡期，对世界经济的拉动作用明显减弱。上一轮科技进步带来的增长动能逐渐衰减，新一轮科技和产业革命尚未形成势头。主要经济体先后进入老龄化社会，人口增长率下降，给各国经济社会带来压力。经济全球化出现波折，保护主义、内顾倾向抬头，多边贸易体制受到冲击。金融监管改革虽有明显进展，但高杠杆、高泡沫等风险仍在积聚。如何让金融市场在保持稳定的同时有效服务实体经济，仍然是各国需要解决的重要课题。

在这些因素综合作用下，世界经济虽然总体保持复苏态势，但面临增长动力不足、需求不振、金融市场反复动荡、国际贸易和投资持续低迷等多重风险和挑战。

二十国集团聚集了世界主要经济体，影响和作用举足轻重，也身处应对风险挑战、开拓增长空间的最前沿。国际社会对二十国集团充满期待，对这次峰会寄予厚望。我们需要通过各自行动和集体合力，直面问题，共寻答案。希望杭州峰会能够在以往的基础上，为世界经济开出一剂标本兼治、综合施策的药方，让世界经济走上强劲、可持续、平衡、包容增长之路。

第一，面对当前挑战，我们应该加强宏观经济政策协调，合力促进全球经济增长、维护金融稳定。二十国集团成员应该结合本国实际，采取更加全面的宏观经济政策，使用多种有效政策工具，统筹兼顾财政、货币、结构性改革政策，努力扩大全球总需求，全面改善供给质量，巩固经济增长基础。应该结合制定和落实《杭州行动计划》，继续加强政策协调，减少负面外溢效应，共同维护金融稳定，提振市场信心。

第二，面对当前挑战，我们应该创新发展方式，挖掘增长动能。二十国集团应该调整政策思路，做到短期政策和中长期政策并重，需求侧管理和供给侧改革并重。今年，我们已经就《二十国集团创新增长蓝图》达成共识，一致决定通过创新、结构性改革、新工业革命、数字经济等新方式，为世界经济开辟新道路，拓展新边界。要沿着这一方向坚定走下去，帮助世界经济彻底摆脱复苏乏力、增长脆弱的局面，为世界经济迎来新一轮增长和繁荣打下坚实基础。

第三，面对当前挑战，我们应该完善全球经济治理，夯实机制保障。二十国集团应该不断完善国际货币金融体系，优化国际金融机构治理结构，充分发挥国际货币基金组织特别提款权作用。应该完善全球金融安全网，加强在金融监管、国际税收、反腐败领域合作，提高世界经济抗风险能力。今年，我们重启了二十国集团国际金融架构工作组，希望继续向前推进，不断提高有效性。

第四，面对当前挑战，我们应该建设开放型世界经济，继续推动贸易和投资自由化便利化。保护主义政策如饮鸩止渴，看似短期内能缓解一国内部压力，但从长期看将给自身和世界经济造成难以弥补的伤害。二十国集团应该坚决避免以邻为壑，做开放型世界经济的倡导者和推动者，恪守不采取新的保护主义措施的承诺，加强投资政策协调合作，采取切实行动促进贸易增长。我们应该发挥基础设施互联互通的辐射效应和带动作用，帮助发展中国家和中小企业深入参与全球价值链，推动全球经济进一步开放、交流、融合。

第五，面对当前挑战，我们应该落实2030年可持续发展议程，促进包容性发展。实现共同发展是各国人民特别是发展中国家人民的普遍愿望。据有关统计，现在世界基尼系数已经达到 0.7 左右，超过了公认的 0.6 "危险线"，必须引起我们的高度关注。今年，我们把发展置于二十国集团议程的突出位置，共同承诺积极落实 2030 年可持续发展议程，并制定了行动计划。同时，我们还将通过支持非洲和最不发达国家工业化、提高能源可及性、提高能效、加强清洁能源和可再生能源利用、发展普惠金融、鼓励青年创业等方式，减少全球发展不平等和不平衡，使各国人民共享世界经济增长成果。

各位同事！

二十国集团承载着世界各国期待，使命重大。我们要努力把二十国集团建设好，为世界经济繁荣稳定把握好大方向。

第一，与时俱进，发挥引领作用。二十国集团应该根据世界经济需要，调整自身发展方向，进一步从危机应对向长效治理机制转型。面对重大突出问题，二十国集团有责任发挥领导作用，展现战略视野，为世界经济指明方向，开拓路径。

第二，知行合一，采取务实行动。承诺一千，不如落实一件。我们应该让二十国集团成为行动队，而不是清谈馆。今年，我们在可持续发展、绿色金融、提高能效、反腐败等诸多领域制定了行动计划，要把每一项行动落到实处。

第三，共建共享，打造合作平台。我们应该继续加强二十国集团机制建设，确保合作延续和深入。广纳良言，充分倾听世界各国特别是发展中国家声音，使二十国集团工作更具包容性，更好回应各国人民诉求。

第四，同舟共济，发扬伙伴精神。伙伴精神是二十国集团最宝贵的财富。我们虽然国情不同、发展阶段不同、面临的现实挑战不同，但推动经济增长的愿望相同，应对危机挑战的利益相同，实现共同发展的憧憬相同。只要我们坚持同舟共济的伙伴精神，就能够克服世界经济的惊涛骇浪，开辟未来增长的崭新航程。

各位同事！

在杭州峰会筹备过程中，中国始终秉持开放、透明、包容的办会理念，同各成员保持密切沟通和协调。我们还举办了各种形式的外围对话，走进联合国，走进非盟总部，走进七十七国集团，走进最不发达国家、内陆国、小岛国，向世界各国，以及所有关心二十国集团的人们介绍杭州峰会筹备情况，倾听各方利益诉求。各方提出的意见和建议对这次峰会的筹备都发挥了重要作用。

我期待在接下来两天的讨论中，我们能够集众智、聚合力，努力让杭州峰会实现促进世界经济增长、加强国际经济合作、推动二十国集团发展的目标。

让我们以杭州为新起点，引领世界经济的航船，从钱塘江畔再次扬帆启航，驶向更加广阔的大海！

谢谢大家。

例文兼具公务与礼仪色彩，非常切合活动的主题。称谓语 "各位同事" 简单、得体，表明发扬合作精神，打造合作平台，合力促进全球经济增长的意愿。正文第一部分首先宣布

"二十国集团领导人杭州峰会开幕",语句简短、有力。正文第二部分评价往届峰会成果,概述本届峰会主题。正文第三部分追昔抚今,指明二十国集团领导人峰会的地位与功绩及使命与目标,这是整篇开幕词的主体部分。最后简单介绍峰会筹备情况,表达对峰会成效的热切期待及对未来的美好祝愿。例文语言既平实、庄重、典雅,又充满激情,富有文采和感染力。

2. 闭幕词

闭幕词是在比较正式的大型会议或活动的闭幕式上,举办单位的主要领导人或其他有关人员所做的总结性讲话。

开幕词和闭幕词首尾衔接,前后呼应,在比较正式的大型会议或活动中有着非常重要的作用。

闭幕词主要包括标题、称谓和正文几部分。标题和称谓的写法与开幕词相同。正文的开头部分一般要宣布会议或活动闭幕,指明其成果和意义;主体部分概述会议或活动的情况和内容,评价会议或活动的收获和意义,并发出号召,提出希望;最后对各有关方面表示感谢和祝愿,再次宣布会议闭幕或活动圆满结束。

请看一篇例文:

在二十国集团领导人杭州峰会上的闭幕辞

(2016 年 9 月 5 日,杭州)

中华人民共和国主席 习近平

各位同事:

我们用了一天半的时间,围绕会议主题和重点议题进行了热烈而富有成果的讨论,就加强政策协调、创新增长方式,全球经济金融治理,国际贸易和投资,包容和联动式发展等议题,以及影响世界经济的其他突出问题,深入交换看法,达成许多重要共识。

第一,我们决心为世界经济指明方向,规划路径。我们认为,当前世界经济增长仍然乏力,增长动力不足,国际和地区热点问题以及全球性挑战对世界经济的影响不容忽视。维护世界和平稳定,为促进全球经济增长创造良好环境至关重要。我们要继续加强宏观政策沟通和协调,发扬同舟共济、合作共赢的伙伴精神,凝聚共识,形成合力,促进世界经济强劲、可持续、平衡、包容增长。我们通过了《二十国集团领导人杭州峰会公报》,进一步明确了二十国集团合作的发展方向、目标、举措,就推动世界经济增长达成了杭州共识,为构建创新、活力、联动、包容的世界经济描绘了愿景。

我们认为,面对当前世界经济的风险和挑战,需要标本兼治,综合施策,运用好财政、货币、结构性改革等多种有效政策工具,既要做好短期风险防范和应对,也要挖掘中长期增长潜力;既要保持总需求力度,也要改善供给质量。这将向国际社会传递二十国集团成员共促全球经济增长的积极信号,有助于提振市场信心,维护全球金融市场稳定。

第二,我们决心创新增长方式,为世界经济注入新动力。我们一致通过了《二十国集团创新增长蓝图》,决心从根本上寻找世界经济持续健康增长之道,紧紧抓住创新、新工业革命、数字经济等新要素新业态带来的新机遇，并制定一系列具体行动计划。我们支持以科技创新为核心，带动发展理念、体制机制、商业模式等全方位、多层次、宽领域创新，推动创新成果交流共享。我们决定大力推进结构性改革，制定了优先领域、指导原则、指标体系。《二十国集团创新增长蓝图》的达成，将使我们在理念上有共识、行动上有计划、机制上有保障，有助于为全球增长开辟新路径，全面提升世界经济中长期增长潜力。

第三，我们决心完善全球经济金融治理，提高世界经济抗风险能力。我们同意继续推动国际金融机构份额和治理结构改革，扩大特别提款权的使用，强化全球金融安全网，提升国际货币体系稳定性和韧性。我们决心加强落实各项金融改革举措，密切监测和应对金融体系潜在风险和脆弱性，深化普惠金融、绿色金融、气候资金领域合作，共同维护国际金融市场稳定。我们决定深化国际税收合作，通过税收促进全球投资和增长。我们就能源可及性、可再生能源、能效共同制定了行动计划，以提升全球能源治理有效性。我们就继续深化反腐败合作达成多项共识，决心让腐败分子在二十国乃至全球更大范围无处藏身、无所遁形。我们期待通过上述成果和举措，全面提升全球经济金融治理结构的平衡性、机制的可靠性、行动的有效性，为世界经济增长保驾护航。

第四，我们决心重振国际贸易和投资这两大引擎的作用，构建开放型世界经济。我们同意充分发挥贸易部长会和贸易投资工作组的作用。我们共同制定《二十国集团全球贸易增长战略》，促进包容协调的全球价值链发展，继续支持多边贸易体制，重申反对保护主义承诺，以释放全球经贸合作潜力，扭转全球贸易增长下滑趋势。我们制定了《二十国集团全球投资指导原则》，这是全球首个多边投资规则框架，填补了国际投资领域空白。期待在我们共同努力下，在强劲的国际贸易和投资推动下，世界经济将重新焕发活力，经济全球化进程将继续蓬勃发展。

第五，我们决心推动包容和联动式发展，让二十国集团合作成果惠及全球。我们第一次把发展问题置于全球宏观政策框架的突出位置，第一次就落实联合国2030年可持续发展议程制定行动计划，具有开创性意义。我们同意在落实气候变化《巴黎协定》方面发挥表率作用，推动《巴黎协定》尽早生效。我们发起《二十国集团支持非洲和最不发达国家工业化倡议》，制定创业行动计划，发起《全球基础设施互联互通联盟倡议》，决定在粮食安全、包容性商业等领域深化合作。这些行动计划和务实成果，将着力减少全球发展不平等、不平衡问题，为发展中国家人民带来实实在在的好处，为实现2030年可持续发展目标作出重要努力，为全人类共同发展贡献力量。

我们认识到发挥好二十国集团国际经济合作主要论坛作用的重要性，认为二十国集团有必要进一步从危机应对机制向长效治理机制转型，从侧重短期政策向短中长期政策并重转型。我们认为，二十国集团的发展关乎所有成员切身利益，也牵动世界经济发展的未来，只有顺应变革，与时俱进，才能永葆生机。我们决心合力支持二十国集团继续聚焦世界经济面临的最突出、最重要、最紧迫的挑战，加强政策协调，完善机制建设，扎实落实成果，引领世界经济实现强劲、可持续、平衡、包容增长。

各位同事!

在我正式宣布会议结束之前，我想向大家表示诚挚谢意。感谢你们对我本人和中国政府的信任，感谢你们在会议期间给予中方的支持、理解、合作，感谢你们为推动世界经济增长和二十国集团发展付出的辛勤努力和作出的重要贡献。

在我们共同努力下，二十国集团领导人杭州峰会取得了丰硕成果，画上了圆满句号。我深信，这次会议将成为一个崭新起点，让二十国集团从杭州再出发。

相聚美好而又短暂，很快到了我们要说再见的时候。会议结束后，我将参加记者招待会，根据我们在会上达成的共识，向媒体简要介绍会议成果和讨论情况。有些同事还要在中国逗留几天，有些同事很快将离开中国。我希望这次中国之行和西湖风光能给大家留下美好的回忆，也愿借此机会祝大家旅途愉快，一路平安!

最后，我宣布，二十国集团领导人杭州峰会闭幕!

谢谢大家。

例文正文的开头部分（第一自然段）概述峰会议题及主要成果，简明扼要；主体部分具体表述峰会所达成的各项共识，内容详略得当，既不失全面，又突出了重点，语言凝练，措辞精当；结尾部分首先以排比句的形式向与会者表示感谢，然后说明会后安排，并表祝愿，最后宣布峰会闭幕。归结起来，总结会议内容和成果，评价会议成效和意义，表达谢意与祝愿，是例文所写的几项主要内容，同时这也就是闭幕词常写的几项内容。同前面的开幕词相比，这篇闭幕词的语言更具公务或者说政务色彩。

（四）追悼词

追悼词简称悼词，旧称祭文，一般是指在逝者的追悼会或追思会上宣读的追忆、哀悼逝者的内容。

追悼词主要包括标题和正文两部分。标题可以只写"追悼词"或"悼词"，也可以同时标明致词人和追悼对象。正文通常包括如下几项内容：一是宣告逝者不幸逝世，表明沉痛、哀悼的心情；二是介绍逝者的生平事迹，要着重反映逝者的主要经历和贡献；三是评价逝者，评价逝者应以称颂为主；四是表述哀思，表达继承逝者遗志的决心和希望。追悼词在以书面形式发表时，大都要加黑框。

请看一篇例文：

胡耀邦同志在沈雁冰同志追悼会上的悼词
（一九八一年四月十一日）

一九八一年三月二十七日五时五十五分，中国文坛陨落了一颗巨星。我国现代进步文化的先驱者、伟大的革命文学家和中国共产党最早的党员之一沈雁冰（茅盾）同志和我们永别了。

我们怀着十分沉痛的心情，深切悼念这位为中国革命事业、中国新兴的革命文学事业奋斗了一生的卓越的无产阶级文化战士!

沈雁冰同志是在国内外享有崇高声望的革命作家、文化活动家和社会活动家。他同鲁迅、郭沫若一起，为我国革命文艺和文化运动奠定了基础。从一九一六年开始从事文学活动以来，在漫长的六十余年中，他始终不懈地以满腔热情歌颂人民、歌颂革命、鞭挞旧中国黑暗势力，创作了《子夜》《蚀》《虹》《春蚕》《林家铺子》《霜叶红似二月花》《清明前后》等大量杰出的文学作品。这些作品刻画了中国民主革命的艰苦历程，绘制了规模宏大的历史画卷，为我国文学宝库创造了珍贵的财富，提高了现实主义文学创作的水平，在文学史上留下了不可磨灭的功绩。他的许多作品被翻译为多种外文，在各国读者中广泛传播。他还撰写了大量文艺论著，翻译介绍了许多外国作家的作品。新中国成立后，他长期从事文化事业和文学艺术的组织领导工作，写了大量的文学评论，特别是一贯以极大的精力帮助青年文学工作者的成长，为社会主义文化事业作出了重大的贡献。

沈雁冰同志一八九六年七月四日出生于浙江省桐乡县乌镇。一九一三年他在北京大学读书时，就开始接触进步的新思想。在一九一七年十月社会主义革命影响下，他积极参加了五四运动和中国早期共产主义运动。一九二〇年，他同郑振铎、叶圣陶等同志一起，组织了"文学研究会"，积极提倡为人生的现实主义文学。他接办和改革了《小说月报》，使这个月报成为倡导现实主义文学的重要阵地，对我国新文学运动产生了巨大影响。一九三〇年，他同鲁迅一起参加组织了中国左翼作家联盟，为发展革命文艺，团结和壮大革命文艺队伍，反击国民党文化"围剿"，作出了卓越的贡献。抗日战争爆发后，他在周恩来同志的领导下，广泛团结国民党统治区的进步文化人士从事抗战救亡工作，并亲自主编了《文艺阵地》杂志，推动了抗战文艺的发展。在抗日战争的艰苦年代，他到过延安，在鲁迅文艺学院讲过学。抗战胜利后，他不顾国民党的压迫，在坚持民主反对独裁，坚持和平反对内战的运动中，有力地支持了人民解放战争。

全国解放前夕，他不顾艰险，间道来到北平，积极参加中国人民政治协商会议和筹备第一次全国文代大会。他当选为中国文学艺术界联合会副主席、中华全国文学工作者协会（作家协会的前身）主席。新中国成立后，他担任了第一任文化部长，并当选为历届全国人民代表大会代表，历届政协全国委员会常务委员和政协第四届、第五届全国委员会副主席。几十年来，他勤勤恳恳，殚思竭虑，为建设社会主义文化、促进中外文化交流、支援各国人民的进步文化事业和保卫世界和平的斗争，献出了全部心血。晚年，他经受了十年浩劫的严重考验，始终与党和人民站在一起。粉碎"四人帮"后，对党的三中全会制定的路线、方针、政策，他表示衷心的拥护。他在最后几年里不顾衰病，努力写作回忆录，虽然没有全部完成，仍然为现代我国文学史和政治社会文化史留下了十分宝贵的史料。可以说，直到生命的最后时刻，他始终没有放下自己手中的笔为人民服务。

沈雁冰同志从青年时代起，毕生追求共产主义的伟大理想。早在一九二一年，他就在上海先后参加共产主义小组和中国共产党，是党的最早的一批党员之一，并曾积极参加党的筹备工作和早期工作。一九二六年，他以左派国民党员的身份参加国民党第二次代表大会，以后在汉口主编左派喉舌《民国日报》。一九二八年以后，他同党虽失去了组织上的关系，仍然一直在党的领导下从事革命的文化工作。他曾于一九三一年和一九四〇年两次要求恢复党的组织生活，第一次没有得到党的左倾领导的答复，第二次党中央认为他留在党外对人民更为有利。在他病危之际，为了表达他对党的无限忠诚和热爱，表达他对伟大的共产主义事业坚贞的崇高的信念，他仍再一次向党中央申请追认他为中国共产党党员。中共中央根据沈雁冰同志的请求和他一生的表现，决定恢复他的中国共产党党籍，党龄从一九二一年算起。

沈雁冰同志的逝世，使我国失去了一位伟大的革命文学家和无产阶级文化战士，这是全国人民的一个不可弥补的损失。我们要学习沈雁冰同志一生坚持真理和进步，追求共产主义，刻苦致力于文学艺术的钻研和创造，密切联系群众和爱护青年，坚决拥护党的领导的高贵品质。他的大量精神劳动成果，曾经帮助促进了一代又一代青年思想感情革命化；从今而后，他的作品强大的艺术生命力，还将长久地教育和鼓舞我国青年，为伟大的社会主义事业而战斗，并将促使社会主义文艺的新人不断涌现。

在当前新的历史转折时期，为了逐步把我国建设成为具有高度物质文明和高度精神文明的现代化社会主义强国，我们将把对沈雁冰同志的沉痛的哀思变为推动我们工作的动力，紧密团结在党中央的周围，坚持四项基本原则和坚决地贯彻三中全会的方针，培养和造就宏大的社会主义文艺队伍，提高整个中华民族的科学文化水平，使鲁迅、郭沫若、沈雁冰等同志用毕生心血培育的伟大革命文化事业，永远在祖国的大地上繁荣昌盛！

这篇悼词篇幅较长，内容非常充实，介绍逝者的生平事迹，赞扬逝者为中国革命事业及中国革命文学事业做出的卓越贡献，表述哀思及化哀思为动力的意愿，是例文所包括的几项主要内容。介绍生平事迹，主要以时间为序，条理清晰；赞扬贡献，注意突出逝者在革命文学上的特殊功绩，详略得当，叙述客观、真实，评价中肯、到位，十分感人。例文的语言凝重、典雅，富有文采，符合文种特征，同时也符合逝者的身份特点。

第四章 财经文书

　　财经文书是一类专业文书，专业文书的写作必然要涉及专业知识的运用。学习专业文书写作知识，在了解相关文种的一般写法的同时，也应对其中所包含的专业知识有所了解，以借此开阔眼界，增加自己的专业知识积累。

　　在本章中，应当着重掌握：经济新闻、产品说明书、可行性研究报告、合同的含义与特点及其结构和内容、写作注意事项。

一、概述

　　本章所要介绍的财经文书和第五章将要介绍的法律文书是两类比较重要的专业文书，专业文书是与通用文书相对而言的，是指在不同的社会行业或专业领域中应用的各类文书。

　　随着社会分工的日趋精细化、社会各行业或部门的不断发展和成熟，专业文书的种类越来越多，各行各业几乎都有自己所要应用的文书。例如，军事领域有军事类文书，涉外领域有外交文书、外事文书、外经文书等涉外类文书，科技领域有科技类文书，等等。本书所要介绍的财经文书和法律文书就是其中应用范围较广、社会影响较大的两类专业文书。

　　国家工作重心向经济建设转移，使直接为生产和经营服务的财经文书受到了前所未有的重视，不仅经济工作者经常会用到财经文书，就是从事其他工作的人也常会接触财经文书。财经文书的种类很多，这里只选择其中比较常见的类型进行介绍。此外，广告、市场预测报告及审计文书、招标与投标文书、股份制文书等也都是比较重要的财经文书，大家对其功用、写法等也应当有所了解。

二、经济新闻

（一）经济新闻的含义和特点

通常，人们对新闻有广义和狭义两种理解。广义的新闻包括消息、通讯、特写、经济时事评论及图片新闻、电视新闻等各种形式的媒体信息；狭义的新闻专指消息，这里所介绍的新闻是就狭义的新闻即消息而言的。

经济新闻是新闻的一种，是指及时、迅速地对经济领域新近发生的具有一定社会意义或社会影响的事件所做的简要报道。

经济新闻的写作手法比较灵活多样。其特点主要体现在真、新、精几个方面。

1. 真

真即真实，真实是新闻的生命。新闻写作不同于文学创作，必须如实地反映客观情况，新闻中的人物、事件、时间、地点及引述的数据都必须完全准确可靠，不能有任何虚构的成分，也不能夸大或缩小。"真"的深层含义还包括新闻必须真实地反映事物的客观规律，揭示事物的本质特性。

2. 新

新闻要反映新鲜的事实，而不能写入陈旧的东西。"新"主要有两层含义：一是指时间上的"新"，即新闻所报道的事情应当是新近发生的。二是指内容的"新"。新闻在注重时效性的同时，还应当注重内容的新鲜感。有些事情虽然不是近期发生的，但反映了人们新的认识、新的发现，能够体现时代精神、时代特点，也是具有新闻价值的。

3. 精

精主要是针对狭义的新闻即消息而言的。消息一般一事一报，篇幅大都比较简短，文字比较精练，这有助于信息的快速传递。应当说，短小精练是新闻在形式方面的一个重要特征。

（二）经济新闻的结构和内容

经济新闻一般由标题、导语、主体、结尾和背景五部分组成。

1. 标题

经济新闻的标题既要能够高度概括新闻事实，又要新颖独特，能起到吸引读者的作用。

经济新闻的标题格式主要有三行标题、双行标题、单行标题三种。

三行标题是引题、正题和副题俱全的标题。引题又称眉题，在正题之前出现，其作用主要是揭示新闻事实的性质、意义，或者交代背景、说明原因、烘托气氛，从而引出正题；正题又称主题或主标题，是新闻标题的主体部分，是概括主要事实、点明新闻主题的部分；正题之后是副题，副题的主要作用是对正题所反映的内容加以补充或解释，是对事实做进一步的说明。例如：

我国企业技改工作进入新时期（引题）

国债技改项目成就显著（正题）

近3年共安排国债专项资金255.4亿元，技改项目880项（副题）

双行标题有两种格式，一种是由正题与引题复合而成的，另一种是由正题和副题复合而成的。例如：

扶持龙头企业 推进基地建设 拓展营销网络（引题）
山西构筑农业产业化支撑体系（正题）

又如：

新的工时制度下月实施（正题）
职工平均每周工作44小时（副题）

单行标题是只有一个正题的标题。例如：

河北四策并举推动农业科技进步

又如：

台式机变脸涨价，笔记本处乱不惊

以上三种标题格式各有各的特点和用途，在写作中大家可以根据新闻内容和实际需要进行选择。

2. 导语

导语是经济新闻的开头部分，在此部分应用一句话或一个段落将经济新闻中最有价值、最重要、最吸引人的内容表述清楚。正因为新闻常常要将主要内容放入导语部分，并且由主到次、由重到轻地安排结构、组织材料，所以人们常把新闻的结构形式称为"倒金字塔"式。

新闻导语可以采用不同的写法，常见的写法有叙述式、描写式、提问式、评述式等。

叙述式导语是指用平易、朴素的叙述性语言，直接概述最重要的新闻事实。例如：

记者昨天从国家统计局获悉，10月份全国工业完成增加值为2 332亿元，比上年同月增长8.8%。其中工业产品出口交货值1 372亿元，比上年同月增长6.9%，增速比上月提高1.2个百分点，已连续3个月保持回升势头。

描写式导语是指以形象生动的描写性语言，对报道对象的特点或主要场景、重要细节等进行描述，以起到渲染气氛、烘托主题的作用。例如：

初秋的合肥街头，每天清晨可以看到手持竹竿的农民，赶着千百只鸭子穿过闹市。鸭群一来，满街的一片嘎嘎声，大小车辆纷纷让路。人们看到这种多年不见的"鸭群过街，车辆让路"的合肥风光，无不喜形于色。

提问式导语是指通过问题的提出，引起人们的注意和思考，然后再在主体部分中对读者所关注的问题给予解答。例如：

这个几百万人口的大城市，每天都要产生两千七百多吨垃圾，但街道却保持着常年整洁。这样大量的垃圾是怎样处理的？不久前记者随同垃圾清运车目睹了这场紧张战斗的过程。

评述式导语又称评论式导语，即在开头便对新闻事实进行评论，表明作者的态度和立场。例如：

今年以来，在世界经济增长明显减缓，特别是美国经济增长由正转负的情况下，我国经济不仅依然保持了强劲增长的态势，而且呈现出快增长、高效益和低通胀的良好势头。从拉动经济增长的投资、消费和净出口三大需求看，1—10月，社会消费品零售总额增长10.1%，比去年同期仅增加0.2个百分点；外贸出口增长6.1%，比去年同期下降26.1个百分点，累计实现贸易顺差173亿美元，同比减少57亿美元；固定资产投资增长17.4%，比去年同期增加4.8个百分点。固定资产投资的较快增长，对于抵补净出口减少、保持经济持续快速增长发挥了关键作用。

在实际写作中，上述几种写法通常不是截然分开的，而是常常混合使用、互为补充的。此外，导语常用的写法还有引语式、号召式、摘要式等。无论采用哪种形式，都要能够反映最重要的东西，要能起到先声夺人、吸引读者阅读的作用。

3. 主体

主体是经济新闻的主要部分，是在导语之后具体、详尽地表述新闻内容的部分。这一部分紧承导语，或对导语中所概括的事实做进一步的说明，或回答导语中提出的问题，以使读者对新闻事实有比较完整的了解。

主体部分一般内容和层次较多，往往会涉及材料的组织、结构的安排问题。大致说来，组织材料、安排结构主要可按照两种顺序：一是按照时间顺序，即按照事情发生、发展、结束的先后顺序组织材料、安排结构；二是按照逻辑顺序，即按照事物的内在联系组织材料、安排结构。另外，也可按照时间和逻辑相结合的顺序进行组织材料、安排结构，这在篇幅较长、内容较多的新闻稿中比较常见。

4. 结尾

结尾是经济新闻的最后一部分。结尾的写法多种多样，常见的有小结式、启发式和引语式等。

结尾不是新闻的必备部分，如果主体部分已把该说的话说完了，文章就应自然而然地结束，没有必要专门加上一个结尾部分，使文章显得拖沓。

5. 背景

背景是指对与新闻事实相关的历史条件、现实环境及其他客观条件的介绍。交代背景，有助于说明事情发生的原因，揭示事件的性质和意义，深化新闻的主题；也有助于读者理解新闻事实，增加经济新闻的知识性和趣味性。

背景材料在经济新闻中的位置比较灵活，既可以在导语中写，也可以在主体和结尾中写；既可以自成一个部分，也可以穿插在其他部分当中；既可以是一段话，也可以只是几句甚至一句话。

经济新闻的背景材料主要有对比性材料、说明性材料、注释性材料等。

背景也不是经济新闻的必备部分，究竟是否使用背景材料，要根据表达的需要来确定。

请看一篇例文：

宁夏退耕还林还草工作全面展开
——春季造林种草所需的树种、草种基本到位

大地回春，有"塞上江南"美誉的宁夏回族自治区，正在全面开展退耕还林还草工作，春季造林所需的树种、草种已基本到位。

过去两年里，宁夏共完成退耕还林任务104万亩。今年，国家下达给宁夏的退耕还林还

草任务是 180 万亩。目前，宁夏已将退耕还林还草任务指标分解到固原、彭阳、海原、中卫等 13 个市、县、区。银川市郊区除上级拨付退耕还林还草工程建设项目资金外，财政安排专项资金 100 万元，主要用于实施退耕还林苗木补助费和基础设施配套费。吴忠市抓紧改建、扩建原有苗圃，增加育苗面积，确保苗种及时供应，建了一批上档次、有规模的种苗基地。固原市重视对林业技术人员、管理人员尤其是退耕还林农户的技术培训，提升其科技素质和退耕还林还草的科技含量。

为确保退耕还林还草工作的顺利进行，自治区粮食局已合理安排粮源，保证粮食按时、按质、按量供应到户。（杜峻晓）

这是一则篇幅比较短小的经济新闻。标题是由正题加副题构成的双行标题，正题概括中心，揭示主题；副题进一步说明事实，诠释正题。正文的导语部分（第一自然段）以叙述加描写的方式总述最重要的新闻事实，并起到渲染气氛、吸引读者的作用。主体部分叙述具体情况，既有总体归纳，也有实例介绍。这一部分基本上是以时间为序组织材料的，条理清晰。

（三）经济新闻的写作注意事项

撰写经济新闻，必须注意以下几点：

第一，事实要准确。尊重事实，用准确无误的事实说话，是新闻工作者所应具备的最起码的职业道德。凭空想象或歪曲事实，会制造出虚假新闻。而虚假新闻不仅不能起到应有的作用，而且会造成极坏的社会影响。

第二，导向要正确。从根本上说，新闻报道应为社会主义现代化建设服务，应为国家和社会的发展服务，应为人民的根本利益服务。新闻所反映的内容要有利于服务目标的实现，要与其宗旨相一致。具体来说，新闻的内容要符合党和国家在特定历史时期的方针、政策，要能引导人民群众奋发向上。新闻具有重要的舆论导向作用，导向正确，新闻才能发挥积极的社会作用。

第三，报道要及时。新闻报道最讲求时效性，一般来说，新闻报道应当快写快发，否则，"新闻"就会成为"旧闻"，就会降低价值，甚至会完全失去价值。"新闻"理应突出一个"新"字，而报道的"快"是与内容的"新"联系在一起的，是新闻特别是消息区别于其他文种的显著特点之一。当然，有些新闻也有报道时机的问题，时间不一定要快，但时机一定要恰当，以便取得最佳的报道效果。

三、产品说明书

（一）产品说明书的含义和作用

产品说明书是一种全面、明确地介绍产品用途、性能、结构、使用方法等事项的文字材料，是一种比较常见的说明文。

产品说明书最直接的作用就是帮助消费者了解商品，掌握商品的使用方法。具体地说，产品说明书的作用主要体现在以下几个方面。

1. 指导消费

产品说明书要对商品或服务内容进行介绍和解释，消费者通过产品说明书可以了解产品的特性，熟悉产品的性能，掌握产品的操作程序，进而采取合理的消费行为，避免因选择或使用不当而造成损失。产品说明书可以帮助消费者对商品理智地选择和正确地使用，可以极大地提升市场的有效需求，形成良性循环。

2. 传播知识

产品说明书随产品走向消费者群体，其中所包含的有关某一种产品的知识便会为消费者所了解。随着经济和科技的发展，各种新技术、新产品、新的服务项目层出不穷，产品说明书在传播信息、普及知识等方面的作用也越来越明显。

3. 宣传企业

产品说明书在介绍产品的同时，也宣传了企业，因而也会起到广告宣传的作用。产品说明书既可以同产品或服务一起走入千家万户，也可以采用适当的方式分发赠送。同时，由于其内容具有科学性、客观性，因而更容易为消费者所接受。应当说，产品说明书对于企业推介产品或服务、扩大品牌知名度等，也具有不可替代的作用。

（二）产品说明书的特点和种类

1. 产品说明书的特点

产品说明书的特点是与其文种特征和具体功用联系在一起的，主要体现为：

（1）内容的科学性

产品说明书以传授产品知识为主，科学性是对产品说明书内容的基本要求。产品说明书所介绍的产品，可能是人们已经熟悉或了解的，但更多的是新产品或新事物，作者必须以科学的态度和科学的方式介绍产品知识。这主要是为了满足消费者的需要，同时也是在履行生产者应尽的义务。

内容的科学性首先体现在内容的准确、明了上，产品说明书对产品或服务项目的介绍要恰如其分，实事求是，不能夸大其词或含糊不清；内容的科学性还体现在内容的全面、具体上，在产品说明书中，要明确消费者需要了解的所有事项，而不能想当然地推定消费者应当已经了解什么、什么内容是不必要的。

（2）表述的通俗性

产品说明书的读者对象多为不具备专业知识的普通消费者，因此，应当以通俗浅显的语言将产品的各方面情况写明，尽量不用或少用一般人不易理解的专业术语。产品说明书常常会涉及专业知识，因而有时也不可避免地要用到一些专业术语。使用专业术语要注意它的可理解程度，并考虑产品及其消费者的特点。产品本身越是具有大众性，语言表述就越是应当通俗易懂。除了专业术语之外，其他用语也要力求平实、直白，过于生僻的词语或其他较为晦涩的表述方式，都不应当出现在产品说明书中。为了加强表述的形象性、直观性，产品说明书中常常配以图片或表格，以达到便于消费者理解的目的。

（3）层次的条理性

写作必须讲求条理，可以说，这是对写作特别是说明文写作的共同要求。撰写产品说明书，要根据说明事项的自身特点，确定一个合理的顺序，逐层逐条、富有条理地把内容表述清楚。任何一种产品的说明，无非是要告诉消费者产品的性质、特点、用途、使用方法和注意事项等，而这些条款要根据人们认识问题的规律或操作使用的程序等，依次排列，以使消费者循序渐进地了解并掌握产品知识。

2. 产品说明书的种类

产品说明书的应用范围极其广泛，分类方法更是多种多样。例如，按照说明对象生产行业的不同，可分为工业品说明书、农产品说明书、科技产品说明书、商业服务说明书，以及金融与保险服务说明书、游览观光说明书、影视剧说明书等；按照表达形式的不同，可分为条款式产品说明书、图表式产品说明书等；按照说明方式的不同，可分为详细产品说明书和简要产品说明书；按照使用语种的不同，可分为中文产品说明书、外文产品说明书、中外文对照产品说明书等。

（三）产品说明书的结构和内容

撰写产品说明书，要根据产品和消费者的特点，选用恰当的写法。产品和消费者不同，产品说明书的写法也有所不同。不过，从总体上看，产品说明书一般都要由标题、正文、尾部等部分构成。

1. 标题

标题通常由说明对象或者产品名称加文种组成，如《××空调说明书》《××口服液产品说明书》。有的标题省略文种，只有产品名称，如《××深海金枪鱼肝油》《××咖啡伴侣》。

2. 正文

正文要写明产品的基本情况。产品的性能、用途、构造及使用方法、保养维修常识等。不同类型的产品具有不同的特点，对不同类型的产品，这部分要着重说明的事项不同，是正文常写的几项内容。例如，药物说明书，要着重说明其成分、功效和服用方法等；机械产品说明书，要着重说明其构造、操作方法和维修保养等方面的知识；食品说明书，一般要有食用方法、配料、生产日期和保质期、存贮方法等内容。

3. 尾部

尾部要注明生产、经销等相关企业或单位的名称、联系地址和邮政编码、联络电话和传真号码、电子邮箱、网址等，以便消费者直接同生产者或经销者进行沟通。

先看一份药物说明书。

××含片

【药品名称】

品名：××含片

汉语拼音：×× Hanpian

【性状】本品为黄棕色至棕色片；有特异的芳香气，微似樟脑，有凉喉感，味甜。

【主要成分】西青果、罗汉果、薄荷脑等。

【药理作用】药效学试验表明：本品体外对乙型链球菌、金黄色葡萄球菌、大肠杆菌、绿脓杆菌均有一定的抗菌作用。本品口咽部给药，对大鼠角叉菜胶性足肿及小鼠棉球肉芽肿增生具有明显抑制作用；对小鼠醋酸腹膜致痛及热致痛均有镇痛作用；对小鼠血清溶血素的生成有抑制作用。提示本品具有抗菌、消炎、抑制体液免疫等作用。

【功能主治】疏风清热，解毒消肿，利咽止痛，芳香辟秽。用于咽喉肿痛，声音嘶哑，口臭、急性咽炎、急性喉炎等。

【用法与用量】含服，每次1片，1日6次，7天为1个疗程。

【规格】每片2g。

【贮藏】密封，置阴凉干燥处。

【包装】铝膜袋

【有效期】2年

【批准文号】×卫药健字（19××）第××号

【生产企业】××××有限责任公司

董事长：（略）　　　　　　　邮编：（略）

电话：（略）　　　　　　　　网址：（略）

传真：（略）　　　　　　　　电子信箱：（略）

地址：（略）

这份产品说明书的标题直接标明药物名称，正文写明药物的性状、主要成分、药理作用、功能主治、用法与用量、规格等，其中药理作用和功能主治阐述最为详细，用法与用量非常具体，这同产品的特点和消费者的实际需要是相吻合的。另外，"批准文号"通常也是药物说明书必须具备的内容。尾部提供生产企业的联系方式。

再看一份电话机说明书：

××电话使用说明书

一、本机特点与功能

（1）最新全信道技术，可自动或手动选择空闲信道，避免受到干扰与窃听。

（2）可配1～4个子机。

（3）可通过按键设置12组1～4位数开头的限制拨出号码。

（4）子机具有外线预约功能。

（5）子机与子机之间可以进行外线的相互转接。

（6）座机与子机相互呼叫、对讲。

（7）"大哥大"方式的预置拨号。

（8）来铃时，子机拿离充电座就能接听，通话结束后，放回充电座自动挂机。

（9）子机超出范围或受到强无线干扰时，发出警告音，提醒用户应靠近座机，否则，

16 秒后座机自动挂机。

（10）子机液晶显示拨出号码、通话时间、实时时钟和工作状态等信息。

（11）子机具有保持功能。

（12）P/T 选择、快速闪断、暂停、单键重拨功能。

二、外形及各部分名称（略）

三、使用注意事项

（1）勿与电视、音响等家电放在一起。

（2）勿放到阳光直射到的地方。

（3）勿放在潮湿或有水蒸气的地方。

（4）勿放在有震动的地方。

（5）勿将两台无绳电话机放在一起使用。

（6）座机水平放置使用时距墙不应小于 15 cm，整机挂墙时应安装可靠。

四、首次安装

1. 座机

（1）将电话线分叉端接到外线盒上，另一端插入座机外线插座内。

（2）将座机电源的输出端插入座机 DC 电源插孔内，输入端插到 220 V 交流电源插座上。

（3）将座机天线全部拉出并保持垂直向上。

2. 充电座

将充电电源输出端插入充电座上 DC 电源插孔内，输入端插到 220 V 交流电源插座上。

3. 子机

（1）将子机天线拧入子机天线孔内。

（2）打开子机电池盖，插入 3.6 V 充电电池组。

（3）合上电池盖，将子机放在充电座或座机上充电 12 小时，这时充电指示灯亮。

注：子机放在座机上时，可以正面或反面放置。

座机挂墙放置时，子机只能反面放置座机上，即子机按键面向内。

五、设置联机密码和子机号（略）

六、子机时钟设置（略）

七、电话拨出（略）

八、电话接听（略）

九、内部对讲（略）

十、电话转接（略）

十一、常见故障排除方法（略）

深圳××通信设备有限公司

地址：（略）　　传真：（略）

电话：（略）　　邮编：（略）

这份产品说明书的标题由说明对象和文种名称两个要素构成。正文主要写明产品的特点与功能、外形及各部分名称、使用注意事项、安装方法、操作方式等具体事项，正如标题所点明的那样，这份产品说明书是对"使用"的说明，说明的重点是与"使用"有关的事项。最后是尾部即落款部分。

（四）产品说明书的写作注意事项

撰写产品说明书，必须注意以下两点。

第一，要有责任意识。撰写产品说明书，要有强烈的责任意识，尤其是对技术含量高或事关人身、财产安危的产品的说明，更要做到字斟句酌、周到细致。为消费者负责，应当是产品说明书的撰写者所必须具有的意识。

第二，要有大众意识。前面说过，产品说明书的读者对象多为普通消费者，撰写产品说明书，必须充分考虑读者对象的大众化特点，树立为大众服务的观念，从内容的取舍到表达方式的选用，都要尽可能适应社会大众的特点和需要。

四、经济活动分析报告

（一）经济活动分析报告的含义和种类

经济活动分析报告是企业和经济管理部门常用的一种专业文书。经济分析报告是在经济活动分析的基础上撰写而成的，而经济分析是以科学的经济理论和国家有关方针、政策为指导，以现实和历史的计划指标、会计核算、统计资料，以及有关原始记录和调查材料为依据，对某一地区、某一行业、某一单位、某一部门在一定时期内的经济活动状况或某一项经济活动的情况，进行客观分析的一种行为。反映分析内容和结果的书面报告，就是"经济活动分析报告"。

经济活动分析报告的种类很多，根据不同的分类标准，可以将其划分为不同的类别。

按报告内容所涉及的范围划分，有涉及一个地区、一个行业等的涉及面较广、影响较大的宏观经济活动分析报告，也有仅涉及一个企业、一项产品等的涉及面较窄、影响较小的微观经济活动分析报告。

按时限或时间划分，有包括年度分析、季度分析、月份分析等在内的定期经济活动分析报告，也有根据经济活动的需要，临时撰写的不定期经济活动分析报告。

按部门行业划分，有工业经济活动分析报告、农业经济活动分析报告、商业经济活动分析报告等。而在各行业、部门内部，还可以根据经济活动的内容和特点再做划分。例如，工业经济活动分析报告有生产方面的分析报告、劳动方面的分析报告、财务方面的分析报告等；商业经济活动分析报告有商品流转计划分析报告、市场动态情况分析报告、商业财务情况分析报告等。

按其内容广度和分析目的的不同，可分为综合分析报告和专题分析报告两大类。综合分析报告又称全面分析报告、系统分析报告，是对某一地区、某一部门或某一单位在一定时期内的经济活动进行全面、系统的分析的报告。这类报告涉及的问题较多，写作时一般应当在全面分析各项主要经济指标及其完成情况的基础上，突出重点，着重分析经济活动中带有普遍性、规律性的关键问题。专题分析报告又称专项分析报告，是专门对某个问题或某项活动进行分析研究的报告。这类报告大都是不定期的，是根据经济活动的需要随时撰写的。反映情况及时，解决问题迅速，内容集中，建议明确，针对性和实效性强等，是经济活动分析报告的特点。

（二）经济活动分析报告的作用

撰写经济活动分析报告，是为了评价现状、总结经验、揭露问题、探明原因，并且提出改进措施或意见，以求获得更好的经济效益。经济活动分析报告的作用同经济活动分析的作用是相一致的，而经济活动分析是研究、评价经济活动状况，认识经济活动规律的一种重要手段，是职能部门加强管理、企业提高经营水平的一种有效方法。在社会经济生活特别是企业经营管理中，经济活动分析具有重要的作用，并表现出多种功能。具体地说，经济活动分析及其报告的功能主要包括诊断功能、建议功能、反馈功能、预测功能等。

1. 诊断功能

诊断功能是经济活动分析的首要功能。不论是要全面提高一个企业的素质和实力，还是要提高一项经济活动的效益，或是为了解决一个经济问题，往往都要先进行经济活动分析。通过经济活动分析，相关人员或部门可以把握情况，找到问题的症结，摸清其中的规律，从而为改善经营管理状况提供帮助。

2. 建议功能

经济活动分析报告不仅要针对当前的经济活动进行，而且一般还要在此基础上就今后的经济活动提出建议。由于这种建议是建立在科学分析基础之上的，所以往往是具有一定建设性和可行性的，容易为领导者或决策者所接受。分析之后提出建议，就如同医生诊断病情之后开出治病的处方一样。

3. 反馈功能

一个地区、一个单位或一个部门，实施某项经济决策之后效果如何，需要通过经济活动分析报告对其做出评价，进行反馈。也可以说，建议功能和反馈功能是密不可分的两项功能。建议的目的，是使领导者或管理者做出正确的决策；反馈的目的，则是使领导者或管理者了解决策实施后的真实情况，以便及时进行调整或改进。

4. 预测功能

经济活动的进行离不开科学的预测，领导者或管理者在制定发展战略、规划和政策时，要面向未来，要有前瞻性。即便是对一个具体的项目是否可以实施做出决策，也要以今后若干年所能取得的经济效益和社会效益为主要依据。直接服务于经济决策的经济活动分析报告，应当在分析现状的同时，探寻经济活动的规律，对经济活动的发展趋势进行说明。

经济活动分析报告正是由于具有上述多种功能，所以在经济工作中具有非常重要的作用。无论是经营者、管理者，还是决策者、投资者，也无论是企业，还是政府职能部门，都会基于不同的需要，接触和使用这类文种。

（三）经济活动分析报告的结构和内容

经济活动分析报告通常包括标题、正文和落款几部分。

1. 标题

经济活动分析报告的标题主要有两种：一种是完整式标题，即由单位名称、分析时限、分析对象和文种等要素构成的标题，如《××××厂 2015 年经济效益分析报告》。这类标题还可以有所调整，如省略分析时限或在文种一项省略"报告"二字，宏观经济活动报告通常不写单位。有的还要加上"关于"二字，使标题增加一种公文色彩。也有的标题不写"分析"或"分析报告"，而写"意见""建议""看法""说明"等。另一种是简要式标题。这类标题又称概要式标题或省略式标题，它只概括分析报告的主要内容，而省略单位名称、分析时限和文种等几项内容，有利于突出主题，如《关于迅速整顿成本资金的几点建议》《×××厂是怎样转换经营机制的》《××市旧城区改造的思路和对策》。

另外，经济活动分析报告还经常使用双行标题，即以正标题概括报告的主要内容，以副标题点明分析时限、分析对象等，以使标题的内涵更加丰富，如《建设要起步，效益待提高——××股份有限公司财务状况简析》。

2. 正文

经济活动分析报告的正文通常由前言、情况、分析、意见或建议等部分组成。

（1）前言

前言又称导言或概况，是经济活动分析报告的开头部分。这部分的写法比较多样，有的介绍经济活动的背景或说明分析对象的基本情况，有的交代分析的原因和目的或明确分析的范围和时间，有的评述分析内容，有的提出问题，有的揭示结论。前言部分可以集中写明一项内容，也可以把几项内容放在一起来写。而无论采用哪种写法，都必须做到简洁、概括，字数不能太多，免得给人一种喧宾夺主、头重脚轻的感觉。也有许多经济活动分析报告省掉了前言，开头便直接进入主体部分。

（2）情况

情况是分析的基础，在主体部分，首先就要详细写明经济活动的情况，包括主要经济指标的完成情况、技术或管理措施的实施情况、业务工作的开展情况等。写情况是为了总结经验，揭露问题，为下文的分析做好铺垫。为了把情况写得具体、翔实，通常要使用一些准确无误的数字。

（3）分析

经济活动分析报告要以"分析"为主，而不能只堆砌材料，罗列事实。如果缺少有理有据、深入细致的分析，经济活动分析报告就难以起到应有的作用，甚至会名不副实。只有分析得当，相关人员或部门才能对经济活动做出正确的评价，才能对其成败的原因有所认识，也才有可能把握经济活动的本质和规律。

很多经济活动分析报告是把前面两部分即"情况"和"分析"放在一起写的，即写完一个方面的情况，接着便进行分析，然后再写另外一个方面的情况，并对之进行分析。边写情况，边进行分析，边提出问题，边寻求答案。后面的例文便是这样。

（4）意见或建议

意见或建议是正文的最后一部分。在这部分中，一般要根据分析的结果，回答今后的经济活动将会"怎么样"，以及应当"怎么办"的问题。在不同的经济活动分析报告中，这部分内容的侧重点常常有所不同。如果报告以指明成绩、总结经验为主，则应当着重写明推广经验、进一步提高经济效益的途径；如果报告以揭露问题、总结教训为主，则应当着重写明解决问题、改进工作的措施；有的分析报告则不涉及具体的意见或建议，而着重对经济活动的前景和趋势做出预测。

分析问题是为了解决问题，"建议"是"分析"的归结点，这部分也是经济活动分析报告中比较重要的一个部分。

有的经济活动分析报告还专门加上一个结尾或称结语部分，对全文的内容进行简略概括。

3. 落款

落款一般有两项内容，一是撰写经济活动分析报告的单位名称或人员姓名，二是写作日期。有的报告标题已含单位名称，落款一项只有日期。

请看一篇例文：

××化肥厂201×年财务计划执行情况分析

在市委、市政府和上级主管部门的正确领导，以及财政、税务、银行等部门的支持下，我厂认真贯彻执行深化企业改革的方针、政策，狠抓企业管理，促进了经济效益的大幅度提高。合成氨计划产量 11 000 t，实际产量 13 827 t，超产 2 827 t，比去年的 12 741 t 增长 8.5%；产值计划 8 900 万元，实际完成 8 902 万元，比去年的 8 489 万元增加 4.7%。利润、流动资金、专项基金等主要经济指标均创历史最好水平，较好地完成了 201×年财务计划。现将执行情况分析如下：

一、实现利润分析

利润计划总额 194 万元，实现利润 194.6 万元，比去年增加 4.6 万元。利润增加的主要原因，一是销售数量增大，使利润增加 7.5 万元；二是化肥价格调整，增加利润 36.4 万元。也有一些客观原因使利润有所减少：一是销售成本增加，减少利润 25.92 万元；二是提取技术开发费，减少利润 14.5 万元；三是营业外支出增加，减少利润 3 万元；四是营业外收入减少，减少利润 0.2 万元。

二、产品成本分析

可比产品总成本比去年上升 259.2 万元，上升 23%。上升的主要原因：一是原料、燃料、动力价格调高，增加成本232.6万元；二是费用增加，增加成本104.3万元。也有一些项目的可比产品成本降低，如煤、焦、电消耗减少，使成本下降55.4万元。

三、流动资金分析

1. 流动资金下降。在生产能力提高，原、辅材料价格上涨的情况下，狠抓了流动资金管理，调整了各部门流动资金使用指标，促进了流动资金管理水平的提高。今年定额流动资金平均余额97.1万元，比去年下降0.7万元。

2. 流动资金平均余额189万元，百元销售收入占用流动资金11.82元，比计划的12.98元下降1.16元，节约资金18万元，达到全国同行业先进水平。

3. 百元产值占用定额流动资金10.91元，比去年11.52元下降0.61元。定额流动资金周转天数22天，比去年31天加快9天，节约定额资金40万元，全年未向银行贷款。

四、专用基金分析

今年提取大修理基金43.6万元，职工福利基金4.1万元，企业留利106.5万元，按6:2:2的比例分成，其中生产发展基金65.1万元，职工奖励基金21.7万元，职工福利基金21.7万元。年末各项基金总额计183.3万元，为企业扩大再生产打下良好的基础。

五、几点建议

1. 挖掘企业潜力，降低成本。降低物资消耗，尤其是原料和燃料的消耗，努力提高工艺技术水平，降低材料单耗。

2. 继续抓紧抓好资金管理工作。年终，对资金使用有节余的车间和部门根据资金管理条例给予结算兑现。

3. 加强煤场的管理工作，提高原材料的成本率，减少煤耗和煤厂费用开支。

201×年×月×日

这篇分析报告分析了四项财务计划指标的完成情况，属于综合性经济活动分析报告。标题采用完整式写法，单位名称、分析时限、分析对象、文种齐全，非常规范。正文采用"前言加条文"的写法。前言部分概述年内财务计划执行情况；第二部分内容是对财务计划指标完成情况的分析；第三部分针对存在的问题，提出几点改进建议。

（四）经济活动分析报告的写作注意事项

撰写经济活动分析报告，必须注意以下几点：

第一，要准确、全面地掌握材料。所参考的材料可靠、全面、系统，是做好分析工作的基础，或者说，分析的质量和效果在很大程度上取决于材料的准确性和完整性。材料不真不全，就无法对经济活动做出正确判断和深入分析。撰写经济活动分析报告的第一步就是要具备充足的材料，除了要充分利用平时积累的各种材料之外，还应当针对问题定向收集材料。为了保证材料的真实、可靠，应当尽量使用第一手材料，同时还要注意对材料进行认真的核实和查对。材料有"死"材料和"活"材料之分，前者是指计划、报表、凭证等各类书面材料；后者是指通过实际调查、实地考察等活动得到的材料，对于经济活动分析报告的写作来说，这两类材料都非常重要，不可偏废。

第二，要合理地运用分析方法。写分析报告应当重视材料，但不能简单地罗列材料，"分析报告无分析"，是在撰写分析报告过程中应当尽力避免的问题。掌握科学的分析方法，是撰写经济活动分析报告的前提之一。经济活动分析的方法有很多种，常用的有对比分析法、因素分析法和动态分析法等。对比分析法是通过具有内在联系，因而具有可比性的因素的比较，发现问题，判明是非，做出评价，得出结论的分析方法。根据对比的结果，易于明确经济活动的情况，便于探讨问题产生的原因。将经济活动的结果同计划指标相比较，以及纵向同过去相比、横向同先进对比，都是常用的对比方式。运用对比分析法，首先要注意比较对象是否确实具有可比性，将确实具有可比性的事物加以对比，才能得出正确的结论。因素分析法是通过分析影响经济活动的各种因素，并测定它们对经济活动的影响程度，从而认识经济活动的特点、探明经济活动取得成果或出现问题的原因的分析方法。一项经济活动的状况往往是各种因素共同作用的结果，但每一种因素所起作用的大小和方式是有区别的，只有认清各种因素及其作用的差异，才能找到解决问题、提高经济活动质量的有效途径。动态分析法又称趋势分析法或预测分析法，是以发展的眼光对经济活动的变化情况及其趋势进行研究，就今后的经济活动提出各种设想和措施的分析方法。其主要做法和作用便是把有关经济指标或反映发展的动态指标，按照时间顺序进行排列和分析，从而探明规律，提出对策，使经济活动向有利于提高效益的方向发展。此外，经济活动分析的方法还有平衡法等多种方法。在进行经济活动分析时，可以根据需要选用一种最为适当的分析方法，也可以综合运用几种不同的分析方法。

第三，要及时完成报告。撰写经济活动分析报告，是为了总结经验，揭露问题，找出差距，明确今后经济活动的方向，以便取得更好的经济效益，或者说，是为了给实际工作提供切实的指导和帮助，因此，它的时效性很强。经济活动分析报告如果不能及时完成，就无法有效发挥其应有的作用。

五、可行性研究报告

（一）可行性研究报告的含义和作用

要理解可行性研究报告的含义，必须先了解什么是可行性研究。可行性研究是在某一项经济活动实施之前，通过全面的调查研究和对有关信息的分析，以及必要的测算等工作，对项目进行技术论证和经济评价，以确定一个"技术上合理，经济上合算"的最优方案，为决策提供科学依据的一种行为。反映可行性研究的内容和结果的书面报告，就是"可行性研究报告"。

自 20 世纪 70 年代末，我国开始在工程项目建设中实施可行性研究。20 世纪 80 年代初，我国正式将可行性研究纳入基建程序，规定所有新建、扩建的大中型项目都要进行可行性研究，提出可行性研究报告，以此作为审批项目设计任务书的依据。1983 年 2 月，国家计划委员会制定了《关于建设项目进行可行性研究的试行管理办法》，对拟建项目的可行性研究报告的编制程序和内容等有关问题做出规定。过去，人们认为可行性研究报告仅用于生产、基建、科研等领域。近年来，随着社会主义市场经济体制的建立，可行性研究报告应用的范围越来越广，已从人们过去所知的生产、基建、科研等领域扩展到整个经济活动领域。例如，在创办一个公司，组织一次大型产品销售活动，推广一项科学技术成果之前，都需要进行可行性研究，撰写可行性研究报告。目前，甚至在政治、军事、文化等领域，可行性研究报告也得到了应用。而这里所介绍的可行性研究报告，主要还是指经济活动领域中所用的可行性研究报告。

概括地说，可行性研究报告的作用主要体现在两个方面：一是为领导者决策提供依据；二是为落实资金来源提供条件。

（二）可行性研究报告的结构和内容

可行性研究报告一般由标题、正文、附件几部分组成。

1. 标题

可行性研究报告的标题大都包括单位名称、项目名称及文种等几项内容，如《××机床厂关于开发新产品 Y 系列电机壳流水线的可行性研究报告》《××省建设银行关于新建××市光明区居民点的可行性研究报告》。有时，单位名称可以略去，标题只有项目名称和文种两项内容，如《建设××大型水泥厂的可行性研究报告》《关于建立××电厂的可行性研究报告》。文种也可以简写，如《××刨花板厂新建工程可行性研究》。

2. 正文

可行性研究报告篇幅的长短和内容的繁简，往往取决于项目的大小或问题的难易。规模大、投资多、周期长的项目，报告的篇幅一般较长，内容也比较复杂；反之，报告的篇幅一般较短，内容也相对简单一些。从实际情况来看，可行性研究报告在篇幅上存在着较大的差别，有的可长达十几万字，有的只有几千字。

从总体上看，可行性研究报告的正文通常包括四个方面的内容：一是项目内容的说明；二是项目的技术论证和经济评价；三是各种方案的比较；四是结论。而不同类型的可行性研究报告的结构和内容并不是完全相同的，也就是说上述内容往往会有不同的表述形式。

内容比较丰富、写法比较正规的可行性研究报告的正文通常包括前言、主体、结论三部分。

（1）前言

前言，又称总论，常见的写法包括概述拟建项目提出的背景、依据，说明可行性研究的范围，提示研究结论等。

（2）主体

主体是可行性研究报告的核心部分，是对项目的可行性进行具体的分析论证的部分。

一般可行性研究报告的主体部分都应当包括以下几个方面的内容：

一是市场调查。通过分析市场现状和未来前景，考察该项目实施后进入市场的发展状况，包括对国内外的市场需求、价格、竞争能力等做出分析。

二是对规模和方案的说明与分析。要对项目名称、规格（规模）、技术性能、实施计划和方案等进行说明和分析。

三是对技术力量和水平进行说明与分析。说明与分析的项目包括地址选择及其理由，原材料、资源配备，技术设备、工艺流程、辅助设施，组织机构设置、所需人员及培训方案，项目的实施方案、工程设计、设备订货、施工和验收、设备安装和调试、试生产和正式投产的时间安排和进度，现有的环境状况、工程实施后给环境带来的影响及如何控制环境污染等。

四是资金来源分析。确定资金来源的方式，对投资数额进行估算，对资金到位的时间、资金偿还的办法、流动资金的合理安排和使用等进行分析。

五是经济效益分析。说明投资的收支、盈亏状况等财务问题，评价项目的经济效益。

大中型基本建设项目的可行性研究报告是内容比较复杂、全面、细致的一类可行性研究报告，其主体部分通常要写入以下几个方面的内容：

一是现状评价。通过剖析现状并联系历史沿革，说明设立项目的技术、经济依据。

二是发展规模与建设规模。分析建设项目所在地区的经济特征，说明当地经济情况及其与本项目的关系，预测市场需求和发展规模，论证项目建设规模与标准的客观必要性、技术可行性和经济合理性，提出主要的技术指标、经济指标等。在与市场密切相关的项目的可行性研究报告中，"市场预测"方面的内容要剖析详细一些，通常包括国内外需求情况的预测，国内现有同类厂家生产能力的调查和发展预测，销售预测、价格分析、产品竞争力的估计、进入国际市场的前景等。根据市场预测的结果确定拟建项目的规模，主要应当明确产品的名称、规格、技术性能与用途，确定产品生产能力，对产品方案和发展方向进行比较和分析。如为扩建项目，还要说明对原有固定资产的利用情况。

三是建设条件与协作条件。这部分的内容主要包括可利用的资源储量、品位、成分及开采、运输条件，物料供应规划即原材料、能源（电力、燃料等）、半成品、协作件（配套件）及辅助材料等的种类、数量、来源和供应条件，所需公用设施的数量、供应方式和供应条件。

四是地址方案。这个部分需要着重说明的内容包括项目的地理位置和拟选地点的气象、水文、地质情况及周边的社会经济状况，交通运输及水、电、气的现状和发展趋势，地址比较与选择意见。

五是建设方案。要提出建设项目与总体布局的推荐方案，并说明相关的环保设施及对环境的影响。

六是技术工艺和设备方案。要制订主要工程的设计方案，并就设备订货、施工和验收等重要环节做出安排，就工程质量与施工工艺等提出要求，特别要着重写明主要设备和辅助设备的名称、型号、规格、数量等。

七是实施计划。要对包括询价、谈判、合同签订,以及工程设计、设备支付、建设工期、生产进度及投产日期等具体的工作步骤做出安排。

八是资金投入说明。在做投资预算时,主要应当明确主体工程与协作配套工程所需全部投资数额,如果是利用外资或引进技术的项目,还应包括用汇额,生产流动资金数额,资金来源及其筹措方式,贷款利率及贷款偿付方式等。

九是社会效益评价。要评价项目将对社会经济的发展产生的宏观效果及对社会的影响。

十是财务分析。财务分析比较重要,也比较复杂。具体来说,财务分析大致应当着眼于投入资金的分析、生产费用和生产周期的分析、经济效益的分析三个方面。其中,对投入资金的分析包括投资额、投资构成和投资来源的分析等。投资额要按复利原则计算,计算出单位生产能力的投资额,以便与同类企业进行比较;投资构成的分析,主要指对各项投资的比例关系的分析;投资来源的分析,主要指对投资来源的可靠性和合理性的分析。生产费用和生产周期是就项目投产后的情况而言的。生产费用的分析以产品成本的分析为主,产品成本必须低于现有同类企业的平均水平。分析生产周期,是因为生产周期越短,流动资金的需求量就越小,经济效益就越好。如果拟建项目的生产周期要长于现有同类企业的生产周期,这个项目的可行性就值得怀疑了。经济效益的分析不仅要考虑企业局部的经济效益,还要考虑社会总体经济效益。计算经济效益应当以税金、利润之和为标准。另外,对经济效益还要进行敏感性分析,即考虑不断变化的客观因素如原材料价格变动对项目效益的影响等。

除以上内容,大中型基本建设项目的可行性研究报告有时还要根据项目情况和实际需要,加入其他一些内容,如对项目的生产组织形式和管理机构,包括各类人员的培训方式及培训周期等,做出相应的安排。

(3)结论

结论是正文的最后一个部分,应当在归结全文内容的基础上提出结论性意见,表明对项目可行性的总体性看法,还可以对前文中一些较为重要的内容加以强调。

3. 附件

一些不宜放在正文当中,但又具有一定的参考价值或补充作用的材料,如统计图表、设计图纸、试验数据及专题说明材料等,可作为附件附在最后。如果没有这样的材料,也可以不设"附件"。

以上所介绍的可行性研究报告的内容和结构,只是一种常见的模式。由于研究对象各不相同,可行性研究报告的具体写法及详略程度也不尽相同,研究的角度、强调的重点、分析的方法及文章的结构等,都会有一定的差异。撰写者在写作时对各种因素都要有所考虑,以便灵活变通。

请看一篇例文:

海南建立钛白粉厂的可行性研究

钛白粉(TiO_2)是精细化工产品,占世界无机颜料总消费量的50%以上,占世界白色颜料总消费量的80%以上,主要用于涂料,其次是塑料、造纸、橡胶、化纤等。

钛白粉有金红石型和锐钛型两大类,有硫酸法和氯化法两种生产工艺。

钛白粉历来是世界性的热销商品。我国钛白粉历来短缺,特别是占涂料用量50%以上的金红石型钛白粉,几乎全靠进口,花费大量外汇。为了满足国民经济发展的需要,要大力生产钛白颜料,重点是生产高档钛白颜料。

一、海南建立钛白粉厂的基本条件

中国是世界钛资源最丰富的国家之一,总蕴藏78（TiO_2 100% 计,下同）亿t。海南占全国海滨钛资源的65%以上,总储量约2 600万t,分布在××到××沿海300多千米的沙滩中,共有矿区31处。海南钛资源与国内各地钛资源相比,质优易采。目前海南每年可采10多万t钛砂矿,每年钛精矿（TiO_2 50% 计）近5万t。

二、钛白粉市场概况

我国钛白工业落后,仅占世界总产量的13%,发展缓慢。1985年颜料级钛白产量有所增加,占总产量的50.2%,比1980年增长近万t,但大部分为低档的锐钛型钛白粉。钛白粉工业的落后严重地拖了我国涂料工业的后腿。

我国的无机颜料目前生产量约30万t,其中钛白颜料只有1.2万t,仅占无机颜料总量的1/20。我国目前涂料的钛白含量只有3%左右,不足国外钛白含量的50%,一些发达国家的涂料工业早已不用立德粉,而我国涂料工业立德粉用量远比钛白高,比例为2∶1。"六五"期间我国涂料总产量307万t,按钛白含量3%计算,则需9.2万t,若要达到涂料总产量7%的水平,则平均每年缺口2.7万t,我国涂料工业正处于"平阳"期间,意味着我国钛白工业有着广阔的发展前景。按预测,1990年需钛白8万~10万t,2000年需20万~25万t。当前除镇江钛白粉厂年产2 000 t 长石型钛白粉改造项目外（1988年报产）,仍无别的长石型钛白粉新建项目。

20世纪70年代资本主义国家经济不景气,加上环保法的限制,使欧洲一些大型硫酸法钛白生产厂家关闭和限产,1982年世界钛白生产能力下降到237.8万t,1983年以美国经济回升为转机,钛白需要量大增,造成世界性的钛白短缺 [表1（略）,当供应能力利用率为90%时,供需平衡,当利用率为95%时,供应很紧张]。

1986年钛白需求量达250万t,供应能力利用率达102%,其中涂料工业需153万t以上,占总需求量的61%,利用率的上升,促使价格的上涨,美国金红石型钛白粉1985年每磅78美分,1986年上涨到84美分,西德1986年第一季度在1985年提价的基础上又提价4%,现价每千克4~4.3马克,日本国内销价上涨到每千克370~750日元。

今后若干年内世界消费量平均增长率为1.5%~2.3%。其中发展中国家增长幅度较大,为4%~10%。据预测,1990年世界消费量将增至286万t,2000年增到310万t,而按1982—1989年间的供应能力,年平均增长率只有0.94%,预计供应能力只有256.3万t,2000年仅有278.5万t。

三、生产工艺的选择和技术设备的来源

1. 生产工艺的选择

根据世界钛白粉工业由硫酸法向氯化法演变的趋势,氯化法和硫酸法优缺点的比较和我国氯化法金红石型钛白粉的短缺及市场的大量需求，根据我国资源多氯少硫的特点，考虑我国中南地区氯碱平衡条件及环境保护等综合因素，选择用氯化法生产工艺。

2. 技术设备的来源（略）

3. 主要设备名称（略）

四、建设规模、物料及动力供应规划

1. 建设规模的选定

引进国外先进技术设备选定年产 20 000 t 的生产规模，其理由是引进国外技术设备进行小规模生产，在经济上难以过关。根据一些专家的看法和国外的报道，规模在 3 万 t/年的钛白粉厂，经济上才容易过关。氯化法金红石型钛白粉厂一次性投资规模大，每吨生产规模约需 1 万元人民币，考虑我省和我国目前的经济环境，钛白粉厂规模过大，会给投资带来困难。根据产品供求情况和考虑物料及动力供应问题，选定该规模作为海南钛白粉厂的第一期建设项目较适宜，便于以后在其他条件许可时扩大再生产。

利用国内技术设备选定年产 6 000 t 的生产规模，选定的理由主要在技术上，我国氯化法金红石型钛白粉生产技术虽然趋于稳定，仅是年产 1 000 t 的生产规模；生产规模过大，恐有技术方面的问题，但若规模过小，经济上难以过关。

2. 物料及动力供应规划

电力：钛白粉工业耗电量大，应用国内氯化法技术设备时，每吨产品约需耗电 3 200 kW·h（包括制氯）；国外先进技术耗电也约需 1 700 kW·h。这样，不管引进国外技术设备建设 20 000 t 规模的钛白粉厂，还是利用国内技术设备建设 6 000 t 规模的钛白粉厂，年耗电量要 3 400 万 kW·h 或 3 120 万 kW·h，占去海南省年发电量 9.26 亿 kW·h 的 3.67% 或 3.37%。随着海口火电厂 2×5 万 kW 装机（年发电约 6 亿 kW·h）的建成、10 万 kW 装机的相继建设、大广坝水电站 2×10 万 kW 装机容量的建成和利用莺歌海天然气装机 20 万 kW 的建设，电力将会满足海南岛开发建设事业发展的需要。

钛精矿：海南岛钛资源含量约 2 600 万 t。目前有 20 多个钛矿矿产区，4 个国营钛精选厂，分布在××、××和××3 县，加上一些民办钛精选厂，约年产 5 万 t。1990 年可达到 7 万~8 万 t。

重油和石油焦：重油为焙烧合成金红石所用。石油焦是从重油中加工提炼出来的，在钛白粉生产中作为还原剂。我国中南地区最大的炼油基地——茂名石油工业公司，每年约产 120 多万 t 重油和 8 万多 t 的石油焦，且与海南省相距不远，交通运输也很方便。

氯气和盐酸：海口化工二厂现有年产 3 000 t 烧碱生产能力，副产 2 600 多 t 氯气，这不能满足 20 000 t 方案对氯的需求，需重建成年产 7 000 t 烧碱生产能力，方能满足。对于 6 000 t 方案，则需扩建成年产 500 t 烧碱生产能力，才能满足钛白粉生产和海南其他工业对氯的需求。

煤：海南所用优质煤大多来自大陆。由于氯化法属干法生产，耗煤量不是很大。

工业盐：每吨烧碱需 2.2 t 工业原盐。这样，20 000 t 方案或 6 000 t 方案配置的烧碱车间每年消耗 15 400 t 或 9 900 t 工业原盐。1983 年统计，东方和莺歌海两大盐场年产量就达 18.2 万 t。

辅助原料：生产钛白粉的主要辅助原料三氯化铝（或氧化铝、石蜡），耗量极少，容易满足。

五、厂址选择

首先对 20 000 t 方案进行选择。

钛白粉生产运输量较大，由于海南岛没有一条较合理的交通线把东部的钛精矿供应地与西部的产盐区（八所港）横贯起来，且生产钛白粉所耗钛精矿与工业盐的比例为 4:1，所以，首先就应否定在"西线"建设钛白粉厂的可能。现就可供选择的海口、琼海、万宁 3 地进行运输方面的优选可知，把厂址选定在海口，物料运输费用最省。在电力供应方面虽然琼海比海口优越，但随着潭口火电厂 1988 年 2×5 万 kW 装机的运转，海口的电力供应问题即可解决。由此看来，海口应比其他地方的地理条件都要优越，在海口的基建投资也比其他地方要少，20 000 t 方案的钛白粉厂选在海口最为合理。

纵观海口工业布局现状，选定海口化工二厂奠基氯化法金红石型钛白粉厂为最优方案。海口化工二厂所在海口市西郊的化工工业区，占地 118 468 m²，未被利用的有 108 552 m²，周围均有较为平坦的荒地，能满足 20 000 t 钛白粉厂 120 000 m² 的占地和 8 000 m² 的生活占地，且与海口所建的火电厂距离较近。

对于 6 000 t 方案，选定海口化工二厂奠基氯化法金红石型钛白粉厂也是最优方案。

六、环境污染的防治

国外发展氯化法，环境因素与质量因素各占一半，对于工业发达的富裕国家来说，目前最大动力是环境因素。对于我们国家来说，最大的动力则是质量因素。在制取人造金红石这个中间产品时，选定用盐酸浸取。使废酸经低温真空蒸发浓缩闭路循环到生产工艺过程中，既可降低成本，又可减少污染。对于废气经水处理后也可利用上述方法进行处理。海口化工二厂所在化工生产区已有一条排污通道直通大海，钛白粉生产过程中的废水经处理合格后即可排放。

七、生产组织形式和劳动力定员

以合资经营的形式，或与掌握生产技术的企业共同投资，共同经营，共担风险，按协议进行利润分成，形成资源开发联合体。

根据国外钛白粉厂劳动定员情况，参考厦门电化厂劳动力管理的经验，20 000 t 或 6 000 t 钛白粉厂劳动定员 850 人或 580 人即可。［见表 2（略）］

八、投资概算和来源

1. 投资概算

根据美国杜邦公司计划在台湾兴建一个 60 000 t 氯化法钛白粉厂需 16 000 万美元的投资和厦门电化厂建设钛白粉车间的投资数据，海南利用引进技术设备建设年产 20 000 t 或利用国内技术设备建设年产 6 000 t 的氯化法金红石型钛白粉厂，分别约需投资人民币 2.2 亿元和人民币 7 000 万元。（投资概算表略）

2. 资金来源设想

（1）外汇以合资经营、补偿贸易或向国际财团贷款的方式取得，也可申请国家外汇贷款；

（2）申请国家预算内拨款；

（3）向国内各大银行及财政信托公司贷款；

（4）邀请国内大集团参与投资；

（5）在国内发行债券。

九、经济分析

1. 成本估算

20 000 t 方案的物料及动力年消耗资金为 2 961 万元，6 000 t 方案的物料及动力年消耗资金为 1 306 万元（由于氯碱生产的原材料消耗未获详细数据，现以 1987 年 3 月《中国化工报》发布的我国氯碱生产最高成本 696 元/t，最低成本 436 元/t 的平均值 566 元/t 为单位成本，原材料消耗占成本的 58%，计每吨氯碱原材料消耗 328 元），单位消耗原材料及动力分别为 1 481 元/t 和 2 177 元/t。

现以经济寿命期 10 年后的净残值为零，年修理基金提存率 4%，基本生产用低易耗品和辅助材料占原料消耗的 10% 计入车间经费；每人每月平均工资分别为 200 元和 180 元；全年工资的 20% 计入职工福补资金。

2. 利润估算

财政部颁布的《利用外资贷款引进设备生产产品征税问题》中规定："在偿还贷款的本息期间，引进项目实现的利润中提出的折旧费，都可用于偿还贷款。" 20 000 t 方案在外资本息偿还期内，每年可冲减掉外资投资部分的折旧费 9 300 万 × 10% ＝930 万元；产品价格以厦门电化厂生产的同类产品现时的出厂价 9 800 ~ 11 000 元/t 为参考，可定为 9 500 元/t；以财政部 "（75）财税字第 53 号" 通知中钛白粉的税率 10% 为据列利润表，可知 20 000 t 方案在外资偿还期内每年可得利润 6 385 万元，外资偿还期后每年可得利润 10 585 万元，在 10 年的经济寿命期内平均每年可得到利润 8 611 万元，合单位利润 4 301 元/t。6 000 t 方案，在经济寿命期内平均每年可得利润 2 910 万元，合单位利润 4 580 元/t。

3. 净现值分析

估算结果表明：两个方案都是可取的，投资是合理的。由于 H（20 000t）$>H$（6 000t），故可优先考虑 20 000 t 方案的实施。

投资回收期：建设项目的投资回收期是指项目从建成投产之日起，开始提供的累计盈利额同该项目的建成投资相平衡时所经历的时间。计算可得 20 000 t 方案的人民币投资回收期为 3.1 年，投资盈利率为 0.32；6 000 t 方案的人民币投资回收期为 3.3 年，投资盈利率为 0.30。

4. 基准投资收益率

基准投资收益率又称内部回收率，表示能使投资方案的未来各期收入的现值等于原始成本的利息或贴现率。

用内部回收率（Internal Rate of Return，IRR）法找出净值为零的回收率是 28.4%，而资金成本的贴现率是10%，这也说明20 000 t方案能被接受是正确的结论，6 000 t方案同样也能被接受。

5. 盈亏平衡分析（略）

6. 敏感性分析（略）

以上分析研究表明，为开发利用海南岛丰富、易采、质优的钛砂矿，引进国外先进技术设备，以海口化工二厂为基地建设年产20 000 t（第一期）氯化法金红石型钛白粉厂是可行的。若不能引进国外先进技术设备，利用国内现有的技术设备在海口化工二厂的基地上建设年产6 000 t（第一期）氯化法金红石型钛白粉厂也是可行的。

例文的前言部分（前面三个自然段）介绍钛白粉的用途、分类及其在我国的供需情况，概述应当大力生产钛白粉的主张。主体分为九个部分。第一部分着重说明在海南建立钛白粉厂有利的资源条件，这是从生产原料的角度证明建设项目的可行性；第二部分对国内和国际钛白粉的生产和需求情况进行分析，对今后国内外钛白粉的供求情况进行预测，这是从需求的角度说明建设项目的必要性；第三部分"生产工艺的选择和技术设备的来源"，选定氯化法生产工艺和引进国外先进技术设备的方案，体现了可行性研究的择优原则；第四部分"建设规模、物料及动力供应规划"，通过对拟建项目的规模效益、物料及动力供应情况的分析，提出年产20 000 t的生产规模的合理性；第五部分"厂址选择"，从交通运输、供电、基建投资、工业布局等方面展开分析，明确在海口建厂为最优方案；第六部分"环境污染的防治"，提出废水、废气的处理措施；第七部分"生产组织形式和劳动力定员"，指明形成资源开发联合体的企业组织形式，并参照国内同类企业，提出劳动力定员方案；第八部分"投资概算和来源"，参照国内外同类企业的投资额，估算建设项目所需资金数额，指出筹措资金的五条渠道；第九部分"经济分析"，对产品成本、利润、净现值、基准投资收益率、盈亏平衡、敏感性等逐项加以分析，说明拟建项目从经济效益方面考虑是可行的。"结论"即正文的结尾部分，总结分析结果，确定项目方案。

下面再提供一份可行性研究报告的写作样本，以供写作时参考。

第一章　概况

一、公司概况：

1. 名称：＿＿＿＿＿＿＿＿＿＿

2. 法定地址：＿＿＿＿＿＿＿＿＿＿

3. 宗旨：公司采用先进而适用的技术和科学管理方法，生产出在质量、价格等方面有国际竞争能力的产品，以期获得满意的经济效益。

4. 经营范围：＿＿＿＿＿＿＿＿＿＿

5. 生产规模：＿＿＿＿＿＿＿＿＿＿

二、投资方概况：

1. 名称：＿＿＿＿＿＿＿＿＿＿

2. 注册国家（地区）：＿＿＿＿＿＿＿＿＿＿

3. 法定地址：_____

4. 法定代表人：姓名_____；职务_____；国籍_____

三、公司投资总额、注册资本、投资方式：

1. 投资总额：_____

2. 注册资本：_____

3. 投资方式：投资者以现汇投入_____万美元，其余以_____等折合_____万美元投入。

汇率均按投入之日中国人民银行公布的人民币市场汇价折算。

4. 投资回收期预测_____年。

从市场、技术、经济等方面分析，该项目市场前景广阔，投资省、见效快，属国家允许、鼓励类项目，该项目是可行的。

第二章　市场需求预测及建设规模的确定

一、市场调查：（略）

二、市场需求预测：（略）

三、生产安排：公司拟定生产规模为年产_____，根据建设进度，具体安排如下：

年份					
生产规模					

四、外销：公司已拥有可靠成熟的生产工艺技术，并且通过国内外市场的调查和研究，该产品市场前景广阔。公司确定产品外销_____%、内销_____%的方案是可行的。

第三章　资源、物料、外协条件和供应保证

一、生产所需原料、材料、燃料等的来源、可靠性、用量及费用估算：

品　　种	数　　量	费用估算	供应来源

二、供电：项目共需装机容量_____kVA 变压器_____台，年需耗电_____kW·h；现有_____kVA 变压器_____台；需新增_____kVA 变压器_____台。

三、给排水：项目年需用水_____t，公司现有年供水能力_____t，需新增年供水能力_____t。由_____供水系统供应。

四、供汽、热：项目年需用汽、热_____t，公司现有年供应能力_____t，需新增年供应能力＿＿＿＿＿＿＿＿ t。由＿＿＿＿＿＿＿＿供汽、热系统供应。

五、其他：（略）

第四章　公司选址、土建及项目进度安排

一、根据交通便捷的原则，公司选址在＿＿＿＿＿＿＿＿，并可享受国家优惠政策。

二、厂区总图布置见附件：（略）

三、公司计划占地面积＿＿＿＿＿＿＿＿ m²，需新征土地＿＿＿＿＿＿＿＿ m²，需新增建筑面积＿＿＿＿＿＿＿＿ m²，物料堆场＿＿＿＿＿＿＿＿ m²。

四、项目实施内容及进度安排：

时间				
建设内容				
建设进度				

第五章　产品生产技术、设备和生产工艺

一、产品生产技术方案：（略）

二、主要设备：为不断开发新产品，提高产品质量，公司采用目前较为先进的生产设备。

1. 主要国产生产设备如下：

序号	设备名称	规格型号	数量	用途	现有或新增

2. 经研究，为保证产品质量，公司拟进口部分生产设备如下：

序号	设备名称	规格型号	设备状态（新、旧）	数量	用汇（万美元）	贸易国或地区

三、生产工艺流程及主要工艺参数：（略）

第六章　生产组织安排

一、公司管理机构（机构框架图）：（略）

二、生产组织：公司计划职工总数＿＿＿＿＿＿人，其中管理人员＿＿＿＿＿＿人、生产工人＿＿＿＿＿＿人。

三、员工培训计划：（略）

第七章　环境保护、劳动卫生与安全

一、环境保护方案：（略）

二、劳动卫生与安全：加强劳动管理，保证公司安全生产和文明生产，为此我们采取以下措施：（略）

三、建立安全消防措施：

1. 公司设灭火器＿＿＿＿＿＿台，消防水龙头＿＿＿＿＿＿个。

2. 建立消防制度，有专人保管使用灭火器和消防水龙头。

第八章　资金安排及经济效益评价

一、项目投资估算如下：

序号	项目	数量	单价	金额
一、	土地			
	土建			
	设备			
	其他			
二、	流动资产			
三、	合计			

二、项目经济效益评价：

1. 生产成本与销售收入：（略）

2. 财务效益评价：（略）

3. 项目投资期预测：（略）

4. 评价结论：（略）

综上所述，从技术、市场、经济等方面分析，该项目是可行的。

企业及代表签字：

＿＿＿＿＿＿年＿＿＿＿＿＿月＿＿＿＿＿＿日

（三）可行性研究报告的写作注意事项

撰写可行性研究报告，必须注意以下几点：

第一，要放宽眼界。在当今社会，任何一个经济问题都不可能是孤立的，而是有着广泛的外部联系的，进行可行性研究要善于把问题放到广阔的经济背景上去考察。同时，经济形势在飞速发展，在对拟建项目加以研究时，不但要着眼于现实，还要着眼于未来，尤其是对建设周期长、投资多的项目，更要对未来的发展需要和前景趋势有更多的考虑。

第二，要实事求是。为能得出客观、正确的结论，进行可行性研究一定要从实际出发，要以实事求是的态度全面、细致地调查情况，研究问题。反映和分析情况要本着一分为二的原则，要把对项目有影响的各种因素和条件全部考虑在内。既不能为了提出肯定性意见，只讲有利条件，不讲不利条件，也不能为了提出否定性意见，只讲不利条件，不讲有利条件，要在全面权衡利弊得失的基础上，选定最佳方案。

第三，要讲求科学。进行可行性研究，必须掌握和运用各种科学的研究方法。首先要有系统观念，要把研究对象作为一个系统来研究。可以先把研究对象分解为若干个部分，并有步骤地对各个部分进行分析，然后再把各个部分的情况综合起来，从整体上展开研究。还要注意，研究对象作为一个系统常常被包含在一个更大的系统之中，对构成这个大系统的其他要素也要有所考虑。此外，一分为二的方法、动态的方法、比较的方法、定性与定量相结合的方法等都应在可行性研究中得到应用。

第四，要充分论证。从本质上说，可行性研究报告是一种论证性文种，其写作过程也是一个论证的过程。报告包括的所有内容，都是为了论证研究对象是可行的还是不可行的。文中所用的论据，要准确、翔实，要能有力地证明论点。在以论据证明论点时，可以根据实际需要，选用列举归纳论证、逐层推进论证、对比分析论证等多种论证方法，以使论证有力，推论合理，使报告更有说服力。

第五，要注意运用专业知识。可行性研究报告具有很强的专业性，要求从专业的角度研究问题，而且往往要求运用多方面的专业知识。因此，进行一个项目的可行性研究，特别是大型项目的可行性研究，一个人很难胜任全部的工作，通常需要组成一个专家研究组。一般来说，专家研究组应当由技术专家和经济专家共同组成。研究人员必须精通与整个项目有关的专业知识，要对项目情况有深入的了解。

六、合同

（一）合同的含义和作用

《合同法》第二条规定："合同是平等主体的自然人、法人、其他组织之间设立、变更、终止民事权利义务关系的协议。"这是对合同含义最准确、简明的阐释。

经济合同是合同的一个最为重要的门类，人们平时所说的合同一般指的就是经济合同，这里所介绍的合同也是指经济合同。

经济合同是商品经济的产物，在社会经济生活中，合同的作用主要体现在以下几方面：

1. 合同是保护当事人的合法权益的工具

合同依法成立，便具有法律约束力，当事人都要严格地按照合同的规定履行自己的权利和义务。在合同履行的过程中，如果当事人之间发生纠纷，为维护自己的合法权益，当事人可以以合同为依据进行交涉，甚至诉诸法律，请求仲裁机构或司法机关依法进行裁决。

2. 合同是实现专业化合作的纽带

随着社会主义市场经济体制的不断完善，按照专业化协作的原则组织生产，已成为社会生产发展的趋势。社会发展越快，对生产专业化的要求也就越高，各生产部门之间的协作也就越是广泛和密切。而不同的生产部门之间的协作关系，只有通过签订合同的方式，才能得到确立和确认，也才能得到法律的保护。合同所具有的法律效力，能够有效地保证协作计划的实施。

3. 合同是提高经济效益的手段

签订合同，当事人双方可以直接见面，从而简化流通环节，缩短流通时间，加速资金周转。另外，企业按合同组织生产，也可以避免浪费和积压。一般来说，企业以最小的消耗完成合同所规定的各项指标，就可以取得最大的经济效益，这也是企业经济核算所要实现的目标之一。

4. 合同是维护社会经济秩序的凭借

国家通过各级业务主管部门及金融、工商行政管理机构对合同进行管理，可以切实监督企业的经济活动，维护国家和集体的利益，维护社会经济秩序。例如，国家可以通过银行的信贷管理和结算管理，监督合同的履行，从而实现对经济的宏观调控；工商行政管理部门可将违反国家法律、法令及政策、规定的合同视为无效合同，并制止无效合同的订立，这可以直接避免不良经济活动的发生，从而使得经济活动在客观经济规律的引导下有序地进行。

（二）合同的特点和种类

《合同法》明确地规定了经济活动中的五项基本原则，即"平等原则""自愿原则""公平原则""诚实信用原则""遵守法律、法规和尊重社会公德原则"。与此相关联，合同主要应当具备以下几个方面的特点：

1. 合法性

合同是具有法律效力的文书，其作用的发挥要以合法为前提，合同不合法，应当被视为无效合同。

合同的合法性体现在主体、内容、订立程序、表达形式等各个方面。首先，合同主体应当为具有平等民事权利的法人、自然人或其他组织，应当有承担民事责任的权利；其次，合同内容不仅应当符合当事人双方的意愿，而且应当与有关法律、法规相符合，以不损害国家和社会公共利益为原则；再次，合同的订立必须依循应有的程序，例如，合同通常经过公证或鉴证才能生效，这是一个不能缺少的步骤；最后，除某些有特殊要求的合同之外，一般合同都应当尽可能采用合同管理机关或有关行业主管部门统一制发的合同文本格式，以保证合同内容的完备和形式的规范。

2. 合意性

合同不仅要反映当事人各方的利益，也要反映当事人各方的责任和义务。合同所体现的应当是商品生产或交换过程中的经济往来关系，这种关系是互补平等、等价有偿的。当事人之所以要签订合同，就是为了实现特定的经济目的，或者说，都是为了实现自己的意愿。因此，合同内容应当是当事人意愿的真实表述，任何有悖当事人意愿的内容都不能写入合同。

3. 平等性

与合意性直接相关的是平等性。合同的平等性首先表现在当事人的法律地位是平等的，当事人之间应当是一种平等互利的合作关系，没有上下从属之分。无论是法人，还是自然人，均为平等的民事主体，都享有平等的权利，不允许一方有超越对方法律地位的行为。其次表现在合同应当在当事人平等协商、自主自愿的基础上签订，任何一方均不得把自己的意志强加给对方。

4. 规范性

合同的规范性主要体现在两个方面，一是形式的规范，二是语言的规范。关于合同的形式，《合同法》有明确的规定："法律、行政法规规定采用书面形式的，应当采用书面形式。当事人约定采用书面形式的，应当采用书面形式。"合同的书面形式是较为统一、固定的，即对内容的构成、先后顺序都有一定的要求。为规范合同的体式，国务院批准在全国推行合同统一文本格式。国家工商行政管理局编制的《中国合同范本》为各类合同的制作提供了依据。同其他一些文种相比，应当说，对合同语言的准确性、严密性有更高的要求，合同必须采用规范的语言表述方式。如用语、数字、简称及修改符号、计量单位等，都应当按照有关标准和规定使用。

从不同的角度，可以将合同划分为不同的种类。按时间划分，有长期合同、中期合同、短期合同。按表达形式划分，有书面形式合同和口头形式合同。《合同法》将书面形式合同又细化为合同书、信件和数据电文（包括电报、电传、传真、电子数据交换和电子邮件）等。按书面格式划分，有条款式合同和表格式合同。目前应用最多的分类方法是按业务性质和内容的不同，将合同分为买卖合同、供用电（水、气、热力）合同、赠与合同、借款合同、租赁合同、融资租赁合同、承揽合同、建设工程合同、运输合同、技术合同、保管合同、仓储合同、委托合同、行纪合同、居间合同等。上述比较常用也比较典型的合同在《合同法》中有明确的名称，因而被称为有名合同，其他在《合同法》中没有明确名称的合同，则被称为无名合同。另外，按其生效方式的不同，可将合同分为诺成性合同和实践性合同。按其履行条件的不同，可将合同分为有偿合同和无偿合同。按其作用的不同，可将合同分为主合同和从合同。按照对其订立形式是否有特定的要求，可将合同分为要式合同和不要式合同。总之，合同的种类很多，分类方法也非常多样。

（三）合同的结构和内容

合同通常有三种表述形式：一是文字条款式合同，二是表格式合同，三是文字条款加表格式合同。

文字条款式合同是用文字说明的方式，把当事人双方协商一致的内容，逐条表述清楚的合同。根据交易的实际需要，文字可详可略，内容复杂的要详尽一些，内容简单的可粗略一些。非常规性的业务活动大都采用这种形式订立合同。

表格式合同是指把合同必不可少的内容设计、印制成一种表格，当事人在签订合同时，只要把各项协议内容填写到表格中就可以了。表格式合同的格式是在长期的实践中形成的，比较规范周全，便于掌握，不容易产生疏漏，而且节约时间。常规性的业务活动一般采用这种形式订立合同。

文字条款加表格式合同则是指既有文字说明又有表格的合同形式。

合同一般包括以下几部分：

1. 标题

标题即为合同的名称，主要有几种格式：一是合同种类充当合同名称，如《供用电合同》《租赁合同》《保管合同》《建设工程合同》等；二是合同标的加合同种类，如《计算机显示终端承揽合同》《农副产品买卖合同》；三是合同有效期加合同种类，如《20××年第一季度买卖合同》《20××年运输合同》；四是单位名称加合同种类，如《××市××公司、××市××厂买卖合同》《××公司、××港务局水路货物运输合同》；五是前面四种写法的混合运用，如《××市××公司、××市××厂20××年纺织品买卖合同》《××公司、××港务局20××年第一季度钢材水路货物运输合同》。

标题写在合同首页上方居中的位置。

2. 当事人名称

在合同标题的左下方，要分行并列写明合同当事人的单位名称及法定代表人姓名或自然人姓名，并在名称或姓名后面用括号注明"甲方"和"乙方"。如为表格式合同，可以直接在相应的位置填写单位名称及法定代表人姓名或自然人姓名。

3. 合同编号与签订地点、时间

在合同标题的右下方，分行并列写明合同的编号及签订的地点和时间。

4. 正文

正文大都包括开头、主体、结尾三个部分。

（1）开头

开头部分又称前言部分，主要写明当事人签订合同的依据或目的。例如，"根据我国《合同法》的有关规定，存货方和保管方根据委托储存计划和仓储容量，经双方协商一致，签订本合同。""为了增加甲乙双方的责任感，加强经济核算，提高经济效益，确保双方实现各自的经济目的，经甲乙双方充分协商，特订立本合同，以便共同遵守。"

（2）主体

主体部分要写明合同当事人所订立的具体条款，即当事人所承担的义务和应当享受的权利。这是决定合同是否合法有效的条件，也是要求当事人履行合同、承担法律责任的依据。

合同的种类不同，主体部分的内容也不尽相同。但无论哪一类合同，都必须具备以下各项基本条款：

① 标的。标的是合同双方当事人的权利、义务所共同指向的对象，是合同的中心内容。合同的标的多为货物、劳务、工程项目，也可以是货币、行为或智力成果等。例如，借款合同中的标的是货币，赠与合同中的标的是财产。

标的是合同当事人所要达到的目的，没有标的或标的不明确，双方当事人的权利、义务、责任便无法确定，合同也就无法履行。

② 数量和质量。数量是衡量标的的尺度，是确定双方权利义务大小的标准，是标的的计量。没有一定的数量，权利与义务的大小就很难确定，因此，合同必须明确规定标的的数量及其计量单位和计量方法。数量通常以重量、体积、长度、面积、个数等作为计量单位，可以使用基本计量单位，如米、千克等，大宗商品用千米、吨（万吨）等，也可以使用包装单位，如箱、包等，但必须注明每个包装单位内含有多少基本计量单位。有些产品如有必要，还应当在合同上写明交货数量的正负尾差、合理磅差、自然减量或增量的单位及计算方法。

质量是指标的的内在素质（包括物理的、机械的、化学的、生物的）和外观形态的综合状况，是标的的特征，体现标的的优劣程度。质量标准必须具体，有国家标准、部颁标准、省（市）标准的，要按相关标准约定；若没有规定标准的，则由当事人双方协商确定标准。技术要求、验收标准也应当规定清楚，并封样备验。

③ 价款或者报酬。价款或者报酬是指取得对方的产品或劳务等成果所支付的代价。以实物为标的的叫"价款"，以劳务为标的的叫"报酬"或"酬金"。例如，价款在买卖合同中是指产品的价格款，在租赁合同中是指租金，在借款合同中是指利息；报酬在承揽合同中是指加工费，在保管合同中是指保管费，在运输合同中是指运输费等。价款或者报酬均以货币数量来表示，是合同当事人等价有偿交换的经济关系的具体标志。有的合同既有价款又有报酬，如承揽合同，如果订做方提出项目、技术要求，并请承揽方包工包料即请承揽方代购原材料并进行加工，那么就有代购材料的价款和加工的报酬，这些都需要作为合同的条款分别写清。

价款或者报酬条款，一般包括产品的价格构成、作价办法、作价标准、调价处理办法等。产品价格应当按国家规定的价格及作价办法确定，国家没有规定价格的商品，当事人可以议价商定。

④ 履行的期限、地点和方式。履行期限是指履行合同的时间要求，是指享有标的的一方要求对方履行合同义务的时间规定。例如，在买卖合同中，履行期限是指交付货物的时

间；在建设工程合同中，履行期限是指完成劳务、交付工作成果的时间。"期限"除了指享有标的的一方要求对方如期完成合同标的之外，同时也指提供标的的一方要求对方按时付给价款或者报酬。

履行地点也就是履行合同的地点，即交付、提取标的的地点，这是分清双方责任的重要依据之一。例如，建设工程合同的履行地点是建筑工程所在地。买卖合同的履行地点则取决于当事人所约定的交货方式：如果是提货，那么提货地点就是履行地点；如果代办托运，那么托运地点就是履行地点；如果是送货，那么接货地点就是履行地点。地点不明确，势必会给合同的履行带来一定的麻烦。

履行方式是指采取什么方法来实现合同所规定的当事人的权利和义务。一般说来，履行方式包括标的的交付或提取方式、价款或报酬的结算方式等。当事人在订立合同时，必须明确一种履行方式。

期限、地点和方式往往是合同中最容易引起纠纷的地方，因此，当事人在签订合同时，对此应当有非常具体、明确的规定。

⑤ 违约责任。违约责任又称"罚则"，是对不按合同规定履行义务一方的制裁措施，其核心是责任问题。明确违约责任，对维护合同的法律效力及督促当事人履行合同义务具有重要意义。

导致合同不能履行的原因非常复杂，既有客观原因，也有主观原因。客观原因主要是指"不可抗力"的影响，所谓的"不可抗力"是指不能预见、不能避免并且不能克服的客观情况，如遭遇地震、风暴、火灾、水旱等灾害。当事人一方因不可抗力不能按期履行合同时，应当及时通知对方，说明不能按期履行或需要延迟履行合同的理由，并在合理期限内提供相关证明。另一方当事人在取得相关证明后，应当允许其免除部分或全部违约责任。主观原因有很多种，如当事人一方有欺诈行为或经营不善等。由于当事人一方的主观原因导致合同不能如期履行，对方当事人有权要求违约方承担违约责任。承担违约责任的主要方式是支付违约金和偿付赔偿金，订立合同时应当将违约金、赔偿金的数额写清。法定的或预先约定的，不管是否给对方造成实际损失，违约方都要支付违约金。一方违约给另一方造成损失而没有违约金或违约金不足以弥补损失时，要偿付赔偿金。如果受损失一方要求继续履行合同，那么，合同就应当继续履行。

⑥ 解决争议的方法。《合同法》将"解决争议的方法"明确地写进了合同的主要条款。

为解决在合同履行的过程中可能出现的问题，应当将合同的变更、解除、争议仲裁事项在签订合同时商议清楚，并明确、具体地写入合同条款。当事人之间发生合同纠纷，应当首先通过双方充分协商的办法解决；如果不能自行协商解决，可以通过非诉讼调解的办法解决；如果非诉讼调解不成，可以按照合同中的约定向仲裁机构申请仲裁，或者依法直接向有管辖权的人民法院提起诉讼。

除以上条款，其他根据法律规定或按合同性质必须具备的条款，以及当事人要求必须规定的条款，也是合同的主要条款。此外，有些内容还可以作为合同的普通条款写明。

（3）结尾

正文的结尾部分主要应当包括以下内容：合同的生效时间，如"本合同经双方当事人签字后生效"；合同的文字形式及份数，如"本合同采用中____两种文字书写，两种文字具有同等的法律效力，两种文字如有不符，以中文为准，合同的中文正本一式____份，各方各执____份"；合同的签订时间和地点，如"本合同于_____年____月____日在中国____省（自治区、直辖市）____市（县）签订"；合同的补充办法，如"本合同未尽事宜，可由双方约定后作为合同附件。合同附件与本合同具有同等法律效力"。

有的合同则以"附则"的形式表述结尾部分的内容。

5. 落款

落款部分主要包括署名、日期及有效期限几项内容。

署名一项主要包括合同当事人的单位名称、地址、法定代表人姓名、委托代理人姓名或自然人姓名、电话、电报挂号、开户银行、账号、邮政编码等。署名并列写在正文下方，如有附则，应当写在附则的下方。单位要加盖公章，法定代表人、委托代理人或自然人均应签字盖章。

需要有关上级领导机关审核的合同，要将有关上级领导机关的审核意见写在署名的下方，并且签署有关机关的全称，加盖公章；需要鉴（公）证的合同，要将有关部门的鉴（公）证意见写在审核机关的下方，并签署有关部门的全称，加盖公章。

日期是指合同的签订日期及签署、鉴（公）证日期，日期要分别在相应的署名后标注。

有些合同还在最后注明有效期限。合同的有效期限，是指合同自何时生效，至何时失效，即合同具有法律效力的起止日期。

请看一篇例文：

供用电合同

供电方：××县供电局（以下简称甲方）　　合同编号：2016—0291

地址：××县城关镇中心大街7号签订　　时间：2016年3月11日

电话：××××××　　　　　　　　　　签订地点：××县供电局

用电方：××县第一棉纺厂（以下简称乙方）

地址：××县三里庄镇

电话：××××××

为了协调电力供、用双方的关系，明确双方的权利和义务，根据有关电力供用方面的法律、法规的规定，经甲、乙双方协商一致，特订立本合同，以便双方共同遵守。

一、受电地点、受电电压、受电容量及期限：

（一）受电地点：××县第一棉纺厂内。

（二）受电电压：10 kV。

（三）合同期限：1年，自2016年5月1日至2017年4月30日。

二、双方的责任：

（一）甲方按照合同约定的供电标准为乙方提供并安装有关供电设备和装备，保证按时间为乙方供电。

（二）在合同规定的期限内，甲方应当保证乙方的电力电量供应；如发生不能供电时，必须提前7天通知乙方；因自然灾害造成停电的，甲方应当及时抢修，尽早恢复供电。

（三）甲方应当负责供电设施的安全检修工作，因此需要对乙方停电时，应当提前7天通知乙方。甲方1年对乙方进行的停电检修不得超过3次。

（四）甲方供电后，乙方应当在1个月内根据供电设备安装工程结算书，一次性向甲方支付全部设备款和安装费。

（五）乙方应当按照合同的规定，安全用电；需要超标准用电或者不能在约定时间用电的，应当提前7日通知甲方，征得甲方同意后方可做出改变。

（六）乙方应当依照国家规定的电费标准按季度向甲方缴付电费；在合同有效期限内国家电费标准调整时，本合同的电费标准也做相应调整。电费由乙方的开户银行按期扣缴。

（七）乙方不能擅自改动供电设施，凡擅自改动的，应当恢复原状。

三、违约责任：

（一）甲方未按照合同约定向乙方供电，应当补还少供的电力、电量，并向乙方支付少供电力、电量电费的5倍的违约金；违约金未足以弥补乙方所受损失的，还应当向其支付赔偿金。

（二）乙方擅自超过合同约定标准用电的，甲方有权将其多用部分从以后供电量中扣除，并对多用电量加收5倍的电费；因此给甲方造成损失的，乙方还应向甲方支付赔偿金。

（三）因甲方的责任，导致乙方停电的，甲方应当按照乙方在停电时间内可能用电量的电费的5倍给予赔偿；但因供电系统自动开关、掉闸而停电的，甲方不予赔偿。

（四）因乙方的责任造成甲方停电的，乙方应当按照甲方的少供电量电费的5倍予以赔偿。

（五）甲方应当按照合同约定的期限供电，每少供一天，应当向乙方支付电费总量5‰的违约金。乙方应当按照合同规定的期限缴纳电费，每逾期一天，应当向甲方支付电费总量5‰的违约金。

（六）因甲方的原因导致乙方用电设备烧毁时，甲方应当负责修复，并按实际情况对乙方赔偿损失。

（七）乙方擅自迁移、变动供电设置或者擅自接用低价供电线路的，应当予以拆除或恢复原状；甲方有权向其收取差额电费；情节严重的，甲方有权解除合同。

四、本合同自签订之日起生效；在合同有效期限内，双方不得擅自变更或解除。本合同的未尽事宜，经双方协商一致后，可以做出补充规定，补充规定与本合同具有同等法律效力。

五、本合同一式4份，双方各执2份。

甲方：××县供电局（公章）　　　　　乙方：××县第一棉纺厂（公章）

法定代表人：×××　　　　　　　　　法定代表人：×××

联系人：×××　　　　　　　　　　　联系人：×××

开户银行及账号：　　　　　　　　　　开户银行及账号：

中国工商银行××县支行　　　　　　　中国农业银行××县支行

账号：××××××××　　　　　　　账号：××××××××

　　例文的标题标示了合同的类别，说明这是哪一类合同。当事人双方的名称、联系方式、签订的时间和地点分列标题下方。正文采用前言加条文式写法，前言表明签订合同的目的和根据，并以过渡性语句"特订立本合同，以便双方共同遵守"引出主体部分。主体部分写明当事人双方就电力、电量、用电时间和各方责任等内容协商确定的各项条款，权利、义务和违约责任都规定得非常明确、具体。合同的生效时间、合同份数等附加内容，也作为合同条款列出。最后是落款一项。这份合同虽然项目不是很多，内容不是很复杂，但条款比较完备，写法也比较规范。

（四）合同的写作注意事项

　　在合同的签订中，必须注意以下几点：

　　第一，要熟悉有关法律法规和方针、政策。合同具有合法性，首先是指合同内容应与有关法律法规的内容相一致，合同的签订者熟悉有关法律法规，正是使合同内容具有合法性的首要前提。同时，合同能够依法生效，还要以不扰乱社会经济秩序、不损害国家利益和社会公共利益为条件。而党和国家的方针、政策正是维护社会经济秩序、维护国家利益和社会公共利益的有力保证，因此，对于有关方针、政策的精神，合同的签订者也必须深入领会。

　　第二，要精通业务，了解情况。签订合同是一项专业性极强的业务活动，熟悉业务，对生产、经营及市场情况有全面的了解，才能掌握合同谈判的主动权，也才能确保自己的利益不受侵犯。

　　第三，要在平等协商、取得一致意见的基础上确定各项条款。合同内容应当是当事人意愿的真实表述，采取欺诈、胁迫等手段所签订的合同，将被视作无效合同。在签订合同时，当事人应当真诚坦白；在履行合同时，当事人应当讲求信用。任何隐瞒真相或者背离约定的做法，都是违背合同诚信原则的。

　　第四，要认真书写，并不得随意涂抹。书写合同必须严肃认真，书写工具不合乎要求或字迹潦草、随意涂抹，会给合同的保存和履行带来不便，因而是不被允许的。书写合同可用钢笔、签字笔或毛笔，随着办公自动化程度的提高，目前，合同基本是打印而成的。无论采用哪种方式制作合同，都应当做到字迹清楚、文面整洁。如果发现合同有误或需修订，应将当事人双方协商并同意的修改意见作为附件附上。如果确需在原件上修改，则应当在修改处加盖当事人双方的印章。为防止伪造条款或添减页数，可在一式几份的合同上做相同的标记，如在骑缝处加盖印章、编排页码等。

第五章　法　律　文　书

学习目标与要点提示

同财经文书一样，法律文书也是一类专业文书。法律文书的使用，是同法律知识的运用密不可分的。学习法律文书写作知识，不仅可以了解相关文书的一般写法，而且可以了解一些法律常识，提高专业素养。

诉讼必须于法有据，《中华人民共和国民事诉讼法》《中华人民共和国刑事诉讼法》《中华人民共和国行政诉讼法》分别是进行民事诉讼、刑事诉讼及行政诉讼的基本依据。同时，撰写法律文书还必须依法论理，通常需要援引相关法律条款。因此，了解法律条款也是撰写法律文书的必备条件之一。

在本章中，应当着重掌握：民事诉讼文书、刑事诉讼文书、行政诉讼文书的含义；民事起诉状、民事答辩状、刑事自诉状、刑事答辩状、行政起诉状、行政答辩状的含义和用途及其结构和内容。

一、概述

社会正在步入法制化轨道，法律事务在社会生活中的地位不断得到提升，同以往相比，现代人更懂得也更愿意用法律的武器保护自己，诉诸法律已成为人们解决问题的有效途径之一，而法律事务的处理是离不开法律文书的。

实际上，法律文书是一个非常宽泛的概念，是我国司法机关（包括公安机关、国家安全机关、检察院、法院、监狱及劳改机关等）和公证机关、仲裁组织依法制作的法律文书，以及案件当事人、律师和律师组织自用或代书的法律文书的总称。法律文书主要包括三大类文书：一是国家司法机关为处理诉讼案件而制作的具有法律效力的司法文书。如果再进行划分的话，司法文书还可以分为公安机关制作的侦查文书、检察机关制作的检察文书、人民法院制作的裁判文书等。二是国家授权的法律机构或组织制作的办理或裁决非诉讼案件的公证文书和仲裁文书。三是案件当事人、律师和律师组织出具或代书的民用法律文书。应当说，民用法律事务文书在法律活动中的使用频率还是很高的，与普通老百姓的关系也更近一些，所以，这里只述及这一部分法律文书。

民用法律事务文书也有很多种，不同性质的诉讼案件及不同的法律程序会要求使用不同的文书。其中，诉状类文书在民用法律事务文书中占有很大的比重，或者说，诉状类文书是民用法律事务文书的主体，下面主要介绍几类比较常用的诉状类文书。

二、民事诉讼文书

民事诉讼文书是指司法机关为处理各类民事诉讼案件，以及当事人、律师为解决诉讼纠纷和处理非诉讼问题，依法制作或使用的具有法律效力或法律意义的文书的总称。

民事诉讼文书既是司法机关行使司法权，适用民事法律、法规，确认民事权利义务关系，制裁民事违法行为，解决民事案件的工具，也是公民、法人或其他组织维护自身合法权益的凭借。

民事诉讼文书有很多种，按制作主体划分，可以分为两大类：一类是司法机关为处理各类民事诉讼案件而制作的文书，另一类是当事人、律师为解决诉讼纠纷或处理非诉讼问题而制作使用或代书的文书，前者称为民事司法文书，后者则属于民用法律文书。人们通常所说的民事诉讼文书主要是指后者，包括民事起诉状、民事上诉状、民事答辩状和民事申诉状等诉状类文书。按写作形式划分，可以分为叙述式、填空式、笔录式和表格式民事诉讼文书。

（一）民事起诉状

1. 民事起诉状的含义和用途

民事起诉状是指公民、法人或其他组织，认为自己的民事权益受到侵害或者与他人发生争议时，为维护自己的合法权益，依据事实和法律，按照法定程序，向人民法院提起民事诉讼时制作并使用的法律文书。

《中华人民共和国民事诉讼法》（以下简称《民事诉讼法》）第一百二十条规定，起诉应当向人民法院递交起诉状，并按照被告人数提出副本。书写起诉状确有困难的，可以口头起诉，由人民法院记入笔录，并告知对方当事人。

民事起诉状既是人民法院受理民事案件的依据，也是原告依法维护自身合法权益的工具。

2. 民事起诉状的结构和内容

根据《民事诉讼法》第一百二十一条的规定，起诉状应当记明下列事项：一是原告的姓名、性别、年龄、民族、职业、工作单位、住所、联系方式，法人或者其他组织的名称、住所和法定代表人或者主要负责人的姓名、职务、联系方式；二是被告的姓名、性别、工作单位、住所等信息，法人或者其他组织的名称、住所等信息；三是诉讼请求和所根据的事实与理由；四是证据和证据来源，证人姓名和住所。

民事起诉状通常由首部、正文和尾部组成。

（1）首部

首部包括标题和当事人的基本情况两个项目。

① 标题。标题应当标明文书名称，即"民事起诉状"。

② 当事人的基本情况。当事人是公民的，应当按照先原告后被告的顺序，依次写明原告的姓名、性别、年龄、民族、职业、工作单位、住所、联系方式；原告如为法人或其他组织的，要写明法人或者其他组织的名称、住所和法定代表人或者主要负责人的姓名、职务、联系方式。被告的姓名、性别、年龄、民族、职业、工作单位、住所、联系方式；被告如为法人或其他组织的，要写明法人或者其他组织的名称、住所和法定代表人或者主要负责人的姓名、职务、联系方式。如果有第三人，应当写明第三人的姓名、性别、工作单位、住所等信息；第三人是法人或其他组织的，应当写明法人或其他组织的名称、住所等信息。

（2）正文

正文主要包括诉讼请求、事实与理由、证据等三个方面的内容。

① 诉讼请求。诉讼请求是指民事诉讼的原告诉请人民法院解决的具体问题，是原告的诉讼意图和目的的体现。例如，请求与被告离婚、请求解除合同或者偿还债务等。诉讼请求应当做到明确具体，合法合理。

② 事实与理由。事实与理由是民事起诉状的核心内容。

事实是提起诉讼、实现诉讼请求的基础和依据，也是人民法院进行裁判的基础和依据。陈述事实应当写明原告与被告民事法律关系存在的事实，以及双方发生民事权益争议的时间、地点、原因、经过、情节和结果。陈述事实应当注意两点：第一，必须实事求是地反映事情的真相，不能隐瞒或者歪曲事实；第二，要围绕诉讼请求写明事实，既要反映案件的全貌，又要突出重点。

理由是对事实的概括与评说，一般包含两层意思：一是依事论理，写明被告的侵权行为或者双方争议的性质、已经造成的后果以及被告应当承担的民事责任；二是依法论理，写明原告提起诉讼所依据的法律条款。阐述理由应当注意两点：第一，依事论理要以事实为根据，要抓住重点，击中要害；第二，依法论理要能准确地引用法律条款。

事实与理由是相辅相成的，离开事实谈理由，理由往往会显得苍白无力。只陈述事实而不阐明理由，也会显得缺乏说服力。而事实与理由都是为实现诉讼请求服务的，都是为了证明原告提出的诉讼请求是合理合法的。因此，无论是事实还是理由，都应当切合诉讼请求，几部分内容应当相互照应，前后一致，而不能相互脱节，前后矛盾。

③ 证据。证据是证明案件事实的真实性、可靠性的依据。

列举证据应当注意三点：第一，证据的名称要规范，要符合法律规定；第二，不仅要写明证据的名称，还要写明证据的来源；第三，涉及证人证言的，应当写明证人的姓名和住址。

（3）尾部

尾部一般包括结尾和附项两个项目。

① 结尾。结尾主要有两项内容：一是致送人民法院的名称；二是落款即起诉人签名或者盖章及具状日期。

与具状日期相关的一个问题是诉讼时效问题。诉讼时效是一项法律制度，是指民事权利受到侵害的权利人在法定的时效期间内不行使权利，当时效期间届满时，人民法院对权利人的权利不再进行保护的法律制度。撰写起诉状，必须注意诉讼时效问题。《中华人民共和国民法总则》第一百八十八条规定，向人民法院请求保护民事权利的诉讼时效期间为三年。法律另有规定的，依照其规定。诉讼时效期间自权利人知道或者应当知道权利受到损害以及义务人之日起计算。法律另有规定的，依照其规定。但是自权利受到损害之日起超过二十年的，人民法院不予保护；有特殊情况的，人民法院可以根据权利人的申请决定延长。

② 附项。附项应当写明民事起诉状的副本数、附送证据的名称及件数等。

当事人向人民法院递交民事起诉状，应当按照对方当事人的人数提供起诉状副本，由人民法院转交对方当事人。副本数要在起诉状附项中注明。

先看一篇个人使用的民事起诉状：

民事起诉状

原告：张×梅，女，35 岁，汉族，××省××县××乡××村农民。

被告：张×富，男，38 岁，汉族，××省××县××乡××村农民。

诉讼请求

要求与被告共同等额继承父母遗产 4 间新瓦房，各得 2 间。

事实与理由

原告张×梅与被告张×富系兄妹关系，两人自幼由父母抚养成人。兄妹二人先后于 2006 年和 2008 年成婚，婚后，被告住妻子家，原告住丈夫家，均与父母分开生活。父母靠工资维持生活，退休后靠退休金养老，从不要子女提供经济资助。原告、被告家原住 4 间旧式瓦房，2006 年父母用多年积蓄的 4 万元钱，将 4 间旧式瓦房翻建成 4 间新瓦房，室内装修也比较讲究。新瓦房由父母居住。

2015 年 2 月，母亲病故，办理丧事所花费用全部由父亲支付，兄妹二人均未出资。2016 年 8 月，父亲突发心脏病住院治疗，兄妹轮流到医院护理，尽了子女孝敬父母的义务。数月后父亲去世，兄妹二人共同负责办理丧事，所花费用由二人平均负担。

父母去世后，被告一家突然搬回家居住，独占了父母遗留下来的 4 间新瓦房。原告得知后，对被告的行为提出批评，并要求与被告共同等额继承父母的遗产 4 间新瓦房，各得 2 间，同时原告自愿放弃继承父母家衣物的权利。被告断然拒绝了原告提出的要求，因此引起纠纷。

原告认为，被告独占父母遗产的做法是错误的，独占的理由是荒唐可笑的。《中华人民共和国继承法》第二章第九条明确规定，继承权男女平等。根据第十条的规定，原告、被告都是第一顺序继承人，都有权继承父母的遗产。父亲生病住院期间，原告、被告都尽了照顾老人的义务，而且平均负担了办理丧事的费用，二人所尽义务大体相当。根据权利与义务一致的原则，继承的权利应当是平等的。被告辩称：我们乡下人从来都是由儿子继承父母的遗产，哪有女儿回娘家继承遗产的道理……这是几千年的老规矩，不能改变。这种说法荒唐可笑，不值一驳，是封建思想的表现，违反我国法律规定，不应得到支持。

证据和证据来源，证人姓名和住址

证据材料有三份：(1) ××乡××村村民委员会主任王××的证明材料一份；(2) ××乡××村××组组长张××的证明材料一份；(3) 原告、被告的姑母张×英（住××乡××村）证明材料一份。以上三份证明材料均能证明原告所述案情属实。

根据上述事实和证据、理由和法律依据，请依法判决，以实现原告的诉讼请求。

此致

××县人民法院

附：本起诉状副本1份

起诉人：张×梅
2017 年 8 月 17 日

例文由首部、正文、尾部三部分组成。首部包括标题和当事人的基本情况两个项目。正文写明诉讼请求、事实与理由、证据几项内容。诉讼请求明确、具体；发生纠纷的来龙去脉阐述非常清楚，重要事实如遗产情况、对父亲尽赡养义务等情况及争执的焦点，交代得明明白白；指明被告不让原告继承父母遗产的说法违反国家法律的规定，为实现诉讼请求奠定了基础，提供了依据。理由充分，证据确凿。尾部的结尾和附项也是民事起诉状应当具备的内容。

再看一篇单位使用的民事起诉状：

民事起诉状

原告：××市××综合贸易中心，地址：××市平安西街104号。

法定代表人：王××，性别：男，年龄：52岁，职务：经理，住址：××市春风路56号。

诉讼代理人：丁××，性别：男，年龄：40岁，职务：供销科长，住址：××市春风路56号。

被告：××市××贸易公司，地址：××市民主东街23号。

法定代表人：刘×，职务：经理，联系电话：××××××××。

请 求 事 项

请求人民法院根据《中华人民共和国合同法》的有关规定，追回××市××贸易公司欠我贸易中心货款14.5万元，赔偿所欠货款利息及有关损失，依法维护我贸易中心的合法权益。

事 实 与 理 由

2014年4月23日、5月6日，我贸易中心采购员王××，先后两次与××市××贸易公司副经理李××签订购销合同。第一份合同系购买各种规格的圆钉共50 t，每吨单价0.22万元，合计人民币11万元。第二份合同系购买镀锌8号线200 t，每吨单价0.165万元，合计人民币33万元。我贸易中心严格按合同规定办事，合同签订后一个星期内，分别将两笔货款汇到××市××贸易公司的账号上，共计人民币44万元，分文不差。

但是，××市××贸易公司却不按合同规定办事。我贸易中心第一批货款11万元汇出后一个月，才首次发出圆钉20 t，其余30 t，再无音讯。第二批货款33万元汇出后，亦未见将镀锌8号线发出。我贸易中心多次发出函电催货，他们都不予理会。7月份以来，我贸易中心两次派人专程去××市，找××贸易公司副经理李××面商，并主动提出，如无货物，可以退款。李××多方推脱责任、继续拖延。至今既未将货物发出，又不给我贸易中心退回货款。

两份合同均有规定：供方在货款到后10日内未将货物发出，处以货款10%的罚款。××市××贸易公司收到我贸易中心的货款已经有85天，仍未把货物发齐，实属严重违反合同规定。为此，我贸易中心经营活动受到了严重影响，直接经济损失估计近10万元。

为维护我贸易中心的合法权益，请求人民法院依法予以处理。

此致

××市中级人民法院

附：

1. 本起诉状副本4份
2. 书证8份
3. 物证3件

起诉人：××市××综合贸易中心

（盖章）

2015年5月6日

这份民事起诉状的首部包括标题和当事人的基本情况两个项目。标题的写法与前面一篇例文相同，当事人的基本情况的写法则与公民个人提起诉讼用的民事起诉状有所不同，依次写明充当原告和被告的两个单位的全称、地址及其原告的法定代表人、诉讼代理人的姓名、性别、年龄、职务及住址。按规定，原告的企业性质、工商登记核准号、经营范围和方式、开户银行和账号也应当在此写明，但例文未写，这算是一个欠缺。在"请求事项"部分，原告提出追回货款、赔偿损失的请求，货款金额非常具体、明确，但赔偿数额不详；在"事实与理由"部分，首先陈述事实，然后援引合同条款，指明被告行为的性质和危害，并以此作为提出诉讼请求的依据。另外，例文的不足之处是没有引用法律条文阐明道理，因而显得说服力不足。最后申明准予请求的意愿。尾部写明送交民事起诉状的法院名称、起诉人或称具状人、具状日期及起诉状副本的份数、书证和物证材料的份数。

民事起诉状用于一审程序，当事人如对一审判决或裁定不服，可在法定上诉期限内向上一级人民法院提起上诉，请求撤销、变更原审裁判或请求重新审理，这时所用的诉讼文书为民事上诉状。当事人及其法定代理人对已经发生法律效力的判决、裁定不服，认为存在错误，可向人民法院提出申诉，请求重新审查案件，这时所用的诉讼文书为民事申诉状或称民事申诉书。民事上诉状、民事申诉状的结构、内容与民事起诉状的大同小异，这里不再一一介绍。

（二）民事答辩状

1. 民事答辩状的概念和用途

民事答辩状是指民事诉讼的被告或被上诉人根据民事起诉状或民事上诉状的内容，针对原告提出的诉讼请求或上诉人提出的上诉请求做出答复，并依据事实与理由进行辩驳的法律文书。

《民事诉讼法》第一百二十五条规定，人民法院应当在立案之日起五日内将起诉状副本发送被告，被告应当在收到之日起十五日内提出答辩状。答辩状应当标明被告的姓名、性别、年龄、民族、职业、工作单位、住所、联系方式；法人或者其他组织的名称、住所和法定代表人或者主要负责人的姓名、职务、联系方式。人民法院应当在收到答辩状之日起五日内将答辩状副本发送原告。被告不提出答辩状的，不影响人民法院审理。

在民事诉讼中，被告收到原告的起诉状副本、被上诉人收到上诉状副本后，都有权进行答辩。被告或被上诉人通过民事答辩状可以充分阐明自己的观点与主张，从而使人民法院全面了解案情，做出公正裁决。

从上述说明可以看出，民事答辩状其实可分为一审程序所用的民事答辩状和二审程序所用的民事答辩状两类。被告收到法院送达的起诉状副本后，针对起诉状的内容，提出的答复和辩驳的书状，是一审程序的民事答辩状；当事人不服一审判决，提起上诉，被上诉人收到法院送达的上诉状副本后，针对上诉状的内容，提出的答复和辩驳的书状，是二审程序的民事答辩状。如此看来，在诉讼过程中，各方当事人都有可能用到民事答辩状。

2. 民事答辩状的结构和内容

民事答辩状由首部、正文和尾部组成。

（1）首部

首部主要包括标题、当事人的基本情况和案由等项目。

① 标题。标题应当标明文书名称，即"民事答辩状"。

② 当事人的基本情况。要写明答辩人的姓名、性别、年龄、民族、职业、工作单位和职务、住所、联系方式等。答辩人如无诉讼行为能力，应当在其后写明法定代理人的姓名、性别、年龄、民族、职业、工作单位和职务、住所及其与答辩人的关系等。答辩人是法人或其他组织的，应当写明其名称和住所、法定代表人（或主要负责人）的姓名和职务等。

③ 案由。案由要写明民事答辩状是就何人起诉或上诉的何案提出答辩的，表述方式通常为"因××一案，提出答辩如下"。

（2）正文

正文是答辩状的核心部分，是具体陈述答辩理由的部分。答辩理由是指针对原告或上诉人的诉讼请求及其所依据的事实与理由，进行反驳与辩解。一般来说，答辩理由可从两个角度进行阐述：一是针对所写事实不实进行反驳；二是针对适用法律不当进行反驳。在阐述答辩理由的基础时，还可以针对原告的诉讼请求向人民法院提出请求，例如，要求人民法院驳回起诉，不予受理；要求人民法院否定原告请求事项的全部或一部分；提出反诉请求等。

民事答辩状应当具有针对性和反驳性，而所谓的针对性，是指答辩必须针对原告或上诉人的指控，不能随意发挥；所谓的反驳性，是指答辩要以事实和法律为依据，不能强词夺理或空发议论。

（3）尾部

尾部一般包括结尾和附项两个项目。

① 结尾。结尾部分主要有两项内容：一是致送人民法院的名称，二是落款即答辩人署名和文书制作的日期。

② 附项。附项主要写明民事答辩状副本的份数和有关证据的情况。

先看一篇个人使用的民事答辩状：

民事答辩状

答辩人：郭×平，男，30岁，汉族，××厂工人，住××县××镇××大街14号。

因原告郭×民诉答辩人财产继承纠纷一案，提出答辩如下：

原告起诉状的内容既不符合客观事实，又违反国家法律规定，现对之提出以下辩驳意见：

第一，起诉状说答辩人对郭×松的关心和帮助是居心不良，目的是夺取他的财产。这种说法纯属胡言乱语。大家知道，郭×松是我本家伯父，又是我小学的老师，我敬重他的学识和为人，多年来虚心向他学文化，在生活上关心他，帮他料理家务，干体力活，彼此信任，建立了深厚的感情。原告在外经商赚钱，对自己父亲生活上的困难不闻不问。郭老师一人生活困难不少，特别是退休后年老体弱，生活上困难更多，答辩人主动关心、照顾他，使他愉快地安度晚年，这是有目共睹的事实。答辩人关心、照顾郭老师是自觉自愿的，是尽了一个学生对老师应尽的义务，从不图什么回报，更没有鼓动郭老师立遗嘱将财产遗赠给自己。原告说答辩人居心不良，意图夺走他家的财产，没有事实根据，纯粹是一派胡言。

第二，原告说他是郭老师的儿子，是法定继承人，这话没有错。但法定继承人不一定就能继承被继承人的遗产，这一点原告应当明白。《中华人民共和国继承法》第十六条第三款规定："公民可以立遗嘱将个人财产赠给国家、集体或者法定继承人以外的人。"根据这一规定，郭老师完全有权通过遗嘱的形式，将自己的财产赠予答辩人。该法第五条规定："继承开始后，按照法定继承办理；有遗嘱的，按照遗嘱继承或者遗赠办理。"这一规定说得很明白，有遗嘱的，按照遗嘱继承，没有遗嘱的，按照法定继承办理。法律规定明确告诉我们，遗嘱继承优先于法定继承。答辩人按照郭老师的遗嘱，继承他的财产，完全符合上述法律规定的精神，是真正的依法办事。这怎么能说是"凌驾于法律之上"呢？是谁在故意曲解法律？是谁故意把遗嘱继承排除在法律规定之外？是原告！原告这样做是无知还是别有用心？请人民法院明察。

第三，原告怀疑遗嘱的真实性毫无根据。根据《中华人民共和国民法通则》第五十五条和《中华人民共和国继承法》第十七条、第二十二条的规定，遗嘱有效的条件是：（1）遗嘱人必须具有完全行为能力；（2）遗嘱必须表示遗嘱人的真实意思；（3）遗嘱不得违反法律或者社会公共利益；（4）遗嘱必须采取法定的形式。郭老师立遗嘱时身体健康，神志清楚，具有立遗嘱的民事行为能力，没有受到任何人的胁迫和欺骗；遗嘱内容不违反法律和公共利益；自书遗嘱符合法定形式。综上所述，郭老师所立遗嘱合法有效，请人民法院查明事实，确认答辩人按遗嘱继承郭老师的遗产合法有效，以维护答辩人的合法权益。

此致
××县人民法院
附：本答辩状副本1份

答辩人：郭×平
2015年10月25日

例文结构完整，写法规范。在正文部分，能够针对起诉状提出的几条理由逐条予以反驳，注意据事论理和依法论理，理由阐述比较充分，具有较强的说服力。

再看一篇单位使用的民事答辩状：

民事答辩状

答辩人：××市××贸易公司，地址：××市民主东街23号。

法定代表人：刘×，性别：男，年龄：51岁，职务：经理，住址：××市青光巷26号。

兹就××市××综合贸易中心为经济合同纠纷对我公司起诉一案，提出答辩如下：

一、2014年4月23日、5月6日，我公司副经理李××，与××市××综合贸易中心采购员王××，签订了购买圆钉与镀锌8号线的两份合同，共购买圆钉50 t，镀锌8号线200 t。两份合同均明确规定，货款在合同签字后一周内汇到；如逾期货款未到，将不保证发货日期；此期间如市场价格上调，其价格将另行商定。第一份圆钉合同，货款12日才到。我公司按照合同规定，未按原计划发货，自属理所当然。第二份合同订购的镀锌8号线，货款16日才到。因此货紧俏，其间每吨单价上调了50元，按原价已无法组织货源，我公司只得同样按照合同规定，停止发货。××市××综合贸易中心两次均未及时汇出货款，违约在先。由此造成的货物未按原计划日期发出，我公司概不负责。

二、××市××综合贸易中心确曾几次发来函电催货，但一直回避货款未按合同规定及时汇出问题。我公司每次回复函电，均明确指出其违约在先一事，要求他们派人前来面商。他们对违约及货价上调问题仍不正面作答，只再三要求我们将货物发出。为照顾关系，我们重新为其组织圆钉货源，并于5月29日发出圆钉20 t，同时，再次请他们派人前来面商。7月26日、8月8日，××综合贸易中心供销科长丁××两次来我公司商谈，承认货款汇出时间逾期，但不同意镀锌 8 号线价格上调。我们反复说明，镀锌 8 号线价格不上调，已无法组织货源。丁××表示回去研究后再定，并未要求退回货款。

上述事实，有双方所签合同、银行到款通知、往来函电、我公司副经理李××与丁××商谈时所记笔记为证。真正违反合同的是××市××综合贸易中心，而不是我公司。由此造成的损失，我公司不承担任何责任。

此致
××市中级人民法院

附：

1. 本答辩状副本 4 份
2. 书证 8 份
3. 物证 1 件

答辩人：××市××贸易公司
（盖章）
2015 年 9 月 4 日

这篇例文是针对前面所列举的单位使用的民事起诉状而撰写的答辩状，是单位使用的民事答辩状。在"答辩人的基本情况"部分，写明作为答辩人单位的全称、地址及其法定代表人的姓名、性别、年龄、职务及住址等，这与公民个人使用的民事答辩状的写法有所不同；"答辩案由"写明就何人起诉的何案提出答辩，引出下文，简明扼要；在正文部分，首先陈述情况，着重说明民事起诉状所未涉及的事实，针锋相对，反驳原告。这一部分事实阐述比较清楚，但对关键情节和争执焦点强调得不够；然后说明有证据证明所述事实的真实性，并申明意见，表明态度。由于民事起诉状未能引用法律条文阐明道理，所以民事答辩状也就没有针对对方适用法律不当进行反驳，而主要针对民事起诉状所写事实进行反驳。

三、刑事诉讼文书

刑事诉讼文书，是指司法机关为处理各类刑事诉讼案件，以及当事人、律师为解决刑事纠纷，依法制作或使用的具有法律效力或法律意义的文书的总称。

刑事诉讼文书既是司法机关行使司法权、适用刑事法律规范、区分合法与违法行为和事实、制裁刑事犯罪、保证无罪者不受法律追究的工具，也是公民、法人或其他组织维护自身合法权益的武器。

刑事诉讼文书的种类很多，而且从不同的角度可以进行不同的分类。按制作主体划分，可以将刑事诉讼文书分为两大类：一是司法机关为处理各类刑事诉讼案件而制作的文书，称为刑事司法文书。刑事司法文书又可以分为公安机关使用的刑事诉讼文书、检察机关使用的刑事诉讼文书、人民法院使用的刑事诉讼文书。二是当事人、律师为解决刑事纠纷而制作使用或代书的文书，称为民用刑事诉讼文书。人们通常所说的刑事诉讼文书主要是指后者，即刑事自诉状、刑事上诉状、刑事答辩状、刑事反诉状及刑事申诉书等各类诉状类文书。按写作形式划分，可以将刑事诉讼文书分为叙述式、填空式、笔录式、表格式刑事诉讼文书。

与民事诉状类文书一样，不同的刑事诉状类文书分别适用于不同的诉讼程序。当事人提起诉讼，要用刑事自诉状；当事人及其法定代理人，或者刑事被告的辩护人和近亲属经被告人同意，不服地方各级人民法院的第一审判决、裁定，依照法定程序，在法定期限内提出上诉，要求上一级人民法院撤销或变更原审裁判，要用刑事上诉状，刑事上诉状是引起第二审程序的法律文书；刑事案件的当事人及其法定代理人、近亲属，对已经发生法律效力的判决、裁定，认为存在错误而向人民法院提出申诉，要用刑事申诉书，刑事申诉书是申诉人不服判决、裁定的书面声明，也是人民法院依法决定按审判程序对案件进行再审的依据；另外，民事案件的被告人或刑事自诉案件的被告人，还可以针对原告或自诉人指控的同一纠纷事实或行为事实，提出相反的指控内容，即提出反诉，提出反诉则要使用刑事反诉状。刑事自诉状、刑事上诉状、刑事申诉书及刑事反诉状都是用以申明自己的诉讼请求及其理由的文书，在写法上有相通之处，而针对刑事自诉状、刑事上诉状的内容，被告或被上诉人要做出答复，并进行辩驳，这时就要使用刑事答辩状，刑事答辩状的写法同上述几种法律文书有较大的区别。下面所介绍的就是两种写法不同的刑事诉讼文书——刑事自诉状和刑事答辩状。

（一）刑事自诉状

1. 刑事自诉状的含义和用途

刑事自诉状是指刑事自诉案件的被害人或者其法定代理人，为追究被告人的刑事责任，直接向人民法院提起诉讼时制作并使用的法律文书。

《中华人民共和国刑事诉讼法》（以下简称《刑事诉讼法》）第二百一十条规定，自诉案件包括下列案件：告诉才处理的案件；被害人有证据证明的轻微刑事案件；被害人有证据证明对被告人侵犯自己人身、财产权利的行为应当依法追究刑事责任，而公安机关或者人民检察院不予追究被告人刑事责任的案件。

凡是属于上述法律规定范围内的刑事案件，被害人或其法定代理人都有权向人民法院提交刑事自诉状。

刑事自诉状是当事人向人民法院提起诉讼的工具，也是人民法院受理案件、追究被告人刑事责任的主要依据。

2. 刑事自诉状的结构和内容

根据最高人民法院制定的《法院刑事诉讼文书样式》（样本），刑事自诉状应当由首部、正文和尾部几部分组成。

（1）首部

首部包括标题和当事人的基本情况两个项目。

① 标题。标题要标明文书名称，即"刑事自诉状"。

② 当事人的基本情况。在此要依次写明自诉人、被告人的姓名、性别、年龄、民族、出生地、文化程度、职业、工作单位、住址等。先写自诉人，后写被告人，前后顺序不能颠倒。自诉人和被告人为两人以上的，自诉人应当按受伤害的轻重程度排列，被告人应当按罪行轻重程度排列，重者在前，轻者在后，应逐人逐项写明。

（2）正文

正文是文书的主体部分，主要包括以下内容。

① 案由和诉讼请求。正文的第一个部分是"案由"和"诉讼请求"部分，要写明所控罪名和要求人民法院追究被告人刑事责任的请求。

叙写案由和诉讼请求，应当注意两点：第一，罪名应当依法确定，并准确表述，不得随意编造；第二，请求应当明确具体。同一案件有两个以上案由的，可以一一列出；有两个以上被告人的，应逐人逐项写明。

② 事实与理由。事实与理由是刑事自诉状的核心内容。在事实部分，要写明被告人犯罪的具体事实；在理由部分，应当以案件事实为基础，以有关法律规定为准绳，说明起诉理由。案情特别简单的，事实与理由可以写成一个部分，但行文上仍要有界限，要采取先陈述事实后说明理由的写法。

陈述事实要注意以下几点：第一，要实事求是，如实反映案件情况；第二，要依据法律严格区分罪与非罪的界限，切忌将非罪材料列入犯罪事实；第三，犯罪事实要具体，应当将被告人实施犯罪的时间、地点、动机、目的、手段、情节和危害结果等一一写明；第四，要做到详略得当，关键情节应当重点陈述，非关键情节可以简要陈述，无关紧要的情节不必陈述。

阐述理由则应当注意以下几点：第一，要依据事实，说明被告人犯罪行为的性质、危害；第二，要能完整、准确地引用有关法律条款；第三，要向人民法院重申自己的诉讼请求。

③ 证人的姓名、住址及其他证据的名称、来源。《刑事诉讼法》规定，缺乏罪证的自诉案件，如果自诉人提不出补充证据，应当说服自诉人撤回自诉，或者裁定驳回。这一规定说明，证据的列举是刑事自诉状中十分重要的内容，直接关系到自诉的成败。只有能够提供确定、充分的证据，才能证明犯罪事实的存在，自诉案件才能被受理，自诉人也才有胜诉的可能。

列举证据应当注意以下几点：第一，证据要与犯罪事实有客观联系；第二，证据的名称要规范；第三，证据的来源、名称、件数要清楚，证人的姓名要准确，住址要详细具体。

（3）尾部

尾部一般包括结尾和附项两个项目。

① 结尾。在结尾处首先应当写明致送人民法院的名称，然后是落款，即自诉人署名和具状日期。

② 附项。附项是指刑事自诉状副本的份数和其他证据情况的说明。

请看一篇例文：

刑事自诉状

自诉人陈×，女，27岁，汉族，××省平山县人，平山县××厂工人，住平山县××厂3号宿舍42号。

被告人胡××，男，30岁，汉族，××省平山县人，××市××局干部，住××市××局集体宿舍405号。

案由和诉讼请求

1. 被告人胡××犯重婚罪。

2. 请求人民法院依照《中华人民共和国刑法》第×条的规定追究胡××的刑事责任。

事实与理由

我与胡××自幼相识，2000年建立恋爱关系，并于2011年春节结婚，婚后感情较好，2013年2月生一女儿。

2013年6月，胡××调到××市××局工作，不久即隐瞒已有妻、女的事实，与该局干部林××恋爱。为达到与林××结婚的目的，胡××多次在来信中编造谎言欺骗我，说"离了婚我就可以在局里分配到职工住房，分到住房后再复婚"，"局里选拔培养后备干部，必须是未婚的，我们离婚只是为了应付局里，等这事过去再复婚"，等等。2014年5月我到××市找胡××商量，恰好胡××到广西出差，经向其同事了解，证实胡××所说纯系谎言。同年6月10日，胡××回来休假，我对他编造谎言一事给予批评，胡××见我识破他的诡计，竟然恼羞成怒，对我拳打脚踢，致使我全身上下多处受伤，后被邻居拉开。第二天早上，胡××再次在家中殴打我，然后返回××市。此后，胡××不再来信，也不给付女儿的扶养费用。

据了解，胡××于2014年9月使用伪造的身份证和户口本，在××市××区民政局结婚登记处与林××正式办理了结婚登记手续。

上述事实，有各种证书、证人证言为证。

综上所述，被告人胡××为达到与他人结婚的目的，先用谎言进行欺骗，被识破后又不择手段，使用伪造证件，与林××登记结婚。胡××的行为已经触犯《中华人民共和国刑法》第×条的规定，构成重婚罪，应当依法追究其刑事责任。为此，特向你院起诉，请依法判决。

证据和证据来源

1. 胡××信件4封；

2. ××市××区××民政局结婚登记处证明材料1份；

3. 证人刘××，××市××局办公室干部，住××市××局宿舍56号；

4. 证人周××、陈×，住平山县××厂3号宿舍43号。

此致

××省××市人民法院

附件：

1. 本诉状副本 1 份
2. 证据材料 8 份

自诉人：陈×

2015 年 6 月 17 日

应当说，例文各个部分的写法都比较规范。在"当事人的基本情况"部分，按照先自诉人后被告人的顺序，依次写明双方当事人的姓名、性别、年龄、民族、出生地、工作单位及职业、住址等事项。"案由和诉讼请求"部分首先明确被告人所应承担的罪名，然后提出依法追究被告人的刑事责任的诉讼请求。在"事实与理由"部分，特别值得注意的是，既有叙述，又有分析，对被告人犯有重婚罪的事实概括得非常清楚，重点突出，在此基础上引用法律条款，控告理由显得很充分。在"证据和证据来源"部分，分条列项地写明物证的名称及件数、证人的姓名、工作单位和地址。尾部有致送人民法院的名称、附项及落款等几项内容。另外，从例文可以看出，上述案件有明确的被告人、具体的诉讼请求和比较充足的证据，符合提起刑事自诉的条件。

（二）刑事答辩状

1. 刑事答辩状的含义和用途

刑事答辩状是指刑事自诉案件的被告或被上诉人根据刑事自诉状或刑事上诉状的内容，针对原告提出的诉讼请求或上诉人提出的上诉请求做出答复，并依据事实与理由进行辩驳的法律文书。

在刑事诉讼中，被告人或被上述人以刑事答辩状的形式依法行使答辩权，对自诉人的诉讼请求或上诉人的上诉请求及所依据的事实与理由，进行反驳和辩解，不仅有利于维护自己的合法权益，也有利于人民法院全面了解案情，从而做出公正的判决。

2. 刑事答辩状的结构和内容

刑事答辩状由首部、正文和尾部几部分组成。

（1）首部

首部主要包括标题、当事人的基本情况、案由等项目。

① 标题。标题要标明文书名称，即"刑事答辩状"。

② 当事人的基本情况。要写明答辩人的姓名、性别、年龄、民族、职业或工作单位和职务、住址等。答辩人如为无诉讼行为能力的人，就应当在答辩人之后写明法定代理人的基本情况及其与答辩人的关系，所写项目与答辩人基本相同。答辩人如为法人或其他组织，应当写明其名称和所在地址、法定代表人（或代表人）的姓名和职务。

③ 案由。案由要写明刑事答辩状是就何人起诉或上诉的何案提出答辩的，表述方式通常为"因××一案，提出答辩如下"，以此引出正文部分。

（2）正文

正文是刑事答辩状的主体部分，主要用以阐述答辩意见和理由。而答辩意见和理由的阐述可以着眼于如下几个方面：一是针对事实的错误进行反驳；二是针对援用法律的错误进行反驳；三是针对定性错误进行辩驳。此外，还可以针对起诉程序不合法或者举证不真实等方面的问题陈述答辩意见。

（3）尾部

尾部主要包括结尾和附项两个项目。

① 结尾。结尾应有两项内容：一是致送人民法院的名称；二是落款，即答辩人的姓名和具状日期。

② 附项。附项要写明附件的名称和件数。

请看一篇例文：

刑事答辩状

答辩人何××，女，36岁，汉族，山东省××市人，江苏省××市××局干部，住××市政府机关宿舍2栋8号。

被答辩人陈××，男，35岁，汉族，江苏省××市人，江苏省××市××局干部，住××市政府机关宿舍3栋27号。

答辩人因陈××指控答辩人犯诽谤罪一案，现提出答辩如下：

答辩人的行为不构成犯罪。

依照《中华人民共和国刑法》第××条的规定，诽谤罪指故意捏造事实并加以散布，公然损害他人人格和名誉，情节严重的行为。构成诽谤罪的主要条件是：（1）有捏造并公然散布有损于他人名誉、人格的事实；（2）出于故意，目的在于损害他人名誉和人格；（3）必须情节严重。

从本案情况来看，首先，我没有捏造有损陈××名誉和人格的事实。今年6月17日，陈××在办公室内与他人发生两性关系，是我单位同事刘××、胡××亲眼所见，后来向我和我处王××处长做了反映，这有胡××、王处长的证言为证，并非我捏造。其次，我没有有意损害陈××的名誉和人格。我是在6月28日单位党组织生活会上对陈××的生活作风问题提出批评的，目的是希望陈××引以为戒，能够吸取教训，加以改正，做一名合格的共产党员，这是很正常的同志式的批评意见，怎么能被视为故意损害他人名誉和人格呢？难道陈××犯了错误，就不能在组织内部进行批评教育吗？我的所作所为并不具备构成诽谤罪的条件，所以不构成犯罪。

陈××的行为应当受到舆论和道德的谴责，人民法院应当驳回其诉讼请求。

陈××犯了错误，本应吸取教训，注意改正，但陈××却采取恶人先告状的错误做法，向人民法院提起诉讼，请求人民法院追究我的"刑事责任"，并对他给予"精神损失赔偿"。我认为，对陈××这种知错不改、拒绝批评、一错再错的行为，应当给予社会舆论和道德的谴责。

在这里，我请求人民法院查明事实真相，驳回陈××的诉讼请求，并给予相应的处罚，以寻求司法公正和对公民合法权益的保护。

此致

××省××市××区人民法院

附件：

1. 本答辩状副本 2 份

2. 证据材料 2 份

答辩人：何××

20××年 9 月 15 日

例文的正文部分主要从法律规定、事实真相等角度，对自诉人进行反驳，并引用相关证据予以证明，答辩意见及理由阐述比较充分，很有针对性和说服力。从总体上看，项目齐全，层次清楚，较有条理。

四、行政诉讼文书

行政诉讼文书，是司法机关为处理各类行政案件，以及当事人、律师为解决行政纠纷，提起行政诉讼而依法制作的具有法律效力或法律意义的文书的总称。

行政诉讼文书既是司法机关行使司法权，适用行政法律、法规和规章，维护和监督行政机关依法行使行政职权，保护公民、法人和其他组织合法权益的工具，也是公民、法人和其他组织维护自身合法权益的凭借。

同民事与刑事诉讼文书一样，行政诉讼文书也有很多种，而且从不同的角度可以进行不同的分类。按制作主体划分，有司法机关在处理各类行政案件时制作的文书，以及当事人、律师为解决行政纠纷而制作、使用的文书，前者被称为行政司法文书，后者则被称为民用行政诉讼文书。人们通常所说的行政诉讼文书，主要是指后者。按写作形式划分，可以分为叙述式、填空式、笔录式、表格式行政诉讼文书。下面就介绍一下当事人使用的两种行政诉讼文书。

（一）行政起诉状

1. 行政起诉状的含义和用途

行政起诉状是指行政诉讼的原告认为自己的合法权益受到行政机关和行政机关工作人员具体行政行为的侵害，向人民法院提起诉讼，要求依法处理的法律文书。

《中华人民共和国行政诉讼法》（以下简称《行政诉讼法》）第二条规定，公民、法人或者其他组织认为行政机关和行政机关工作人员的行政行为侵犯其合法权益，有权依照本法向人民法院提起诉讼。第五十条规定，起诉应当向人民法院递交起诉状，并按照被告人数提出副本。书写起诉状确有困难的，可以口头起诉，由人民法院记入笔录，出具注明日期的书面凭证，并告知对方当事人。第五十一条规定，人民法院在接到起诉状时对符合本法规定的起诉条件的，应当登记立案。对当场不能判定是否符合本法规定的起诉条件的，应当接收起诉状，出具注明收到日期的书面凭证，并在七日内决定是否立案。不符合起诉条件的，做出不予立案的裁定。裁定书应当载明不予立案的理由。原告对裁定不服的，可以提起上诉。起诉状内容欠缺或者有其他错误的，应当给予指导和释明，并一次性告知当事人需要补正的内容。不得未经指导和释明即以起诉不符合条件为由不接收起诉状。对于不接收起诉状、接收起诉状后不出具书面凭证，以及不一次性告知当事人需要补正的起诉状内容的，当事人可以向上级人民法院投诉，上级人民法院应当责令改正，并对直接负责的主管人员和其他直接责任人员依法给予处分。

《行政诉讼法》第十二条规定，人民法院受理公民、法人或者其他组织提起的下列诉讼：

对行政拘留、暂扣或者吊销许可证和执照、责令停产停业、没收违法所得、没收非法财物、罚款、警告等行政处罚不服的；对限制人身自由或者对财产的查封、扣押、冻结等行政强制措施和行政强制执行不服的；申请行政许可，行政机关拒绝或者在法定期限内不予答复，或者对行政机关做出的有关行政许可的其他决定不服的；对行政机关做出的关于确认土地、矿藏、水流、森林、山岭、草原、荒地、滩涂、海域等自然资源的所有权或者使用权的决定不服的；对征收、征用决定及其补偿决定不服的；申请行政机关履行保护人身权、财产权等合法权益的法定职责，行政机关拒绝履行或者不予答复的；认为行政机关侵犯其经营自主权或者农村土地承包经营权、农村土地经营权的；认为行政机关滥用行政权力排除或者限制竞争的；认为行政机关违法集资、摊派费用或者违法要求履行其他义务的；认为行政机关没有依法支付抚恤金、最低生活保障待遇或者社会保险待遇的；认为行政机关不依法履行、未按照约定履行或者违法变更、解除政府特许经营协议、土地房屋征收补偿协议等协议的；认为行政机关侵犯其他人身权、财产权等合法权益的。除前款规定外，人民法院受理法律、法规规定可以提起诉讼的其他行政案件。

可以说，上述内容对人民法院受理行政案件的范围的明确，也是对行政起诉状的适用范围的明确。凡遇以上情况，公民、法人或者其他组织都可以向人民法院递交行政起诉状，提起行政诉讼。行政起诉状既是人民法院受理行政案件的依据，也是原告维护自身合法权益的工具。

2. 行政起诉状的结构和内容

行政起诉状由首部、正文和尾部几部分组成。

（1）首部

首部包括标题和当事人的基本情况两个项目。

① 标题。标题要标明文书名称，即"行政起诉状"。

② 当事人的基本情况。行政起诉状的格式有两种，一种适用于公民提起行政诉讼，另

一种适用于法人或者其他组织提起行政诉讼，两种格式的区别就在于当事人基本情况的项目有所不同。当事人基本情况的两种写法与民事起诉状的要求大体相同。

需要注意的是，行政诉讼案件被告的情况往往比较复杂，要根据具体案情加以判定，以免告错对象。《行政诉讼法》第二十六条规定，公民、法人或者其他组织直接向人民法院提起诉讼的，做出行政行为的行政机关是被告。经复议的案件，复议机关决定维持原行政行为的，做出原行政行为的行政机关和复议机关是共同被告；复议机关改变原行政行为的，复议机关是被告。复议机关在法定期限内未做出复议决定，公民、法人或者其他组织起诉原行政行为的，做出原行政行为的行政机关是被告；起诉复议机关不作为的，复议机关是被告。两个以上行政机关做出同一行政行为的，共同做出行政行为的行政机关是共同被告。行政机关委托的组织所做的行政行为，委托的行政机关是被告。行政机关被撤销或者职权变更的，继续行使其职权的行政机关是被告。

由上述规定可以看出，行政起诉状的被告是施行具体行政行为的行政机关或者法律、法规授权的组织，是被原告起诉、指控侵犯原告合法权益，人民法院通知其应诉的行政机关或组织。在写被告的基本情况时，要依次写明其名称、住所、联系方式及其法定代表人或代表人的姓名和职务。

（2）正文

正文是诉状的主体部分，主要包括诉讼请求、事实与理由、证据等内容。

① 诉讼请求。诉讼请求是原告向人民法院提起诉讼所要达到的目的。例如，要求撤销、部分撤销或变更行政行为；请求行政赔偿等。

② 事实与理由。在事实部分，应当实事求是地写明作为被告的行政机关及其工作人员侵犯原告合法权益的事实经过、原因和结果。事实的陈述一般可分三个层次：首先应当写明原告引起行政机关做出具体行政行为的事实；其次写明行政机关所做出的具体行政行为；最后写明原告是否申请过行政复议，申请过行政复议的，复议机关是否改变了原具体行政行为，复议机关改变了原具体行政行为的，改变后的具体行政行为的内容是什么。人民法院对案件的审理要以事实为根据，应当说，事实的陈述在每一类诉状中都是不可缺少的内容，也是核心内容之一。

在理由部分，首先应当指明具体行政行为的不妥之处，然后说明其错误所在，表明自己的行为不应当受到此种处理或处罚的原因和依据。理由的阐述应当注意三点：第一，说理要有针对性，要针对被告的错误进行分析、论证。第二，说理要与事实相一致，要为诉讼请求服务。事实、说理与请求，三者必须相一致、相吻合，而不能相脱节，更不能相矛盾。第三，要能恰当地引用法律条款。在撰写行政起诉状时，法律条款的引用很重要，这在前面几类诉状的介绍中也都有所强调。

③ 证据。《行政诉讼法》规定，行政诉讼中的举证责任在被告。但这并不等于说原告就不需要举证。为便于人民法院查明事实，分清是非，从而对案件做出公正的裁决，原告举证也是案件审理过程中不可缺少的一个环节。特别是行政起诉状递交人民法院后，人民法院能

否受理案件，只能以行政起诉状为依据，而不另行调查，原告在行政起诉状中能否写明证据，事关能否立案，因而是至关重要的。

行政起诉状列举证据的要求与民事起诉状相同。

（3）尾部

尾部包括结尾和附项两个项目。

① 结尾。结尾有两项内容：一是致送人民法院的名称；二是落款，即起诉人的姓名或名称和具状日期。

与具状日期相关的一个问题是，行政起诉状的递交具有严格的时间期限，或者说，行政诉讼的时效问题是非常重要的。根据《行政诉讼法》第四十五条的规定，公民、法人或者其他组织不服复议决定的，可以在收到复议决定书之日起十五日内向人民法院提起诉讼。复议机关逾期不做决定的，申请人可以在复议期满之日起十五日内向人民法院提起诉讼。法律另有规定的除外。第四十六条规定，公民、法人或者其他组织直接向人民法院提起诉讼的，应当自知道或者应当知道做出行政行为之日起六个月内提出。法律另有规定的除外。

② 附项。附项是指行政起诉状副本的份数及所附证据情况的说明。

请看一篇例文：

行政起诉状

原告马××，女，27 岁，四川省××市人，四川省××市××医院护士，住四川省××市××区××路甲 13 号。

被告四川省××市卫生局，四川省××市××区东大街 64 号，法定代表人：刘伟雄（职务：局长）。

诉 讼 请 求

1. 撤销被告（20××）×卫字第 4 号行政处罚决定。

2. 判决被告承担本案诉讼费用。

事 实 与 理 由

20××年 1 月 27 日，患者张××到我院治病，需要注射青霉素。当日下午 4 时 30 分，张××到注射室打针，恰遇原告马××值班。原告因为急于去托儿所接孩子，并考虑到患者张××多次在我院注射青霉素，从未见异常情况，所以没有给张××做皮下试验，即注射了一针青霉素。15 分钟后张××出现了异常反应，我院立即组织抢救，但 30 分钟后张××不治死亡。同年 1 月 31 日，我市卫生局医疗事故技术鉴定委员会做出鉴定结论，认为原告的行为属于医疗事故。原告对此鉴定结论无异议。

20××年 3 月 4 日，被告依据《医疗事故处理办法》第二十条的规定，给予原告如下行政处分：（1）原告给予死者家属经济补偿费 8 000 元；（2）吊销原告的行医资格。对此行政处理决定，原告表示不服，理由如下：

1. 被告适用法律错误

《医疗事故处理办法》第二十二条规定，个体开业的医务人员所造成的医疗事故，由当地卫生行政部门根据事故等级、情节、本人态度，除责令其给病员或其亲属一次性经济补偿外，还可处以一年以内的停业或吊销开业执照。第十八条规定，确定为医疗事故的，可以根据事故等级、情节和病员的情况给予一次性经济补偿。医疗事故补偿费，由医疗单位支付给病员或其家属。

从以上规定可以看出，在发生医疗事故的情况下，给予病员或其家属经济补偿的主体应当是个体开业的医务人员或医疗单位。原告是××医院的护士，不是个体开业的医务人员，所从事的医务活动都是以××医院的名义进行的，因此，原告出现医疗事故所引起的经济补偿费，应由其所在的××医院支付。被告适用《医疗事故处理办法》第二十二条规定，做出责令原告支付经济补偿费的处理决定，属于适用法律错误，本案的情况应当适用《医疗事故处理办法》第十八条的规定。

2. 被告做出吊销原告行医资格的行政处罚决定不当

根据《医疗事故处理办法》第二十条的规定，对造成医疗事故的直接责任人员，由医疗单位根据其事故等级、情节轻重、本人态度和一贯表现，给予行政处分。这一规定明确了应当由医疗单位对其造成医疗事故的工作人员，按照行政隶属关系，分别不同情况给予相应的行政处分，而不是由被告做出处罚决定，更不存在吊销行医资格的处罚办法。被告在无法可依的情况下擅自做出的吊销原告行医资格的处罚决定，是错误的，依法应当予以纠正。

综上所述，根据《行政诉讼法》第×××条第×项的规定，原告认为，被告适用法律错误，做出的处罚决定不当，特请求人民法院依法做出撤销被告行政处罚决定的判决。

证据和证据来源

1. 《医疗事故处理办法》；

2. （20××）×卫字第4号行政处罚决定书，四川省××市卫生局20××年3月4日做出。

此致
四川省××市××区人民法院
　　附：本诉状副本1份

起诉人：马××
20××年3月12日

这份行政起诉状结构完整，项目齐全，事实清楚，理由明确，基本符合行政起诉状的写作要求。

（二）行政答辩状

1. 行政答辩状的含义和用途

行政答辩状是指行政诉讼的被告或被上诉人根据行政起诉状或行政上诉状的内容，针对原告提出的诉讼请求或上诉人提出的上诉请求做出答复，并依据事实与理由进行辩驳的法律文书。

同民事答辩状与刑事答辩状一样，行政答辩状既可能是针对行政起诉状撰写的，也可能是针对行政上诉状撰写的，既可以用于一审程序，也可以用于二审程序。

《行政诉讼法》第六十七条规定，人民法院应当在立案之日起五日内，将起诉状副本发送被告。被告应当在收到起诉状副本之日起十五日内向人民法院提交做出行政行为的证据和所依据的规范性文件，并提出答辩状。人民法院应当在收到答辩状之日起五日内，将答辩状副本发送原告。

行政答辩状的使用，有利于答辩人维护自己的权益，也有利于人民法院全面了解案件情况，并做出公正的裁决。

2. 行政答辩状的结构和内容

行政答辩状由首部、正文和尾部几个部分构成。

（1）首部

首部包括以下几个项目。

① 标题。标题要标明文书名称，即"行政答辩状"。

② 当事人的基本情况。根据《行政诉讼法》的规定，行政诉讼案件的被告只能是做出具体行政行为的行政机关或者法律、法规授权的组织，以及改变原具体行政行为的复议机关。因此，用于一审程序的行政答辩状的答辩人只能是行政机关。在此，要写明答辩人的名称、住所及其法定代表人或主要负责人的姓名、职务。用于二审程序的行政答辩状的答辩人则既可能是作为一审被告的行政机关，也可能是作为一审原告的个人或单位。答辩人如为个人，要写明其姓名、性别、出生年月日、民族、职业、工作单位和职务、住址等；答辩人如无诉讼行为能力，还要在其后写明法定代理人的基本情况及其与答辩人的关系。

③ 案由。案由要写明行政答辩状是就哪个案件提出答辩的，并由此引出下文，表述形式一般为"因××一案，提出答辩如下"。

（2）正文

正文是行政答辩状的主体部分，在此主要应当写明答辩理由。答辩理由通常要从下述几方面进行表述：一是阐明事实的真相，反驳对方当事人的不实之词。二是写明有关法律规定，指出对方当事人适用法律不当。用于一审程序的行政答辩状主要说明被告所做出的具体行政行为是正确、合法的，原告的起诉是无理的。根据《行政诉讼法》第三十四条的规定，被告对做出的行政行为负有举证责任，应当提供做出该行政行为的证据和所依据的规范性文件。三是提出答辩主张，申明态度，例如，要求人民法院对具体行政行为予以维持等。

（3）尾部

尾部主要包括以下两个项目。

① 结尾。结尾主要写入两项内容：一是致送人民法院的名称。一审行政答辩状向受诉人民法院提出，二审行政答辩状既可以向原审人民法院提出，也可以向二审人民法院提出。送达的人民法院不同，致送人民法院的名称也就不同。二是落款，即由答辩人签名或盖章，并注明具状日期。被告应当在收到起诉状副本之日起十五日内向人民法院提交做出行政行为

的证据和所依据的规范性文件，并提出答辩状。行政答辩状必须在法定期限内提交，所以具状时间需要很好地把握。

② 附项。附项是指行政答辩状的副本数、附送证据材料的名称和件数的标注。

请看一篇例文：

行政答辩状

答辩人××市公安局，××市××大街84号，法定代表人：陈××（××市公安局局长）。因刘××等人诉答辩人（××市公安局）滥用职权一案，提出答辩如下：

1. 刘××等人的违法事实

某学院学生刘××等7人自20××年入学后，经常聚集在一起，躲在学生宿舍或无人上课的教室内赌博。晚上学生宿舍熄灯后，他们就在楼道里或者学院内的路灯下面继续赌博，直到第二天凌晨。赌资也由最初的几元、十几元，发展到数十元、上百元。据刘××在我局交代，最多的一次赌资达到数千元，甚至将学习用品、衣物等押上。

对于刘××等人的赌博行为，其所在学院多次进行批评教育，但刘××等人不思悔改，直到今年4月26日晚10时，刘××等5人闯入班主任胡老师的单身宿舍，对曾经批评、教育他们的胡老师进行恐吓和威胁。刘××等人的行为违反了《中华人民共和国治安管理处罚法》第四十二条、第七十条之相关规定，已经构成违法行为。刘××等人在起诉状中称他们的行为没有构成犯罪，与法律规定不符。

2. 对刘××等人给予行政拘留处罚是公安机关的正当职权，符合法律规定

依法对违反《中华人民共和国治安管理处罚法》的违法行为予以行政处罚，是法律赋予公安机关的权力，属于公安机关正当的职权范围。刘××等人的行为已经构成违法，并且学院有关领导多次批评教育仍不能使他们悔改，在这种情况下，公安机关根据《中华人民共和国治安管理处罚法》的有关规定，对刘××等人分别给予行政拘留7~15天、罚款200~1 000元的处罚，是正当行使国家法律赋予公安机关的权力，是有法可依的。公安机关在对刘××等人进行处罚的过程中，完全是依法办事的，没有一点滥用职权的表现。

3. 刘××等人被学校开除与公安机关无关

刘××等人因违法行为被公安机关依法予以行政拘留，在此期间，刘××等人所在学院根据刘××等人行为的情节、性质和他们的一贯表现，作出开除他们学籍的处理决定，这是学院自身的职权，也是由学院自主决定的，公安机关并未参与提供意见。行政处罚与行政处分本是两种不同性质的行政责任形式，分别由两个不同的单位行使职权，却被刘××等人混淆在一起，并在起诉状中指责"正是由于公安机关的错误处罚导致了学院作出错误的处理决定"。对于这种无理指责，公安机关是不能同意的。

综上所述，公安机关对刘××等人给予行政处罚具有事实和法律依据，并非滥用职权。

请人民法院查清事实，驳回刘××等人无理的诉讼请求。

此致

××市人民法院

附件：

1. 本答辩状副本 1 份

2. 刘××等人违法证据材料 11 份

3. 刘××等人交代材料 9 份

××市公安局

20××年×月××日

例文首部和尾部写明应写事项，正文部分分别从事实和法律两个方面，对行政起诉状所述事实与理由进行反驳，说明刘××等人的行为实属违法，行政机关给予行政处罚是有法律依据的，是正确的，并未超出法定职权范围，不属于滥用职权。先事实，后分析，再总结，理由充分，意见明确，条分缕析，较有说服力。

第六章　生活文书

学习目标与要点提示

　　生活需要交往与沟通，需要不断地进行语言表达，口头表达和书面表达是语言表达的两种基本形式。口头表达具有即时性、交互性、充分性，但也有诸多不便和局限。书面表达则可以突破时间和空间的界限，可以传之久远，因而也是一种不可或缺的表达形式。在生活中以书面形式表情达意，就形成了生活文书。生活文书的范围很广，差异较大，长至洋洋万言的书信，短至寥寥数言的便条，都属于生活文书。撰写生活文书，要看场合，看对象，还要充分了解不同类型的生活文书所应具备的特点。

　　在本章中，应当着重掌握：条据、启事、书信、读书笔记的用途和特点；条据、启事、书信的一般写法；读书笔记的主要类型和常用形式。

一、概述

　　生活文书又称个人文书或生活应用文，主要是指人们在日常生活中为处理个人事务或解决具体问题所用的各类文书。严格地说，生活文书是与工作文书相对而言的，但实际上个别文种不仅可以用于生活，也可以用于工作。种类多样，用法灵活、简便，实用价值突出，写作格式较为固定，是生活文书最重要的几个特点。

　　生活文书是一个非常宽泛的概念，所含文种很难一一列举，而且不同的人群可能会有不同的需求。后面将要述及的条据、启事、书信等，就是其中几类用途比较广泛的生活文书。另外，读书笔记虽然从用途上看，同其他各类生活文书具有一定的差异，但它作为人们积累知识、充实自己的工具，同人们的工作、学习和生活均有非常密切的关系，具有较高的实用价值，因而也将读书笔记放在这一部分进行介绍。

二、条据

（一）条据的含义、用途和特点

　　这里所说的条据是便条和字据的合称。

便条是人们在临时遇到一件事情需要告知对方，而又无法面谈时所书写的字条。实际上，便条也是一种简短的信件，因而其写法与书信有相通之处。便条可以用于多种场合，用以传递各种信息，达到不同的交际目的。而无论哪一种便条，都必须具备事务性、说明性和简约性、便捷性等特点。如做具体划分的话，事务性、说明性应为便条的内容特点，简约性、便捷性则是便条的主要形式特点。便条所反映的是事务性内容，以简单明了的表述方式把希望对方了解的情况说清楚，则是便条的基本功用。

字据是人们在处理财物或其他有关问题时所书写并交付对方的书面凭证。证明性和严谨性应当是字据的主要特点。证明性是就字据的性质、内容和作用而言的，严谨性则是字据的语言表达所必须具备的特点。字据与便条不同，写便条是为了说明情况，或者说是为了做一件事情，而写字据则是为了证明一件事情。虽然任何一种应用文的语言表达都应当力求准确、恰切，但具体的程度要求还是有所区别的。与其他应用文相比，应当说，对字据等证明类文书及合同等契约类文书的语言准确性的要求最高。为避免日后发生争议，在撰写证明类文书和契约类文书时，必须字斟句酌，不能有任何错漏出现。

（二）条据的一般写法

1. 便条

适用场合不同，便条的内容也就不同。在日常生活中，人们所用的便条多种多样，请假条和留言条就是其中两类较为常用的便条，其他便条的写法也与之大同小异。

先看一张请假条：

请　假　条

张老师：

　　您的学生王××因感冒发烧，无法到校上课，特此请假两天，准许为盼！

　　此致

敬礼！

学生家长：王××

2018 年 1 月 6 日

例文是学生家长代学生请假的便条，虽然字数不多，但写法正规，项目齐全，标题、称谓、正文、祝颂语、落款，无一欠缺。正文所写的请假原因和请假时间，是请假条的正文常写的两项内容；表示祈请的语句"准许为盼"或者"请予批准"等，也是请假条惯用的结语。

再看一张留言条：

刘×：

　　你的同乡吴××刚才来过电话，他明天返乡，问你是否有事，并请你今天晚上 8 点钟以后给他打个电话，电话号码：××××××××。

小力
即日

　　另：我今天有事，可能要晚一些回来。

　　这是一份写法随意、用语浅白、语气自然、带有明显的口语色彩的留言条。称谓、正文和落款是留言条的必备项目，而附言作为正文的补充说明，也常常在留言条中出现。如果写完主要事项之后，还有一些事情需要附带告诉对方，就可以在留言条的最后另起一行写出，并以"另"或"又及"领起。

　　下面是另外一种写作风格的留言条：

李先生：

　　您好！

　　刚才来送论文初稿，适逢您外出办事。论文按您的审阅意见，又做了一次修改。第二、第三两个部分改动较大，增补了一些材料，也删削了几段文字，效果如何，不敢妄自评判。还请老师在百忙之中费心审阅，并不吝赐教。

　　乍暖还寒，请老师多多保重。

您的学生：王××
3 月 8 日午后

　　又及：系学生会定于本周日举办演讲比赛，请您务必拨冗出席，予以指导，请柬及有关材料会有专人呈送。

　　从例文可以看出，便条就要突出一个"便"字，因而其写法非常灵活，篇幅可长可短，语气可以庄重、恭谨，也可以轻松、随意，甚至可以调侃、诙谐，究竟采用哪种写法，要视写作的需要而定，具体地说，要根据便条的用途、内容及写条人与受条人的关系等来确定。

　　2. 字据

　　人们在处理某些日常事务时，往往需要留下书面凭证，这样的书面凭证就是字据。在不同的场合，要用不同的字据，因此，按其具体用途的不同，可将字据划分为不同的类别。其中，借据、收据、欠据就是几种较为常见的字据，其他字据的写作要求和格式与之基本相同。

　　先看一张借据：

借　据

今借到徐×同志人民币贰仟元整，三个月内还清。特此立据为证。

此据

借款人：孙×（签名盖章）
2018 年 12 月 8 日

227

再看一张收据：

收　据

今收到孙×同志所还借款人民币贰仟元整。借据当场销毁。

此据

徐×（签名盖章）

2018 年 2 月 2 日

最后是一张欠据：

欠　据

原借财经部折叠椅玖把，现还叁把，其余陆把下周三送还。

此据

经手人：李××

2018 年 1 月 10 日

从上述例文我们可以看出，字据的构成大都比较简单，标题、正文和落款是几个必备项目。标题用以标明字据的性质，说明这是哪类字据。正文写清证明事项，"今（现）……"是常用的表述方式，"此据"则是惯用的结语。落款一定要有本人的签名，有条件的还要加盖印章；字据的订立日期也非常重要，要写得准确、完整、清楚。特别是借据的订立日期常同钱物的归还期限有关，尤其应当认真书写。

值得注意的是，字据虽然字数不多，但对其语言运用的要求十分严格。首先，字据不能有任何意思不明或容易产生歧义的词句出现，否则就有可能引发争议，字据就难以发挥有效的证明作用。例如，某报曾报道过这样一个案例：赵某向张某借了三万元人民币。不久，赵某还了张某两万元，并在原借据上注明"还欠款 2 万元整"，张某还打了收据。不幸，赵某将收据遗失。当张某向赵某索要剩余欠款时，双方对"还欠款 2 万元整"的"还"字的读音和意义发生了争议，张某主张赵某尚欠款两万元，"还"应读为"hái"，是"尚""仍"的意思；赵某则提出"还"应读为"huán"，是"归还"的意思。于是，张某诉至法院，双方对簿公堂。法院审理后认为，被告在借条上的标注意思不清，有歧义，且遗失了原告出具的收据，应负举证责任；被告不能提供确凿的证据维护自己的主张，故"还"应理解为"尚"而非"归还"，被告败诉。一字多义，痛失"万金"，这个案例具有非常重要的警示作用。除了一字多义的问题之外，还有很多遣词造句问题也需要大家多加关注。例如，汉语中有些词含有转移义，却无法标明转移的方向，像"借""租"可以为"借入""租入"，也可以为"借出""租出"，在条据中使用这些词语，一般应当加上表示趋向的附加成分。其次，字据所涉及的事务常与钱物有关，表示钱物数量的数字均应大写，数量单位的标注要正规、明确，货币数量的前面要有币种。最后，行款格式要规范，行与行、字与字的间距要合理，不能留有加字、抹字的余地。另外，字据不能随意涂改，如需改动，最好重新书写。

三、启事

（一）启事的含义、用途和特点

启事是指人们为说明有关事项，或者请求他人帮助而公开发布的短文。实际上，启事可以用于生活，也可以用于工作；启事的发布者可以是个人，也可以是单位。严格地说，很多启事并不能算是生活文书。把启事划入生活文书，只是为了便于集中讲述。不仅启事如此，其他一些文种也有类似的问题。

启事的种类很多，按其用途和内容的不同，可将启事分为三类：一是征招类启事，如招聘启事、招领启事、招租启事、征稿启事、征订启事、征婚启事等；二是寻觅类启事，如寻物启事、寻人启事等；三是声明类启事，如迁址启事、更名启事、废止启事、停业启事等。启事的发布方式也多种多样，在报纸或杂志刊载，在电台或电视台播放，在公共场所或指定地点张贴，都是启事常见的发布方式。

同"行政公文"部分所介绍的公告、通告一样，启事也属于公开发布的告知性文书，因而无论哪类启事，都必须具备告知性和简明性的特点。告知性是启事的内容特点，也是对启事的基本用途的概括。从字面上理解，"启"是陈述、告诉，"事"是事情、事项，"启事"也就是陈述事情、告知事项的意思。简明性则是启事的语言表述所应具备的特点。启事是公开发布的文书，发布的方式灵活多样，读者对象通常为社会公众。为使启事能够真正起到广泛告知的作用，使社会公众都能理解启事的内容，撰写启事要尽量采用通俗易懂的语言表述方式，要尽量写得简单、明确、平易、直白。

（二）启事的一般写法

启事通常由标题、正文和落款三个部分组成。

启事的标题主要有下面几种写法：一是写明事项和文种，如"招租启事""寻人启事"等；二是只标文种，即只以"启事"二字做标题，或为强调事情紧迫，以"紧急启事"做标题；三是只写事项，省去文种，如"招聘员工""求租公寓""失物招领"等。另外，有些名为"声明"的短文，其实同声明类启事的性质、用途很相近，如"遗失声明""废止声明"等。当然，也有一些声明是用于澄清事实、表明态度的，如"关于版权问题的声明"，这类声明大都是为处理公共乃至国际事务而发表的，发表者可以是个人，也可以是单位或政府，其性质和用途同启事有较大的区别。

启事正文的写法一般比较简单，写明需要公众或有关人员了解的事项即可。写启事的正文，关键是要在语言的运用上、在内容编排的条理性上多下功夫。

落款包括署名和日期两项内容。有些启事已在正文中写明发布者，并留有联系线索或联系方式，因而可以略去落款一项。

下面我们就结合不同类型的例文，看看启事的一般写法。

先看一份征招类启事：

征 稿 启 事

《山东大学学报》（哲学社会科学版）是教育部主管，山东大学主办的综合类哲学社会科学理论期刊，国内外公开发行，热诚欢迎海内外人文社会科学工作者为本刊撰写稿件或推荐有影响力的学术成果。

（一）本刊立足哲学社会科学学术前沿，登载哲学社会科学及相关交叉、边缘学科的高水平学术论文，根据需要设置各类专论和特色栏目，并在追踪学术理论热点的过程中及时开展有针对性的专题讨论。有关信息，本站公告栏将及时予以发布。

（二）来稿须是未经发表的学术论著，文内请勿引用未公开发表的资料。稿件一般勿超过万字，本刊反对一稿两投。

（三）凡投寄我刊的稿件，撰写格式请严格执行本刊编排规范。详见《山东大学学报》（哲学社会科学版）文稿编排规范。稿件请用 A4 复印纸打印，正文采用小 4 号字体，一倍半行距，字迹务求清晰易辨。

（四）来稿请同时附寄与原稿一致的文稿 U 盘，本刊亦欢迎使用电子信箱投稿。本刊电子信箱：××××@××.××.cn。

（五）根据著作权法的有关规定，来稿 3 个月未收到录用通知，作者有权对稿件另行处理。鉴于人力所限，本刊一般不予退稿，烦请作者自留底稿。

（六）论文一俟发表，本刊即向作者酌致薄酬，并赠样刊两册。

承蒙国内外作者的热心支持，本刊得以不断发展，于此谨致谢忱！

例文的标题包含事项和文种两项内容，读者一看即知这是哪类启事。正文包括开头、主体和结语几个部分。开头部分概述刊物性质和征稿意愿，开门见山，言简意赅；主体部分逐条写明相关事项，刊物的特点和内容、投稿要求、录用办法等，依序排列，很有条理；结语表达谢意。该启事的语言准确、简洁、典雅，表述十分清楚。

再看一份寻觅类启事：

寻 物 启 事

本人不慎于昨天下午在学校篮球场丢失手表一块（黑色表盘，白色金属表带），请拾到者与 6 号楼 302 室王××联系（电话：××××××××转×××）。失者当面重谢！

王××

2019 年 1 月 3 日

最后是一份声明类启事：

迁 址 启 事

因工作需要，我培训处将于 2019 年 1 月 1 日起迁至校外办公。详细地址：××大街 160

号，电话：×××××××××。办公时间不变，欢迎各界人士惠顾或致电垂询。

××语言大学培训处
2018 年 11 月 8 日

以上两篇例文的篇幅都非常简短，但结构完整，项目齐全。标题标明事项和文种；正文写明告知事项，事项单一但内容完备，写法简单但表述明晰，这也正是寻觅类启事和声明类启事应当具备的特点；落款为署名和日期，前者署有个人姓名，后者签署单位名称。

四、书信

（一）书信的含义、用途和特点

书信是人们在日常生活或工作中经常会用到的一类应用文，按其用途的不同，可以分为两大类：一类是专用书信，另一类是一般书信。专用书信是指具有专门用途的书信，前面曾述及的各种公关信件，如慰问信、邀请信、感谢信、表扬信、推荐信、求职信、介绍信、证明信，以及人们平时经常看到的申请书、倡议书等，都属于专用书信。而这里所说的书信专指一般书信，主要是指私人之间为传递信息、交流感情、处理事务而撰写的信件。其具有特定而单一的接受对象、明确而具体的实际用途，以及固定或惯用的写作格式，是一般书信几个比较突出的特点。

书信是产生较早的一类应用文种。《战国策·乐毅报燕王书》、李斯的《谏逐客书》等均为带有公牍性质的书信；《吴越春秋》所载范蠡的《自齐遗文种书》则应当算是私人信件了。此外，像司马迁的《报任安书》、邹阳的《谏吴王书》、枚乘的《上书谏吴王书》、朱浮的《为幽州牧与彭宠书》、臧洪的《答陈琳书》、孔融的《论盛孝章书》、曹丕的《与朝歌令吴质书》、曹植的《与杨德祖书》、嵇康的《与山巨源绝交书》、包世臣的《复石赣州书》等，更是千古流传的书信体名文。刘勰在《文心雕龙》中，把臣对君的上书归入《奏启》，把其他书信归入《书记》。《书记》一章列举并点评历代书信佳作，并提出书信的写作要求："详总书体，本在尽言，言以散郁陶，托风采，故宜条畅以任气，优柔以怿怀；文明从容，亦心声之献酬。"书信写作的根本在于"尽言"，所尽之言用来驱散胸中郁结，展现文采风范。所以应当做到畅所欲言，宽舒喜悦；语言明达而有文采，语气从容，表露心声，相互酬答。唐代诗人杜甫曾慨叹："烽火连三月，家书抵万金"，清代学者黄宗羲则有"至文不过家书写"这样的说法。从以上事例我们可以看出，古人是很重视写信的，而且非常讲求书信艺术。现代名人也留下了很多脍炙人口的书信作品，有的已经结集出版，被视为经典之作，如《两地书》《傅雷家书》等。毛泽东同志在延安时期同各界人士的通信，展现了领袖人物丰富的情感世界、深厚的知识积累和过人的文字功底，这些书信已经成为毛泽东思想研究的重要资料。美国教育家苏珊·罗宾逊提出："写信，是教授语言技巧的极好途径。写信能使孩子们掌握一种有用技巧，使他们要考虑到自己的读者，有利于他们更好地表达自己的愿望。较之我们过去常用的方法而言，这条语言教学的途径更为宽阔。"可见，书信不仅是表情达意的工具，而且是进行语言表达训练的工具。

（二）书信的一般写法

传统的书信是指所谓纸介平面的书信，主要是指在信纸上书写、通过邮政部门邮寄的信件。

传统的书信由内文和封套两个部分组成。

1. 内文

内文俗称信瓤，主要包括称谓、问候语、正文、祝颂语和落款等几个部分。

称谓是写信人对收信人的称呼，顶格写在信纸的第一行，后加冒号领起下文。书信的称谓比较讲究，也比较复杂。采用何种称谓，要根据写信人和收信人的关系而定。写给亲属的书信，要注意准确地使用现成的亲属称谓。一般来说，当面怎样称呼，信中就应当怎样称呼。写给朋友或同事、同学、老师等相关人员的书信，要注意按照对方的身份及双方的亲疏关系，选用恰当、得体的称谓。对亲朋好友，可在姓氏或名字的后面加上称呼，如"刘叔""李婶""大成哥""小娟姐"等；对自己的老师或师傅可以直呼"老师""师傅"，也可以加上姓氏称为"×老师""×师傅"；对领导或专业人士，可在姓氏或姓名的后面加上现任职务或职称，如"张校长""王经理""吴大夫"等；对德高望重的老干部、老科学家、老艺术家及其他长者，可在姓氏之后加"老"，如"郭老""季老"等；对平辈或晚辈同事、同学、战友等，可以直呼姓名，也可以只写名不写姓，前者显得庄重，后者显得亲昵，还可以在姓名或名字的后面加上表明双方关系的称呼，如"张志刚同志""大卫同学"等。为表示尊重或亲切的感情，可在称呼前加上"尊敬的""敬爱的""亲爱的"等修饰性词语。

问候语写在称谓的下一行，空两格，通常独立成段。"您好""你好""你们好""近来一切都好吗"等，是最简单也最常用的问候语。节日的问候、季节的问候等，也常在书信中出现，如"新年好""春节快乐""值此新春佳节到来之际，谨向您和您的家人致以节日的问候""值此金秋时节，您在北京一定生活得非常愉快吧"等。此外，还可以针对收信人的特点，选用一些更为具体的问候语，如对学生可写"近来学业大有进展吧""近来学习好吗"；对工作人员可写"近来工作忙吧""近来工作顺利吗"；对老人可写"近来身体好吗"；等等。

正文写在问候语的下一行，每段首行空两格。正文通常可分连接语、主体文、总括语几个部分。连接语主要是对写信缘由和目的的说明，写法多种多样。例如，回信者多写"来信收到，内情尽知，勿念"，出行者多写"我已平安到达，请勿惦念"，求教者多写"今有某事求教，请不吝赐教"，办事者多写"今有一事相求，请多帮助"。另外，"久未通信，很是想念，特写信问候"之类表达心意的连接语也常在书信中使用。主体文是写明主要事项的部分，如果事项较多，最好采用一事一段的写法，分项叙写。简洁、明了，自然、得体，是对主体文的基本要求。书信是最具有个体化、私密性特征的文种。第一人称的表述方式、特定的读者对象、特殊的传递渠道，使得书信不仅适用于处理私人事务，而且适用于进行深层次的思想交流与情感沟通。写信应当做到"言无不尽"，要能坦诚地表明自己的想法，不要让收信人费心揣摩写信意图，更不要让收信人产生误解。写信还应做到"见信如面"，书信最便于表现自我，最能体现一个人的性格、才情乃至生活态度、写作风格。著名的收藏家马克斯·舒斯特在《世界重要书信》一书中提出，一个人的性格能在其书信中很好地显露出来，所以常有人用"生命和书信"这个短语来形容一部完整的传记。在信中可以表露心迹、吐露心声，可以充分展示个人风采、个性魅力。当然，这些只是写信所应依循的一般原则，写给不同对象，具有不同用途的书信，还应采用不同的表述方式。总括语是正文的结尾部分，是全文的归结或收束。总括语写法不一，有的总结或强调上文内容，如"以上所言均为近况，有事再告"；有的表明某种期盼，如"拜托之事，烦请费心""所言之事，赐复为盼"；也有的没有任何实际内容，只起一个结篇的作用，如"别不赘述，就此止笔"。

祝颂语又称致敬语，是在正文之后所写的简短的表示祝愿或表达敬意的话。同问候语一样，祝颂语也可以针对收信人的特点写得更为恰当、得体。例如，写给晚辈的信，可用"祝你学习进步""祝你健康成长"之类的祝颂语；写给平辈的信，可用"祝你一切顺利""祝你平安快乐"之类的祝颂语；写给长辈的信，可用"谨祝健康""谨颂近安"之类的祝颂语。祝颂语还可以与收信人的身份及时令等联系起来，如"谨颂教安""顺颂编安""即颂春安""顺祝秋祺""乍暖还寒时节，请多保重""祝节日快乐"等。带有公务色彩的书信，多以"此致敬礼"为祝颂语。祝颂语大都分行书写，祝颂词单独写成一行，前面空两格，祝颂的内容另起一行顶格书写。不过，祝颂语如为比较完整的语句，也可以写成一行，例如，"祝你早日康复""祝你金榜高中"等。

落款包括署名和日期两项内容。发信人的姓名应当签署在祝颂语的右下方，有时在姓名之前还应加上表明身份的称谓或谦称，如"侄女：大明""你的朋友：王红""愚兄：许行""学弟：小光"等。称谓和姓名之间，可以加冒号，也可以空两格。如与收信人关系亲密，署名时可以只写名不写姓，甚至可写乳名或昵称。父母给子女写信，通常只写"父字""母字"或"爸爸""妈妈"，其他直系亲属也可以只写称谓，不写姓名。署名的后面有时还要加上表示礼貌的启禀词，对长辈多用"奉""拜上"等，对同辈可用"谨启""书""急书"等，对晚辈则用"字""谕"等。另外，"敬具""敬书"等也是书信常用的启禀词。署名的下面一行是写信日期，日期最好年月日俱全。

除了上述项目之外，有的书信还有"附言"一项。如果信已写完，又想起一些事情需要告诉对方，可用附言的形式在信纸的空白处补写。先写"附"或"附言"，后加冒号，再写补充事项，最后加上"又及"或"另及"二字。

上述项目是一般书信所应具备的项目，但并不是每一封都必须具备所有的项目，有时根据实际情况，可以略去某一项或某几项内容。不过，无论如何省略，称谓、落款及正文部分的主体文都应当是书信的必备项目。

请看一篇例文：

宏君：

你好！

今天去教堂参加了一位朋友的结婚典礼，提起笔来继续给你写信。

首先，我想说，中国近年来的城市家庭关系"松劲"和离婚率有所上升的现象，实在不能与美国"家庭革命"同日而语。中国正处于经济、社会、文化教育都不很发达的"社会主义初级阶段"，家庭还得承担它的绝大部分传统职能，如生育、子女社会化、照料老人、组织消费、安排闲暇、为家庭成员提供经济和教育资源、安全保障等，农村和城市中部分家庭还得承担生产职能。在这种情况下，婚姻自由，特别是离婚自由是很有限的。你所说的那些"维持会""经济共同体""生育合作社"，大概也是"初级阶段"的正常现象吧。在美国人看来早就无法忍受的婚姻关系，不仅在中国仍然"维持着"，甚至还能拖到"白头偕老"。我想，除了子女这一传统的家庭组带还比较牢固地联系着父母的命运之外，还因为家庭作为社会的基本单位，受到社会现阶段物质条件、精神文化氛围、义务与责任观念、大多数人认可的道德规范以及各种个人心理因素的制约。有的夫妻甚至仅仅因为解决不了两处分开的住房而"凑合过"；也有的夫妻因一方患病不能自立而难以下定离婚的决心；还有的知识分子害怕家庭的动荡与感情的冲击而毁了自己的事业和声誉，因而"懒得离婚"。如此种种，都是现实条件在起制约作用。

但是，随着社会经济条件的变化和精神文化环境的改善，制约人们婚姻家庭行为的物质因素和精神因素随之变化，结婚自由和离婚自由的程度肯定会提高。因此，近年来城市家庭的离婚率有所上升，这是合乎规律的现象。其次，由于妇女自主意识在增强，平等要求提高，女方提出离婚的情况较普遍，这在一定程度上反映了时代的进步趋向。此外，知识分子家庭的离婚率上升，特别是"协议离婚"者增多，这与家庭作为一种心理群体的作用得到承认有关。今天，由于竞争机制的引入、社会流动的频繁和一般人际关系的"淡化"，使人们容易感到紧张、劳累、孤独和易受伤害。现在，人们比任何时候都更需要回到家庭去解除心理负荷、获得精神补偿；如果家庭起不到"避风港""安乐窝"和"心理急救站"的作用，夫妻就会感到失望和不满。一般说来，精神和内心世界越是复杂的人，对夫妻关系和家庭"质量"的要求越高。一对"日出而作，日落而息"的农村夫妻，也许不理会彼此的精神差距；但一对常常各奔东西的知识分子夫妻，对精神上的轻松和心理的满足却十分在意，对人际关系的微妙变化也特别敏感。许多人还因过去的坎坷遭遇变得心理脆弱，怕受刺激。再有一点，就是相当一部分知识分子在"文化大革命"或者更早的政治灾难中受到压抑，身价下跌，不得已地找了文化层次相差较大的配偶结婚。那时政治思想上受压，又无事业可言，对"柴米夫妻"的生活习以为常；但是，近年来有了较宽松的外部环境之后，知识分子"精神解放"、事业兴起，个人的内心世界也随着发生了一些变化，对夫妻关系、家庭生活也有了高一些的要求；过去失落的"自我"开始回归，甚至"放大"，对当初婚姻的"不般配"感觉渐渐强烈；有些人试图在婚姻大事上也来个"拨乱反正""恢复名誉"，渴望以此来补偿前半生的"损失"，并焕发"第二青春"。所有这些心理因素，都在影响着部分知识分子的夫妻关系和家庭稳定度。但由于前面所谈到的那些实际困难，最后做出离婚抉择的并不多。在知识分子集中的地方，离婚率上升确实比较引人注目；但知识分子夫妻离异大多不吵不闹，社会舆论对他们的"文明离婚"也更多地表示理解和宽容。这些大概就是你所说的"内因"吧，即中国社会生活本身的各种因素在起作用。在相对自由宽松的开放改革条件下，也有部分青年人在婚姻大事上比较轻率，"结得容易离得快"，这也是事实。

　　至于"外部因素"的影响是否存在，我看不能排除。外因也有正、负两方面的作用。我认为，在大众传播媒介已经相当普及的今天，外部信息潮水般地涌入中国这块过去长期封闭的"保留地"，使这里传统的精神文化生活方式、社会关系和家庭关系模式都受到一些冲击，人们的顺应与不适、欣喜与忧虑、冒险与观望、想入非非与困惑不解，往往都会从他们个人的生活及命运中部分地反映出来。目前城市中反映较明显的是价值观和生活方式"多元化"的趋势，人们开始重视自我的存在价值，更多地渴求爱情，对夫妻心理交流和性生活满意度的要求提高，对男女平等和代际关系民主化很在意，这些都是与外部因素的影响和科学知识的超国界传播分不开的进步现象。然而，也不能不指出，有一部分中国人，特别是青年人，对外部信息的接受是不全面的，消化能力不强，特别是对自己置身的现实世界和遥远的西方世界在历史、经济、社会、文化等方面的客观条件缺乏比较，对自己的主观条件也缺乏正确估量，"身在曹营心在汉"，盲目地去与大洋彼岸的"最新潮流"认同，以致陷入"痴心妄想""进退维谷"、与现实格格不入的苦境。例如，西方后工业社会里中产阶级甚至少数富豪那套生活方式通过媒介传播到我们眼前，一些人误以为在我们尚未达到"小康水平"的社会也可效法；美国2世纪70年代以后才兴起的"同居"和"性娱乐"，被少数人当作中国"现代人"的理想生活方式去追求与模仿，由此酿成的悲剧和闹出的笑话，令人痛心和恶心。今年初我出国前夕，在一个"沙龙"休息室里听到一位年轻男士大言不惭地讲述他的"现代婚姻观"和大胆的"摩登生活"试验。他认为，婚姻周期至多不得超过三年，性生活才会"百过不厌"；一个老婆和几个"情妇"的侍候，才能使男人"永葆青春"；偶尔同一个"性饥渴"的青年女子发生性关系不过是"互通有无"，还可表现男子汉的慷慨与大度。我对此君的"开放"与"改革"，实在不敢恭维。我后来问这位男士有几处"行宫"或别墅，能否做到"金屋藏娇"而不露真相？他说："嗨，中国人办事不需要那么奢华的条件，因地制宜嘛！"他又补充说，"偷偷摸摸、提心吊胆真影响情绪。"这次到美国，我有幸住在西部洛杉矶靠近好莱坞和贝弗利山庄的富人区，略知一点美国豪富们的生活方式。由于居住、交通、度假、娱乐、安全等条件是那样优越，他们的私生活是绝对"隐秘"的。他们不得不预防染上艾滋病因而挑选性伴侣大为谨慎，也没有人像那位中国男士那样勇于在公众场合发表宣言；在豪华住宅或高级宾馆里与情人共度良宵，他们绝不会"提心吊胆"。写到这里，我不禁想起国内那些由于在公园和旅馆里"曝光"而受到公安人员的干涉甚至本单位处分的男女来。至于那些模仿洋人另寻"度假丈夫""社交太太"的中国"新贵"们，如果没有特殊的保护层，恐怕也容易"露馅儿"，从而倒了胃口，破坏情绪吧。

拉拉杂杂写这些，其他以后再讨论吧。

祝你

生活安宁，心情愉快！

陈××

×月××日

这是一封讨论问题的书信，由称谓、问候语、正文、祝颂语和落款等几个部分构成。称谓和问候语非常简单，正文部分前有连接语，后有总括语，中间是篇幅较长的主体文。在主体文中，作者充分发表自己对问题的看法，见解深刻，情感真挚，语气自然，语句顺畅，很有逻辑性，也很有文采。祝颂语诚恳、亲切，遣词用语同整篇书信的风格相谐调。最后是落款。

2. 封套

在封套上，主要应当填写四项内容：一是邮政编码，二是收信人的详细地址，三是收信人的姓名，四是写信人的详细地址及姓名。有些特种信件，如"特快专递"等，还要求填写其他相关项目。目前，人们多用横式信封，上述四项内容应当由上至下，依次填写。例如：

1000××

北京市海淀区××路××号国家开放大学××学院

李×× 先生收

上海市××路××号 王×× 缄

2011××

竖式信封虽然用得不多了，但也偶有所见。使用竖式信封，应当由右至左，依次填写上述四项内容。

除上述四项内容，信封上还常常要写一些礼貌语。礼貌语主要是指对收信人的称呼、启封辞和缄封辞。收信人姓名之后的称呼其实不是写信人对收信人的称呼，而是送信人（如邮递员）对收信人的称呼，一般不用亲属称谓，多用"先生""女士""同志"或职衔之类的称呼。关于这一点，著名语言学家王力先生谈过自己的看法："信封上不要写'父亲大人安启'或'×××伯伯收'。因为信封是给邮递员（或送信人）看的，邮递员不应该把你的父亲称为他的父亲，也不必把你的伯伯称为他的伯伯。""有的同志在信封上称我为教授，但是把'教授'二字写小些，有的把'教授'二字放在括号内……这也是不合规格的，应该改正。"启封辞是请收信人拆封的礼貌语，写在对收信人的称呼之后。"启"是"开启""拆开"的意思，对不同的对象，"启"字前可用不同的修饰语。例如，对高龄长辈用"安启""福启"，对一般长辈用"钧启""赐启""道启"等；对平辈，可以根据收信人的职业、性别等有所区别，像对军人用"勋启"，对教师用"文启"，对女士用

"芳启"等；对晚辈只用"启"或"收启"就可以了。"缄"是封闭的意思，缄封辞是表示封信的礼貌语，写在写信人的姓名之后。写给长辈的信要用"谨缄"，对平辈只用"缄"即可，对晚辈可用"手缄"。比较庄重或者需要表明感情、态度的信件一般要写启封辞、缄封辞。目前人们大都不用很复杂的启封辞、缄封辞，如在收信人的姓名和称呼后，只写一个"收"字。

还需注意的是，一些国际信件同国内信件的封套填写方式是有区别的。邮寄国际信件，应当对有关规则或习惯有所了解，免得写错误事。

封套的填写看似简单，却事关重大，不能有一丝马虎和疏漏，必须做到准确无误、工整清楚。

附带说明一下，托人转交的书信其封套的写法同邮寄的书信有一些不同，一般包括委托辞、收信人的姓名和称呼、收件辞、写信人的姓名及拜谢辞等几项内容。如果带信人知道收信人的地址，封套上就没有必要再写了。由于不用担心信被退回，发信人的地址也不必写在封套上。委托辞的使用要考虑写信人、收信人和带信人三方之间的关系。具体地说，前段"敬请""烦请"等主要反映写信人与带信人的关系，带信人如为写信人的长辈或其他需要表示尊敬的人，要用"敬"字；后段"面呈""亲呈""面交""代交"等主要反映带信人与收信人的关系，如果带信人需对收信人表示尊敬，要用"××呈"，否则可用"××交"或"××送"。收信人姓名的写法，也要根据带信人的情况而定。带信人如为关系亲近或非常熟悉的人，则可以只写名不写姓，甚至只写称呼，如"家父大人收""舍妹收""小女收"等。如果带信人不是非常熟悉的人，就应当将收信人的姓名及其地址写全。对收信人的称呼，不是写信人直接称呼收信人，而是写信人在带信人面前称呼收信人，应当使用谦称形式。收件辞相当于邮寄书信中的启封辞，对长辈可用"赐收"，对平辈用"台收"，对晚辈用"收"即可。托人转交的书信多不封口，也就不需拆封，所以要用收件辞"××收"，而不用启封辞"××启"。写信人的姓名与拜谢辞的写法也要根据自己同带信人的关系而定，署全名，显得客气；不写姓只写名，显得亲昵。署名的后面是拜谢辞，带信人如为长辈，要用"敬托"；带信人如为平辈，可用"拜托"；带信人如为晚辈，只写"托"即可。

随着生活节奏的加快和信息交流方式的日益多元化、便捷化，书信的书写和传递方式也有了较大的变化，除了纸介书信，以电子为媒介的书信也越来越多地为人们所用。目前，以电子为媒介的书信尤以通过互联网发送的电子邮件和通过手机发送的短信、微信等最为流行。电子邮件和短信、微信等的流行，使得信息的远距离传输更为迅捷、简便、灵活，更有即时性，因而更有利于信息的快速流通，更能满足现代人的需求。电子邮件同纸介书信的差异主要在于传送方式的不同，其内容和写作格式并无实质性的差异，或者说，电子邮件的撰写也应当依循传统书信的写作要求。而短信、微信则可被看作一种内容单一、篇幅短小、语言凝练的小型信件，当然，严格地说，大部分短信、微信只相当于便条，还不能算是真正意义上的书信。

五、读书笔记

(一) 读书笔记的作用

读书笔记是阅读者在阅读书籍或文章等各种文献时,对有价值、有意义的东西所做的记录,其中有录自读物的资料,也有自己的心得、体会等。

读书笔记与本书所讲述的其他文种有所不同,其他文种无论长短,都是作者所撰写的用以表情达意的文章,而读书笔记多为摘抄文字,其用途也不是表情达意,而是为给自己的学习、工作和研究提供帮助。

读书笔记是学习与研究的园地,是阅读的重要辅助工具,古今中外很多名人学者都很重视读书笔记的使用。古人有一条很重要的治学经验:读书要做到"眼到""口到""心到""手到"。"手到"就是要做好读书笔记。著名教育家徐特立曾经说过:"不动笔墨不读书。"马克思为写《资本论》,先后查阅了一千多种书籍,几乎每种都有读书笔记。列宁的夫人克鲁普斯卡娅在《向列宁学习工作方法》中介绍:"他阅读了很多资料,他把必需的材料都记入了笔记本,而且在那笔记本上还不断地加添新的笔记,然后不止一次地去读它们。"我国明代医药学家李时珍为写《本草纲目》,手抄笔录一千多万字。当代学者顾颉刚一生研究历史,写下笔记二百多本。当代著名作家、学者钱锺书先生留下了大量很有价值的读书笔记,有些已经整理出版,他的夫人杨绛女士在《〈钱锺书手稿集〉序》中回忆说:"许多人说,钱锺书记忆力特强,过目不忘。他本人却并不以为自己有那么'神'。他只是好读书,肯下功夫,不仅读,还做笔记;不仅读一遍两遍,还会读三遍四遍,笔记上不断地添补。所以他读的书虽然很多,也不易遗忘。""锺书'深谙书非借不能读也'的道理,有书就赶紧读,读完总做笔记。无数的书在我家流进流出,存留的只是笔记,所以我家没有大量藏书。""锺书的笔记从国外到国内,从上海到北京,从一个宿舍到另一个宿舍,从铁箱、木箱、纸箱,以至麻袋、枕套里出出进进,几经折磨,有部分笔记本已字迹模糊,纸张破损。锺书每天总爱翻阅一两册中文或外文笔记,常把精彩的片段读给我听。"名人学者的治学经验证明,做好读书笔记是成功的治学之道。要想学有所得,就不能忽视读书笔记的作用。对于学习者来说,笔记应当成为最可宝贵的财富。

具体地说,读书笔记的作用主要体现为:

1. 帮助记忆

人们常说,眼看十遍不如手写一遍,在写的过程中,可以不知不觉地记住主要内容。许多人都有这样的体会,读过一遍,印象不深,但写过一遍,印象则会加深许多,回想起来的时候,甚至哪句话在哪个位置,都仿佛历历在目,清晰可见。

2. 帮助理解

不仅记忆文献内容要借助于笔记,而且为了充分理解文献内容,也需要做好笔记。只读不记，难免浮光掠影，一带而过，对所读内容未能深切感受，认真领会。而在做笔记的过程中，则能字斟句酌，全面、深入地理解文献的内容。边读边写，人的注意力可以高度集中，思维也更容易活跃起来，这就为深入理解文献内容创造了条件。

3. 存贮资料

存贮资料，积累知识，以备用时之需，是人们读书的重要目的之一。人的记忆力十分有限，对任何一个人来说，把所有有用的资料完全记入脑中，都是不可能的，也是不必要的。在读书时，为了减轻大脑记忆的负担，克服大脑记忆的局限，也为了保证资料内容的准确性、完整性，就要把有用的资料记录下来，随用随取，极为方便。

4. 锻炼思维，引发思考

做好笔记，绝不意味着简单地抄录一下文献的内容，笔记的质量往往是一个人的知识水平、思维水平和文字水平的综合体现。即便是阅读相同的读物，不同的人所做的笔记也不会相同。做笔记一般不能全文照录，要对文献内容加以选择，而选择是离不开思考的，是对思维能力有所要求的。"记"的过程也就是"想"的过程，高水平的学者，不仅会轻而易举地找到并妥善地记录最有价值的东西，而且会从简单抄录到复杂思考，思维会受到触发，产生灵感。创造性思维的进行要有所凭借，在做笔记时，受记录内容的启发，脑子里常常会闪过一些有趣的念头，而这些有趣的念头也许就蕴含着新的发现或创意，如果不及时把它们记录下来，就有可能转瞬即逝。由此看来，做好笔记需要认真思考，思考也需要充分利用笔记。做好笔记对于人的思维能力的培养，特别是对于发现与判断能力的培养是大有益处的。

（二）查阅文献的方法

读书笔记是读书的工具，是与文献的查阅联系在一起的，掌握文献查阅的方法，对于做好读书笔记也是至关紧要的。

1. 文献的检索

人们所读的文献有很大一部分来自图书情报机构，善于利用图书情报机构，应当是现代学习型社会对其成员的要求，也是信息社会的高素质从业人员所必备的一项技能。利用图书情报机构，是获取文献资料的基本途径。为能有效地利用图书情报机构，提高文献检索的效率，阅读者应当做到：

第一，要熟悉图书分类法。图书分类就是根据图书内容的学科性质或其他特征，划分图书类型，并把它们系统地组织起来，给予必要的揭示。目前，国内各图书馆的图书分类所依照的分类法，主要有"中国人民大学图书馆图书分类法""中小型图书馆图书分类表草案""中国科学院图书馆图书分类法""武汉大学图书馆图书分类法"和"中国图书资料分类法""中国图书馆图书分类法"等。

比较正规的图书馆，除了使用分类目录之外，一般还同时使用书名目录、著者目录和主题目录。这几种目录分别具有不同的特点和用途，适用于不同的场合，指示着不同的检索途径。例如，如果只知文献名称，不知文献所属类别和著者姓名，就要查书名目录；如果只知著者姓名，而不知确切的书名及其所属类别，就要查著者目录；确定了研究或工作方向，通过分类目录，能够全面、系统地掌握有关资料，不仅可以得到已知的资料，还可以找到未知的资料；如果既不知道所需文献的归类，又不知道书名和著者，只是要找关于某个专题的资料时，就要查主题目录。总之，这几种不同的目录形成了一个图书检索网络，分别从不同的角度为读者提供资料线索。

第二，要善于使用检索工具。检索工具是指各类以提供资料线索为主的检索性工具书，人们常用的检索工具主要有目录、索引和文摘等几种。

目录是一种标示图书或其他出版物外表特征的系统化的检索工具，例如，用以查考古籍的书目《四库全书总目》、用以查考现代图书的国家书目《全国总书目》和《全国新书目》、专门介绍各类期刊和报纸的目录《全国中文期刊联合目录》、专门报道外文图书的《外文图书总目录》，以及各种把与某一专题有关的出版物收录在一起的专题性目录等，都是人们经常使用的目录。

索引又称引得或通检，这是一种揭示文献外表特征或内容特征的检索工具。索引的种类很多，常见的主要有三种，即有关古籍的索引、报刊综合索引和专题性索引。

文摘即文献内容的摘要，是一种不但揭示文献的外表特征，而且揭示文献的主要内容的检索工具。

第三，要选用合理的检索方法。检索文献资料的方法主要有三种：第一种是常用法。这是一种利用工具书查找文献资料的检索方法。如果能够找到必要的检索工具，就可以采用常用法，以便迅速、准确地找到比较齐全的文献资料。第二种是追溯法。这是以已掌握的文献资料后面所附的文献目录为线索，追溯查找其他文献的检索方法。在缺少检索工具或检索工具不够齐全的情况下，可以充分利用这种检索方法。但每种文献所附的参考文献毕竟是有限的，因此仅使用这种方法查找资料，漏检的可能性较大。第三种是循环法。循环法也叫混合法，这是一种把常用法和追溯法结合起来使用，循环查找文献资料的检索方法。使用这种方法的一般顺序是，先利用检索工具，也就是通过常用法找到一些文献资料，再利用这些文献资料所附的参考文献目录追溯查找资料。如果阅读者手中已有基本的检索工具，又掌握了一定数量的文献，就可以采用循环法查找文献资料。

2. 文献的阅读

随着社会传播媒介的日益多样化，文献的载体形式也越来越多样化，但就目前的情况来看，印刷型文献仍是文献的主体，是人们经常接触的一类文献。因此，这里所说的文献的阅读，主要是指印刷型文献的阅读。

文献的阅读方式主要有略读、细读、精读等几种，这几种阅读方式各有自己的特点和用途，阅读者可以根据自己的需要和文献自身的情况，灵活、妥当地选用阅读方式。培根说过，有些书只需要尝一尝，有些书可以吞下去，少数的几部书需要咀嚼消化。实际上，所谓的"尝一尝"，就是随便翻翻，粗知大概即可，这相当于"略读"；所谓的"吞下去"，是指认真地通盘阅读，但不过分推敲琢磨，这是"细读"的方法；"咀嚼消化"就是所谓的

"精读"，抓住重要的文献或文献中几处关键的地方，反复揣摩，认真研究，直到完全理解、消化为止。

（1）略读

在阅读中，略读往往是一个不可缺少的环节。

首先，略读是细读和精读的基础，只有通过略读，才能确定一种文献是否需要细读，其中哪些部分应该精读。培根说过，我们必须确定知识的相对价值。略读是大致了解文献内容对自己的重要程度即相对价值的有效方法。其次，略读也是开阔视野、广泛接收信息的手段。兴趣广泛，知识渊博，才能触类旁通，有所创新。然而，最近几十年来，社会信息量激增，各类出版物的品种和数量呈几何级数增长，人们应该接触、涉猎的文献实在太多，而各种条件又不允许人们通通细读精思，只有善于略读，才有可能在社会信息量激增和个人阅读能力有限的矛盾中，求得一定的平衡。最后，略读还是把握文献的总体面貌的重要方法。略读的目的是掌握大意，抓住要点，其特点是虽然不求甚解，但要对所读文献有一个总体把握，这样就可以避免在阅读中出现只见树木而不见森林的现象。有人可能对文献中的每个词句都钻研得很深很透，却忽视了对文献的整体把握，这样就难以得其要领，有时甚至会曲解文献。

善于略读，主要是指要对文献的关键词句、关键段落具有敏锐的感受力。具体地说，读一本专著，要认真读标题、序言、目录、提要、参考文献目录等，在此基础上确定重点。

标题一般是对文献内容的高度概括，从中可以领会文献的主旨。

序言有作者自序和他人作序两种。作者自己写的序言，大都说明写作的缘由、写作的宗旨，也有的还为读者提供必要的阅读知识；他人所写的序言一般用来说明文献的特点和得失，也有的以谈自己的阅读体会为主。无论哪种序言，都是为了便于读者阅读文献而撰写的。

目录其实就是文献的各级标题。有些书籍的目录很细，是三级目或者四级目，目录越细，越能全面地揭示文献的内容。阅读目录，主要是为了了解书籍的逻辑构成和基本内容，也是为了确定进一步阅读的范围。哪些章节需要细读，哪些章节可以略过不读，应当有合理的选择。

提要是对文献内容的扼要介绍，通过提要，比较容易掌握文献的内容要点。

参考文献目录也是书籍的一个有机组成部分。阅读参考文献目录，便于了解写作情况和作者思路形成的过程以及观点的来龙去脉，同时也可以从中找到许多相关的文献资料的线索。

读一篇学术论文，首先要读标题、摘要、关键词、开头段、结尾段，以及正文各段的关键词句（特别是段中主句）、参考文献目录等，这样就能大致掌握一篇论文的基本内容了。

（2）细读

细读就是全面地阅读，是指不加删减地阅读文献全文。在细读的过程中，并不要求过多地停留、推敲，只求得对整个文献内容有比较系统、全面、细致的了解。如有需要进一步推敲、探讨的地方，就做好记号，留待下一步精读。

（3）精读

精读就是深入地阅读。英国史学家马考莱说过，把一页书好好地消化，胜过匆忙地阅读一本书。这是对精读的意义的一种说明，的确有一定的道理。

精读很少是通读，一般是选读，即通过略读和细读，确定需要精读的内容，然后再开始精读。精读的内容或者是自己最感兴趣的东西，或者是整部文献中最重要、最有价值的部分。

精读要仔细读、认真想，一遍不行读两遍，自己有不甚明白的地方，还可以查阅工具书及其他参考资料，或者请教他人，直到真正读懂读透、融会贯通为止。著名学者华罗庚提出读书要想读深读透，就要经过"由薄到厚""由厚到薄"的过程。先是"由薄到厚"，"比如学一本书，每个生字都要查过字典，每个不懂的句子都进行分析，不懂的环节加上了注解，经过一番功夫之后，觉得懂得了，同时觉得书已经变得更厚了。有人认为这样就算完全弄懂了。其实不然，每一章每一节，每一字每一句都懂了，这还不是懂的最后形式"。接着还有一个"由厚到薄"的阶段，"必须把已经学过的东西咀嚼、消化，组织整理，反复推敲，融会贯通，提炼出关键性的问题来，看出了来龙去脉，抓住了要点，再和以往学过的比较，弄清楚究竟添了些什么新内容、新方法。这样以后，就会发现，书，似乎'由厚变薄'了。经过这样消化后的东西，就容易记忆，就能够得心应手地运用"。"由薄到厚"，再"由厚到薄"，实际上就是精读的过程，一次精读的过程必须经过反复研究、深入理解、消化领会几个阶段才能完成。

除了上述几种阅读方式之外，为了提高阅读的效率，大家还应当学会速读。

速读就是快速阅读，是一种在较短的时间内，接收较多的信息的阅读方式。实质上，速读应该算是一种阅读技能，一种特殊的阅读方式。

阅读是一项综合性的认识活动，影响阅读速度的因素很多，提高速读能力，主要是指阅读主体自身的各种因素的改善。苏联学者奥兹涅佐夫和列·赫罗莫夫在《速读法》一书的"结束语"中提出，速读训练过程必须解决两项基本任务：第一，抑制某些妨碍感知信息的所谓"有害"心理生理过程；第二，发展那些加速感知信息的过程。这样一来，实践的任务就在于寻求掌握这些过程的有效手段，选择适当的练习，并在实践中加以检验。

阅读首先是一个生理过程，眼睛要感知文字材料，并把感觉到的东西向大脑传递。阅读的感知阶段，涉及眼球移动、视读广度、回视、扫视等一系列问题。实验证明，阅读者的眼球转动次数与阅读速度成反比，适当地减少眼球转动次数，有助于加快阅读速度。在阅读时，人的眼睛并不是平稳地向前移动，而是经常出现短暂的"眼停"，只是在眼停的瞬间，才能感知文字材料。在一定的时间内，眼动的次数减少，眼停的时间加长，感知的文字材料也就相应地增多了。在每次眼停时，眼睛所能接受的文字数量因人而异，数量越多，阅读的速度也就越快。阅读能力强的人一般视读广度都比较大，而初学阅读者，往往一个字、一个字或一个词、一个词地读，熟练之后，就可以整句甚至整段、整页地读了。在阅读的过程中，还经常出现回视现象，就是说阅读者的眼睛并不是不断地从一个定点移向另一个定点，有时，由于没有看清楚词句，或者没有完全理解内容，眼睛还要返回已读过的地方，重读一遍，这就是所谓的倒读。不断回视，经常倒读，非常影响阅读速度。有人提出，在练习速读时，为了防止回视，可以准备一张与书页大小相同的白纸，看过一行，遮住一行，这样就能避免倒读，时间一长，也就习惯于一次性阅读了。总之，眼球转动的次数过多，视读广度小，不断回视，都是影响阅读速度的不良因素，而这些因素又都可以经过努力逐渐得到克服。

阅读也是一个心理过程，阅读者已有的知识储存和语言感受能力、理解能力、记忆力、兴趣、意志品质等各种智力与非智力因素都直接影响着阅读速度。

另外，为了加快阅读速度，应当采用默读的方式阅读。默读是一种眼脑直映的阅读方式，即不借助发音器官，直接把视觉器官感觉到的材料反映到大脑中，文字符号的感知和向意义单位的转化几乎同步进行。严格地说，默读应当不手指、不动口、不心诵。在默读时，阅读者的注意力高度集中，思维比较活跃，便于迅速理解文献的内容。无论是从生理的角度还是从心理的角度来说，默读都有利于加快阅读的速度。

（三）笔记的种类

阅读文献资料，需要记录的内容很多，对于不同的内容，可以采用不同的方式加以处理，这样，按照记录内容和记录方式的不同，可以将笔记划分为不同的种类。常用的笔记有以下几类：

1. 摘录笔记

在阅读文献时，遇到重要的段落和关键的语句，如文献的论点和结论，以及其他具有重要价值或者可以直接引用的内容，应当如实摘抄下来。摘录笔记应当包括阅读者所加的标题、原文及其出处等几项内容。例如：

语 言 联 盟

生活在一个共同地域中的不同语言社团，由于相互间的紧密接触，语言的结构要素相互渗透，久而久之，就有可能形成语言联盟。

语言联盟指的是不同的语言，不管它们原来有无亲属关系，也不管它们原来的结构类型是否相同，由于相互影响的深化，各自吸收对方的结构成分和结构规则，或者是一种语言在坚持自己的核心规则的前提下系统地吸收另一语言的结构规则，使之相互接近，形成一种难舍难分、浑然一体的语言结构。这是语言相互影响中一种深层的表现形式，如果说洋泾浜式的混合语仍是以某一种语言为基础，表现出"混合"特点，那么这种语言联盟就显不出"混合"的痕迹，两种或若干种语言的结构看起来很"像"，使人弄不清楚它们的语言亲属关系和结构类型。这是语言相互影响中需要深入研究的一种表现形式。……

"语言联盟"这个概念首先是由特鲁贝茨科依（N. S. Trubetzkoy）于 1937 年在一篇论文中提出来的，他认为语言的亲属关系不一定是语言分化的结果，语言的接触和融合也完全有可能形成亲属语言。

——徐通锵：《语言学什么》，北京大学出版社 2017 年 1 月版，第 254—255 页。

2. 摘要笔记

在充分理解文献内容的基础上，按照原文的顺序，把文献中的一些观点依次摘抄下来，就形成了摘要笔记。例如：

论中国经济增长的结构性约束

在西方经济学理论中，"消费者主权"与"生产者主权"共同对经济生活构成影响。"消费者主权"基本上是建立在满足人的自然需要的基础上的，它适应于商品供应还不丰裕和消费者收入水平还较低的阶段；"生产者主权"基本上是建立在满足人的心理需要的基础上的，它适应于商品供应比较丰裕和消费者收入水平已较高的阶段。总体上落后的生产力水平，决定了我国仍然处于社会主义初级阶段，"消费者主权"将比"生产者主权"在经济生活中起着更大的作用。现实生活中由于消费者需求结构的低层次引致的投资需求扩张迟缓证实了这一点。

中国经济增长的结构性约束还来自供给方面。长期以来，中国经济发展始终存在着生产结构趋向的问题，它不仅表现在宏观层面的重复建设、争上项目，也表现在微观层面的产品结构雷同。从表面上看，中国市场已不存在供不应求的商品，社会供给总量全面超出需求限制，问题仿佛主要出在需求方面，但深入分析发现，中国市场上无效供给能力过剩，而有效供给则严重短缺，或言之，供给结构出了问题。以中国轿车工业的整体实力而言，研制投产适应现阶段平民大众买得起的经济型家庭用车并非难事，问题的关键在于生产厂商的营销理念。统计显示，1999 年上汽集团生产 25 万辆轿车盈利 50 亿元，降价空间仍然存在。

中国在需求量的增长和质的提高上，都有极大的发展空间和市场潜力，这是中国经济的优势所在，也是中国经济能够长期保持快速增长的基础性因素之一。但潜在总需求不等于现实总需求，总供给与有效供给是两个不同的概念。就中国经济特殊的转轨期而言，我们不应忽视需求与供给的结构性缺陷对中国经济增长的约束作用，政府政策的制定与实施应充分考虑这一点。

——载《高等学校文科学报文摘》，2001（2）。

3. 提要笔记

读完文献之后，对文献的主要内容加以全面概括，把它写成一个简短的纲要，就形成了提要笔记。提要不必照抄原文，除用自己的语言概括文献内容之外，还可以对文献略做评论。例如：

《20 世纪西方经济学发展历程回眸》

郑秉文

这是一篇极具信息价值和理论深度的学术述评。文章的前言部分首先对 20 世纪西方经济学的发展状况和主要功能做出总体评价，表明对西方经济学所应采取的正确态度。主体部分共包括 4 个大部分，每个大部分之内还包含着若干小的部分，分别对 20 世纪西方经济学在各个时期、各个领域中的进展情况做出详尽的描述和深刻的剖析，对几个重要的学派、几次重要的革命及其比较重要的研究成果均有介绍和评价，此外，还对研究方法和研究角度的变化及其得失，进行了比较系统的评述。

——载《中国社会科学》，2001（3）。

还有一种写法相对复杂一些的提要，即逐章逐节甚至逐段地写出读物的内容要点。例如：

《大众传播学》

该书在充分吸收传播学研究成果的基础上，对大众传播所涉及的问题进行了全面、系统、详细的阐述。通过阅读该书，掌握大众传播学的基本概念、基本理论。全书共分九章。

第一章"绪论"：什么是大众传播学？大众传播学的学科性质、研究对象、基本理论是什么？它要解决什么问题？第一章主要对这些问题进行解说，涉及以下内容：一是历史线索的勾勒，如说明人类传播活动的演化，传播工具也即"媒介"的进步，以及传播研究逐渐形成一门当代显学的过程等。二是基本概念的辨析，对信息、传播、媒介、信息社会、大众传播等概念加以阐释。三是传播研究的概述，述及传播学及大众传播学的研究对象与领域，不同的研究学派及其特征，科学的指导思想即马克思主义传播观等。

第二章"人类传播的符号和意义"：符号是信息的载体、传播的凭借，是人类传播活动的"基因"。这一章讲述与传播活动有关的最基本的符号知识，涉及以下内容：一是明确什么是符号，说明不同类型的符号所具有的不同特点；二是明确什么意义，说明各种意义的一般特征，进而说明传播过程中的意义的复杂性。

…………

——李彬主编，北京，中央广播电视大学出版社，2000。

4. 提纲笔记

在阅读书籍或篇幅较长的论文时，对全文的总观点、每个部分或层次的观点及说明观点的主要材料，加以高度概括，并把它们依次排列出来，写成一个能够反映读物的基本结构框架的大纲，即为提纲笔记。例如：

《20 世纪西方经济学发展历程回眸》
郑秉文

前言

西方经济学在 20 世纪也得到了长足的发展，呈现出一种此前任何一个世纪都未曾达到的高度。

对西方经济学所应采取的正确态度。

一、国家与市场：一条永恒的主线

早在经济学作为一门独立学科诞生之初，就已经出现主张国家干预与主张自由放任两大思潮之间的分歧与论战。20 世纪西方经济学的发展依然是紧紧围绕着这个主线展开的，所不同的仅仅是双方各自的学派更为繁杂，争论的范围与内容更加泛化。

（一）战前关于国家与市场的论争及凯恩斯主义的诞生
（二）战后凯恩斯主义与货币主义和供给学派等的论争

二、主流经济学的 3 次革命

20 世纪主流经济学的 3 次革命性理论突破为现代经济学的发展奠定了基础，铺平了道路，从而形成了今天任何一个西方经济学院学生或经济学教授既人人皆知又无法跨越的基本理论框架。

（一）"张伯伦革命"

（二）"凯恩斯革命"

（三）"预期革命"

三、新凯恩斯主义的第四次"整合"（略）

四、研究方法的 6 个变化趋势

20 世纪西方经济学的长足发展，还集中体现在其研究方法和研究角度的巨大变化方面。20 世纪西方经济学之所以产生诸多"革命"和理论创新，在很大程度上得益于其研究方法和角度的巨大变化。方法论的变化对 20 世纪西方经济学的发展产生了重大的推动作用，从而使其呈现出鲜明的时代特征，研究方法的演变甚至在某种意义上讲体现了西方经济学的发展脉络。

研究方法的变化可归纳为以下 6 个趋势。

（一）证伪主义的普遍化趋势

（二）假定条件的多样化趋势

（三）分析工具的数理化趋势

（四）研究领域的非经济化趋势

（五）案例使用的经典化趋势（略）

（六）学科交叉的边缘化趋势（略）

——载《中国社会科学》，2001（3）。

5. 心得笔记

心得笔记是一种专门记录自己在阅读中所产生的感想、收获或对读物的批评、质疑意见的笔记。按其内容的不同，可以将心得笔记分为评注笔记、感想笔记及补充笔记、综合笔记等。

评注笔记是对文献的得失加以评论，或对其疑难之处加以注解的笔记。例如：

清严元照《蕙榜杂记》：西湖岳庙有严嵩和鄂王《满江红》词石刻，甚宏壮。词既慷慨，书亦瘦劲可观，末题华盖殿大学士。后人磨去姓名，改题夏言。虽属可笑，然亦足以惩奸矣。

案：严嵩偏和岳飞词，有如是诈伪，后人留词改名，有如是自欺，严先生以为可笑而又许其惩奸，有如是两可。寥寥六十字，写尽三态。

——鲁迅：《集外集拾遗·书苑折枝（二）》。

感想笔记又称读后感，是专门记录阅读者的感想、收获的笔记。这类笔记可以适当引用原文，但更重要的是要谈出阅读者的认识。例如：

《曲论初探》（上海文艺版）是赵景琛先生在继《明清曲谈》《谈曲小记》《戏剧笔谈》之后的又一读曲笔记。作者对散见于古代随笔杂著中的戏曲理论，多年来辛勤梳剔，变死书为活书，从中钩沉出不少珍贵的东西，丰富了我国古典戏曲理论的宝库。作者还曾多方搜求海内孤本，如1954年，他由墨遗萍处得知消息，不顾年老体弱，亲自到山西万泉县白帝村一位孙姓老艺人家中，从废纸中抢救发现了《三元记》《黄金印》《涌泉记》《包公和访江南》4个曲的整本。又如《曲品》一书，便是作者首先发现，并关照女儿趁求学之便从朱自清夫人那里抄到增补全文的。这种孜孜以求的治学热诚，是十分感人的。

——卢润祥：《变死书为活书》，72页，载《读书》，1983（4）。

补充笔记是在读完文献之后，对感到不够充分或有所遗漏的地方进行补充的笔记，是原文的一种引申或发挥。例如：

胡云翼编注《宋词选》，有两处指出"复词偏义"的例子。一是辛弃疾《贺新郎》："问渠侬，神州毕竟，几番离合！"注曰："离合——复词偏义，指离，指中原土地被侵占。"一是黄机《霜天晓角》："草草兴亡，休问功名，泪欲盈掬。"注曰："兴亡，这里是复词偏义，指亡说。"所谓复词偏义，是一个修辞学名词，意为两个意义相反的字联成为一个词，而只用其中一个字的意义。离合，是指离。兴亡，只指亡。

…………

事实上此种词语不仅见于古人诗文，我们的语言里也有类似的实例。《红楼梦》里有这样的句子："不要落了人的褒贬。"按，褒是誉，贬是毁，春秋以一字为褒贬，两个字代表截然不同的意思。可是二字连用在我们日常用语里都是有贬无褒。落了褒贬，就是受人责难之意。不仅《红楼梦》有此用法，现行的国语仍有此一义，所以《国语辞典》也收有褒贬一语，释为贬抑之意。

常听人说："万一有个好歹，我可负不起责任。"此"好歹"一语，当然是指歹，不是指好，意为不幸的事。"人有旦夕祸福"，指祸。我想类似的例子还多的是。

——梁实秋：《梁实秋读书札记》，165～166页，北京，中国广播电视出版社，1991。

综合笔记是在阅读论述同一问题的文献或其中有关部分之后，将各种观点排列在一起进行比较，并在此基础上提出自己的看法的笔记。例如：

名家不同标点

作家姓名	标　　点
余冠英	媒人去数日，寻遣丞请还，说："有兰家女，承籍有宦官。"云"有第五郎，娇逸未有婚，遣丞为媒人，主簿通语言。"直说"太守家，有此令郎君，即欲结大义，故遣来贵门"。
傅庚生	媒人去数日，寻遣丞请还。说："有兰家女，承籍有宦官。"云"有第五郎，娇逸未有婚，遣丞为媒人，主簿通语言。"直说"太守家，有此令郎君，即欲结大义，故遣来贵门"。
萧涤非	媒人去数日，寻遣丞请还：" '说有兰家女，承籍有宦官，云有第五郎，娇逸未有婚。'遣丞为媒人，主簿通语言：'直说太守家，有此令郎君，即欲结大义，故遣来贵门'"。
徐鹏	媒人去数日，寻遣丞请还，说：" '有兰家女，承籍有宦官。云有第五郎，娇逸未有婚，遣丞为媒人，'主簿通语言。"直说"太守家，有此令郎君，即欲结大义，故遣来贵门。"

从上表可以看出，名家的意见存在着很大分歧。有的尚接近，有的完全不同。同时，不论是哪一家的标点，对于引号内的对话，很难看出是谁讲的。从对诗句的标点的不同也说明了名家注释跟原诗本意有一定距离，为了更符合原诗本意，首先有必要了解一下郡丞和郡主簿在汉代职官中的权力和地位，才能进一步把问题弄清。

        ——谭玄：《一段难句的商榷》，载《语文学习》，1981（14）。

此外，还有一种将摘录和心得结合起来的笔记，人们称之为札记。一些名人学者的读书札记往往具有很高的文化价值，经常可见公开发表或结集出版。

6. 索引笔记

在查阅资料时，遇到与自己的工作或专业研究方向有关，估计以后有可能用到，但暂时又没有条件或者没有必要仔细阅读的文献，可把书名或篇名、作者、出版单位或出处、出版时间等记录下来，还可对其内容做一个极其简要的介绍，这种笔记就是索引笔记。例如：

沈家煊. 不对称和标记论. 南昌：江西教育出版社，1999.

（四）笔记的形式

记录和处理资料，可以使用不同形式的笔记。究竟在什么场合使用哪种形式的笔记，主要应当根据文献内容的特点来确定，同时也要考虑个人的习惯。笔记的形式主要有以下三种：

1. 在文献上加记号、写眉批

在文献上加记号是指在阅读过程中，只要发现有特殊意义的地方，就随时在该处标上醒目的符号，如各种线段、三角号、着重号、小方框等；在文献上写眉批是指在阅读的过程中，以简洁明了的语言把对所读内容的归纳或自己的心得写在书页的空白处。

在文献上加记号、写眉批可以随读随做，不影响思维的连贯性，也不影响阅读的速度，简便易行，是常见的阅读方式和笔记形式。但需要注意的是，这种笔记形式并不适用于所有的读物，一般来说，只有在归自己所有或复印的文献上才可以加记号、写眉批。另外，记号和眉批都要做到简单、明晰，一目了然，要在日后阅读时立刻就能读懂。

2. 成册的笔记本

由于成册的笔记本具有容量大并且易于收藏、管理的特点，所以人们在平时阅读时，特别是在记录系统性较强、文字量较大的文献内容时，常常会使用。使用成册的笔记本要特别注意资料的妥善分类，要尽量避免把各类资料混记在一起，或者说，每本笔记的内容应当是相对统一的。

3. 卡片和活页纸

在所有的记录工具中，可以说，卡片和活页纸最为方便灵活，因而最适用于文献资料的记录和处理。

卡片具有其他工具所无法替代的功用。例如，探讨一个尚存争议的问题，可以把人们对这个问题的看法全部摘记在卡片上，然后把它们排列在一起，进行比较分析，以便从中发现问题，受到启发。有时，对同一事实，不同的文献可能有不同的记载，这就需要把各种记载文字分别写在卡片上，进行对比、核查，以便判明真假、辨明是非。另外，在为撰写文章而收集资料时，准备把哪些资料用在文章的哪个部分，也可以通过卡片的分类或归类反映出来。甚至有人认为，凡是准备写入文章的资料都应当先摘记在卡片上，不仅文献资料应当如此，就是其他类型的资料，如通过观察、调查、实验得到的资料也应当如此，这样使用起来会非常方便。

卡片虽有种种长处，但只用卡片也会有种种不便。例如，在阅读长篇文章或书籍时，仅仅使用卡片，就会发现有些资料是无法得到妥善处理的。把卡片和活页纸配合起来使用，即用卡片记录观点、概念和其他一些重要的段落、语句，用活页纸写出文献的提纲，记下文献的总体框架，就可以既掌握文献的观点和材料，又明确它的整个构成体系。卡片和活页纸配合起来使用，可以使这两种记录工具的优势都得到发挥，是比较科学的做法。

值得注意的是，随着计算机等各种电子记录工具的普及，记录资料的手段不再仅仅是笔和纸了，把资料存入计算机，然后再做调配整理，也十分便利、灵活，具有一些传统的记录工具所无法比拟的优势。不过，即便是使用计算机等电子记录工具，也可以大体参照笔记的使用方法。

参 考 文 献

［1］霍唤民. 应用写作. 北京：中央广播电视大学出版社，2004.

［2］任鹰，苏杰. 应用写作学习参考书. 北京：北京大学出版社，2004.

［3］全国干部培训教材编审指导委员会. 汉语语言文字基本知识读本. 北京：人民出版社，2002.

［4］李景隆. 应用写作. 北京：中央广播电视大学出版社，1983.

［5］任鹰. 毕业论文写作指导. 北京：中央广播电视大学出版社，2006.

［6］苏杰. 文书档案管理实务. 北京：中央广播电视大学出版社，2008.

附录一　出版物上数字用法

（中华人民共和国国家标准 GB/T 15835—2011）

前　言

本标准按照 GB/T 1.1-2009 给出的规则起草。

本标准代替 GB/T 15835-1995《出版物上数字用法的规定》，与 GB/T 15835-1995《出版物上数字用法的规定》相比，主要变化如下：

——原标准在汉字数字与阿拉伯数字中，明显倾向于使用阿拉伯数字。本标准不再强调这种倾向性。

——在继承原标准中关于数字用法应遵循"得体原则"和"局部体例一致原则"的基础上，通过措辞上的适当调整，以及更为具体的规定和示例，进一步明确了具体操作规范。

——将原标准的平级罗列式行文结构改为层级分类式行文结构。

——删除了原标准的基本术语"物理量"与"非物理量"，增补了"计量""编号""概数"作为基本术语。

本标准由教育部语言文字信息管理司提出并归口。

本标准主要起草单位：北京大学。

本标准主要起草人：詹卫东、覃士娟、曾石铭。

本标准所代替标准的历次版本发布情况为：

GB/T 15835-1995。

出版物上数字用法

1　范围

本标准规定了出版物上汉字数字和阿拉伯数字的用法。

本标准适用于各类出版物（文艺类出版物和重排古籍除外）。政府和企事业单位公文，以及教育、媒体和公共服务领域的数字用法，也可参照本标准执行。

2　规范性引用文件

下列文件对于本文件的应用是必不可少的。凡是注日期的引用文件，仅注日期的版本适用于本文件。凡是不注日期的引用文件，其最新版本（包括所有的修改单）适用于本文件。

GB/T 7408-2005 数据元和交换格式 信息交换 日期和时间表示法。

3　术语和定义

下列术语和定义适用于本文件

3.1　计量 measuring

将数字用于加、减、乘、除等数学运算。

3.2　编号 numbering

将数字用于为事物命名或排序，但不用于数学运算。

3.3　概数 approximate number

用于模糊计量的数字。

4　数字形式的选用

4.1　选用阿拉伯数字

4.1.1　用于计量的数字

在使用数字进行计量的场合，为达到醒目、易于辨识的效果，应采用阿拉伯数字。

示例 1：－125.03　34.05%　63%～68%　1∶500　97/108

当数值伴随有计量单位时，如：长度、容积、面积、体积、质量、温度、经纬度、音量、频率等等，特别是当计量单位以字母表达时，应采用阿拉伯数字。

示例 2：523.56 km（523.56 千米）　346.87 L（346.87 升）　5.34 m^2（5.34 平方米）567 mm^3（567 立方毫米）　605 g（605 克）　100～150 kg（100～150 千克）34～39 ℃（34～39 摄氏度）北纬40°（40 度）　120 dB（120 分贝）

4.1.2　用于编号的数字

在使用数字进行编号的场合，为达到醒目，易于辨识的效果，应采用阿拉伯数字。

示例：电话号码：98888

邮政编码：100871

通信地址：北京市海淀区复兴路 11 号

电子邮件地址：x186@186. net

网页地址：http：//127. 0. 0. 1

汽车号牌：京 A00001

公交车号：302 路公交车

道路编号：101 国道

公文编号：国办发〔1987〕9 号

图书编号：ISBN 978－7－80184－224－4

刊物编号：CN11－1399

章节编号：4.1.2

产品型号：PH－3000 型计算机

产品序列号：C84XB－JYVFD－P7HC4－6XKRJ－7M6XH

单位注册号：02050214

行政许可登记编号：0684Dl0004－828

4.1.3　已定型的含阿拉伯数字的词语

现代社会生活中出现的事物、现象、事件，其名称的书写形式中包含阿拉伯数字，已经广泛使用而稳定下来，应采用阿拉伯数字。

示例：3G 手机　MP3 播放器　G8 峰会　维生素 B_{12}　97 号汽油　"5·27"事件　"12·5"枪击案

4.2　选用汉字数字

4.2.1　非公历纪年

干支纪年、农历月日、历史朝代纪年及其他传统上采用汉字形式的非公历纪年等等，应采用汉字数字。

示例：丙寅年十月十五日　庚辰年八月五日　腊月二十三　正月初五　八月十五中秋，秦文公四十四年　太平天国庚申十年九月二十四日　清咸丰十年九月二十日　藏历阳木龙年八月二十六日　日本庆应三年

4.2.2　概数

数字连用表示的概数、含"几"的概数，应采用汉字数字。

示例：三四个月　一二十个　四十五六岁　五六万套　五六十年前　几千　二十几　一百几十　几万分之一

4.2.3　已定型的含汉字数字的词语

汉语中长期使用已经稳定下来的包含汉字数字形式的词语，应采用汉字数字。

示例：万一　一律　一旦　三叶虫　四书五经　星期五　四氧化三铁　八国联军　七上八下　一心一意　不管三七二十一　一方面　二百五　半斤八两　五省一市　五讲四美　相差十万八千里　八九不离十　白发三千丈　不二法门　二八年华　五四运动　"一·二八"事变　"一二·九"运动

4.3　选用阿拉伯数字与汉字数字均可

如果表达计量或编号所需要用到的数字个数不多，选择汉字数字还是阿拉伯数字在书写的简洁性和辨识的清晰性两方面没有明显差异时，两种形式均可使用。

示例 1：17 号楼（十七号楼）　3 倍（三倍）　第 5 个工作日（第五个工作日）　100 多件（一百多件）　20 余次（二十余次）　约 300 人（约三百人）　40 左右（四十左右）50 上下（五十上下）　50 多人（五十多人）　第 25 页（第二十五页）　第 8 天（第八天）　第 4 季度（第四季度）　第 45 份（第四十五份）　共 235 位同学（共二百三十五位同学）　0.5（零点五）　76 岁（七十六岁）　120 周年（一百二十周年）　1/3（三分之一）公元前 8 世纪（公元前八世纪）　20 世纪 80 年代（二十世纪八十年代）　公元 253 年（公元二五三年）　1997 年 7 月 1 日（一九九七年七月一日）　下午 4 点 40 分（下午四点四十分）　4 个月（四个月）　12 天（十二天）

如果要突出简洁醒目的表达效果，应使用阿拉伯数字；如果要突出庄重典雅的表达效果，应使用汉字数字。

示例 2：北京时间 2008 年 5 月 12 日 14 时 28 分

十一届全国人大一次会议（不写为"11 届全国人大 1 次会议"）

六方会谈（不写为"6 方会谈"）

在同一场合出现的数字，应遵循"同类别同形式"原则来选择数字的书写形式。如果两数字的表达功能类别相同（比如都是表达年月日时间的数字），或者两数字在上下文中所处的层级相同（比如文章目录中同级标题的编号），应选用相同的形式。反之，如果两数字的表达功能不同，或所处层级不同，可以选用不同的形式。

示例 3：2008 年 8 月 8 日　二〇〇八年八月八日（不写为"二〇〇八年 8 月 8 日"）

第一章　第二章……第十二章（不写为"第一章　第二章……第 12 章"）

第二章的下一级标题可以用阿拉伯数字编号：2.1，2.2，……

应避免相邻的两个阿拉伯数字造成歧义的情况。

示例 4：高三 3 个班　高三三个班（不写为"高 33 个班"）

高三 2 班 高三（2）班（不写为"高 32 班"）

有法律效力的文件、公告文件或财务文件中可同时采用汉字数字和阿拉伯数字。

示例 5：2008 年 4 月保险账户结算日利率为万分之一点五七五零（0.015750%）

35.5 元（35 元 5 角　三十五元五角　叁拾伍圆伍角）

5　数字形式的使用

5.1　阿拉伯数字的使用

5.1.1　多位数

为便于阅读，四位以上的整数或小数，可采用以下两种方式分节：

——第一种方式：千分撇

整数部分每三位一组，以","分节。小数部分不分节。四位以内的整数可以不分节。

示例 1：624,000　92,300,000　19,351,235.235767　1256

——第二种方式：千分空

从小数点起，向左和向右每三位数字一组，组间空四分之一个汉字，即二分之一个阿拉伯数字的位置。四位以内的整数可以不加千分空。

示例 2：55 235 367.346 23　　98 235 358.238 368

注：各科学技术领域的多位数分节方式参照 GB 3101—1993 的规定执行。

5.1.2　纯小数

纯小数必须写出小数点前定位的"0"，小数点是齐阿拉伯数字底线的实心点"."。

示例：0.46 不写为 .46 或 0。46

5.1.3　数值范围

在表示数值的范围时，可采用浪纹式连接号"～"或一字线连接号"—"。前后两个数值的附加符号或计量单位相同时，在不造成歧义的情况下，前一个数值的附加符号或计量单位可省略。如果省略数值的附加符号或计量单位会造成歧义，则不应省略。

示例：−36～−8℃　400—429 页　100—100kg　12 500～20 000 元　9 亿～16 亿（不写为 9～16 亿）　　13 万元～17 万元（不写为 13～17 万元）　　15%～30%（不写为 15～30%）　　$4.3×10^6$～$5.7×10^6$（不写为 4.3～$5.7×10^6$）

5.1.4　年月日

年月日的表达顺序应按照口语中年月日的自然顺序书写。

示例1：2008 年 8 月 8 日　1997 年 7 月 1 日

"年""月"可按照 GB/T 7408—2005 的 5.2.1.1 中的扩展格式，用"－"替代，但年月日不完整时不能替代。

示例2：2008 － 8 － 8　1997 － 7 － 1　8 月 8 日（不写为 8 － 8）　2008 年 8 月（不写为 2008 － 8）。

四位数字表示的年份不应简写为两位数字。

示例3："1990 年"不写为"90 年"。

月和日是一位数时，可在数字前补"0"。

示例4：2008 － 08 － 08　1997 － 07 － 01

5.1.5　时分秒

计时方式既可采用 12 小时制，也可采用 24 小时制。

示例1：11 时 40 分（上午 11 时 40 分）　21 时 12 分 36 秒（晚上 9 时 12 分 36 秒）

时分秒的表达顺序应按照口语中时、分、秒的自然顺序书写。

示例2：15 时 40 分　14 时 12 分 36 秒

"时""分"也可按照 GB/T 7408—2000 的 5.3.1.1 和 5.3.1.2 中的扩展格式，用"："替代。

示例3：15：40　　14：12：36

5.1.6　含有月日的专名

含有月日的专名采用阿拉伯数字表示时，应采用间隔号"·"将月、日分开，并在数字前后加引号。

示例："3·15"消费者权益日

5.1.7　书写格式

5.1.7.1　字体

出版物中的阿拉伯数字，一般应使用正体二分字身，即占半个汉字位置。

示例：234　　57.236

5.1.7.2　换行

一个用阿拉伯数字书写的数值应在同一行中，避免被断开。

5.1.7.3　竖排文本中的数字方向

竖排文字中的阿拉伯数字按顺时针方向转 90 度。旋转后要保证同一个词语单位的文字方向相同。

示例一
雪花牌BCD188型家用电冰箱容量是一百八十八升，功率为一百二十五瓦，市场售价两千零五十元，返修率仅为百分之零点一五。

示例二
海军J12号打捞救生船在太平洋上航行了十三天，于一九九〇年八月六日零时三十分返回基地。

5.2 汉字数字的使用

5.2.1 概数
两个数字连用表示概数时，两数之间不用顿号"、"隔开。
示例：二三米　一两个小时　三五天　一二十个　四十五六岁

5.2.2 年份
年份简写后的数字可以理解为概数时，一般不简写。
示例："一九七八年"不写为"七八年"

5.2.3 含有月日的专名
含有月日的专名采用汉字数字表示时，如果涉及一月、十一月、十二月，应用间隔号"·"将表示月和日的数字隔开，涉及其他月份时，不用间隔号。
示例："一·二八"事变　"一二·九"运动　五一国际劳动节

5.2.4 大写汉字数字
——大写汉字数字的书写形式：
零、壹、贰、叁、肆、伍、陆、柒、捌、玖、拾、佰、仟、万、亿
——大写汉字数字的适用场合：
法律文书和财务票据上，应采用大写汉字数字形式记数。
示例：3，504元（叁仟伍佰零肆圆）　39，148元（叁万玖仟壹佰肆拾捌圆）

5.2.5 "零"和"〇"
阿拉伯数字"0"有"零"和"〇"两种汉字书写形式。一个数字用作计量时，其中"0"的汉字书写形式为"零"，用作编号时，"0"的汉字书写形式为"〇"。
示例："3052（个）"的汉字数字形式为"三千零五十二"（不写为"三千〇五十二"）
"95.06"的汉字数字形式为"九十五点零六"（不写为"九十五点〇六"）
"公元2012（年）"的汉字数字形式为"二〇一二"（不写为"二零一二"）

256

5.3　阿拉伯数字与汉字数字同时使用

如果一个数值很大，数值中的"万""亿"单位可以采用汉字数字，其余部分采用阿拉伯数字。

示例1：我国 1982 年人口普查人数为 10 亿零 817 万 5 288 人

除上面情况之外的一般数值，不能同时采用阿拉伯数字与汉字数字。

示例2：108 可以写作"一百零八"，但不应写作"1 百零8""一百08"

4 000 可以写作"四千"，但不应写作"4 千"

附录二 党政机关公文处理工作条例

（中办发〔2012〕14 号）

第一章 总 则

第一条 为了适应中国共产党机关和国家行政机关（以下简称党政机关）工作需要，推进党政机关公文处理工作科学化、制度化、规范化，制定本条例。

第二条 本条例适用于各级党政机关公文处理工作。

第三条 党政机关公文是党政机关实施领导、履行职能、处理公务的具有特定效力和规范体式的文书，是传达贯彻党和国家的方针政策，公布法规和规章，指导、布置和商洽工作，请示和答复问题，报告、通报和交流情况等的重要工具。

第四条 公文处理工作是指公文拟制、办理、管理等一系列相互关联、衔接有序的工作。

第五条 公文处理工作应当坚持实事求是、准确规范、精简高效、安全保密的原则。

第六条 各级党政机关应当高度重视公文处理工作，加强组织领导，强化队伍建设，设立文秘部门或者由专人负责公文处理工作。

第七条 各级党政机关办公厅（室）主管本机关的公文处理工作，并对下级机关的公文处理工作进行业务指导和督促检查。

第二章 公 文 种 类

第八条 公文种类主要有：

（一）决议。适用于会议讨论通过的重大决策事项。

（二）决定。适用于对重要事项作出决策和部署、奖惩有关单位和人员、变更或者撤销下级机关不适当的决定事项。

（三）命令（令）。适用于公布行政法规和规章、宣布施行重大强制性措施、批准授予和晋升衔级、嘉奖有关单位和人员。

（四）公报。适用于公布重要决定或者重大事项。

（五）公告。适用于向国内外宣布重要事项或者法定事项。

（六）通告。适用于在一定范围内公布应当遵守或者周知的事项。

（七）意见。适用于对重要问题提出见解和处理办法。

（八）通知。适用于发布、传达要求下级机关执行和有关单位周知或者执行的事项，批转、转发公文。

（九）通报。适用于表彰先进、批评错误、传达重要精神和告知重要情况。

（十）报告。适用于向上级机关汇报工作、反映情况，回复上级机关的询问。

（十一）请示。适用于向上级机关请求指示、批准。

（十二）批复。适用于答复下级机关请示事项。

（十三）议案。适用于各级人民政府按照法律程序向同级人民代表大会或者人民代表大会常务委员会提请审议事项。

（十四）函。适用于不相隶属机关之间商洽工作、询问和答复问题、请求批准和答复审批事项。

（十五）纪要。适用于记载会议主要情况和议定事项。

第三章　公　文　格　式

第九条　公文一般由份号、密级和保密期限、紧急程度、发文机关标志、发文字号、签发人、标题、主送机关、正文、附件说明、发文机关署名、成文日期、印章、附注、附件、抄送机关、印发机关和印发日期、页码等组成。

（一）份号。公文印制份数的顺序号。涉密公文应当标注份号。

（二）密级和保密期限。公文的秘密等级和保密的期限。涉密公文应当根据涉密程度分别标注"绝密""机密""秘密"和保密期限。

（三）紧急程度。公文送达和办理的时限要求。根据紧急程度，紧急公文应当分别标注"特急""加急"，电报应当分别标注"特提""特急""加急""平急"。

（四）发文机关标志。由发文机关全称或者规范化简称加"文件"二字组成，也可以使用发文机关全称或者规范化简称。联合行文时，发文机关标志可以并用联合发文机关名称，也可以单独用主办机关名称。

（五）发文字号。由发文机关代字、年份、发文顺序号组成。联合行文时，使用主办机关的发文字号。

（六）签发人。上行文应当标注签发人姓名。

（七）标题。由发文机关名称、事由和文种组成。

（八）主送机关。公文的主要受理机关，应当使用机关全称、规范化简称或者同类型机关统称。

（九）正文。公文的主体，用来表述公文的内容。

（十）附件说明。公文附件的顺序号和名称。

（十一）发文机关署名。署发文机关全称或者规范化简称。

（十二）成文日期。署会议通过或者发文机关负责人签发的日期。联合行文时，署最后签发机关负责人签发的日期。

（十三）印章。公文中有发文机关署名的，应当加盖发文机关印章，并与署名机关相符。有特定发文机关标志的普发性公文和电报可以不加盖印章。

（十四）附注。公文印发传达范围等需要说明的事项。

（十五）附件。公文正文的说明、补充或者参考资料。

（十六）抄送机关。除主送机关外需要执行或者知晓公文内容的其他机关，应当使用机关全称、规范化简称或者同类型机关统称。

（十七）印发机关和印发日期。公文的送印机关和送印日期。

（十八）页码。公文页数顺序号。

第十条 公文的版式按照《党政机关公文格式》国家标准执行。

第十一条 公文使用的汉字、数字、外文字符、计量单位和标点符号等，按照有关国家标准和规定执行。民族自治地方的公文，可以并用汉字和当地通用的少数民族文字。

第十二条 公文用纸幅面采用国际标准 A4 型。特殊形式的公文用纸幅面，根据实际需要确定。

第四章　行　文　规　则

第十三条 行文应当确有必要，讲求实效，注重针对性和可操作性。

第十四条 行文关系根据隶属关系和职权范围确定。一般不得越级行文，特殊情况需要越级行文的，应当同时抄送被越过的机关。

第十五条 向上级机关行文，应当遵循以下规则：

（一）原则上主送一个上级机关，根据需要同时抄送相关上级机关和同级机关，不抄送下级机关。

（二）党委、政府的部门向上级主管部门请示、报告重大事项，应当经本级党委、政府同意或者授权；属于部门职权范围内的事项应当直接报送上级主管部门。

（三）下级机关的请示事项，如需以本机关名义向上级机关请示，应当提出倾向性意见后上报，不得原文转报上级机关。

（四）请示应当一文一事。不得在报告等非请示性公文中夹带请示事项。

（五）除上级机关负责人直接交办事项外，不得以本机关名义向上级机关负责人报送公文，不得以本机关负责人名义向上级机关报送公文。

（六）受双重领导的机关向一个上级机关行文，必要时抄送另一个上级机关。

第十六条 向下级机关行文，应当遵循以下规则：

（一）主送受理机关，根据需要抄送相关机关。重要行文应当同时抄送发文机关的直接上级机关。

（二）党委、政府的办公厅（室）根据本级党委、政府授权，可以向下级党委、政府行文，其他部门和单位不得向下级党委、政府发布指令性公文或者在公文中向下级党委、政府提出指令性要求。需经政府审批的具体事项，经政府同意后可以由政府职能部门行文，文中须注明已经政府同意。

（三）党委、政府的部门在各自职权范围内可以向下级党委、政府的相关部门行文。

（四）涉及多个部门职权范围内的事务，部门之间未协商一致的，不得向下行文；擅自行文的，上级机关应当责令其纠正或者撤销。

（五）上级机关向受双重领导的下级机关行文，必要时抄送该下级机关的另一个上级机关。

第十七条 同级党政机关、党政机关与其他同级机关必要时可以联合行文。属于党委、政府各自职权范围内的工作，不得联合行文。

党委、政府的部门依据职权可以相互行文。

部门内设机构除办公厅（室）外不得对外正式行文。

第五章 公 文 拟 制

第十八条 公文拟制包括公文的起草、审核、签发等程序。

第十九条 公文起草应当做到：

（一）符合党的理论路线方针政策和国家法律法规，完整准确体现发文机关意图，并同现行有关公文相衔接。

（二）一切从实际出发，分析问题实事求是，所提政策措施和办法切实可行。

（三）内容简洁，主题突出，观点鲜明，结构严谨，表述准确，文字精练。

（四）文种正确，格式规范。

（五）深入调查研究，充分进行论证，广泛听取意见。

（六）公文涉及其他地区或者部门职权范围内的事项，起草单位必须征求相关地区或者部门意见，力求达成一致。

（七）机关负责人应当主持、指导重要公文起草工作。

第二十条 公文文稿签发前，应当由发文机关办公厅（室）进行审核。审核的重点是：

（一）行文理由是否充分，行文依据是否准确。

（二）内容是否符合党的理论路线方针政策和国家法律法规；是否完整准确体现发文机关意图；是否同现行有关公文相衔接；所提政策措施和办法是否切实可行。

（三）涉及有关地区或者部门职权范围内的事项是否经过充分协商并达成一致意见。

（四）文种是否正确，格式是否规范；人名、地名、时间、数字、段落顺序、引文等是否准确；文字、数字、计量单位和标点符号等用法是否规范。

（五）其他内容是否符合公文起草的有关要求。

需要发文机关审议的重要公文文稿，审议前由发文机关办公厅（室）进行初核。

第二十一条 经审核不宜发文的公文文稿，应当退回起草单位并说明理由；符合发文条件但内容需作进一步研究和修改的，由起草单位修改后重新报送。

第二十二条 公文应当经本机关负责人审批签发。重要公文和上行文由机关主要负责人签发。党委、政府的办公厅（室）根据党委、政府授权制发的公文，由受权机关主要负责人签发或者按照有关规定签发。签发人签发公文，应当签署意见、姓名和完整日期；圈阅或者签名的，视为同意。联合发文由所有联署机关的负责人会签。

第六章 公 文 办 理

第二十三条 公文办理包括收文办理、发文办理和整理归档。

第二十四条 收文办理主要程序是：

（一）签收。对收到的公文应当逐件清点，核对无误后签字或者盖章，并注明签收时间。

（二）登记。对公文的主要信息和办理情况应当详细记载。

（三）初审。对收到的公文应当进行初审。初审的重点是：是否应当由本机关办理，是否符合行文规则，文种、格式是否符合要求，涉及其他地区或者部门职权范围内的事项是否已经协商、会签，是否符合公文起草的其他要求。经初审不符合规定的公文，应当及时退回来文单位并说明理由。

（四）承办。阅知性公文应当根据公文内容、要求和工作需要确定范围后分送。批办性公文应当提出拟办意见报本机关负责人批示或者转有关部门办理；需要两个以上部门办理的，应当明确主办部门。紧急公文应当明确办理时限。承办部门对交办的公文应当及时办理，有明确办理时限要求的应当在规定时限内办理完毕。

（五）传阅。根据领导批示和工作需要将公文及时送传阅对象阅知或者批示。办理公文传阅应当随时掌握公文去向，不得漏传、误传、延误。

（六）催办。及时了解掌握公文的办理进展情况，督促承办部门按期办结。紧急公文或者重要公文应当由专人负责催办。

（七）答复。公文的办理结果应当及时答复来文单位，并根据需要告知相关单位。

第二十五条 发文办理主要程序是：

（一）复核。已经发文机关负责人签批的公文，印发前应当对公文的审批手续、内容、文种、格式等进行复核；需作实质性修改的，应当报原签批人复审。

（二）登记。对复核后的公文，应当确定发文字号、分送范围和印制份数并详细记载。

（三）印制。公文印制必须确保质量和时效。涉密公文应当在符合保密要求的场所印制。

（四）核发。公文印制完毕，应当对公文的文字、格式和印刷质量进行检查后分发。

第二十六条 涉密公文应当通过机要交通、邮政机要通信、城市机要文件交换站或者收发件机关机要收发人员进行传递，通过密码电报或者符合国家保密规定的计算机信息系统进行传输。

第二十七条 需要归档的公文及有关材料，应当根据有关档案法律法规以及机关档案管理规定，及时收集齐全、整理归档。两个以上机关联合办理的公文，原件由主办机关归档，相关机关保存复制件。机关负责人兼任其他机关职务的，在履行所兼职务过程中形成的公文，由其兼职机关归档。

第七章 公 文 管 理

第二十八条 各级党政机关应当建立健全本机关公文管理制度，确保管理严格规范，充分发挥公文效用。

第二十九条 党政机关公文由文秘部门或者专人统一管理。设立党委（党组）的县级以上单位应当建立机要保密室和机要阅文室，并按照有关保密规定配备工作人员和必要的安全保密设施设备。

第三十条　公文确定密级前，应当按照拟定的密级先行采取保密措施。确定密级后，应当按照所定密级严格管理。绝密级公文应当由专人管理。

公文的密级需要变更或者解除的，由原确定密级的机关或者其上级机关决定。

第三十一条　公文的印发传达范围应当按照发文机关的要求执行；需要变更的，应当经发文机关批准。

涉密公文公开发布前应当履行解密程序。公开发布的时间、形式和渠道，由发文机关确定。

经批准公开发布的公文，同发文机关正式印发的公文具有同等效力。

第三十二条　复制、汇编机密级、秘密级公文，应当符合有关规定并经本机关负责人批准。绝密级公文一般不得复制、汇编，确有工作需要的，应当经发文机关或者其上级机关批准。复制、汇编的公文视同原件管理。

复制件应当加盖复制机关戳记。翻印件应当注明翻印的机关名称、日期。汇编本的密级按照编入公文的最高密级标注。

第三十三条　公文的撤销和废止，由发文机关、上级机关或者权力机关根据职权范围和有关法律法规决定。公文被撤销的，视为自始无效；公文被废止的，视为自废止之日起失效。

第三十四条　涉密公文应当按照发文机关的要求和有关规定进行清退或者销毁。

第三十五条　不具备归档和保存价值的公文，经批准后可以销毁。销毁涉密公文必须严格按照有关规定履行审批登记手续，确保不丢失、不漏销。个人不得私自销毁、留存涉密公文。

第三十六条　机关合并时，全部公文应当随之合并管理；机关撤销时，需要归档的公文经整理后按照有关规定移交档案管理部门。

工作人员离岗离职时，所在机关应当督促其将暂存、借用的公文按照有关规定移交、清退。

第三十七条　新设立的机关应当向本级党委、政府的办公厅（室）提出发文立户申请。经审查符合条件的，列为发文单位，机关合并或者撤销时，相应进行调整。

第八章　附　　则

第三十八条　党政机关公文含电子公文。电子公文处理工作的具体办法另行制定。

第三十九条　法规、规章方面的公文，依照有关规定处理。外事方面的公文，依照外事主管部门的有关规定处理。

第四十条　其他机关和单位的公文处理工作，可以参照本条例执行。

第四十一条　本条例由中共中央办公厅、国务院办公厅负责解释。

第四十二条　本条例自 2012 年 7 月 1 日起施行。1996 年 5 月 3 日中共中央办公厅发布的《中国共产党机关公文处理条例》和 2000 年 8 月 24 日国务院发布的《国家行政机关公文处理办法》停止执行。

附录三　军队机关公文处理工作条例

（中华人民共和国国防部　2017 年 7 月 17 日）

第一章　总　则

第一条　为了深入贯彻依法治军、从严治军方针，适应深化国防和军队改革需要，保证各级机关有效履行职能，提高军队机关公文处理工作科学化、制度化、规范化水平，依据《党政机关公文处理工作条例》和其他有关法规，结合军队工作实际，制定本条例。

第二条　本条例适用于军队各级机关公文处理工作。

第三条　军队机关公文是军队机关处理公务的具有特定效力和规范体式的文书，是军队机关履行职能的重要工具。

第四条　公文处理工作是指公文的拟制、办理、管理等一系列相互关联、衔接有序的工作。

第五条　公文处理工作应当坚持求实、规范、精简、高效的原则，做到准确、及时、安全、保密。

第六条　各级机关应当加强组织领导，严格执行本条例，切实做好机关公文处理工作。

第七条　中央军委办公厅指导全军的机关公文处理工作。军委机关部门办公厅（秘书局、综合局）、各大单位以及以下各级机关参谋部门或者履行相应职能的部门，主管本级机关公文处理工作，并对下级机关公文处理工作进行业务指导和督促检查。

第二章　公文种类

第八条　军队机关公文种类和使用范围按照下列规定执行：

（一）命令。适用于发布军事法规、军事规章，确定和调整体制编制，部署部队和军事行动，调动兵力，授予、变更和撤销部队番号，调配武器装备，任免干部，授予和晋升军（警）衔，选取士官，军（警）官和士兵退役，授予荣誉称号等。

（二）通令。适用于依据《中国人民解放军纪律条令》宣布奖惩事项。

（三）决定。适用于对重要事项作出决策或者安排，变更或者撤销下级不适当的决定事项。

（四）指示。适用于向下级机关布置工作，明确工作原则和要求。

（五）通知。适用于传达需要下级机关执行和有关单位周知或者办理的事项，转发上级机关和不相隶属机关的公文，批转下级机关的公文。

（六）通报。适用于表彰先进，批评错误，传达重要精神或者告知重要情况。

（七）报告。适用于向上级机关汇报工作、反映情况、回复询问。

（八）请示。适用于请求上级机关指示、批准事项。

（九）批复。适用于答复下级机关请示事项。

（十）函。适用于无隶属关系的机关之间商洽工作、征求意见、询问和答复问题、通报情况、请求批准和答复审批事项。

（十一）通告。适用于向社会公布应当遵守或者周知的事项。

（十二）纪要。适用于记载会议主要情况和议定事项。

第三章 公 文 格 式

第九条 军队机关公文格式一般由下列要素组成：

（一）份号。公文印制份数的顺序号。涉密公文应当标注份号。

（二）密级。公文的秘密等级。涉密公文应当根据涉密程度分别标注"绝密·核心""绝密""机密""秘密"。

（三）紧急程度。紧急公文应当根据紧急程度分别标注"特急""加急"。

（四）发文机关标志。由发文机关全称或者规范化简称加"文件"二字组成，也可以使用发文机关全称或者规范化简称。联合行文时，各联署机关名称通常按照编制序列排列。

（五）发文字号。由发文机关代字、年份、顺序号组成。联合行文时，使用主办机关发文字号。

（六）签发人。上行文应当标注签发人姓名。

（七）标题。通常由事由和文种组成。

（八）主送机关。公文的受理机关，应当使用机关全称、规范化简称或者同类型机关统称。

（九）正文。公文的主体，用来表述公文的内容。有附件的标注附件说明，包括附件顺序号、名称。

（十）无正文说明。公文署名页没有正文时标注。

（十一）署名。发文机关署名署全称或者规范化简称，联合行文由各联署机关按照发文机关标志中的顺序署名。首长署名署职务。

（十二）成文日期。署公文审批签发完毕的日期或者会议通过的日期。

（十三）印章。加盖与公文署名相符的机关印章或者首长名章（签名章）。

（十四）附注。公文印发传达范围等需要说明的事项。

（十五）附件。公文正文的说明、补充或者参考资料。

（十六）抄送机关。需要知晓公文内容的其他机关，应当使用机关全称、规范化简称或者同类型机关统称。

（十七）印制份数。公文的印制数量。

（十八）承办说明。公文的承办单位、联系人和电话。公文需要联系办理的，应当标注承办说明。

（十九）印发机关和印发日期。公文的送印机关和送印日期。

（二十）页码。公文页数顺序号。

第十条 军队机关公文用纸幅面采用国际标准 A4 型。特殊形式的公文用纸幅面，根据实际需要确定。

军队机关公文版式按照国家军用标准《军队机关公文格式》执行。

第十一条 军队机关公文使用的汉字、数字、外文字符、计量单位和标点符号等，按照国家有关标准和规定执行。

驻民族自治地区部队的机关公文，可以根据需要并用汉字和驻地通用的少数民族文字。

第四章 行 文 规 则

第十二条 军队机关行文应当确有必要，讲求实效，严格控制规格、范围和篇幅。

第十三条 军队机关应当根据隶属关系和各自的职权范围行文。一般不得越级行文，因特殊情况需要越级行文的，应当同时抄送被越过的机关。

第十四条 向上级机关行文，应当遵循下列规则：

（一）原则上主送一个上级机关，根据需要同时抄送相关上级或者同级机关，不抄送下级机关。

（二）各级机关部门对于本部门职权范围内的事项可以直接报送上级机关部门，重要事项应当经本级机关同意或者授权。

（三）向上级机关请示报告工作，应当使用"请示""报告"等文种，不得以本机关名义向上级机关领导行文，不得以本机关领导名义向上级机关行文。

（四）请示应当一文一事，不得在报告等非请示性公文中夹带请示事项。

（五）需要以上级机关名义行文的，应当在请示中说明理由并附代拟稿。

（六）下级机关的请示事项，需要以本级机关名义向上级机关请示的，应当提出倾向性意见后上报，不得原文转报上级机关。

（七）行文内容涉及其他机关或者部门职权范围内事项的，应当与有关机关或者部门协商一致后行文；经协商未取得一致的，应当列明各方意见和理由并提出倾向性意见。

（八）受双重领导的机关向一个上级机关行文，通常应当抄送另一个上级机关。

第十五条 向下级机关行文，应当遵循下列规则：

（一）主送受理机关，根据需要抄送相关机关；重要行文应当抄送发文机关的直接上级机关。

（二）各级机关部门在各自职权范围内可以向下级机关相关部门行文，不得向下级机关行文。

（三）行文内容涉及其他机关或者部门职权范围内事项的，应当与有关机关或者部门协商一致后行文；经协商未取得一致的，不得向下行文；擅自行文的，上级机关应当责令其纠正或者撤销。

（四）上级机关向受双重领导的下级机关行文，必要时抄送该下级机关的另一个上级机关。

第十六条　军队同级机关、军队机关的同级部门、军队机关及其部门与相应党政机关及其部门，必要时可以联合行文。经本级机关批准，军队机关部门可以与相应党政机关部门联合向军队和党政机关的下级机关同时行文。

机关部门依据职权可以相互行文。

军委机关部门的办公厅（秘书局、综合局）可以对外正式行文；履行特定职能与党政机关之间有业务往来的内设机构，根据需要可以向党政机关部门或者其内设机构正式行文；其他各级机关部门的内设机构，均不得对外正式行文。

第五章　公文拟制

第十七条　公文拟制包括公文的起草、审核、审批签发等程序。

第十八条　起草公文应当深入调查研究，充分进行论证，广泛听取意见，机关领导应当主持并指导重要公文起草工作。遵循下列要求：

（一）符合党的路线方针政策、国家法律法规以及军队有关规定，完整准确体现发文机关意图。

（二）一切从实际出发，分析问题实事求是，所提政策措施和办法切实可行。

（三）内容简洁，主题突出，观点鲜明，结构严谨，表述准确，文字精练。

（四）文种正确，格式规范。

第十九条　公文文稿签发前，应当由发文机关主管公文处理工作的部门进行审核。主要审核下列内容：

（一）行文是否必要，依据是否准确，程序是否规范。

（二）内容是否符合党的路线方针政策、国家法律法规以及军队有关规定，是否完整准确体现发文机关意图，是否同现行有关公文相衔接，所提政策措施和办法是否切实可行。

（三）涉及其他机关或者部门职权范围内的事项是否经过协商并达成一致意见；意见不一致的，是否充分反映各方意见。

（四）文种、格式、定密是否准确，文字、数字、计量单位和标点符号等是否准确规范。

（五）属于军事法规、军事规章或者军事规范性文件的，是否经过相应法制工作部门审核。

（六）其他内容是否符合起草公文的有关要求。

第二十条　公文文稿经审核不宜发文的，应当退回起草部门并说明理由；符合发文条件但内容需作进一步研究和修改的，由起草部门修改后重新报送。

第二十一条　公文一般由发文机关主要领导审批签发。领导审批签发公文，应当签署意见、姓名和日期；圈阅或者签名的，视为同意。

第六章　公文办理

第二十二条　公文办理包括收文办理、发文办理和整理归档。

第二十三条　收文办理主要程序和办理方法按照下列规定执行：

（一）签收。对收到的公文应当逐件清点，核对无误后签收并登记；对标注"绝密·核心""绝密"或者涉及特殊敏感事项的公文，应当按照规定程序和要求指定专人办理。

（二）审核。对收到的公文应当进行严格审核，审核的重点是：是否应当由本机关办理，是否符合行文规则，文种、格式是否符合要求，涉及其他机关或者部门职权范围内的事项是否已经协商一致，是否符合公文起草的其他要求。公文经审核不符合规定的，应当商来文机关作出处理，必要时可以退回来文机关并说明理由。

（三）承办。批办性公文应当提出拟办意见，报领导批示或者转有关部门办理；需要两个以上部门办理的，应当明确主办部门；紧急公文应当明确办理时限。承办部门对交办的公文应当及时办理，有明确时限要求的应当在规定时限内办理完毕。阅知性公文应当根据公文内容、要求和工作需要，确定范围后呈送。

（四）传批（传阅）。及时将公文呈送领导批示或者阅知，掌握公文去向，不得漏传、误传、延误。

（五）催办。及时了解掌握公文的办理进展情况，督促承办部门按照规定要求和时限办理完毕。

（六）答复。公文经领导审批后，应当及时答复来文机关，并根据需要告知相关部门。

第二十四条　发文办理主要程序和办理方法按照下列规定执行：

（一）复核。已经签批的公文，交付印制前应当认真核校公文的审批手续、内容、文种、格式等；需作实质性修改的，应当报签批人复审。

（二）登记。对复核后的公文，应当确定发文字号、分送范围和印制份数并详细登记。

（三）印制。公文印制必须确保质量和时效。涉密公文应当在符合保密要求的场所印制。

（四）核发。对公文的文字、格式和印刷质量等进行检查，登记后及时分发。

第二十五条　涉密公文应当通过机要交通、邮政机要通信、城市机要文件交换站或者收发件部门机要收发人员进行传递，通过符合军队保密规定的网络信息系统进行传输。

第二十六条　公文以及有关材料，应当按照档案管理规定，及时收集齐全、整理归档。联合办理的公文，原件由主办部门归档，其他部门保存复制件。

涉及特殊敏感事项的公文以及有关材料，按照相关规定保存和归档。

第七章　公　文　管　理

第二十七条　各级机关应当建立健全本机关公文管理制度，确保管理严格规范，充分发挥公文效用。

第二十八条　公文确定密级前按照拟定的密级先行采取保密措施，确定密级后按照所定密级严格管理。绝密级公文应当由专人管理。

第二十九条　公文内容需要向社会公开的，发文机关应当对公开的内容、形式、时机进行审核，涉密公文还应当按照规定作脱密、解密处理，并经保密部门审核。

第三十条　公文的印发和传达范围应当严格按照发文机关的要求执行，未经发文机关批准不得变更。

上级机关的绝密级公文一般不得转发，需要转发的应当经发文机关批准。

第三十一条　复制、汇编涉密公文，应当符合保密规定，属于秘密级、机密级的，由团级以上机关批准；属于绝密级的，由原发文机关或者其上级机关批准。复制、汇编的公文视同原件管理。

复制件应当加盖复制机关戳记。翻印件应当注明翻印的机关名称、日期。汇编本的密级按照编入公文的最高密级标注。

第三十二条　公文的撤销和废止，由发文机关或者其上级机关根据职权范围和有关法律法规决定。公文被撤销的，视为自始无效；公文被废止的，自废止之日起失效。

第三十三条　涉密公文应当按照发文机关要求和有关规定进行清退或者销毁。

第三十四条　不具备归档和保存价值的公文，经批准后可以销毁。销毁涉密公文必须严格按照有关规定履行审批登记手续，确保不丢失、不漏销。个人不得私自销毁、留存涉密公文。

第三十五条　机关转隶或者合并时，公文应当随之转隶或者合并管理；机关撤销时，需要归档的公文应当按照有关规定移交档案管理部门。

工作人员离岗离职时，所在机关应当督促其将暂存、借用的公文按照有关规定移交、清退。

第八章　附　　则

第三十六条　军队机关公文含电子公文。电子公文处理工作的具体办法另行制定。

第三十七条　作战文书、密码电报等的处理工作，参照本条例，另行制定规定。

军队机关内部的呈批件、呈阅件、简报、传真电报、电话记录、统计报表等文书的处理，参照本条例执行。

第三十八条　军事立法方面公文的处理，《军事立法工作条例》有特别规定的，按照其规定执行。

第三十九条　中国人民武装警察部队机关公文处理工作，执行本条例。

第四十条　本条例自 2017 年 10 月 1 日起施行。2005 年 10 月 2 日中央军委发布的《中国人民解放军机关公文处理条例》同时废止。

实用文体写作教程
形成性考核册

人文教学部　编

学校名称：＿＿＿＿＿＿＿＿＿＿

学生姓名：＿＿＿＿＿＿＿＿＿＿

学生学号：＿＿＿＿＿＿＿＿＿＿

班　　级：＿＿＿＿＿＿＿＿＿＿

形成性考核是学习测量和评价的重要组成部分。在教学过程中，对学生的学习行为和成果进行考核是教与学测评改革的重要举措。

　　《形成性考核册》是根据课程教学大纲和考核说明的要求，结合学生的学习进度而设计的测评任务与要求的汇集。

　　为了便于学生使用，现将《形成性考核册》作为主教材的附赠资源提供给学生，采用纸质形考的学生可将各次作业按需撕下，完成后自行装订交给老师。若采用**网上形考**或有其他疑问请咨询课程教师。

应用写作（汉语）考核说明

一、有关说明

1. 考核对象

国家开放大学开放教育汉语言文学（专科、高中起点本科）、文秘（专科）、行政管理（专科）等专业学生。

2. 启用时间

2020 年春季学期。

3. 考核目标

本门课程的教学目标是使学生系统掌握常用的实用型文章的写作要领，形成必要的文章分析与处理能力，提高应用写作水平，以适应当前和今后在工作、学习、生活中的写作需要。课程考核作为课程教学的一个环节，将教学目标的实现视为基本目标，加强对学生平时自主学习过程的指导和监督，重在对学生自主学习过程进行指导和检测，引导学生按照教学要求和学习计划完成学习任务，实现掌握知识、培养能力、提升素质的课程目标。

4. 考核依据

本课程考核说明是依据国家开放大学《应用写作（汉语）课程教学大纲》、文字教材《实用文体写作教程（第二版）》（任鹰主编，国家开放大学出版社 2020 年 1 月第 2 版）制定的。本课程考核说明是课程考核命题的基本依据。

二、考核要求

1. 考核方式及计分方法

本课程考核采用 100% 形成性考核的方式，由总部和分部共同负责。其中由总部命制、分部组织实施的形成性考核成绩占课程总成绩的 90%；由分部组织实施的自主考核（学习行为表现）成绩占课程总成绩的 10%。

不同方式的考核成绩按相应比例折合计算，达到 60 分及以上，课程考核合格，可获得相应学分。

2. 形成性考核与自主考核的形式

（1）形成性考核包含 6 次"阶段性学习测验、学习实践活动"，内容分别对应第一章至第六章的学习内容。

（2）自主考核贯穿课程的整个教学环节。

形成性考核与自主考核列表

考核方式	序次	内容	形式	开始时间	结束时间	权重
形成性考核	1	第 1 章	阶段性学习测验、学习实践活动	第 4 周	第 8 周末	15%
	2	第 2 章	阶段性学习测验、学习实践活动	第 6 周	第 10 周末	15%

続表

考核方式	序次	内容	形式	开始时间	结束时间	权重
形成性考核	3	第3章	阶段性学习测验、学习实践活动	第8周	第12周末	15%
	4	第4章	阶段性学习测验、学习实践活动	第10周	第14周末	15%
	5	第5章	阶段性学习测验、学习实践活动	第12周	第16周末	15%
	6	第6章	阶段性学习测验、学习实践活动	第14周	第18周末	15%
自主考核		学习行为表现	由辅导教师对学生的学习行为表现进行综合评分	第1周	第18周末	10%

3. 形成性考核任务的具体要求

总部对每次形成性考核任务的题型、题量、组织实施以及相关要求进行设计并予以必要说明。

形成性考核为开卷考核，每次卷面成绩满分为100分，按权重折算进该课程的最终成绩。

鉴于课程性质及目标，每次形成性考核任务以分析论述题、写作题为主，题量基本在3～4题。

三、课程考核内容及要求

课程考核在原则上按重点掌握与应用、掌握、了解3个不同层次的要求出题。其中，重点掌握与应用的内容约占50%，掌握的内容约占30%，了解的内容约占20%。

绪　　论

考核内容及要求

掌握：实用型文章的基本特征

第一章　行政公文

考核内容及要求

重点掌握与应用：各类通知、各类通报、各类请示、各类函、会议纪要的一般写法

掌握：

1. 决定、公告、通告、通知、通报、报告、请示、函、会议纪要的用途

2. 通知、通报、报告、请示、函的主要种类

了解：

1. 行政公文的构成要素与制发程序

2. 行政公文的概念、特点、分类

第二章　事务文书

考核内容及要求

重点掌握与应用：调查报告、计划、总结、述职报告的一般写法

掌握：

1. 调查报告的特点

2. 制订计划、撰写总结的要求

3. 法规与规章的主要种类

了解：

调查报告、计划、总结、讲话稿、述职报告、法规与规章的概念

第三章　公 关 文 书

考核内容及要求

重点掌握与应用：邀请电和邀请信、感谢信、求职信的一般写法

掌握：贺电和贺信、慰问信、欢迎词和欢送词、祝酒词的一般写法

了解：

1. 公关文书的主要种类、特点

2. 贺电和贺信、唁电和唁函、请柬和聘书、慰问电和慰问信、邀请电和邀请信、感谢信和表扬信、求职信和推荐信、介绍信和证明信、欢迎词和欢送词、祝酒词和答谢词、开幕词和闭幕词的含义

第四章　财 经 文 书

考核内容及要求

重点掌握与应用：经济新闻、经济活动分析报告、可行性研究报告、合同的写作要求

掌握：

1. 经济新闻、经济活动分析报告、可行性研究报告的结构和内容

2. 产品说明书的特点

3. 合同的特点、结构和内容

了解：

1. 经济新闻、产品说明书、经济活动分析报告、可行性研究报告的概念

2. 合同的概念、作用

第五章　法 律 文 书

考核内容及要求

掌握：民事起诉状、民事答辩状的结构和内容

了解：

1. 民事诉讼文书、刑事诉讼文书、行政诉讼文书的含义和用途

2. 民事起诉状、民事答辩状、刑事自诉状、刑事答辩状、行政起诉状、行政答辩状的含义和用途

第六章　生 活 文 书

考核内容及要求

掌握：

1. 条据、书信的一般写法

2. 启事的主要种类及其一般写法

了解：

1. 条据、启事、书信的含义和特点

2. 读书笔记的作用、类型、常用形式

形成性考核任务一

姓　　名:＿＿＿＿＿＿

学　　号:＿＿＿＿＿＿

得　　分:＿＿＿＿＿＿

教师签名:＿＿＿＿＿＿

1. 结合教材，从主旨、材料、结构、语言 4 个方面阐述实用型文章的特征。(15 分)

2. 结合自身学习经历与体验，谈谈范文阅读对提高实用型文章写作水平的重要性。(25 分)

3. 结合教材，简述行政公文的概念、特点、功用、构成要素与分类。(20 分)

4. 在以下 5 个文种中任选 2 个文种，进行写作练习。(40 分)

（1）通知

（2）报告

（3）请示

（4）函

（5）会议纪要

要求：内容要明确，中心要突出；格式要正确，写法要规范；语言要准确、简明、得体，书写要清楚。

形成性考核任务二

姓　　名:＿＿＿＿＿＿

学　　号:＿＿＿＿＿＿

得　　分:＿＿＿＿＿＿

教师签名:＿＿＿＿＿＿

1. 结合教材，简述事务文书的特点与作用。(20分)

2. 结合教材，简述调查报告的含义、用途、特点、分类，并阐述调查报告的写作要求。(20分)

3. 结合教材，简述讲话稿与演讲稿、会议报告的区别，并阐述撰写讲话稿的要求。(20分)

4. 在以下 2 个文种中任选其一，进行写作练习。(40 分)

(1) 工作计划

(2) 工作总结

要求：内容要明确，中心要突出；格式要正确，写法要规范；语言要准确、简明、得体，书写要清楚。

形成性考核任务三

1. 在以下 2 个文种中任选其一，进行写作练习。(30 分)

（1）感谢信

（2）表扬信

要求：内容要明确，中心要突出；格式要正确，写法要规范；语言要准确、简明、得体，书写要清楚。

2. 在以下 2 个文种中任选其一，进行写作练习。(40 分)

（1）求职信

（2）推荐信

要求：内容要明确，中心要突出；格式要正确，写法要规范；语言要准确、简明、得体，书写要清楚。

3. 在以下 2 个文种中任选其一，进行写作练习。（30 分）

（1）欢迎词

（2）欢送词

要求：内容要明确，中心要突出；格式要正确，写法要规范；语言要准确、简明、得体，书写要清楚。

形成性考核任务四

姓　　名:_____

学　　号:_____

得　　分:_____

教师签名:_____

1. 结合教材,简述经济新闻的含义、特点与构成要素,并阐述经济新闻的写作注意事项。(20分)

2. 结合教材,简述产品说明书的含义、作用、特点与写作注意事项。(20分)

3. 结合教材,简述合同的含义、作用、特点与写作注意事项。(20分)

4. 结合教材，对以下 2 种文种的相关范文进行分析（任选一篇；范文可以自己选择，也可以由辅导教师指定）。（40 分）

（1）经济活动分析报告

（2）可行性研究报告

提示：

（1）分析应主要着眼于范文的一般写法，要对其文种的总体结构和各构成要素做简要的说明、分析；

（2）既要注意运用所学知识，又要注意结合原文；

（3）分析要有条理，要能自圆其说。

形成性考核任务五

1. 结合教材，简述民事诉讼文书的含义、用途及种类。(20分)

2. 结合教材，简述刑事诉讼文书的含义、用途及种类。(20分)

3. 结合教材，简述行政诉讼文书的含义、用途及种类。(20分)

4. 结合教材，对以下 3 种文种的相关范文进行分析（任选一篇；范文可以自己选择，也可以由辅导教师指定）。（40 分）

（1）民事诉讼文书（在民事起诉状、民事答辩状中任选其一）

（2）刑事诉讼文书（在刑事自诉状、刑事答辩状中任选其一）

（3）行政诉讼文书（在行政起诉状、行政答辩状中任选其一）

提示：

（1）分析应主要着眼于范文文种的一般写法，要对该文种的总体结构和各构成要素做简要的说明、分析；

（2）既要注意运用所学知识，又要注意结合原文；

（3）分析要有条理，要能自圆其说。

形成性考核任务六

姓　　名:＿＿＿＿＿＿

学　　号:＿＿＿＿＿＿

得　　分:＿＿＿＿＿＿

教师签名:＿＿＿＿＿＿

1. 在以下 5 个文种中任选 2 个文种，进行写作练习。（30 分）

（1）便条（或字据）

（2）启事

（3）书信（要求包含"封套"与"内文"两个部分）

要求：内容要明确，中心要突出；格式要正确，写法要规范；语言要准确、简明、得体，书写要清楚。

2. 结合自身学习经历与体验，阐述读书笔记的作用。（20 分）

3. 结合教材，简述文献阅读的方法。(20分)

4. 运用文献检索的方法，自选与所学专业相关的某一关键词句，进行文献检索。(30分)
要求：明确指出检索方法、检索工具，对检索结果予以文字或图标形式的表述。

答 题 纸

答 题 纸

答 题 纸

答　题　纸

答 题 纸

答 题 纸